Singing in the Dark

Giny Vos
Singing in the Dark

Contributors
Jeroen Boomgaard
Daria Ricchi
Ilse van Rijn
Sandra Smets
Christophe Van Gerrewey
Dirk van Weelden

Valiz, Amsterdam

Contents

The City Dreams
Jeroen Boomgaard, p. 117

Creation of Architectureal Spaces Through Art
Daria Ricchi, p. 133

A Mirror Image in Language
Ilse van Rijn, p. 153

White Noise

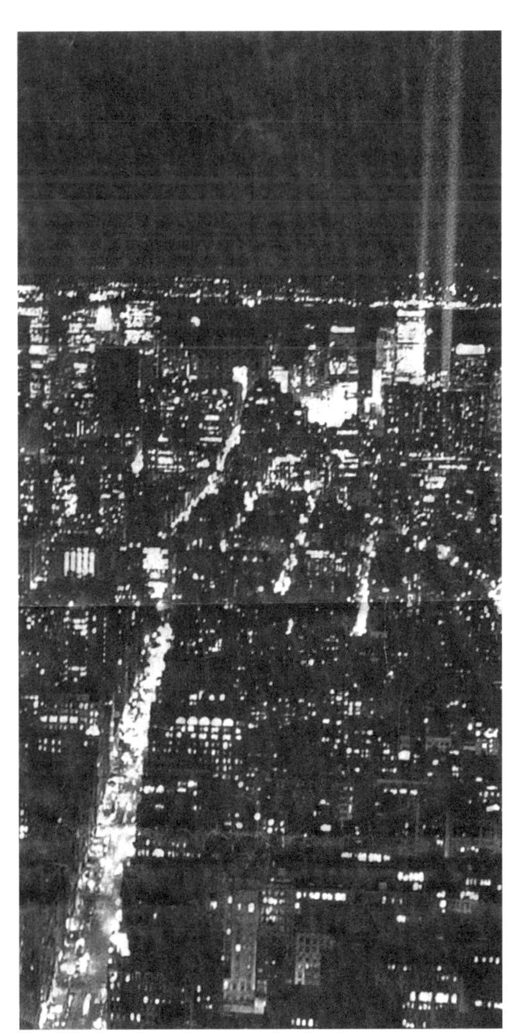

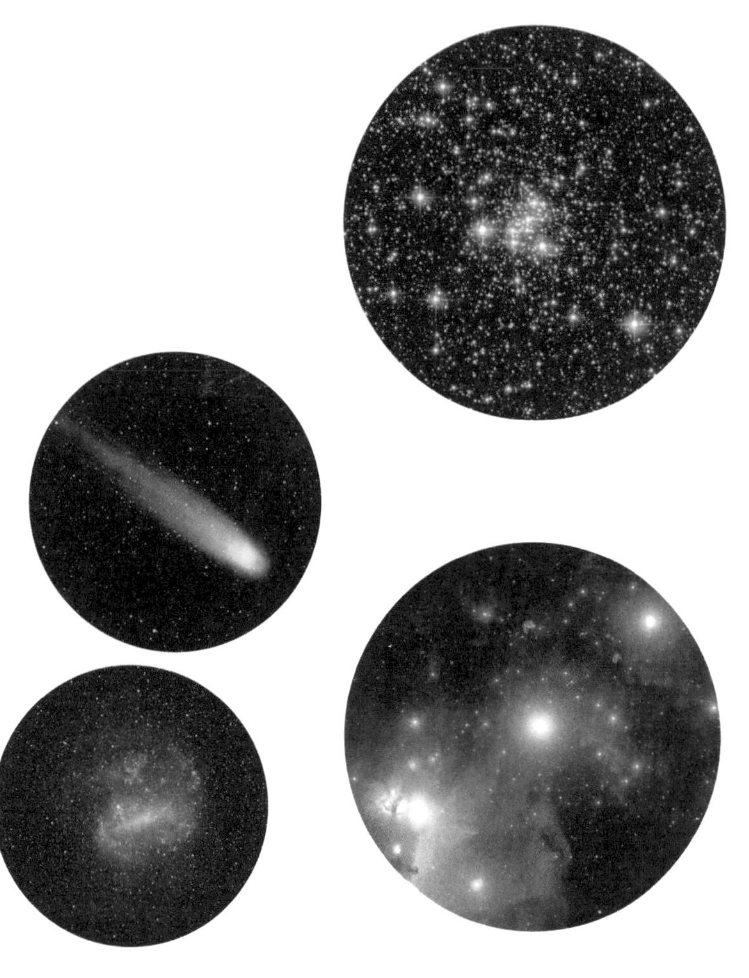

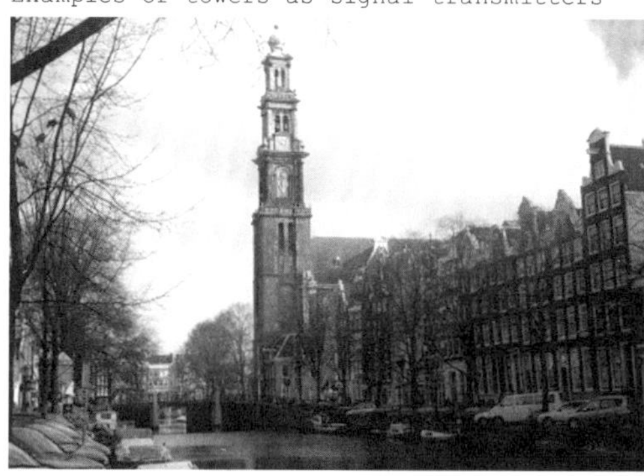
Examples of towers as signal transmitters

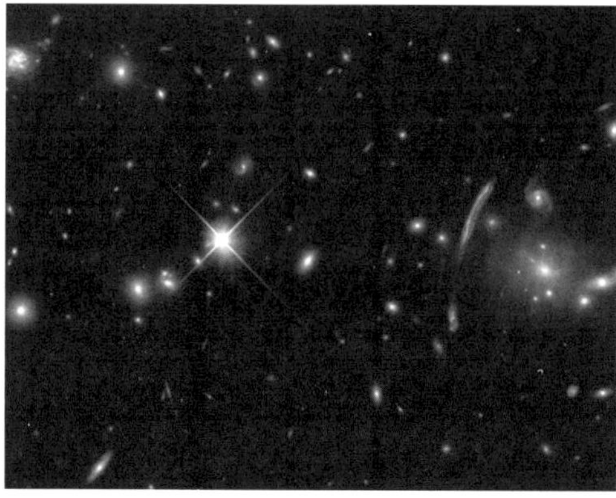

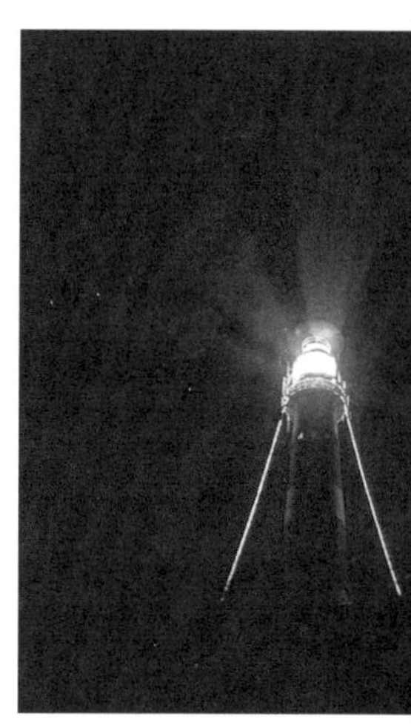

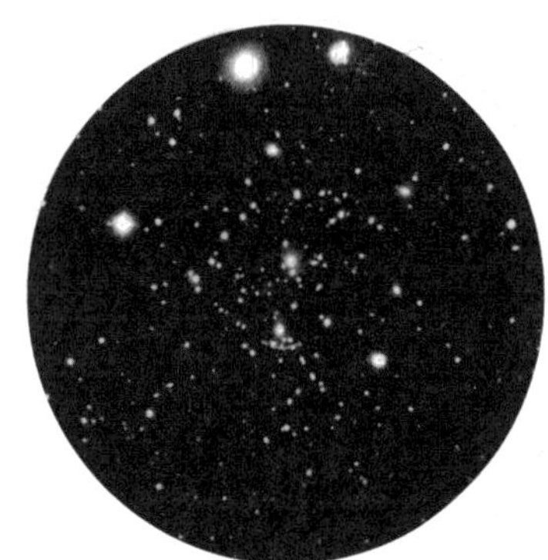

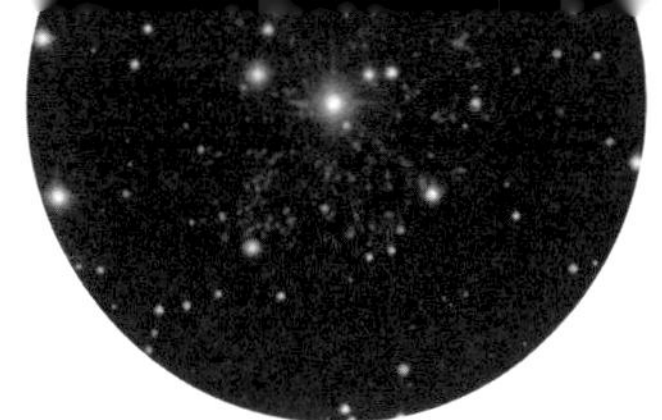

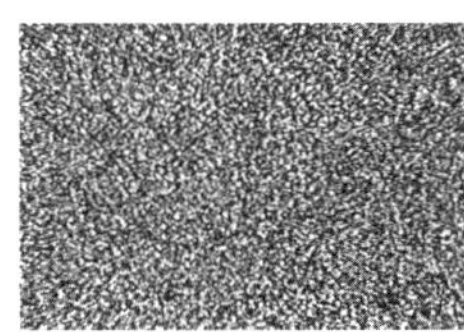

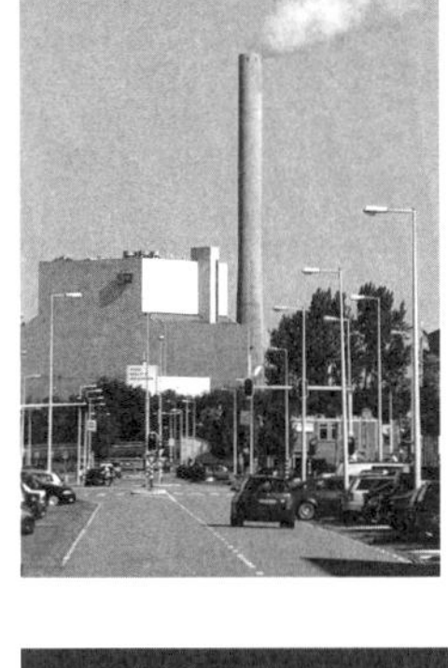

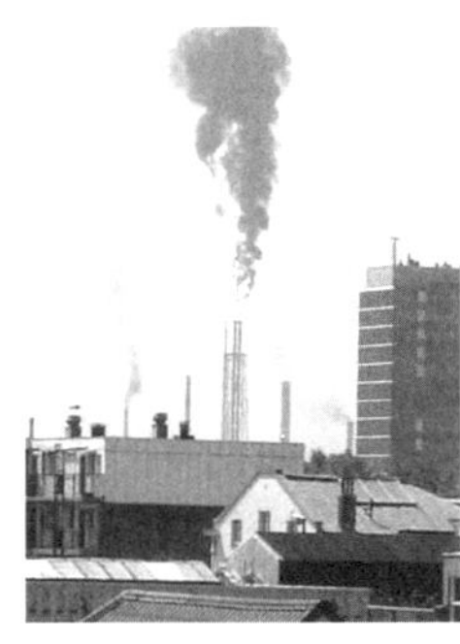

Pattern of the LED distribution
on the panels

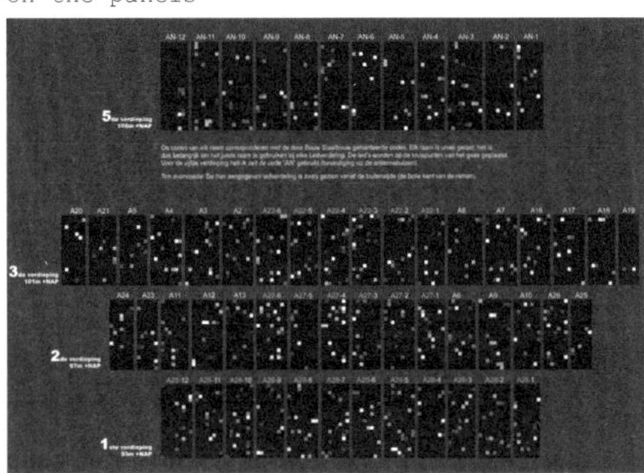

Sketch of *White Noise*

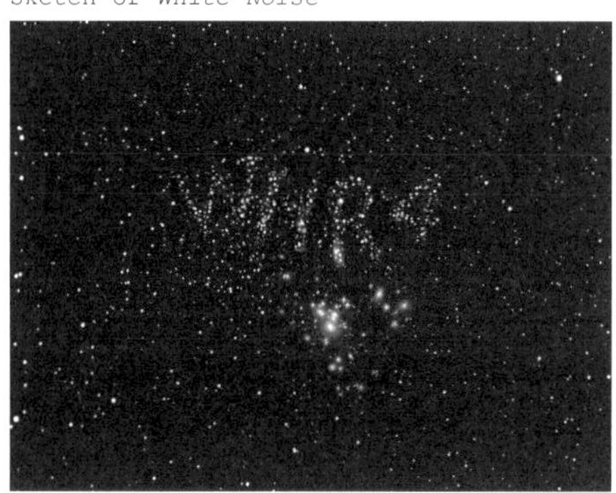

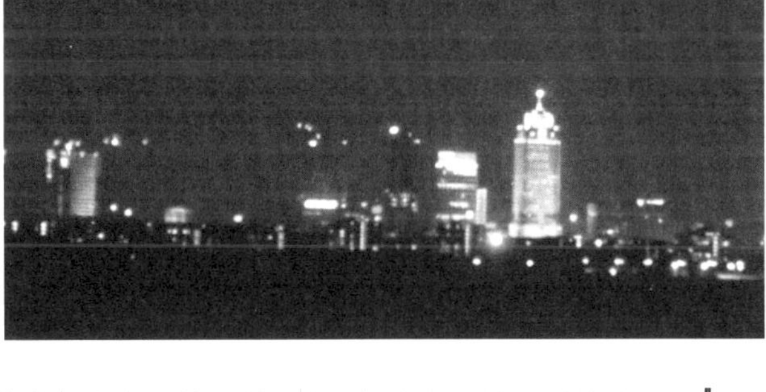

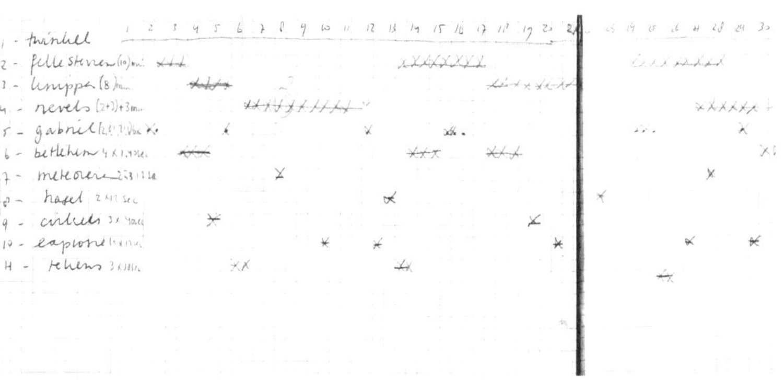

Examples of verification codes

Choreography of *White Noise*, notebook Giny Vos

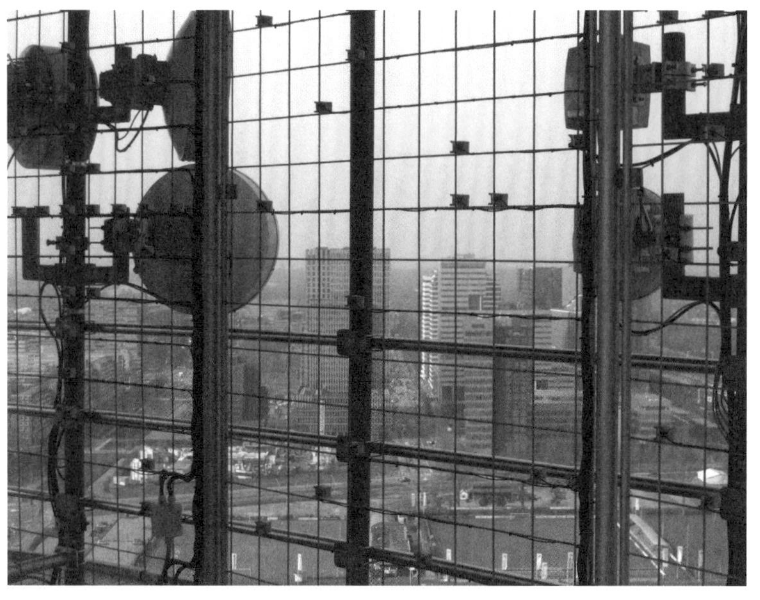

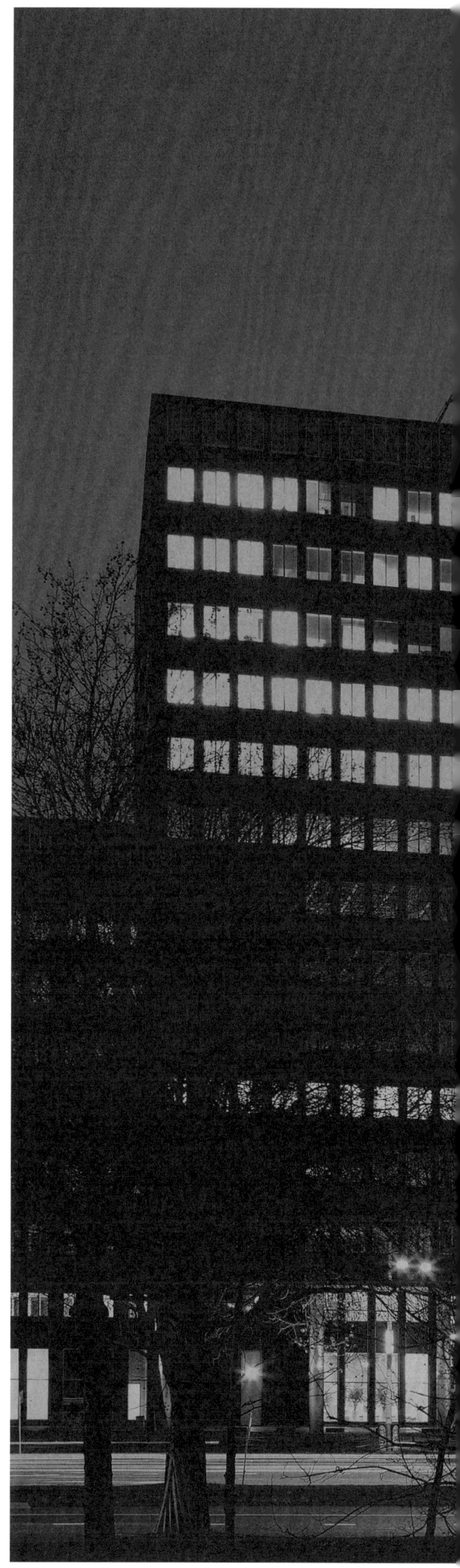

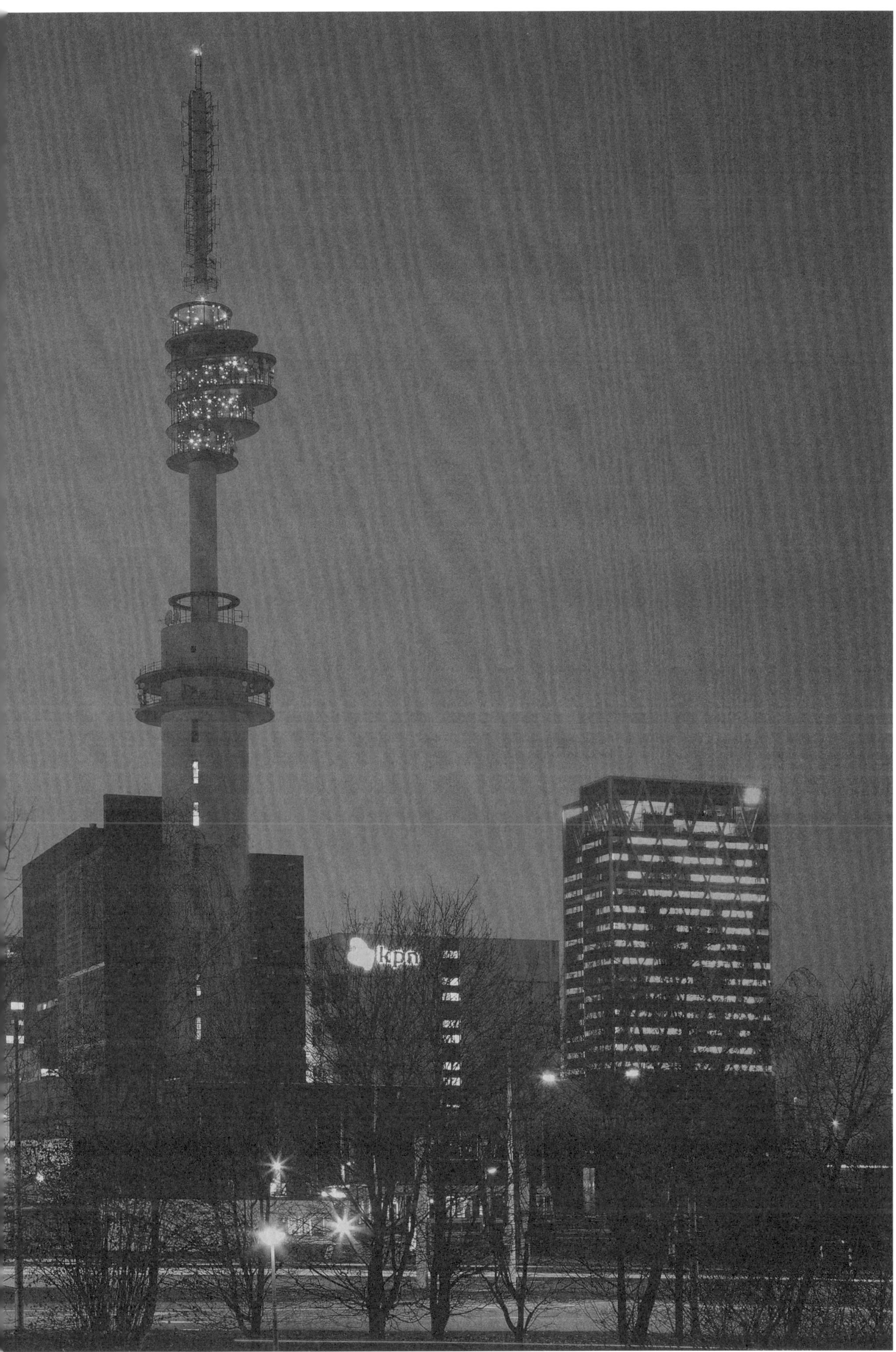
kpn

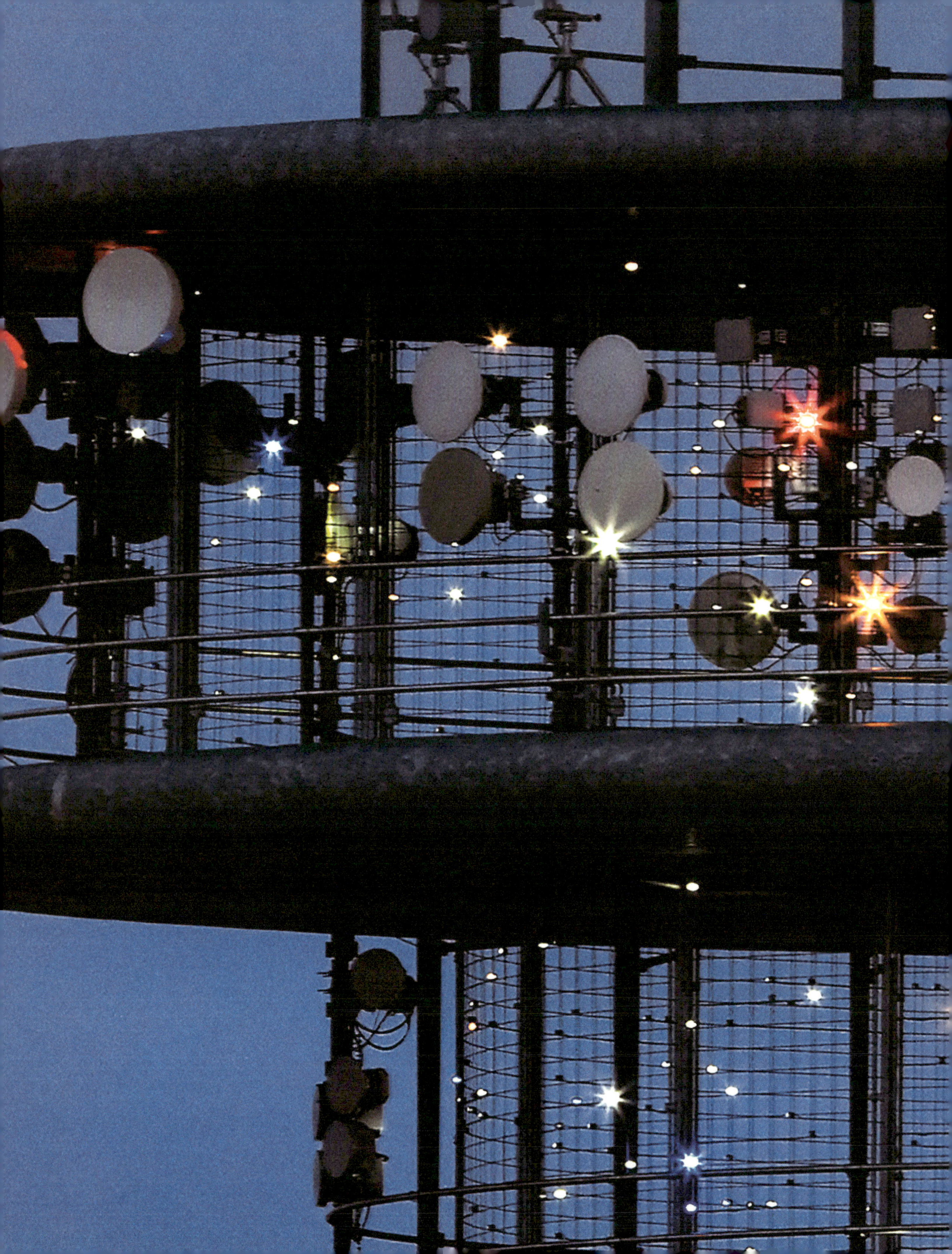

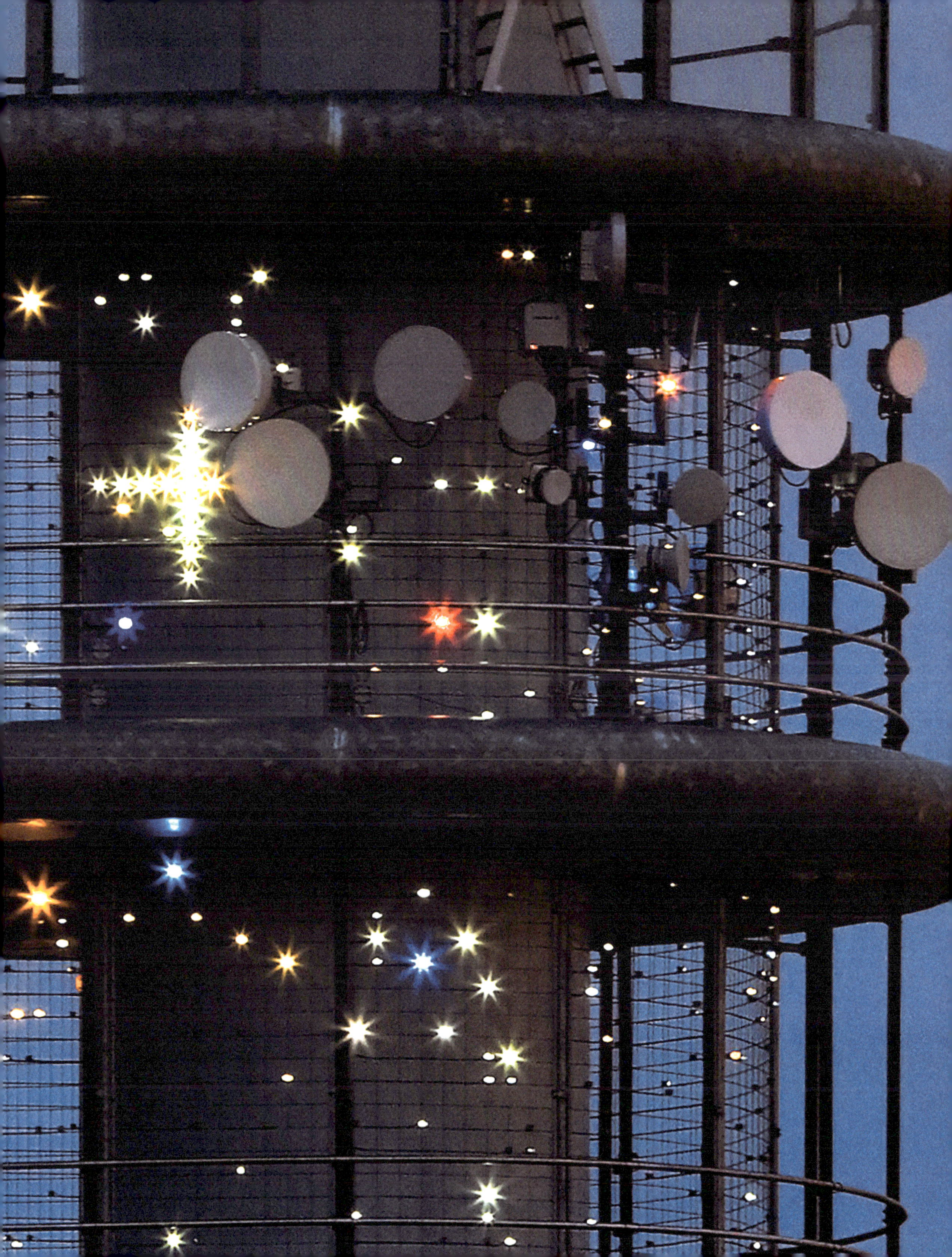

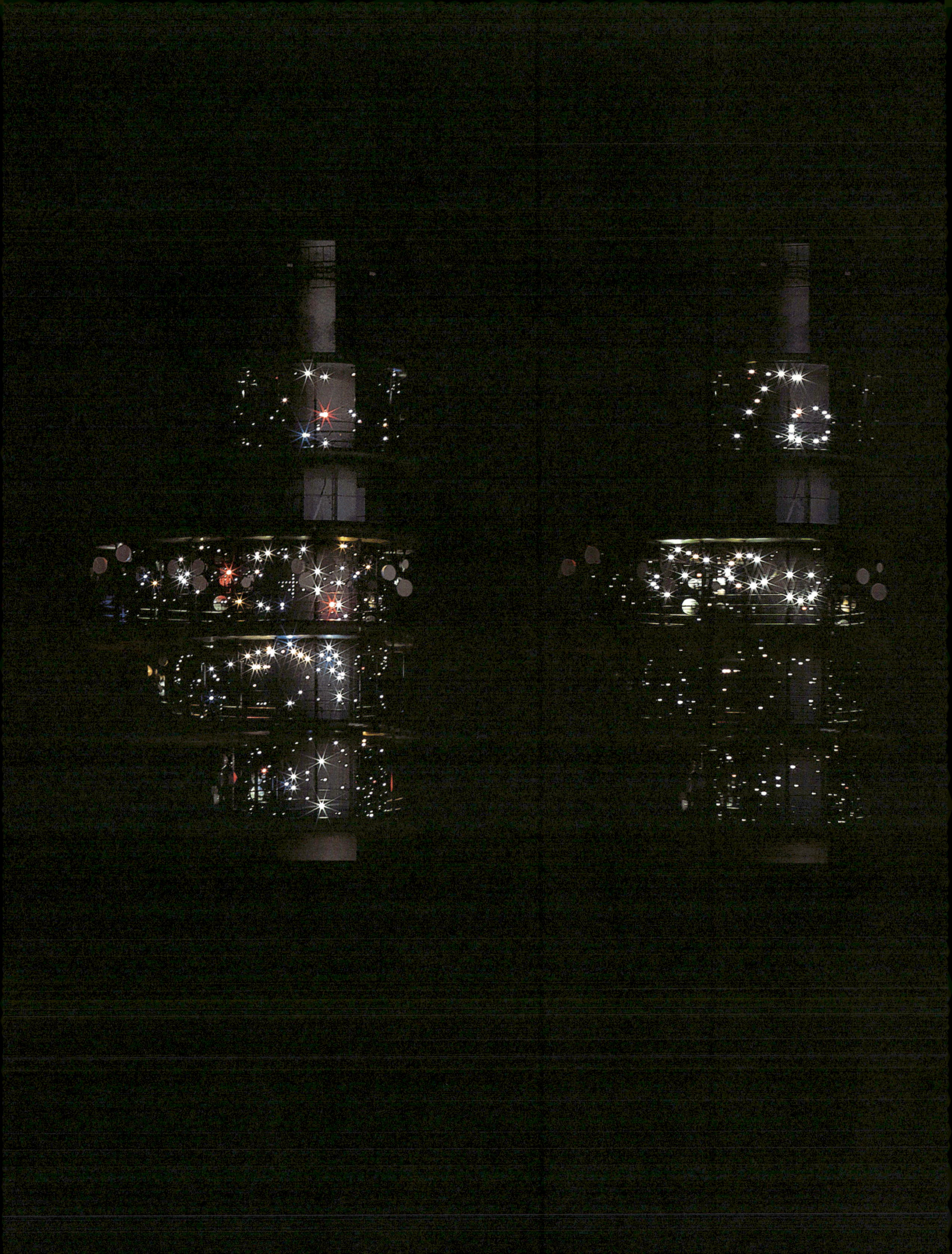

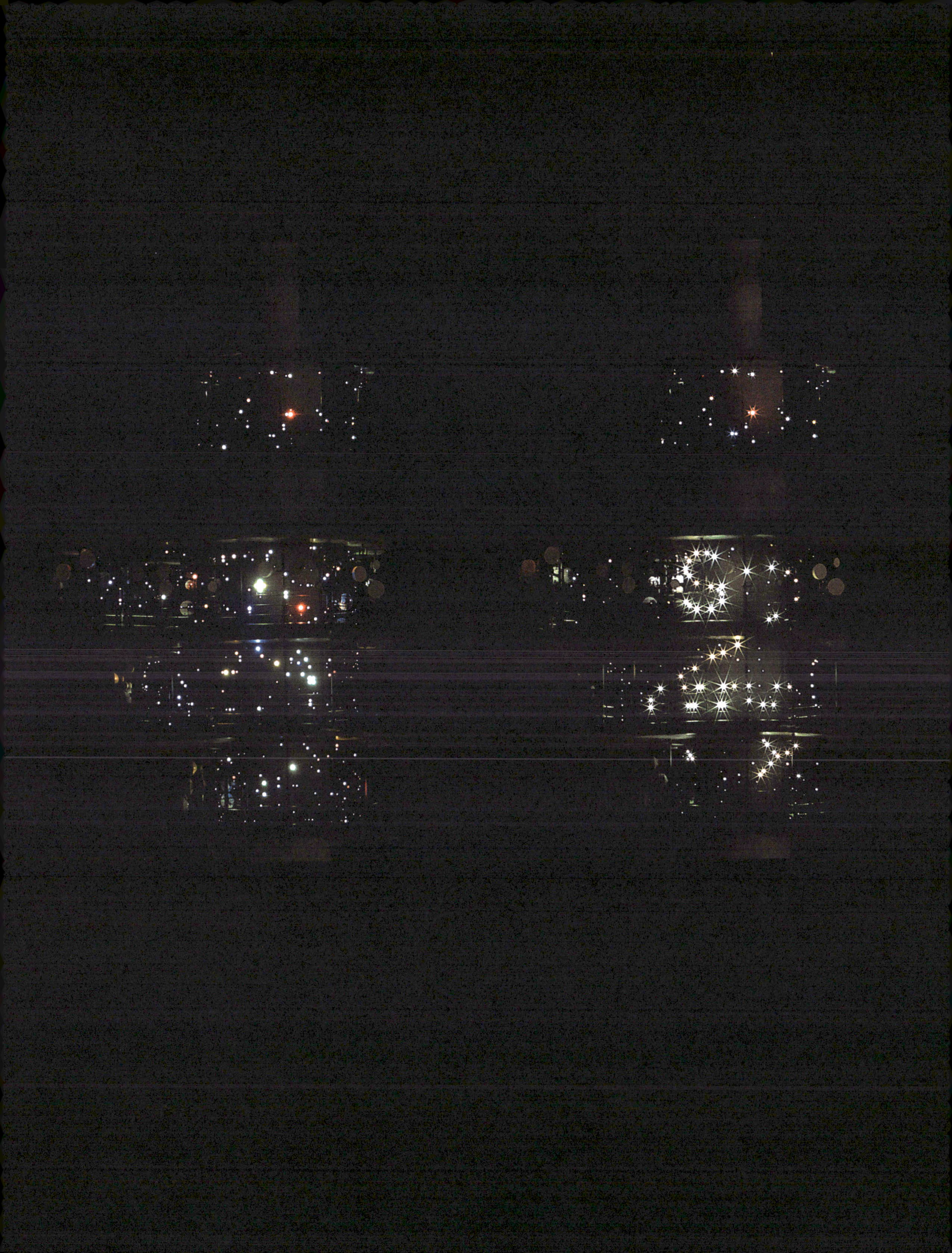

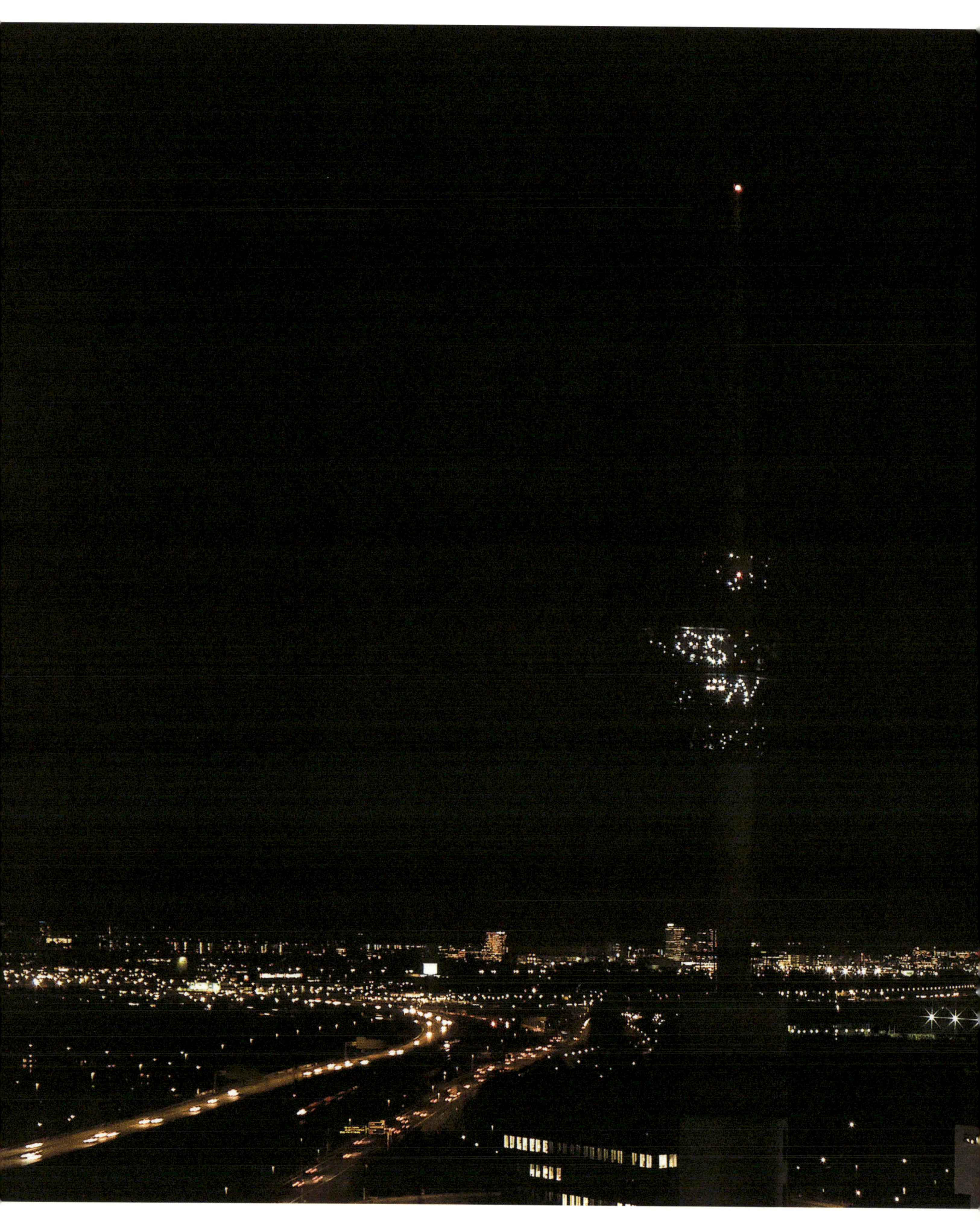

Kristalpaleis

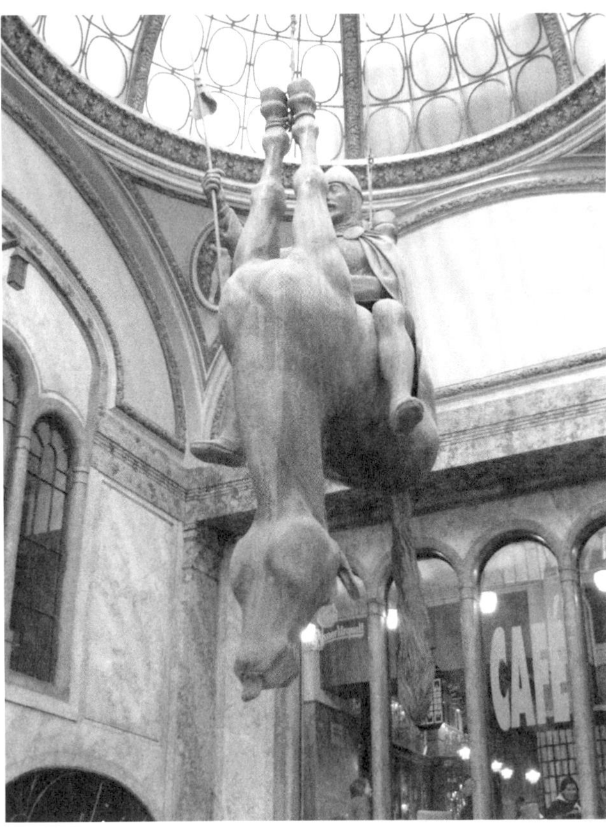

David Černý,
Horse, Prague, 1999

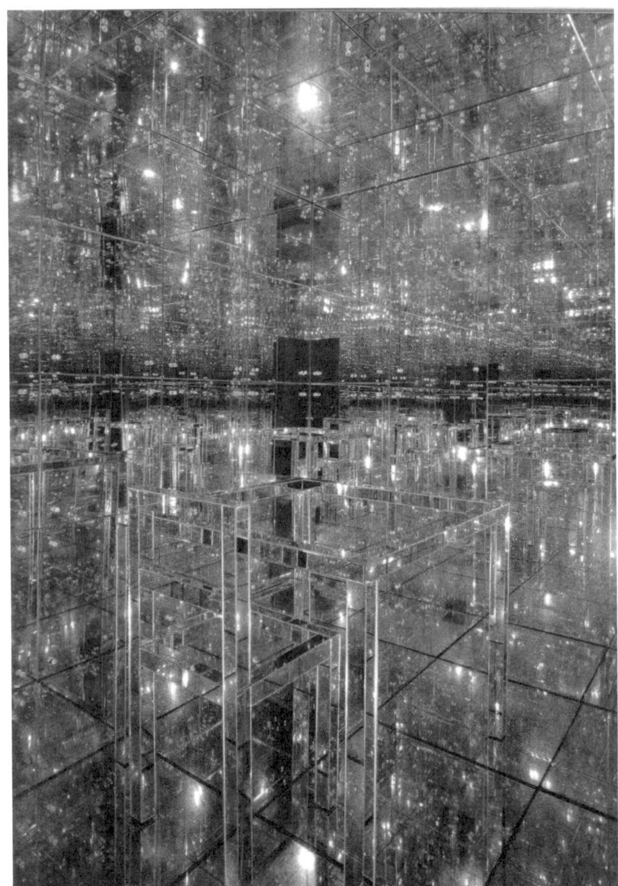

Lucas Samaras, *Room no. 2 or Mirror Room*, 1966

Kristalpaleis, 2009, Elicium, RAI, Amsterdam

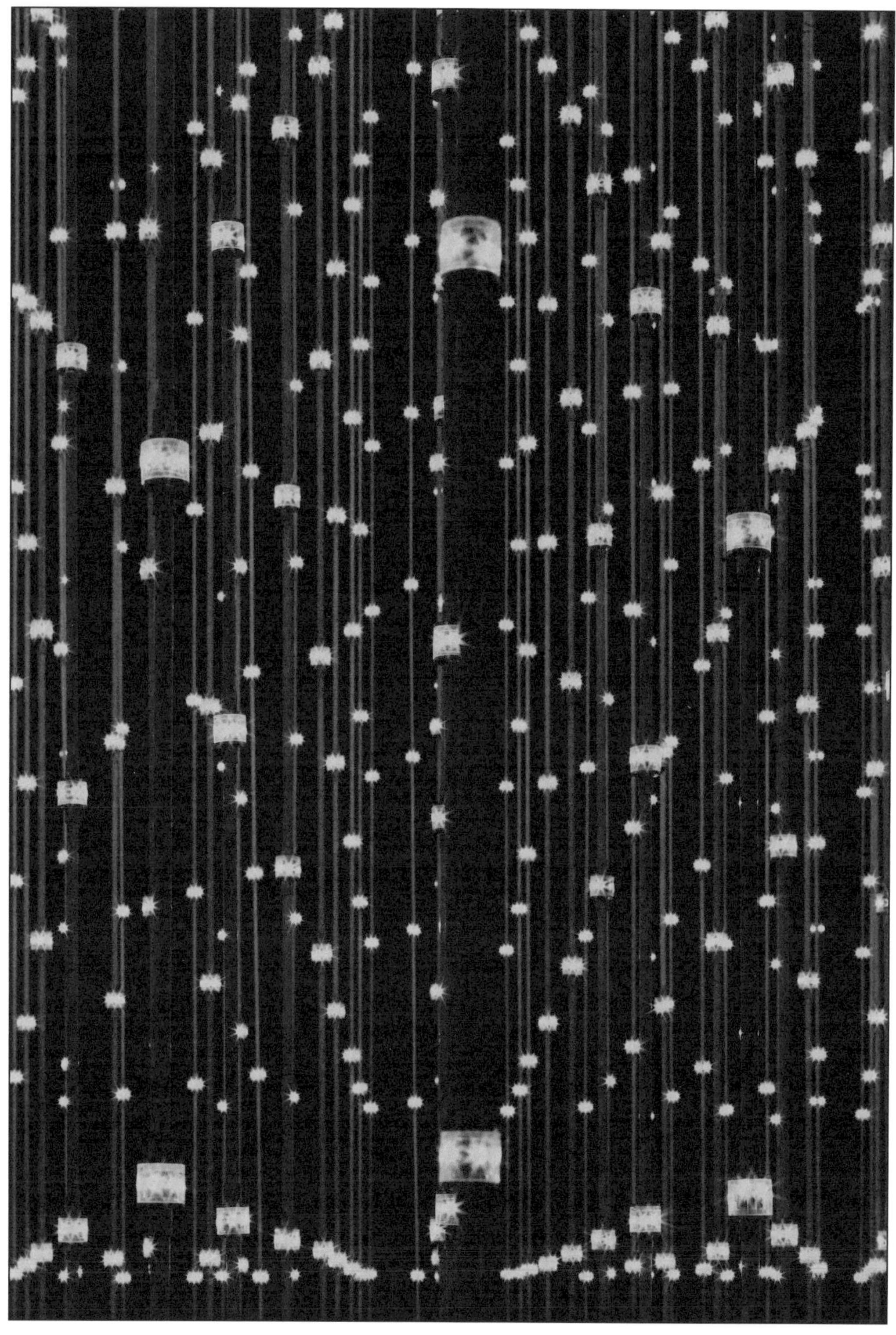

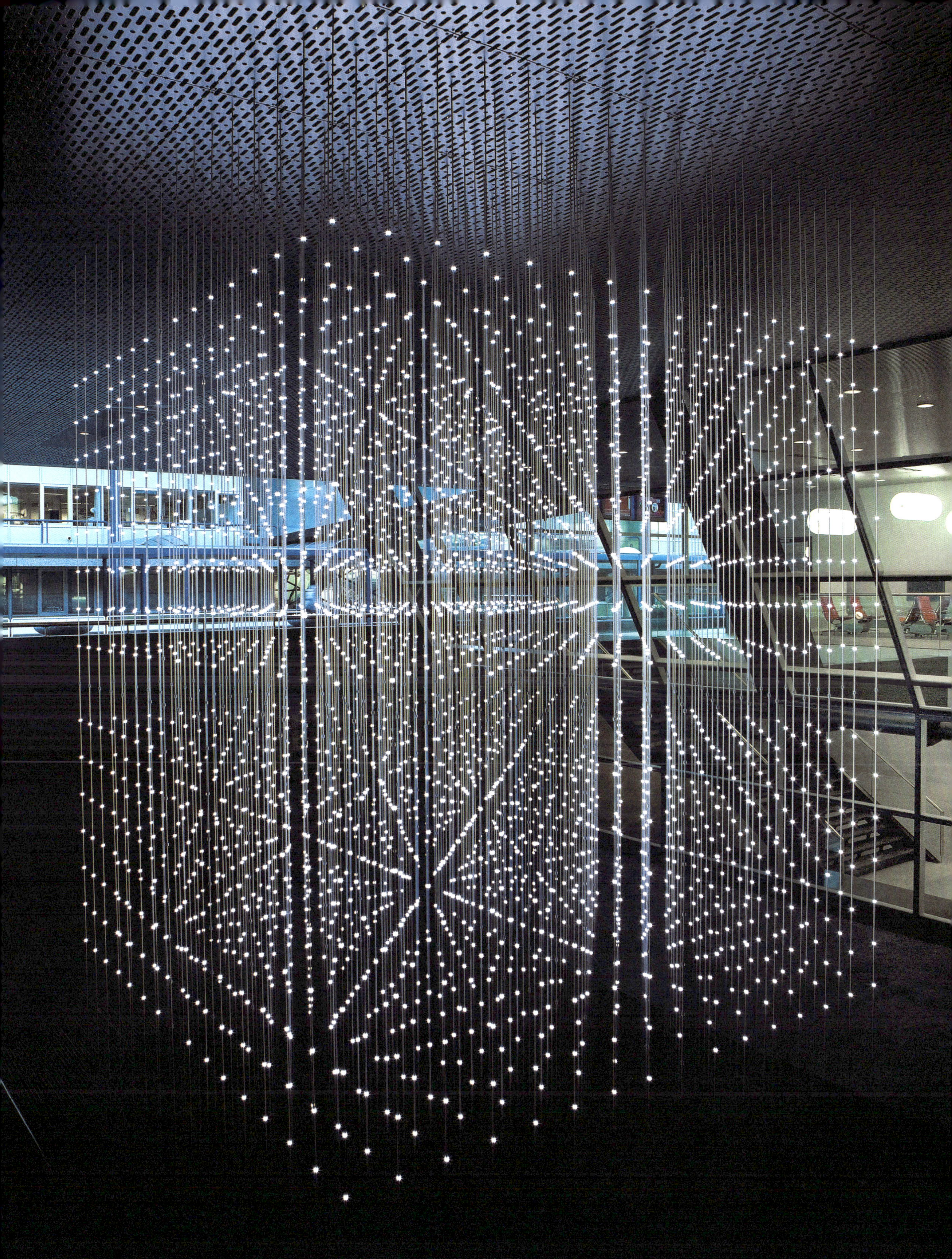

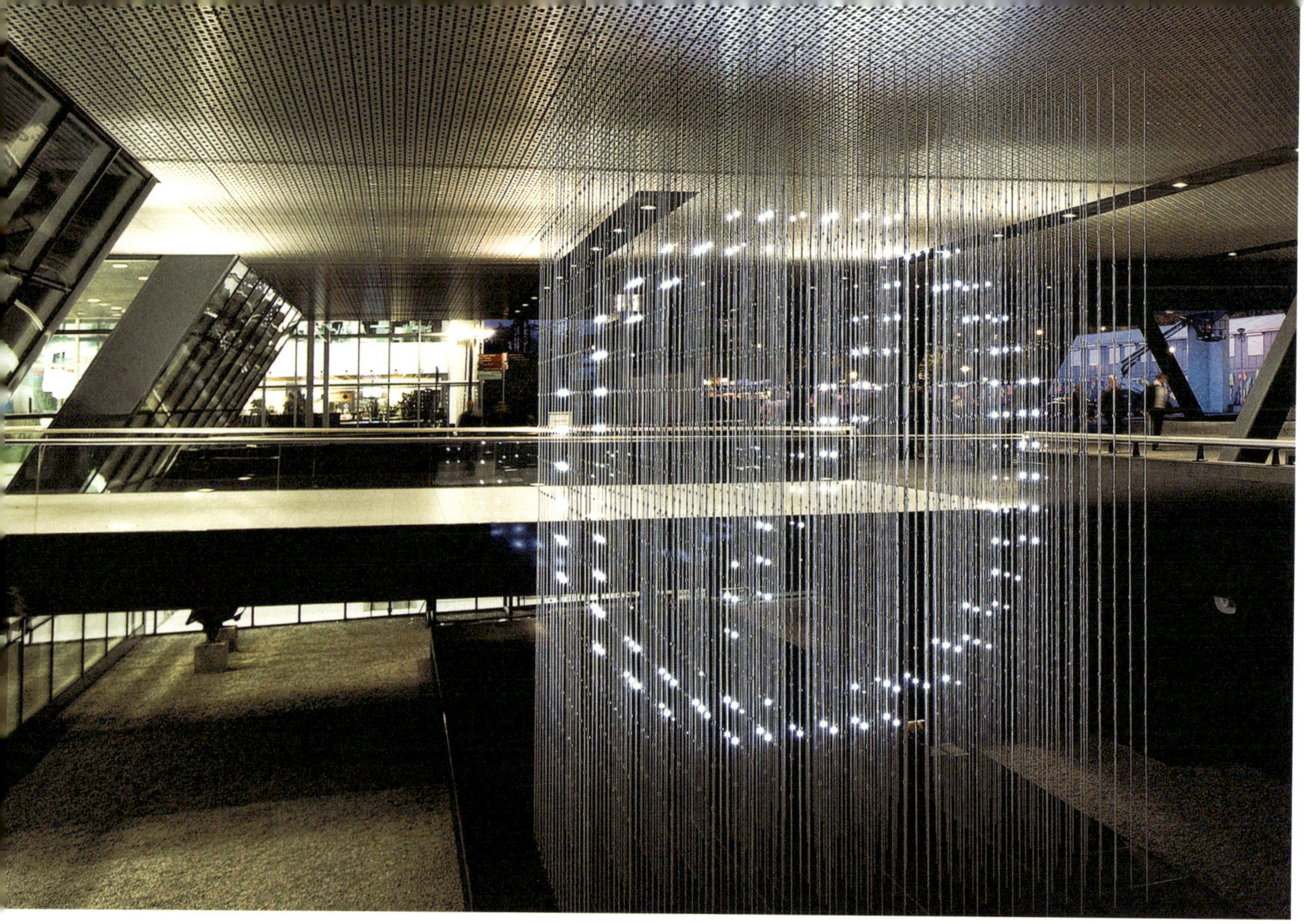

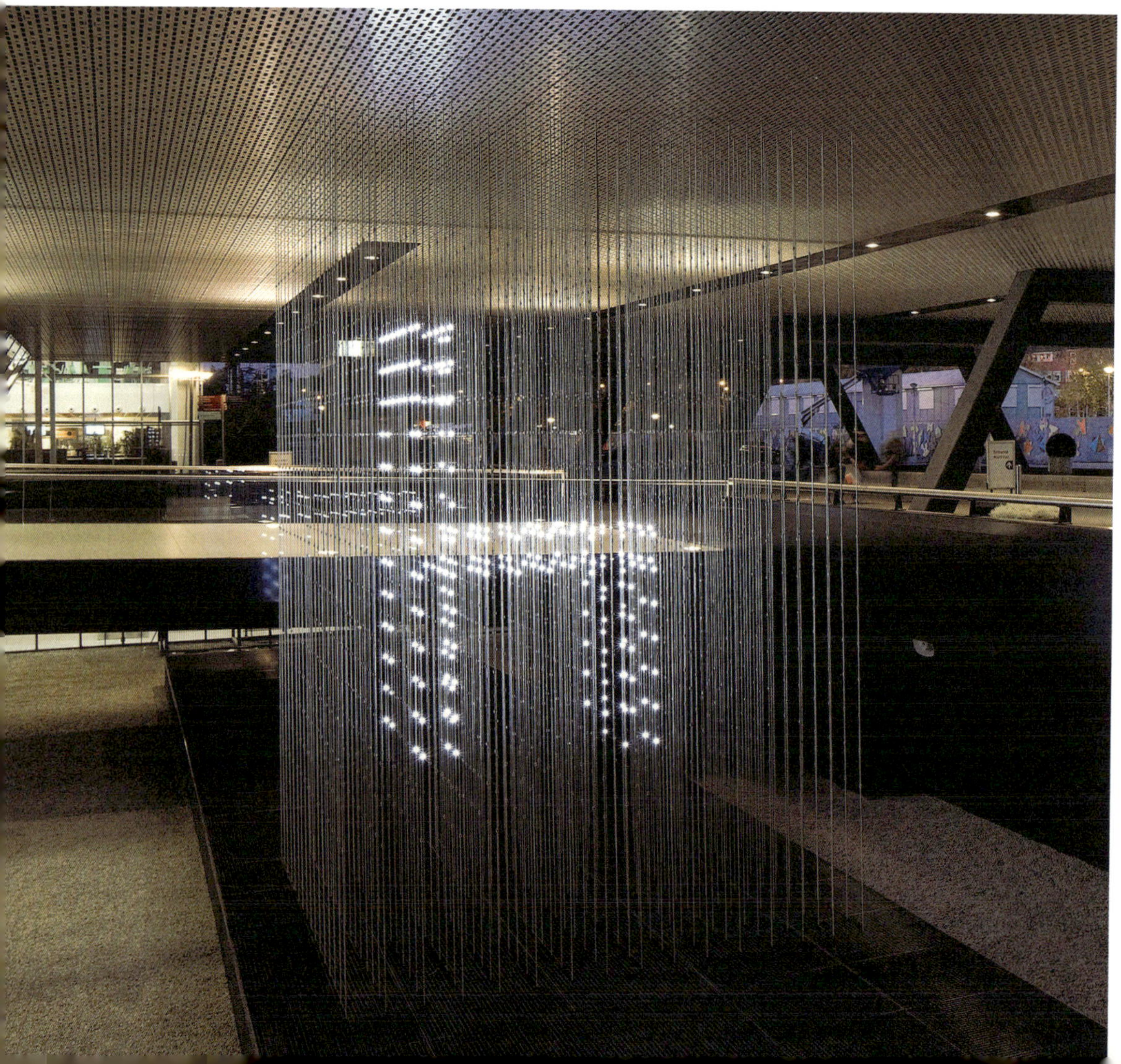

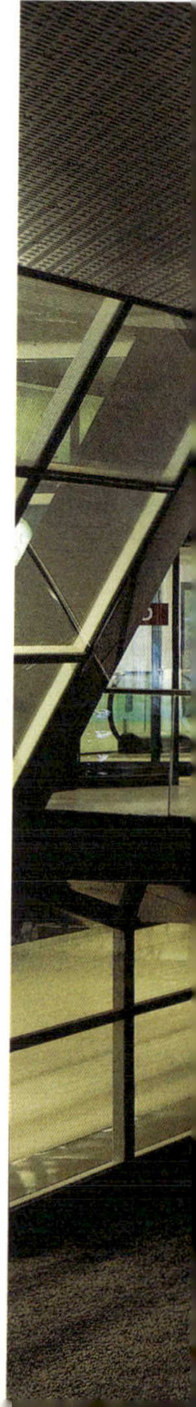

Kristalpaleis, 2009

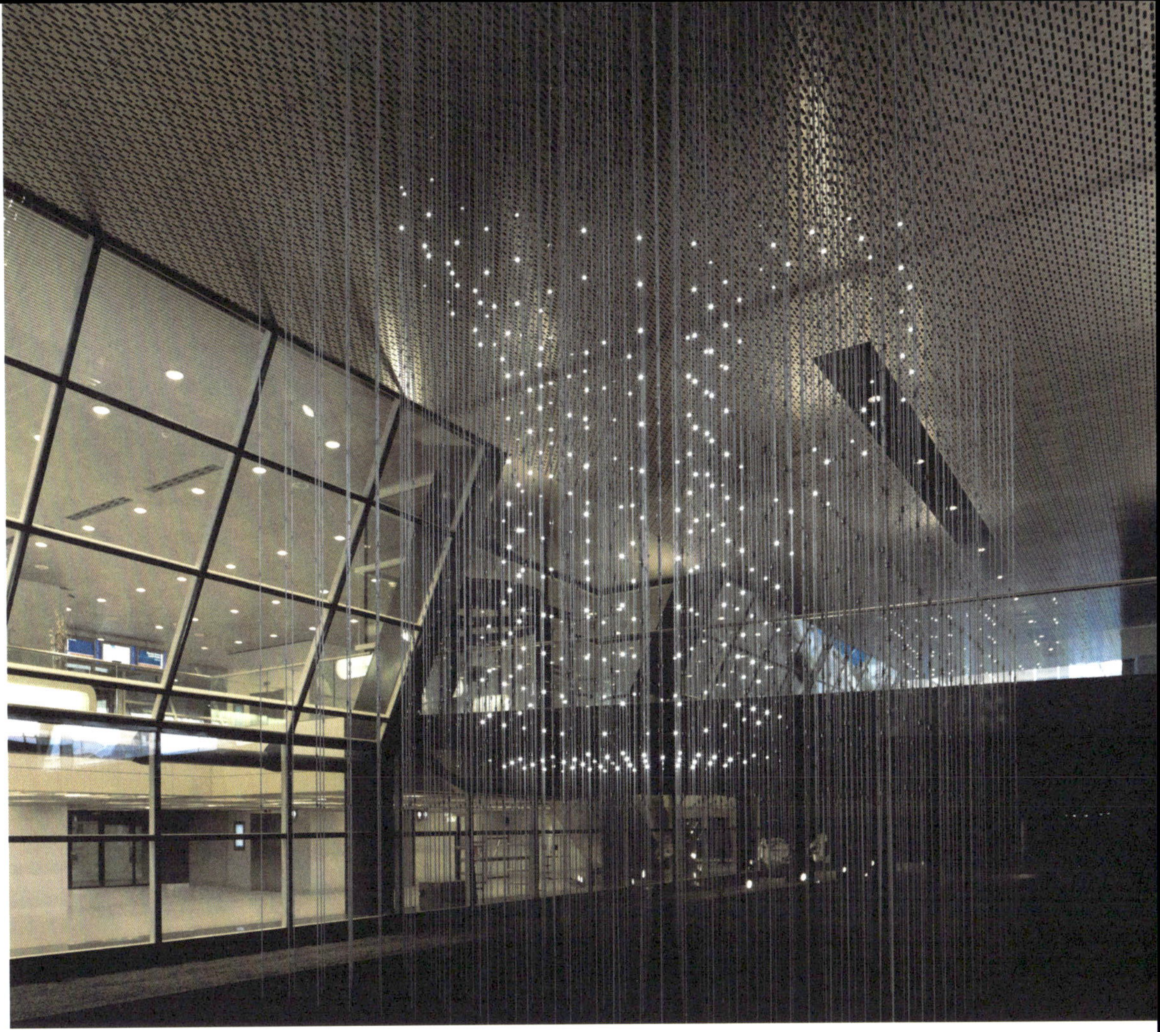

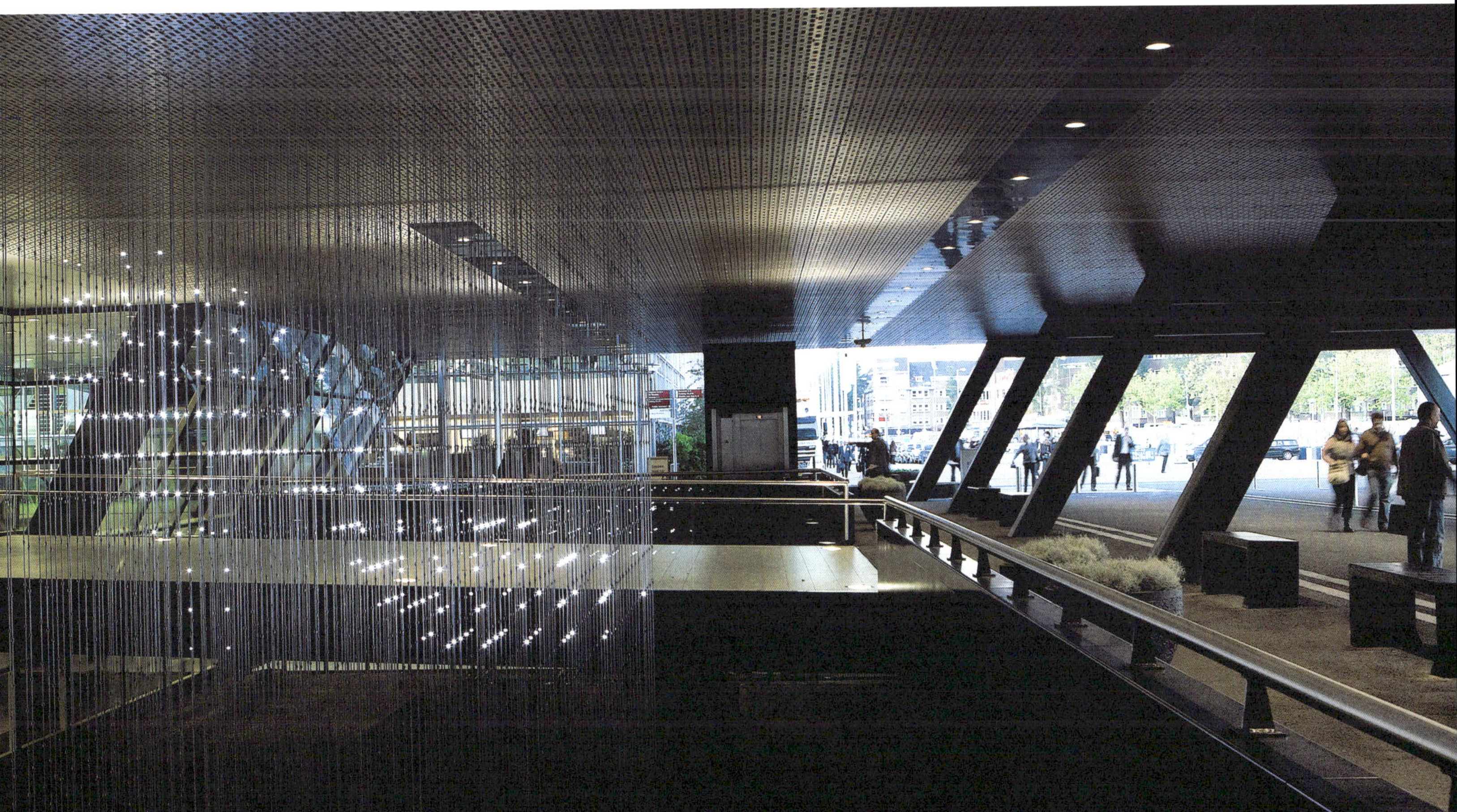

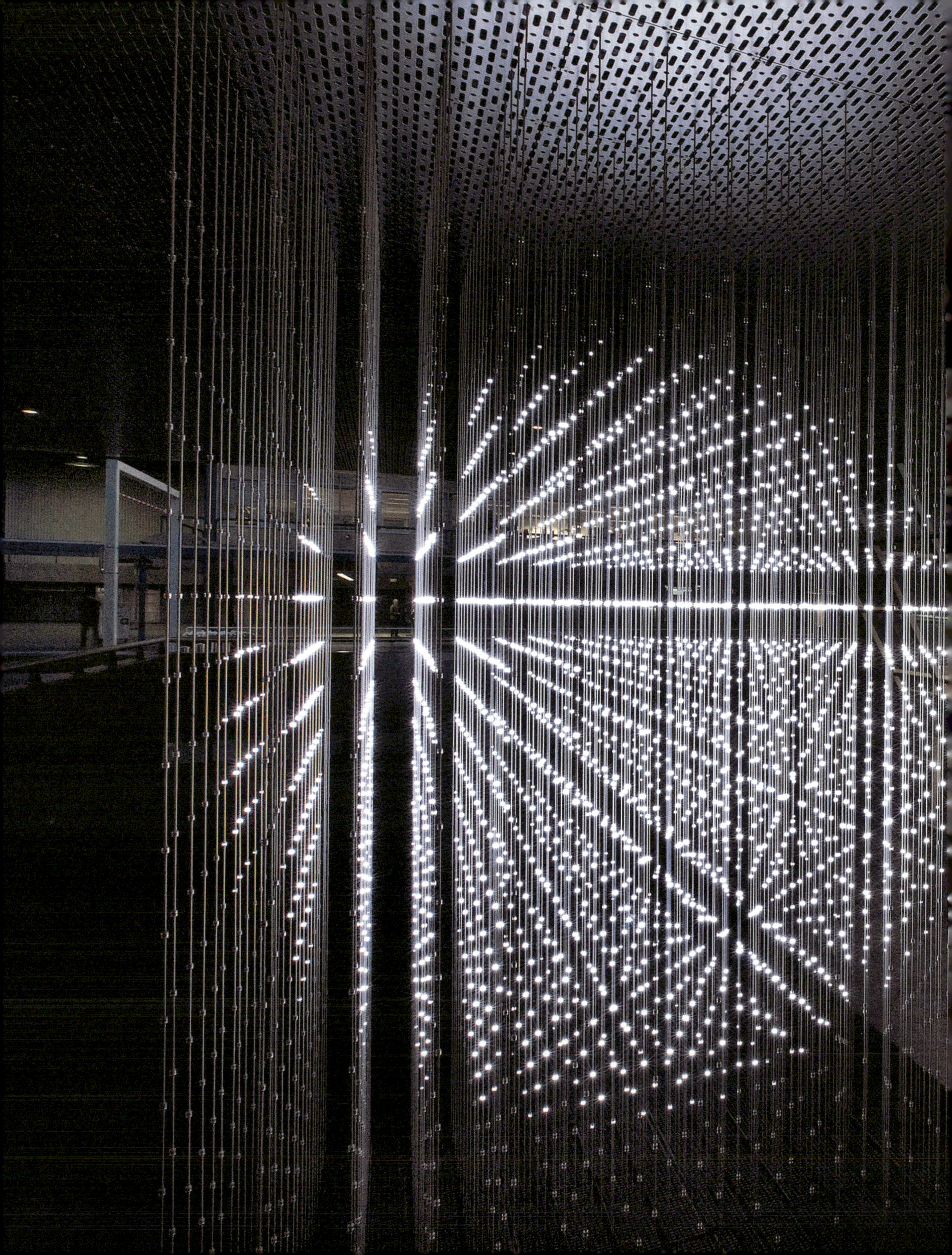

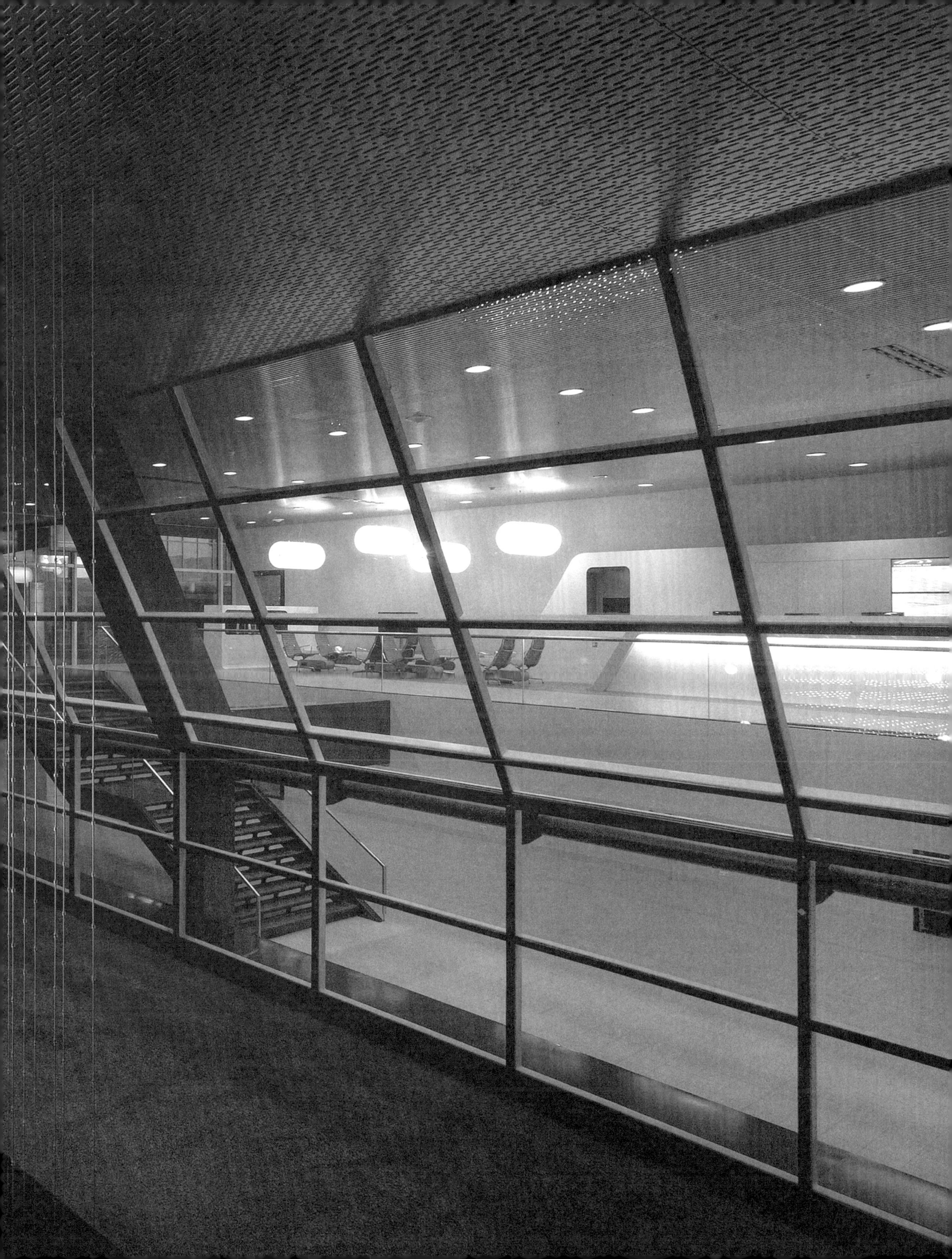

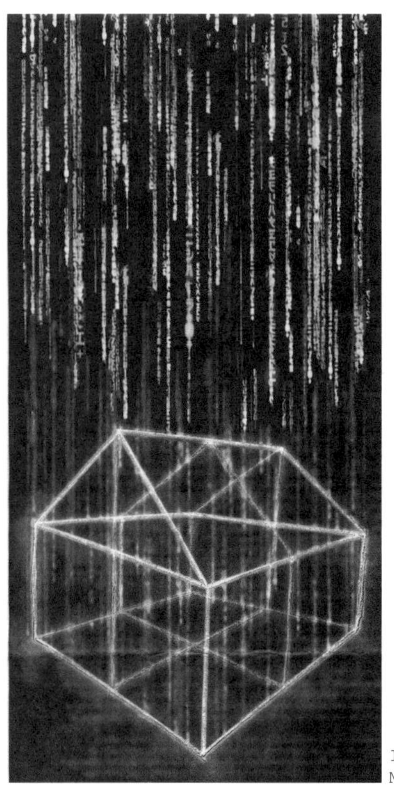

Illustration by
Mike Otting, 2008

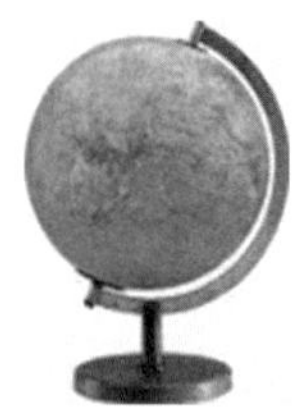

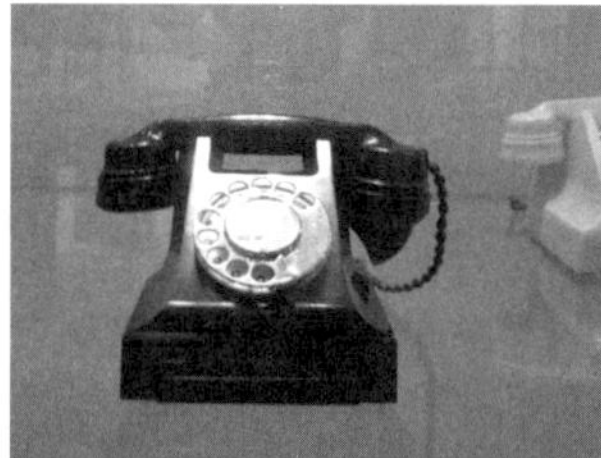

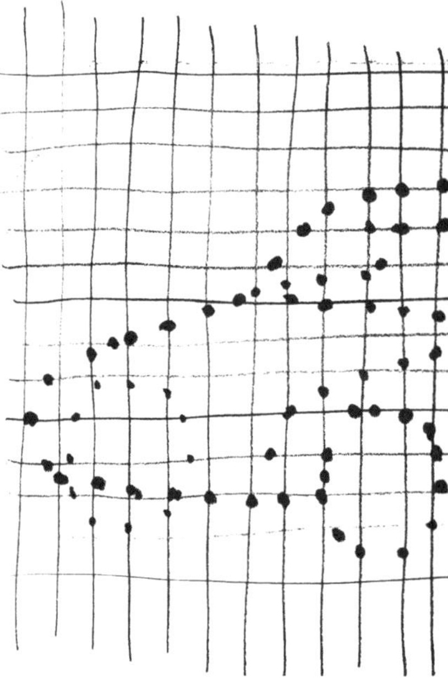

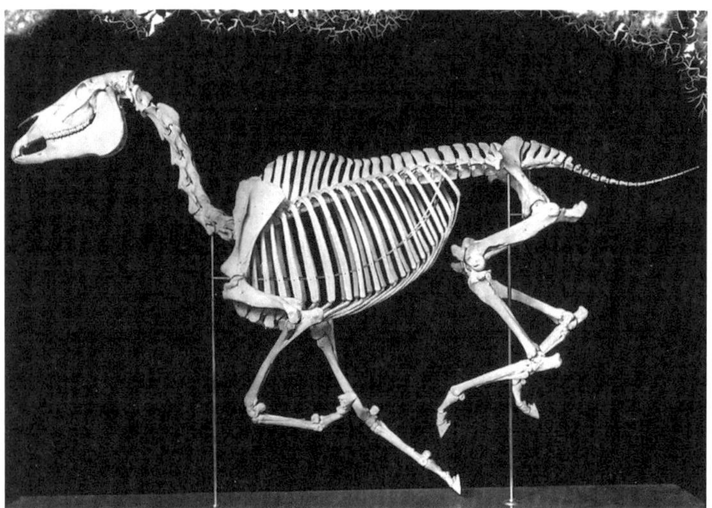

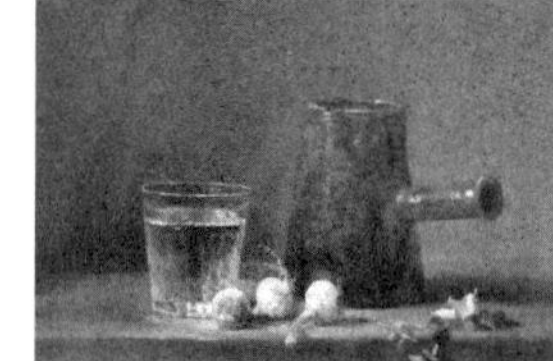

Jean-Baptiste Chardin,
*Glass of Water and a
Coffee Pot*, 18th century
(exact date unknown)

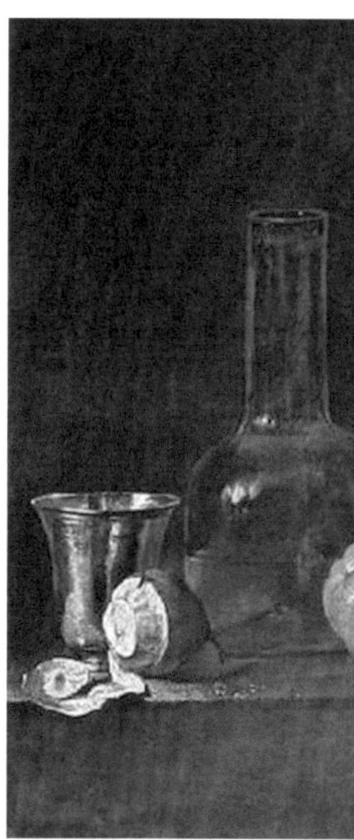

Jean-Baptiste Chardin,
*Still Life with Carafe,
Silver Goblet and Fruit*,
18th century (exact date
unknown)

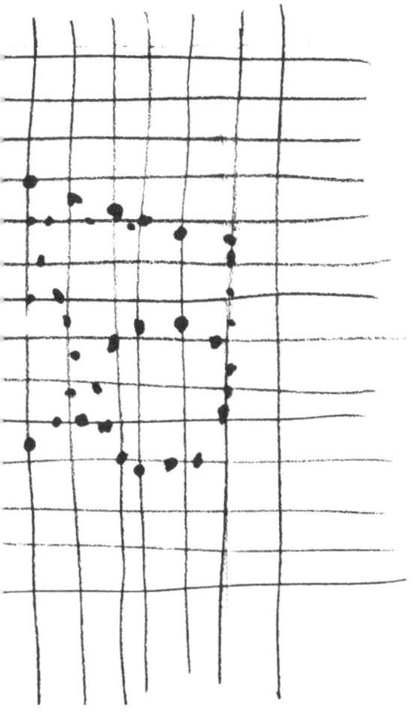

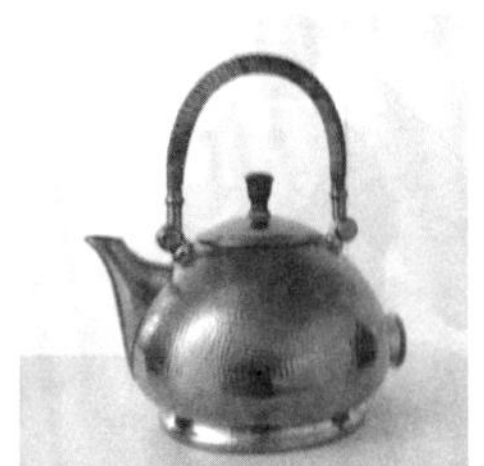

3D renderings for *Kristalpaleis*

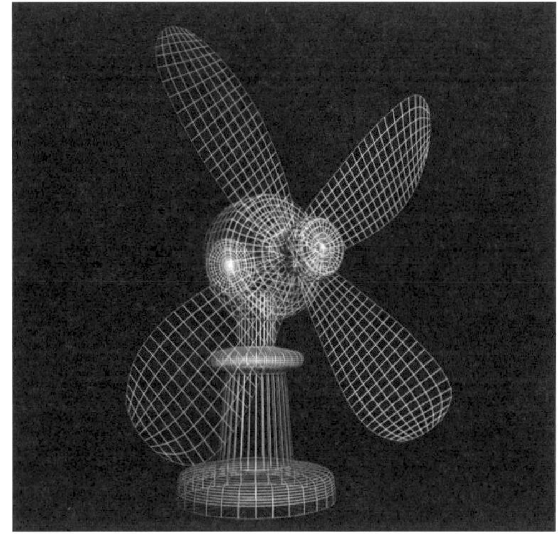

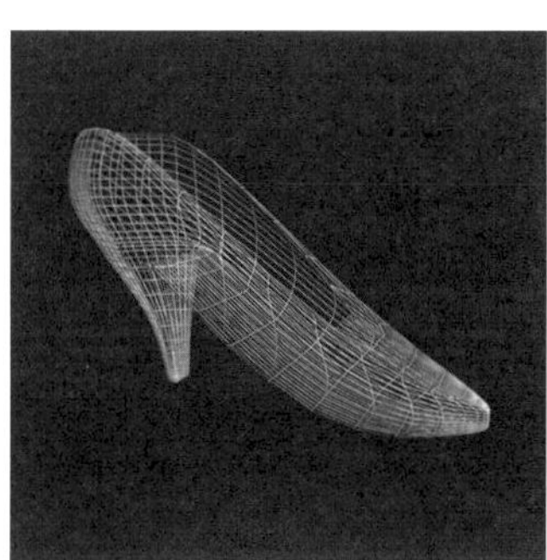

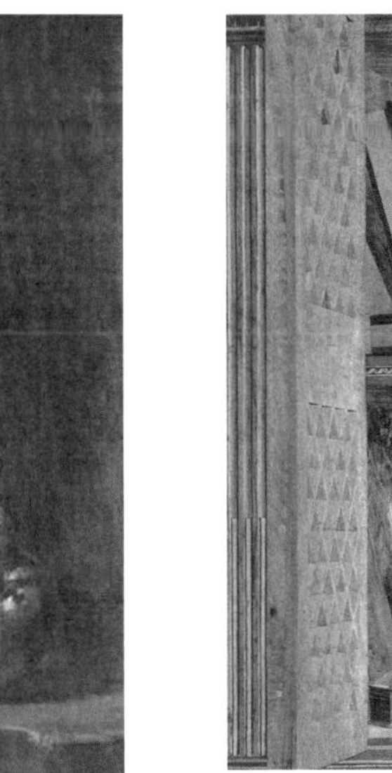

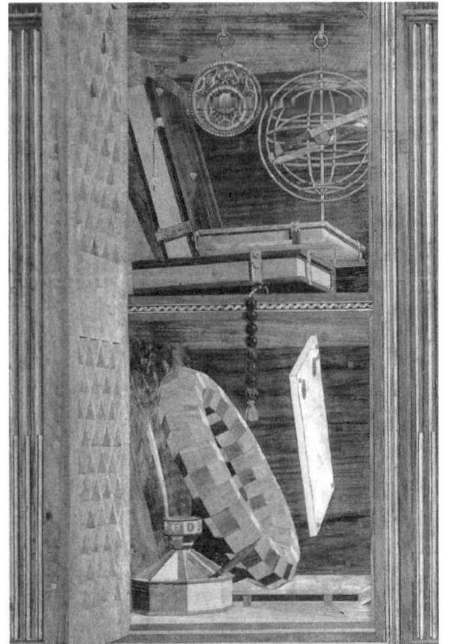

Intarsia panel from the *studiolo*
of Federico da Montefeltro,
Urbino, Italy, 15th century

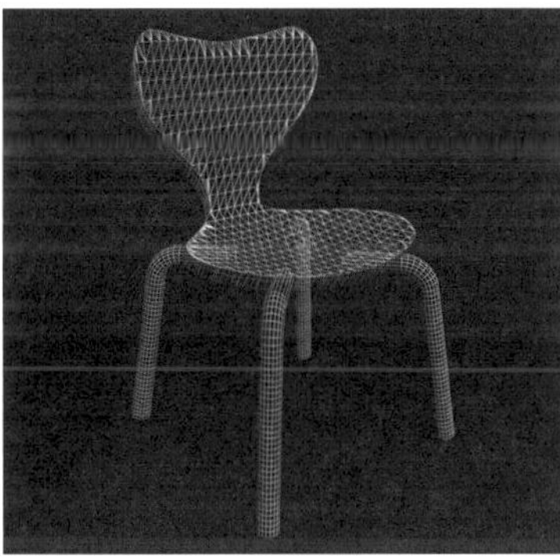

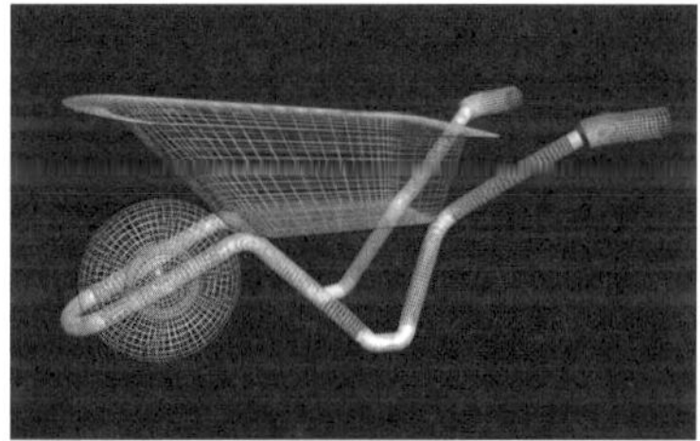

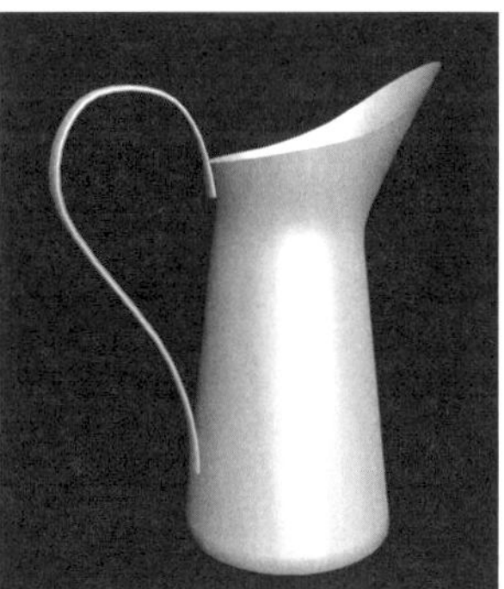

////////////////////////////////////
schoen

2000   bitmapname   schoen
0   animate
0 layer 1
0 clearlijnobject

0 layer 4
0 offsetverplaats 0 9 0 2
0 layer 5
0 offsetverplaats 0 -10 0 2

3000 layer 4
0 clearlijnobject
0 layer 5
0 clearlijnobject

17000
////////
                           wiek

0   bitmapname schoeneind

2000 layer 0
0 offset 0 10 0
0   openlijnfile wiek.txt
0   nextlijnobject
0 offsetverplaats 0 -18 0 20
0 roteeraan 10 0 0

16000   stopanimate
0 geenbitmap

5000 scale 100
0 reset

\\\\\\\\\\\\\\\\\\\\\\\\\
            bol vergroot tot vier-
kant

0 layer 1
0   openlijnfile bol1.txt
0   nextlijnobject
0 scale 102
9000 scale 100
0 gevangenbaluit
klok

0   bitmapname   klok2
0 animate
0 stopanimate
3000   animate

0 layer 0
0 verplaats 0 -25 0 1
0 layer 1
0 verplaats 0 -25 0 1

30000   bitmapname klokeind
8000   stopanimate
0   geenbitmap

0 reset

///////////
            bol en twee kubusjes
0 fade 120
0 layer 0
0 offset 0 12.5 0
0   openlijnfile bol9.txt
0   nextlijnobject
0 offsetverplaats 0 -12.5 0 0.5
0 verplaats 0 -2.5 0 0.1
500 verplaats 0 6 0 0.3
300 verplaats 0 -6 0 0.3
300 verplaats 0 2 0 0.3
300 verplaats 0 -2 0 0.3
300 verplaats 0 1 0 0.3
300 verplaats 0 -1 0 0.3
300 verplaats 0 0.5 0 0.3
300 verplaats 0 -0.5 0 0.3

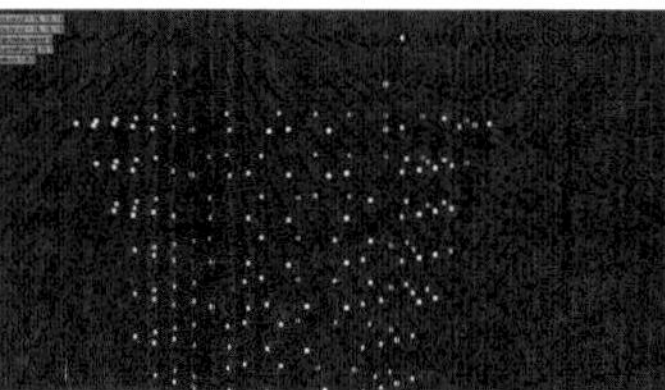

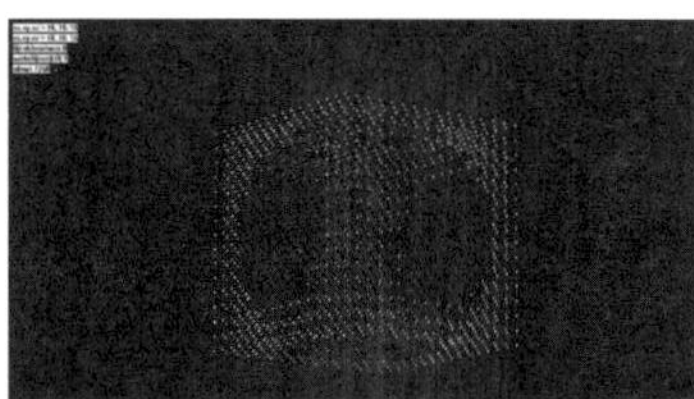

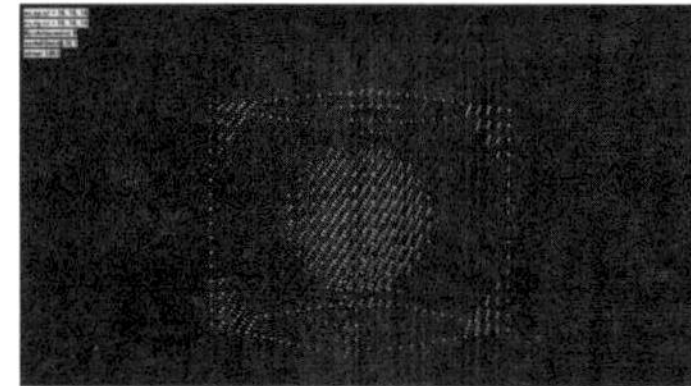

Screen shots of the emulation
software

Elicium, RAI exhibition building,
Amsterdam, by Benthem Crouwel
Architects

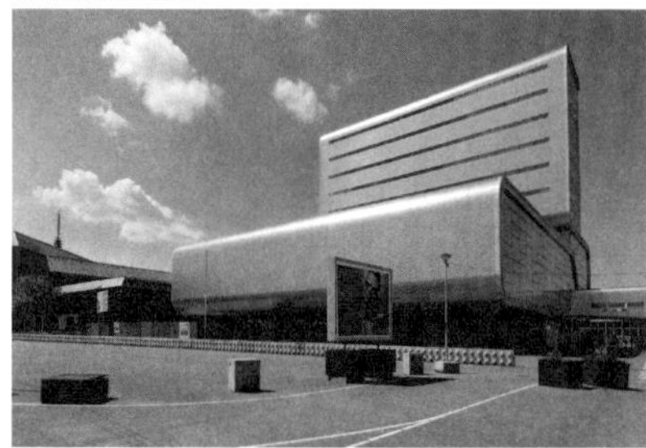

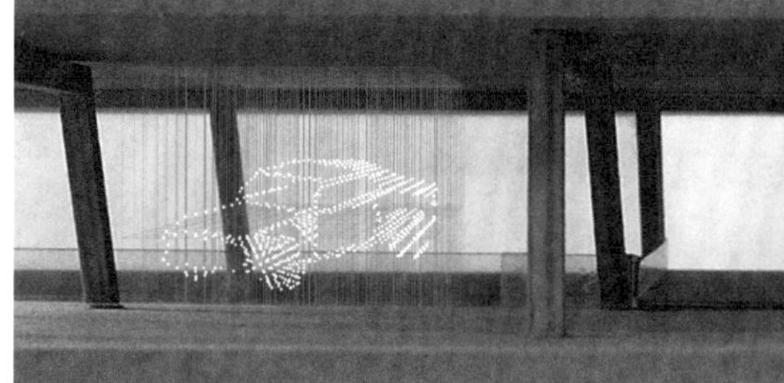

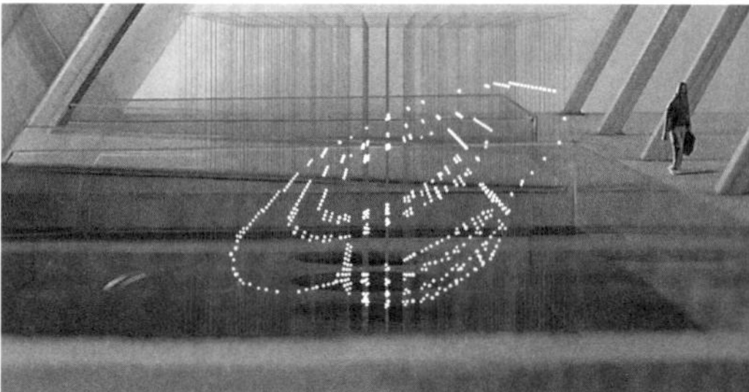

3D drawings

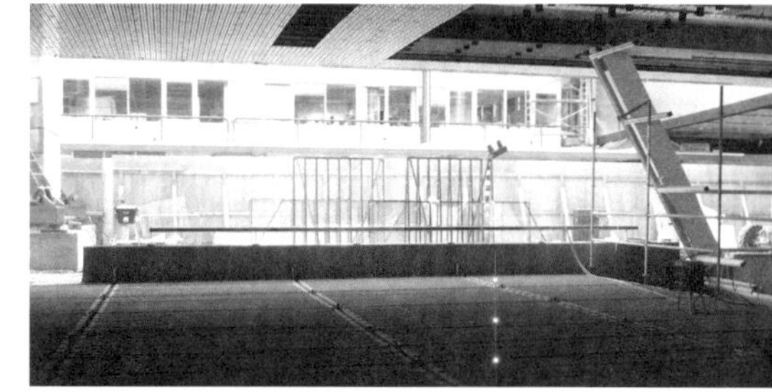

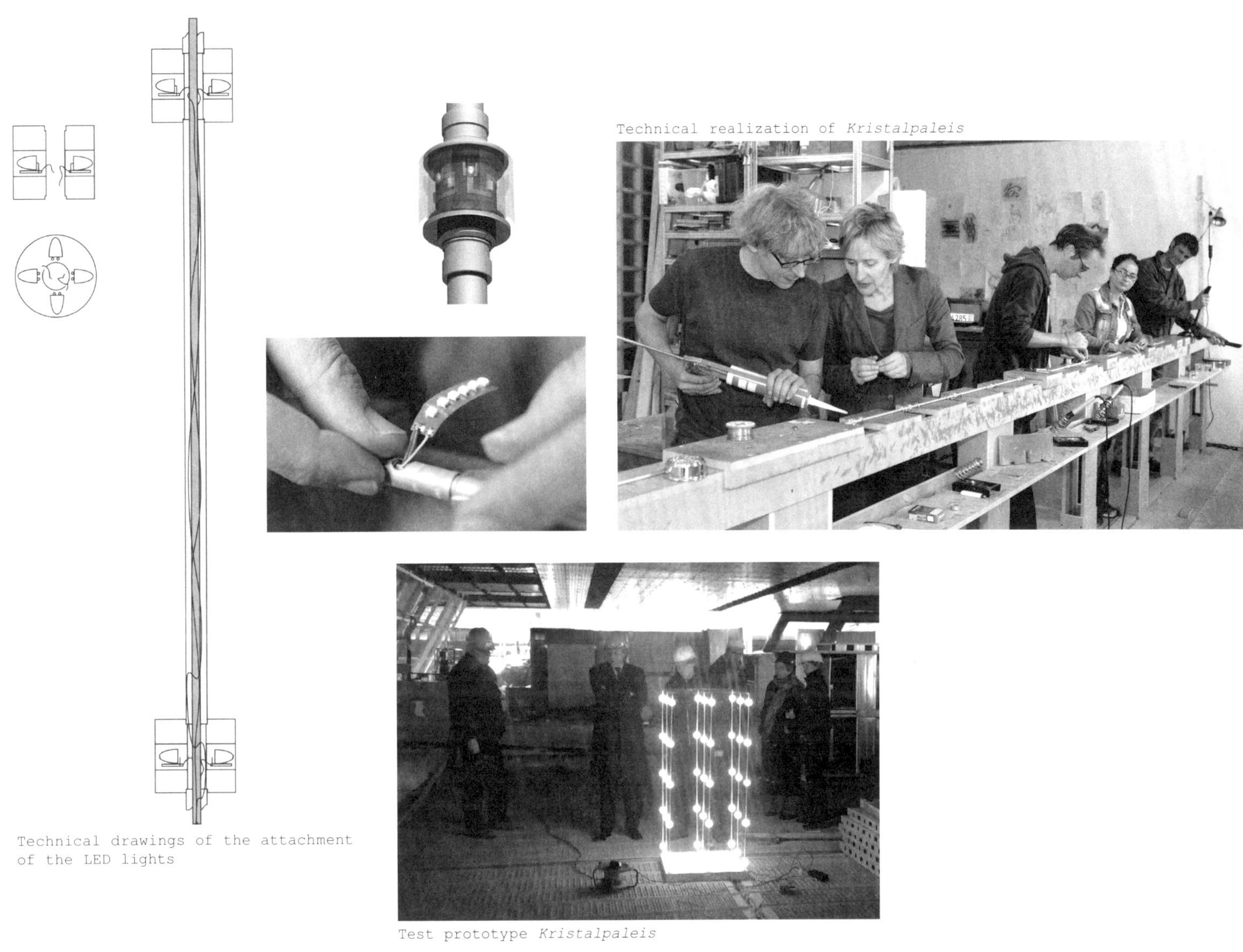

Technical realization of *Kristalpaleis*

Technical drawings of the attachment
of the LED lights

Test prototype *Kristalpaleis*

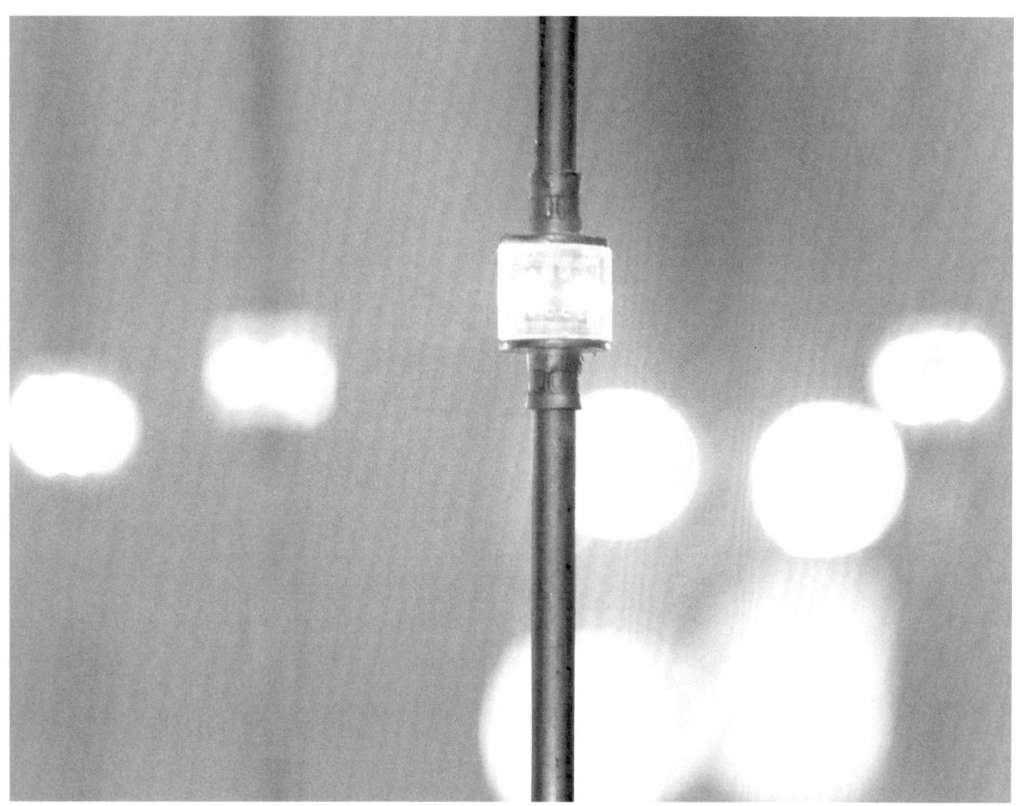

Christophe Van Gerrewey

Some Splash of Real

The Work of Giny Vos as a Solo Exhibition in the Netherlands.

The social significance of art lies in interrupting normal experience and the ensuing enrichment. Robert Musil

Giny Vos has implemented art in public spaces all over the Netherlands in such cities as Amsterdam, Nijmegen, Utrecht, Leiden, Groningen and Apeldoorn. So these works are in the open air, on seemingly ordinary locations that lack any magic, that can be entered free of charge, and where there is no guide who has to be followed. Is it possible to visit this Netherlands as one big open air museum, to regard these cities as stopping places in a retrospective dedicated to the work of a single artist scattered over a single country? If an oeuvre is scattered over public locations, can it still be viewed, considered and described as a whole without the attention and concentration that are specific to the museum? Why not?

These are meaningless questions to anyone who is genuinely receptive to art. The condition that art must be placed in a museum or (eventually) be destined for a museum is futile. As Bart Verschaffel wrote in 'Niet voor het museum. Over kunst en openbaarheid' [Not for the museum. On art and public space], the public space is not literally a place where everything is visible and as 'accessible' as possible; it is what he calls 'an operation'.[1] In the last resort, the notion that the museum space satisfies the condition of art more and better is an illusion, for it is quite possible for art in a museum to remain really sterile, unviewed, and unchallenged, but simply blindly accepted and venerated. Vice versa, it often happens that art in the 'genuine' public space forms an obstruction and blocks daily life, so that it is only viewed with aggression or irritation. The distinction between the way art is taken for granted in the museum, on the one hand, and its unexpected quality in a street or square, on the other, is too subtle to stand generalisation, and thus not really usable. Wherever art is situated, to cite from the same essay, it 'inhales the surrounding culture and, almost imperceptibly, breathes something into the general culture'.

So art absorbs something from its surroundings, be they a house, a museum or a street. In his book *Public Projects or The Spirit of a Place*, Ilya Kabakov has used that insight to launch an attack on what he calls the 'Modernist approach': just as the historical avant-garde saw it as its task to attack and criticise the museum, so a lot of public art has been made that has confronted the public domain with *faits accomplis* and abstract,

Christophe Van Gerrewey

Some Splash of Real

Het werk van Giny Vos als een solotentoonstelling in Nederland.

De sociale betekenis van de kunst ligt in het doorbreken van het normale beleven en de daaruit voortvloeiende verrijking. Robert Musil

Over heel Nederland, in steden als Amsterdam, Nijmegen, Utrecht, Leiden, Groningen en Apeldoorn, heeft Giny Vos kunst gerealiseerd in de publieke ruimte. Deze werken bevinden zich dus in de openlucht, op schijnbaar gewone plekken, die niets magisch hebben, die gratis toegankelijk zijn en waar geen gids aanwezig is die gevolgd moet worden. Is het mogelijk om dit Nederland als één groot museum in de openlucht te bezoeken, om deze steden te beschouwen als stopplaatsen in een overzichtstentoonstelling, gewijd aan het werk van één kunstenares, verspreid over één land? Kan een oeuvre, verspreid over openbare plekken, zonder de aandacht en de concentratie eigen aan het museum, toch als geheel bekeken, beschouwd en beschreven worden? Waarom niet?

Voor wie echt ontvankelijk is voor kunst zijn het zinloze vragen. De eis dat kunst in een museum zou moeten staan of (uiteindelijk) voor een museum bestemd zou moeten zijn, is futiel. Zoals Bart Verschaffel schreef in 'Niet voor het museum. Over kunst en openbaarheid' is het publieke niet letterlijk een plaats waar alles zichtbaar en zo veel mogelijk 'toegankelijk' wordt: het is daarentegen 'een operatie'.[1] Dat in de museale ruimte meer en beter aan de voorwaarde tot kunst voldaan zou zijn, is uiteindelijk een illusie: het is zeer goed mogelijk dat kunst in een museum pas echt steriel blijft, onbekeken, niet uitgedaagd, maar slechts stom en zwijgend geaccepteerd en vereerd. En omgekeerd komt het vaak voor dat kunst in de 'echte' publieke ruimte hinderlijk in de weg staat en het dagelijkse leven blokkeert, zodat ze slechts met agressie of ergernis bekeken wordt. Het onderscheid tussen het vanzelfsprekende van kunst in het museum, en van het onverwachte ervan in een straat of op een plein, is te subtiel om het te kunnen veralgemenen – en dus is het eigenlijk onbruikbaar. Waar de kunst ook staat, het komt erop aan dat ze – met een omschrijving uit hetzelfde essay – 'de omliggende cultuur inademt, en de algemene cultuur, bijna ongemerkt, iets inblaast.'

Kunst ontvangt dus iets van haar omgeving, of dat nu een huis, een museum of een straat is. In zijn boek *Public Projects or The Spirit of a Place* heeft Ilya Kabakov vanuit dat besef een aanval ingezet op wat hij de 'modernistische aanpak' noemt: zoals de historische avant-garde het als haar taak heeft gezien het museum aan te vallen en te bekritiseren, zo is er veel publieke kunst gemaakt die het openbare domein voor voldongen feiten heeft gesteld en met abstracte, monumentale of sculpturale elementen heeft geconfronteerd.[2] Het gaat in dit geval om Kunst die duidelijk door een Auteur is gesigneerd, en die zich weinig of niets gelegen laat aan haar omgeving.

Kabakov noemt geen namen, maar we kunnen het werk van bijvoorbeeld Richard Serra of Sol LeWitt wel tot dat van zijn opponenten rekenen. Hij construeert zo een strikte tegenstelling tussen autonome en dienstbare kunst, tussen een verhalende omgang met de geschiedenis en een vormelijke negatie van elke aanwezigheid. Het is een verleidelijk retorisch argument, maar het klopt niet helemaal. Ook de *genius loci* is een relatief en eigenlijk romantisch begrip, dat niet per definitie wordt genegeerd omdat het geen narratieve navolging krijgt, maar slechts een vormelijke reactie.

Precies tussen die twee uitersten in – abstracte, artistieke, gesigneerde vorm en narratieve, volgzame, anonieme installatie – kan het werk van Giny Vos gesitueerd worden. Het luistert aandachtig naar wat de plek te vertellen heeft, maar het noteert de bevindingen van die luistersessie in een eigen agenda. Mochten deze werken niet in de openlucht van Amsterdam, Nijmegen, Leiden en al die andere steden staan, maar in hun musea, dan zouden we hetzelfde met andere woorden kunnen zeggen: dit werk is de museale sfeer waarin het te gast is dankbaar, maar het doet daarna, binnen die respectvolle grenzen, ook wat het thuis zou doen.

Het werk dat Giny Vos maakte voor het beurscomplex RAI in Amsterdam is het beste voorbeeld van die aanpak. Het gaat om een kubus die wordt gevormd door dunne snoeren van zestien witte lichtjes. In het driedimensionale veld dat zo ontstaat, worden afwisselend abstracte constructies en levensechte voorwerpen zichtbaar gemaakt. Een stoel wordt als in een powerpointpresentatie opgevolgd door een wervelend horizontaal vlak... een doos gaat als een geschenk vanzelf open... een bol wordt vanuit het middelpunt steeds groter en verdwijnt... een koffiekan draait rond en helt over...

Het werk, getiteld *Kristalpaleis*, hangt voor de entree van het nieuwe beursgebouw van Benthem Crouwel Architecten. Het toont zich zo als een digitale fata morgana aan alle bezoekers van de RAI, die tijdelijk verenigd zijn door één objectief: kopen en verkopen. Elke voorbijganger is een archetypische hedendaagse consument, die op en rond de RAI verhevigd ervaart waar het westerse leven om draait, althans volgens de wensen van een groot

monumental or sculptural elements.[2] In this case it is about Art that is clearly signed by an Author, and which pays little or no heed to its surroundings.

Kabakov does not give any names, but we can consider the work of artists like Richard Serra or Sol LeWitt as representing that of his opponents. Kabakov thus constructs a strict opposition between autonomous and applied art, between a narrative approach to history and a formal negation of any presence. It is a tempting rhetorical argument, but it is not entirely convincing. The *genius loci* too is a relative, in fact Romantic notion that is not by definition ignored if it does not meet with a narrative response, but only a formal reaction.

It is precisely between those two extremes – abstract, artistic, signed form and narrative, responsive, anonymous installation – that the work of Giny Vos can be situated. It listens carefully to what the location has to say, but records the findings of that listening session in its own agenda. If these works did not stand outdoors in Amsterdam, Nijmegen, Leiden or one of the other cities, but in their museums, we would be able to say the same thing with different words: this work is thankful to the museum setting to which it has been invited, but after that it does – within those respectful limits – what it would do at home.

The work that Giny Vos made for the RAI exhibition and conference centre in Amsterdam is the best example of such an approach. It consists of

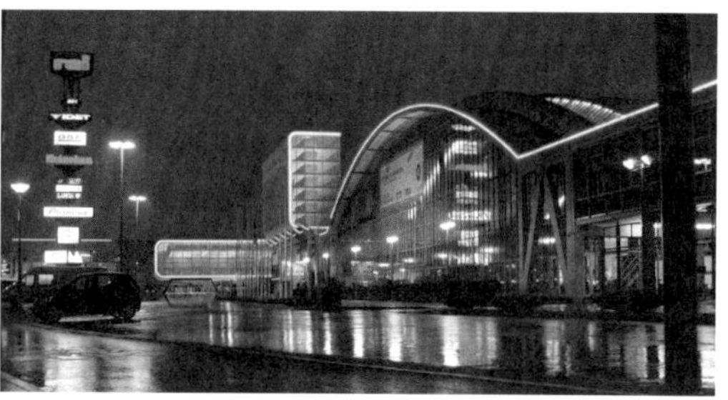

a cube formed by 256 thin aluminium tubes, each fitted with sixteen white LED lights. Alternating abstract constructions and identifiable objects appear in the resulting three-dimensional field. As in a PowerPoint presentation, a chair is followed by a whirling horizontal surface... a box automatically opens like a gift... a sphere emerges from the centre, growing larger and larger before it disappears... a coffee pot rotates and falls over...

The work, entitled *Crystal Palace*, hangs at the entrance of the new RAI building designed by Benthem Crouwel Architecten. Like a digital mirage, it presents itself to all the visitors to the RAI who are temporarily united by a single objective: buying and selling. Every passer-by is an archetypal present-day consumer, for whom the RAI and its surroundings offer an intense experience of what Western life is about, at least according to the wishes of a large part of the Western world. *Crystal Palace* has the aesthetic abstraction of a light sculpture by, say, Dan Flavin, but is also permeated by the childlike realism of the videos of Fischli/Weiss, for example. It is thus an example of dazzling glorification and of critical distance.

The gigantic Crystal Palace in Hyde Park, designed by John Paxton for the Great Exhibition of 1851 in London, was the first trade fair building to be constructed entirely of glass. It also marked the start, as Peter Sloterdijk describes in his book *Im Weltinnenraum des Kapitals*, of a genuinely global capitalism. The *Crystal Palace* of Giny Vos presents both the positive and the negative sides of this situation too, but the work also shows the phantasmagorical character of what goes on in the RAI. Neither the geometric shapes nor the beautiful objects that appear in the shifting constellations of LED lights are real – they are simply energy made visible but always elusive. The same is true of everything that goes in the world of buying and selling that surrounds it, of electronic payment and the acquisition of property and possessions.

Besides the tension between integration and abstraction of the *genius loci*, that is what all the works of Giny Vos have in common: they use modern technology and old-fashioned electrical current to show something that is not really there, but that we are nevertheless bound to regard as real. The illusionism of this art – what we see can disappear at the touch of a switch or in the event of a power cut – is scattered like fairy dust over the its location and surroundings so that this spot and the activities that take place there briefly lose their inevitability and a vista is offered of the rest of the world and human life. In and through the works, the artist and the spectator are looking for 'what's left of some splash of real', as one of Don DeLillo's characters put it.[3]

The same is true of *Lust for Life*, a work that hangs high up on the wall of the tower façade of the Museum Naturalis in Leiden. The title is only ironical from one point of view: there is little real life in this natural history museum; the collection comprises twelve million lifeless objects, such as insects preserved in aqua fortis, vertebrates and invertebrates, as well as stones, minerals and fossils. *Lust for Life* is an electronic blob, whirling and in motion. It is like looking through a gigantic microscope at an equally gigantic drop of water and seeing microbes, bacteria, powerful molecules and clashing atoms. The work is thus a literal reinforcement or enlargement of what goes on in the museum setting, but for ignorant passers-by or rail passengers it looks like a mildly ominous and inexplicable hitch in the façade of an office building. That is how it penetrates the retina of everyday reality: it gently disturbs the insipid and orderly anonymity of the area around Leiden station; and for the museum it is like a simulacrum, just as the museum collection is a simulacrum of nature.

Inevitable and elusive, it has to position itself in the public space as a foretaste of an equally intense and lifeless concentration of mummified and scrutinised life within the semi-public space of the museum. *Lust for Life* raises the question: What connection is there between the contents of this museum and real life? And out of doors in the sky above Leiden that question revolves and changes into something general: what is 'real life' except an attempt to use every means to get it within one's grip and view?

The work *Lokroep/The Painted Chat* is an even stronger confrontation of a nondescript industrial zone on the outskirts of Amsterdam with the functional and sterile organisation that prevails there. Bounded by a railway line, a cycle track and a motorway, the zone heralds the end of the urban civilisation; it is a zone into which you might cast a glance as you pass by, but that can never claim a relation with the city. One of the buildings is the Westpoort district council building, where for instance the salt for icy roads in Amsterdam is stored and where municipal departments are accommodated. The city asked this public function to be made visible.

deel van de westerse wereld. *Kristalpaleis* bezit de esthetische abstractie van bijvoorbeeld de lichtsculpturen van Dan Flavin, maar het is ook doordrongen van bijvoorbeeld het kinderlijke realisme van de video's van Fischli/Weiss. Het is op die manier zowel een proeve van stralende verheerlijking als van kritische distantie.

Het gigantische Crystal Palace in Hyde Park, door John Paxton ontworpen voor de Londense wereldtentoonstelling in 1851, was het eerste beursgebouw dat volledig in glas was opgetrokken. Het was ook, zoals Peter Sloterdijk het beschrijft in zijn boek *Het kristalpaleis. Een filosofie van de globalisering*, het begin van het echte wereldomvattende kapitalisme. Het *Kristalpaleis* van Giny Vos toont eveneens beide, positieve en negatieve, kanten van deze situatie – maar het werk toont ook het fantasmagorische karakter van wat er in de RAI gebeurt. Noch de geometrische figuren, noch de mooie voorwerpen die oplichten in het web van brandende of gedoofde lampen zijn 'echt' – het gaat slechts om energie die zichtbaar is, maar ook altijd ongrijpbaar blijft. Hetzelfde geldt voor alles wat er gebeurt in de omringende wereld van het kopen en verkopen, van het elektronisch betalen en van het verwerven van eigendom en bezittingen.

Naast het evenwicht tussen integratie en abstractie van de geest van de plek, is dat het wat alle werken van Giny Vos met elkaar verbindt: ze tonen door middel van hedendaagse technologie en van oude elektrische stroom iets wat er eigenlijk niet is, maar wat we toch niet anders dan als echt kunnen beschouwen. Het illusoire van deze kunst – wat we zien kan met één druk op de knop of na één stroomstoring verdwijnen – wordt als een toverstof over de omliggende plaats en omgeving uitgestrooid, zodat deze plek en de activiteiten die er plaatsgrijpen, hun vanzelfsprekendheid kort verliezen, en er een doorzicht geboden wordt naar de rest van de wereld en het menselijke leven. In en door de werken is zowel de kunstenaar als de toeschouwer op zoek naar 'what's left of some splash of real', zoals een van de personages van Don DeLillo het zegt.[3]

In Leiden blijkt dat ook zo te zijn in het werk dat hoog tegen de torengevel van Museum Naturalis hangt: *Lust for Life*. De titel is slechts vanuit één oogpunt ironisch: in het natuurhistorisch Museum Naturalis is van echt leven niet veel sprake; de collectie bestaat uit twaalf miljoen levenloze objecten, zoals op sterk water gezette insecten, ongewervelden en gewervelden, maar ook gesteenten, mineralen en fossielen. *Lust for Life* is een elektronische vlek, wervelend en in beweging, alsof men door een gigantische microscoop naar een al even gigantische druppel water kijkt en microben ziet, bacteriën, krachtige moleculen en botsende atomen. Het werk is dus letterlijk een versterking of vergroting van wat er in de museale omgeving gebeurt, maar voor onwetende voorbijgangers of treinreizigers ziet het er toch uit als een licht onheilspellende en onverklaarbare storing van het gevelbeeld van een kantoorgebouw. Het doorboort op die manier het vlies van de alledaagse werkelijkheid: het verstoort zacht de kleurloze en geordende anonimiteit van de Leidse stationsomgeving; en voor het museum is het als een simulacre, zoals de collectie van het museum een simulacre is voor de natuur.

Onvermijdelijk en onvatbaar moet het zich in de publieke ruimte positioneren, als voorbode van een even intense als levenloze concentratie van gemummificeerd en onderzocht leven, binnen in de semipublieke ruimte van het museum. *Lust for Life* werpt de vraag op: wat heeft de inhoud van dit museum nog met het echte leven te maken? En buiten in de lucht boven Leiden wentelt die vraag en verandert ze in iets algemeens: wat is het 'echte' leven meer dan een poging om er zo goed mogelijk, met alle middelen, greep en zicht op te krijgen?

Het werk *Lokroep/The Painted Chat* confronteert een non-descripte industriezone aan de rand rond Amsterdam nog sterker met de functionele en steriele organisatie die er heerst. Begrensd door een spoorlijn, een fietspad en een autoweg, is het gebied als de voorbode van het einde van de stedelijke beschaving, als een zone waar men slechts bewegend een blik in werpt, maar die nooit aanspraak kan maken op een relatie met de stad. Een van de gebouwen hier is het stadskantoor Westpoort, waar bijvoorbeeld het strooizout van Amsterdam ligt opgeslagen, en waar gemeentediensten zijn ondergebracht.

De stad vroeg om deze openbare functie zichtbaar te maken. Giny Vos bracht 6500 leds aan tegen de gevel van het stadskantoor. Tijdens donkere avonden blaast de gevel als een sterke storm licht in de richting van de drie verkeersroutes. Omdat sommige leds niet branden, worden er woorden leesbaar tegen de gevel: 'op een oor', 'wild west', 'zoutwerk'. Het zijn termen die door de gebruikers van het stadskantoor dagelijks gebezigd worden, maar die voor het voorbijgaand verkeer en bij uitbreiding voor de rest van Amsterdam als een nonsensicale geheimtaal overkomen. *Lokroep/The Painted Chat* is op die manier een groot maar paradoxaal elektronisch billboard dat reclame maakt voor een 'gratis' stadsdienst, maar dat tegelijkertijd als een niet volledig te plaatsen onderdeel van Amsterdam zichtbaar wordt.

Het werk *Reizend zand* in Apeldoorn is hiermee materieel en structureel te vergelijken. Achter de treinsporen, voor het stationsplein, is een 100 meter lange wand gebouwd, die met 1,3 miljoen leds is bekleed. Deze lampen tonen als een beweeglijke muurschildering een uitgestrekt duinenlandschap dat nu eens subtiel en zacht, en dan weer stormachtig en snel van aanschijn en vorm verandert. Het zand beweegt zich dus alsof het reist, en het toont zo ook een exotisch landschap dat zelfs vanuit Apeldoorn, met de hedendaagse transportmogelijkheden, makkelijk bereikbaar moet zijn. Zoals alle voorgaande werken, werpt het een contrast op: in de 'echte' publieke ruimte, toont het iets wat niet echt is, maar slechts licht, stroom en verbeelding; en op die manier doorbreekt het ook het vanzelfsprekende en vastgelegde karakter van die publieke ruimte, door openlijk te wijzen op het geconstrueerde en relatieve karakter ervan. Het stationsplein van deze provinciestad wordt dé archetypische hedendaagse plek: een plek waar men toch niet kan en niet zal blijven, vooruitgeblazen door duizenden visioenen van andere plekken.

Giny Vos applied 6,500 LEDs to the outside wall of the council building. On dark nights the wall emits light towards the three traffic routes like a strong storm lantern. Different words appear on the wall depending on

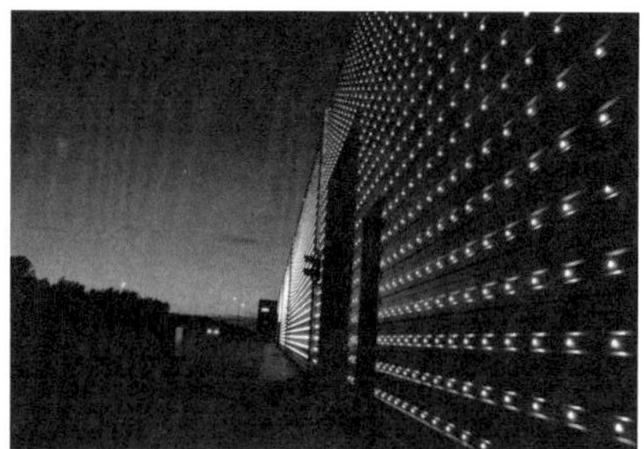

which LEDs are on or off: 'op een oor' [taking a nap], 'wild west', 'zoutwerk' [salt work]. They are terms that are used every day by the users of the council office, but which come across as a nonsensical secret code to the passing traffic, and by extension for the rest of Amsterdam. *Lokroep/The Painted Chat* becomes a huge but paradoxical electronic billboard that advertises a 'free' municipal service, but that at the same time is made visible as a part of Amsterdam that cannot be placed completely.

Reizend zand [Travelling Sand] in Apeldoorn is comparable in terms of material and structure. Behind the tracks, in front of the station forecourt, a 100-metre wall has been built which is covered with 1.3 million LEDs. Like a moving mural, they present an extensive dune landscape that changes appearance and form subtly and gently at one moment, wildly and rapidly at another. The sand moves as though it is travelling, thereby presenting an exotic landscape that must be easy to reach even from Apeldoorn with today's transport possibilities. Like all the previous works, it creates a contrast: it shows something that is not 'real', but is only light, energy and image, in the 'real' public domain, thereby disrupting the naturalness and fixed nature of the public domain by openly referring to its

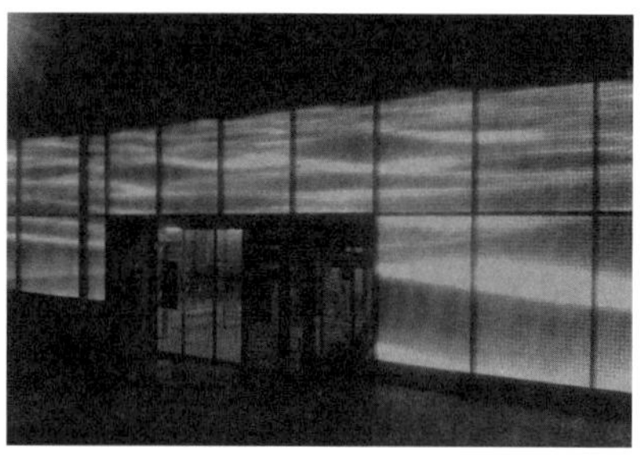

constructed and relative character. The station forecourt of this provincial city becomes the archetypal everyday location: a place where one cannot and will not be able to stay, blasted forwards by thousands of visions of other locations.

In *White Noise* a similar intervention assumes cosmic dimensions. The work is located on the raised KPN tower, situated amid the new high-rise buildings in the highly developed South Axis in Amsterdam. Once again thousands of LEDs create a broad wreath around the top of the telecommunications mast which reflects no less than the universe. Stars fall and rain, meteorites twinkle and disappear, flashes light up and disappear again for ever. The white noise of Dutch telephones and cable television is inhaled by this work and what is exhaled is of a far larger order. On the one hand, the work has an adaptive, natural and narrative character because it shows something that is already there on the plot, or that could be present there without any difficulty. But on the other hand there is little chance that it will become completely invisible, however much it fits in with the atmosphere of the KPN: through its consistent formal presence and deliberate ambiguity, it continues to get under the skin and to ask *more* of the setting and the passer-by.

Art that is made for the museum must eventually withdraw from the local context, which ensures that art remains only Art, natural and safe.

Art that is not made for the museum equally transcends its setting precisely to be able to demand temporary attention and to interrupt normal experience. In both cases that process, that questions the museum or public space, abandons it and subsequently finds it again, is essential for how the art is experienced. *White Noise* links the local data with larger, more existential issues, as all the works of Giny Vos do to a greater or lesser extent. The spectator – passer-by, resident, employee, art lover – is first absorbed in the particular narrative of the context. However, that relation is soon broken, the perspective broadens, and reality ripples. Art affirms and links us with everyday, real life – and like the flash of a falling star, briefly opens up a vision of what is beyond us.

[1] Bart Verschaffel, 'Niet voor het museum.
Over kunst en openbaarheid', in: Jan Baetens, Lut Pil (eds),
Kunst in de publieke ruimte, Leuven: Universitaire Pers Leuven,
1998, pp. 107-117.
[2] Ilya Kabakov, *Public Projects or The Spirit of a Place*, Milan:
Edizione Charta, 2001.
[3] Don DeLillo, *Valparaiso*, New York: Scribner, 1999.

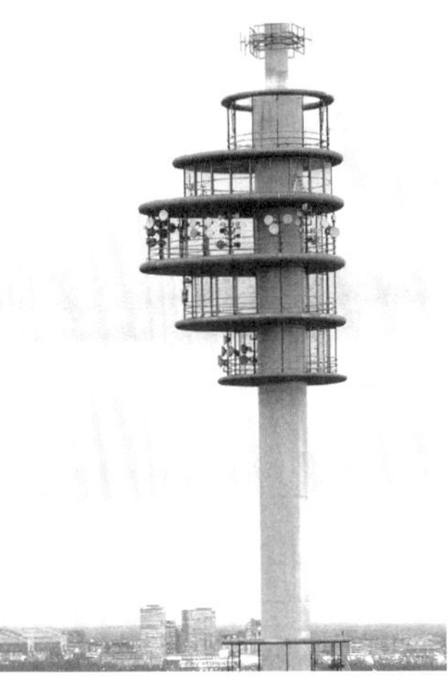

In *White Noise* krijgt een dergelijke ingreep zelfs kosmische dimensies. Het werk is gerealiseerd op de verhoogde KPN-toren, gelegen tussen de nieuwe hoge bebouwing op de sterk ontwikkelde Amsterdam Zuidas. Opnieuw duizenden leds leggen rondom de top van de zendmast (van de Nederlandse telecommunicatiemaatschappij) een brede krans, die niets minder dan het heelal verafspiegelt. Sterren vallen en regenen, sterrenstof twinkelt en verdwijnt, flitsen treden op en verdwijnen weer voor altijd. De witte ruis van de Nederlandse telefonie en kabeltelevisie wordt door dit werk ingeademd, en wat wordt uitgeblazen is van een veel grotere orde. Het kunstwerk heeft langs de ene kant een volgzaam, vanzelfsprekend en verhalend karakter, omdat het iets toont dat al op de plek aanwezig is, of dat op de plek probleemloos aanwezig zou kunnen zijn. Maar langs de andere kant is de kans klein dat het helemaal onzichtbaar wordt, hoezeer het ook past in de sfeer die rond de KPN hangt: het blijft door een consequente vormelijke aanwezigheid en door een gewilde onduidelijkheid wringen en *meer* vragen van zowel de omgeving als van de voorbijganger.

Kunst die voor het museum wordt gemaakt, moet zich uiteindelijk onttrekken aan de lokale context, die ervoor zorgt dat de kunst slechts 'Kunst' blijft, vanzelfsprekend en veilig. Kunst die niet voor het museum is gemaakt, overstijgt evenzeer haar omgeving om precies om tijdelijke aandacht te kunnen vragen en om het normale beleven te doorbreken. In beide gevallen is dat proces, dat de museale of publieke ruimte relativeert, verlaat en vervolgens weer terugvindt, essentieel voor hoe de kunst beleefd wordt. *White Noise* verbindt, zoals alle werken van Giny Vos dat in meer of mindere mate doen, de lokale gegevens met groter en existentiëler aangelegenheden. De toeschouwer, of het nu om een voorbijganger, een bewoner, een werknemer of een kunstliefhebber gaat, wordt eerst in het particuliere verhaal van de omgeving opgenomen. Al even snel echter breekt dat verband, verbreedt het perspectief en rimpelt de werkelijkheid. Kunst bevestigt en verbindt ons met het dagelijkse, feitelijke leven – en opent dan, als in de flits van een vallende ster, kort een blikveld op wat ons te boven gaat.

[1] Bart Verschaffel, 'Niet voor het museum. Over kunst en openbaarheid', in: Jan Baetens, Lut Pil (red.), *Kunst in de publieke ruimte*, Leuven: Universitaire Pers Leuven, 1998, p. 107-117.
[2] Ilya Kabakov, *Public Projects or The Spirit of a Place*, Milaan: Edizione Charta, 2001.
[3] Don DeLillo, *Valparaiso*, New York: Scribner, 1999.

Second Thought

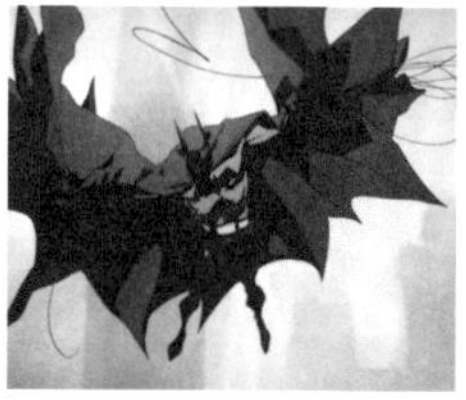

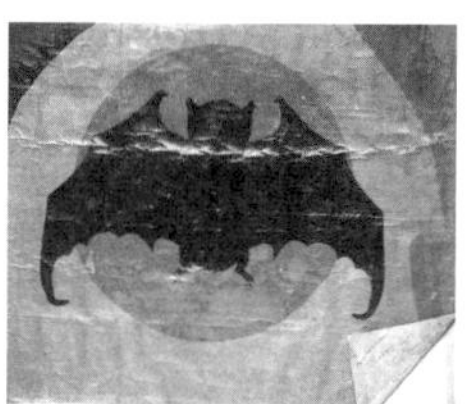

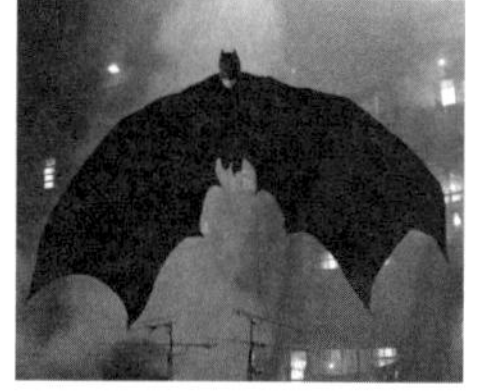

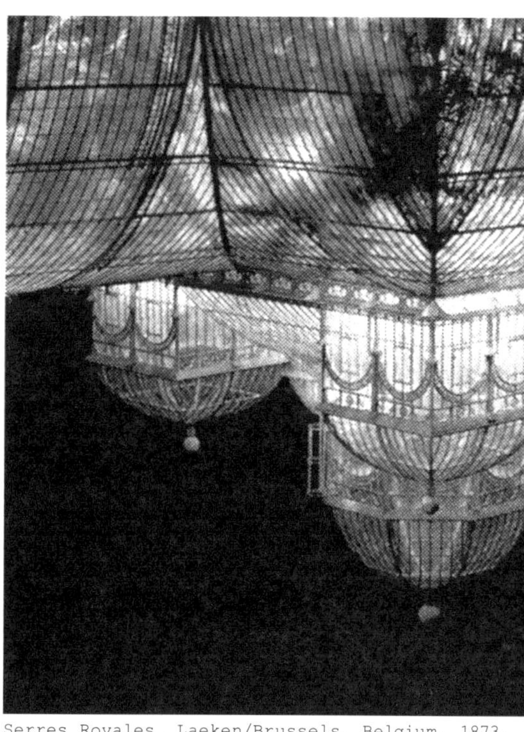

Serres Royales, Laeken/Brussels, Belgium, 1873,
architect Alphonse Balat

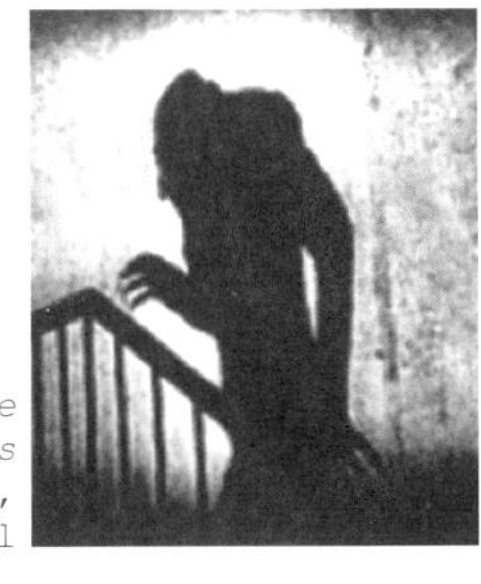

Nosferatu – Eine Symphonie des Grauens, F.W. Murnau, 1922, film still

Groningen Railway Station

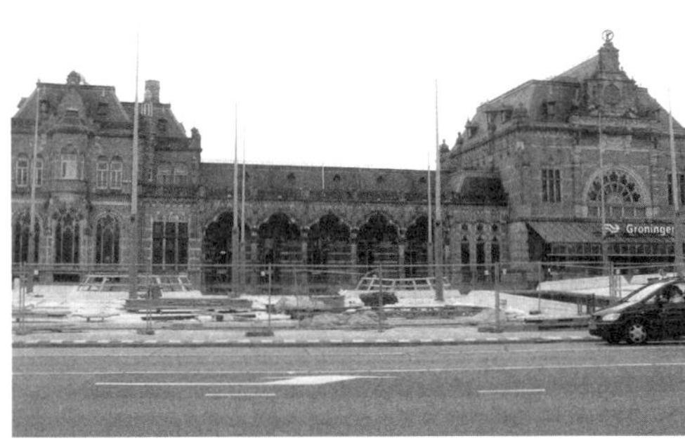

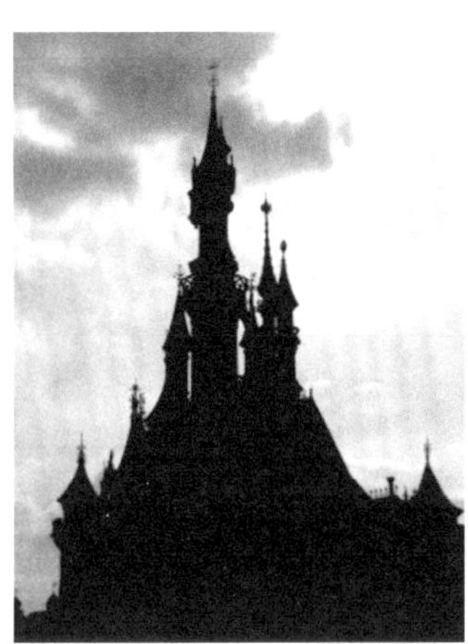

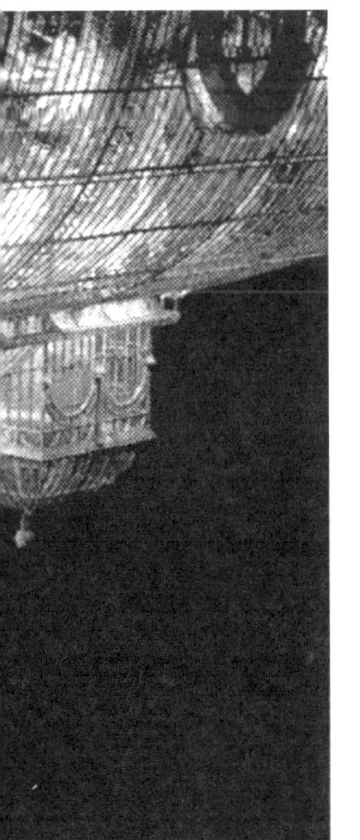

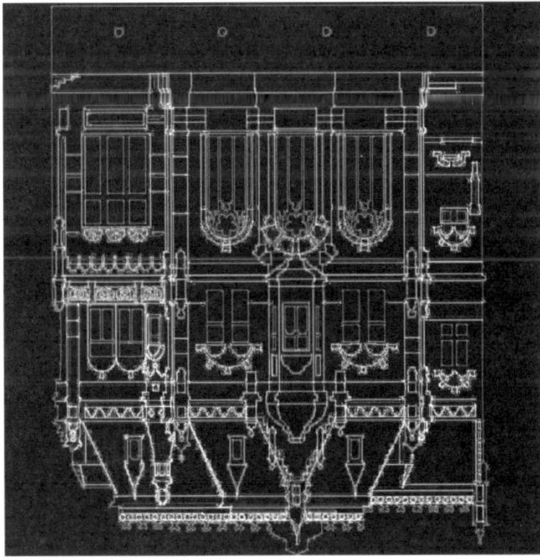

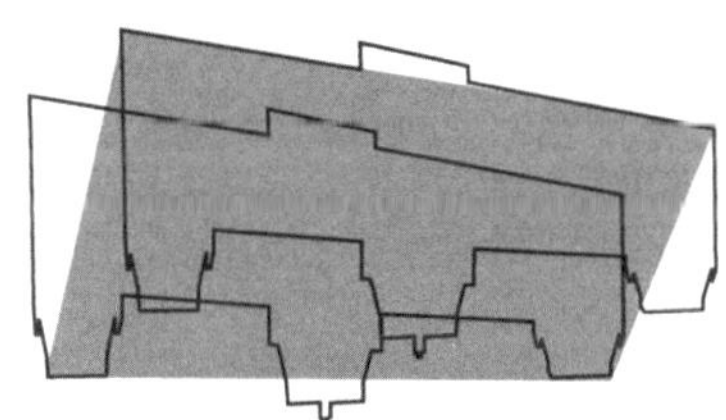

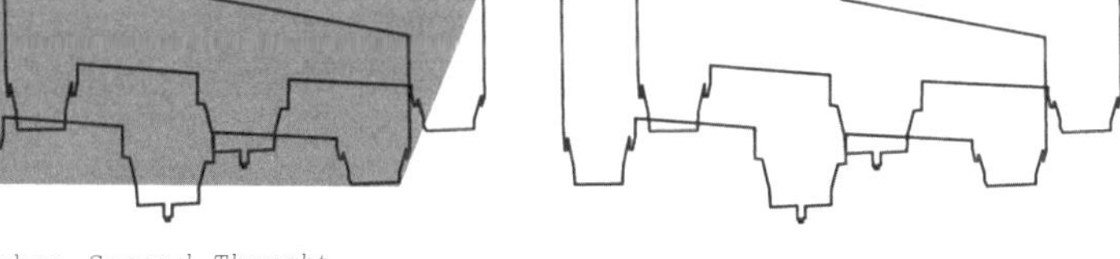

Sketches *Second Thought*

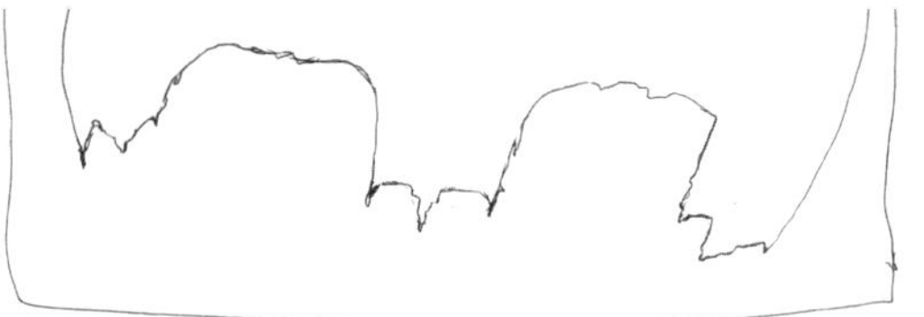

Groningen Railway Station

Prototype

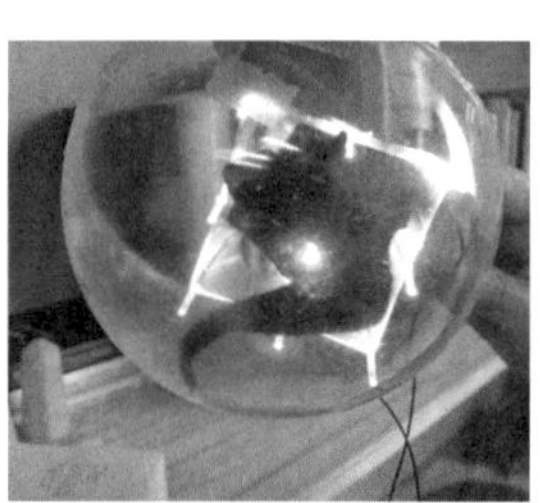

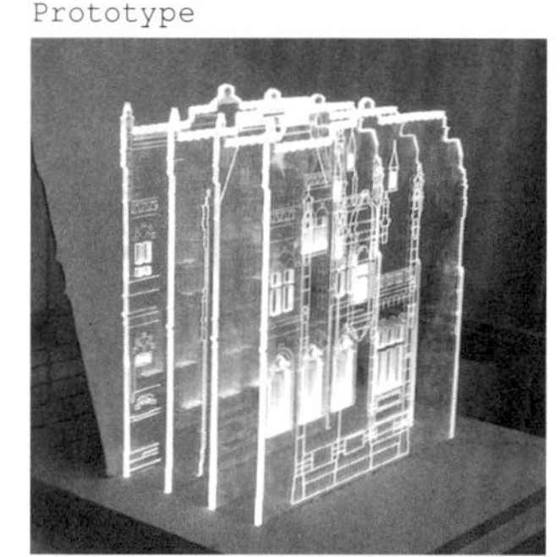

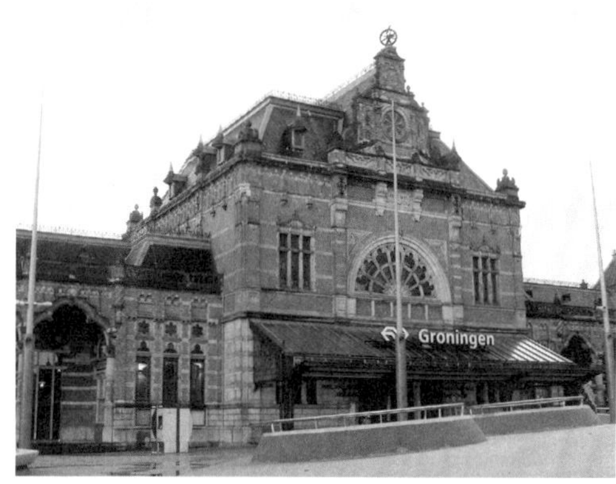

Model for *Second Thought*

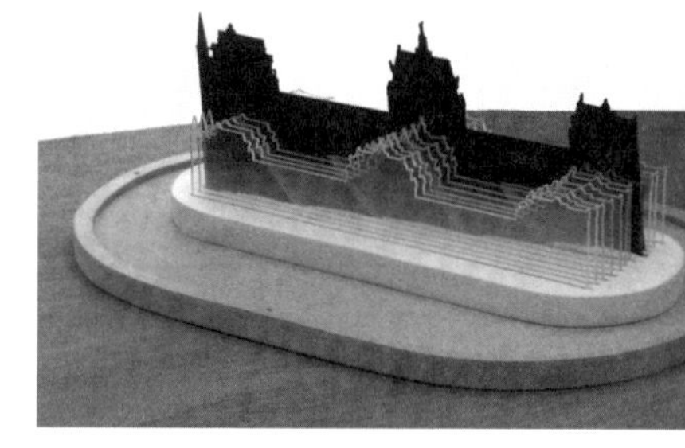

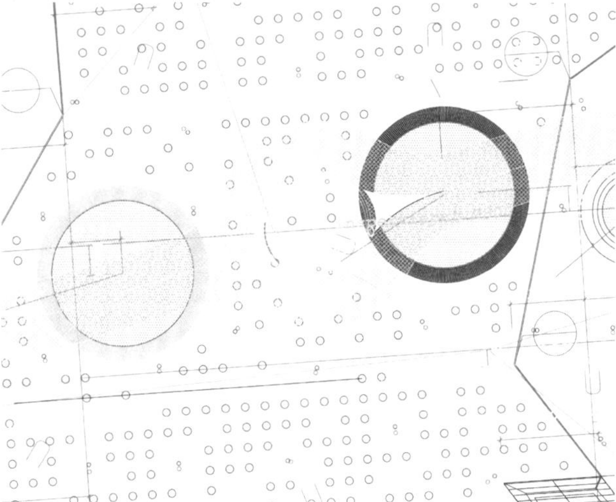

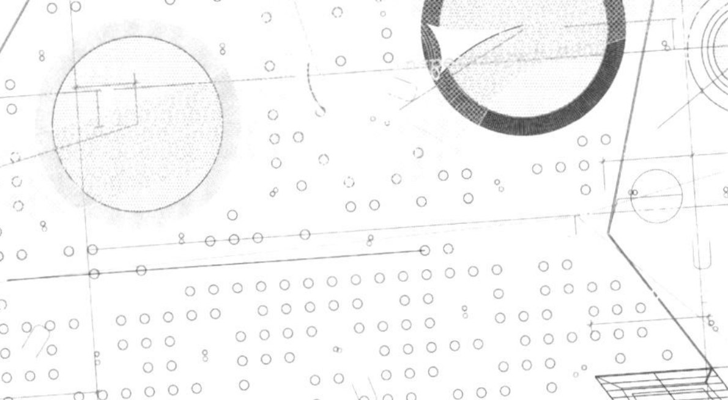

Ground plan of 'Stadsbalkon'

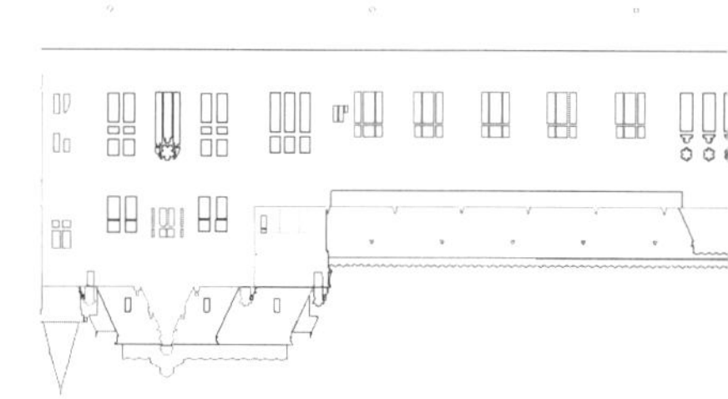

Sketches based on the original
drawing of the station

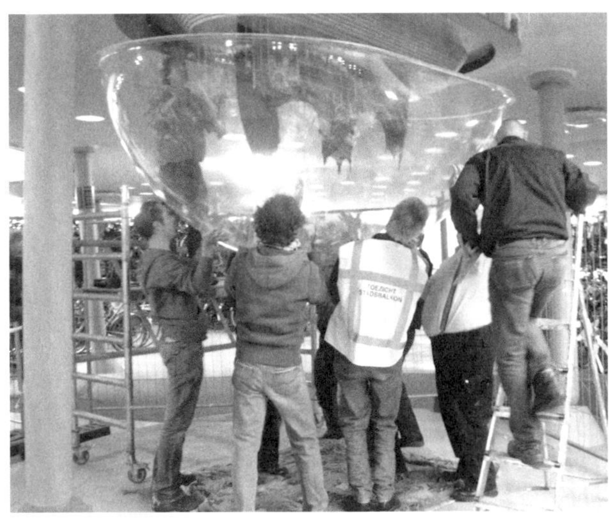

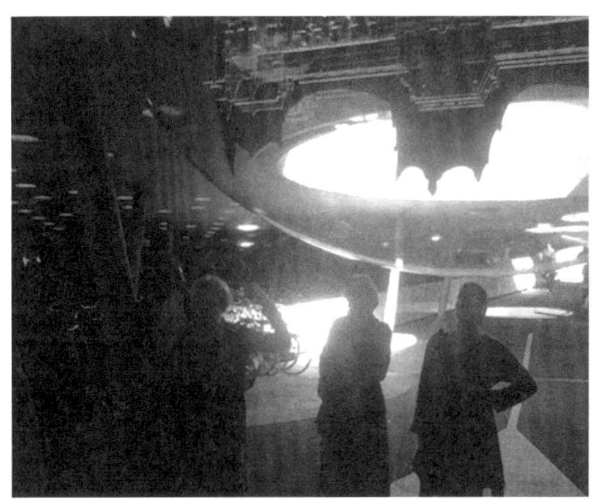

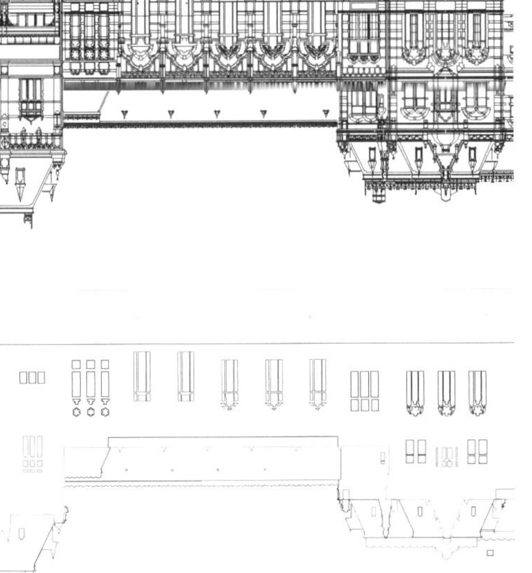

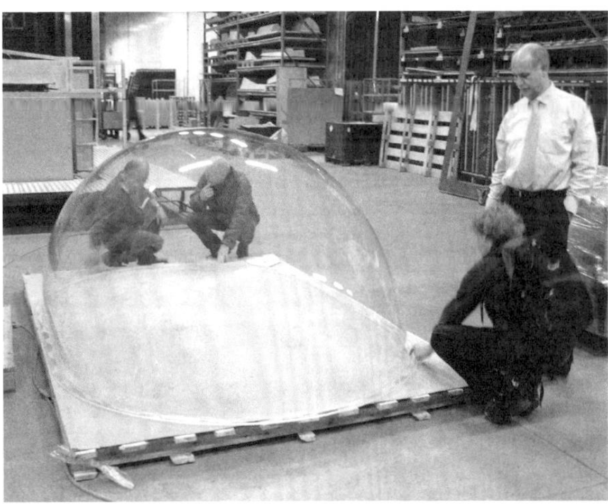

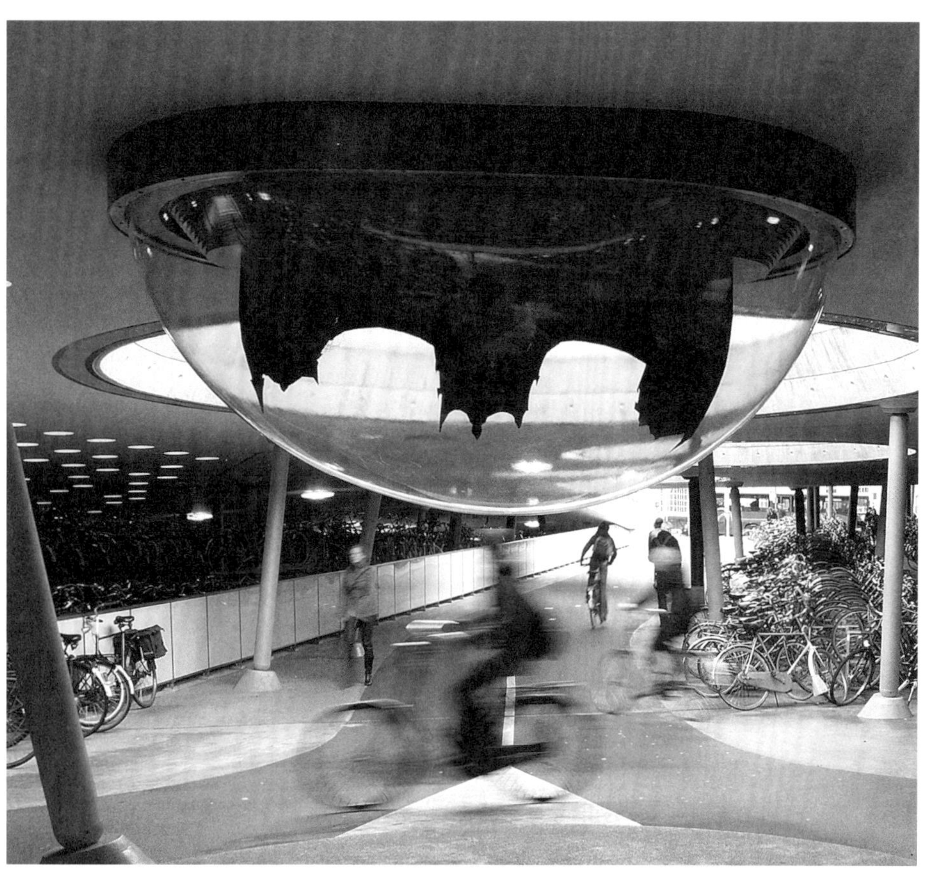

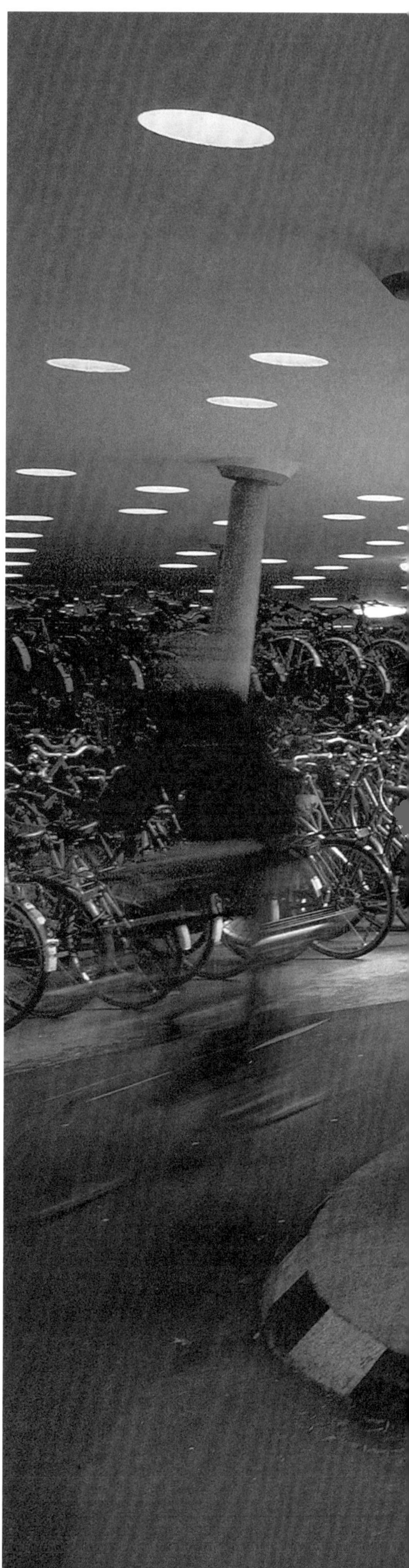

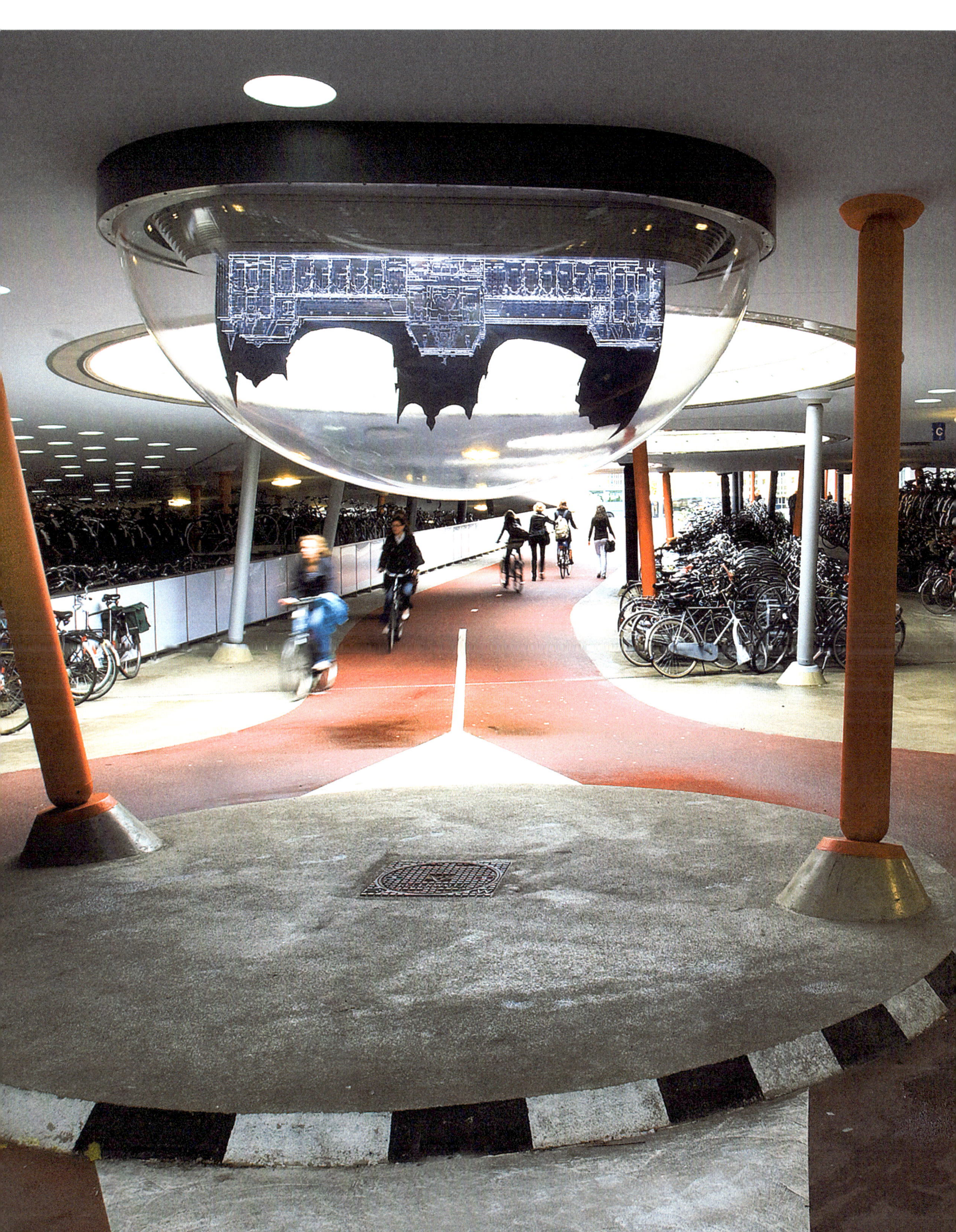

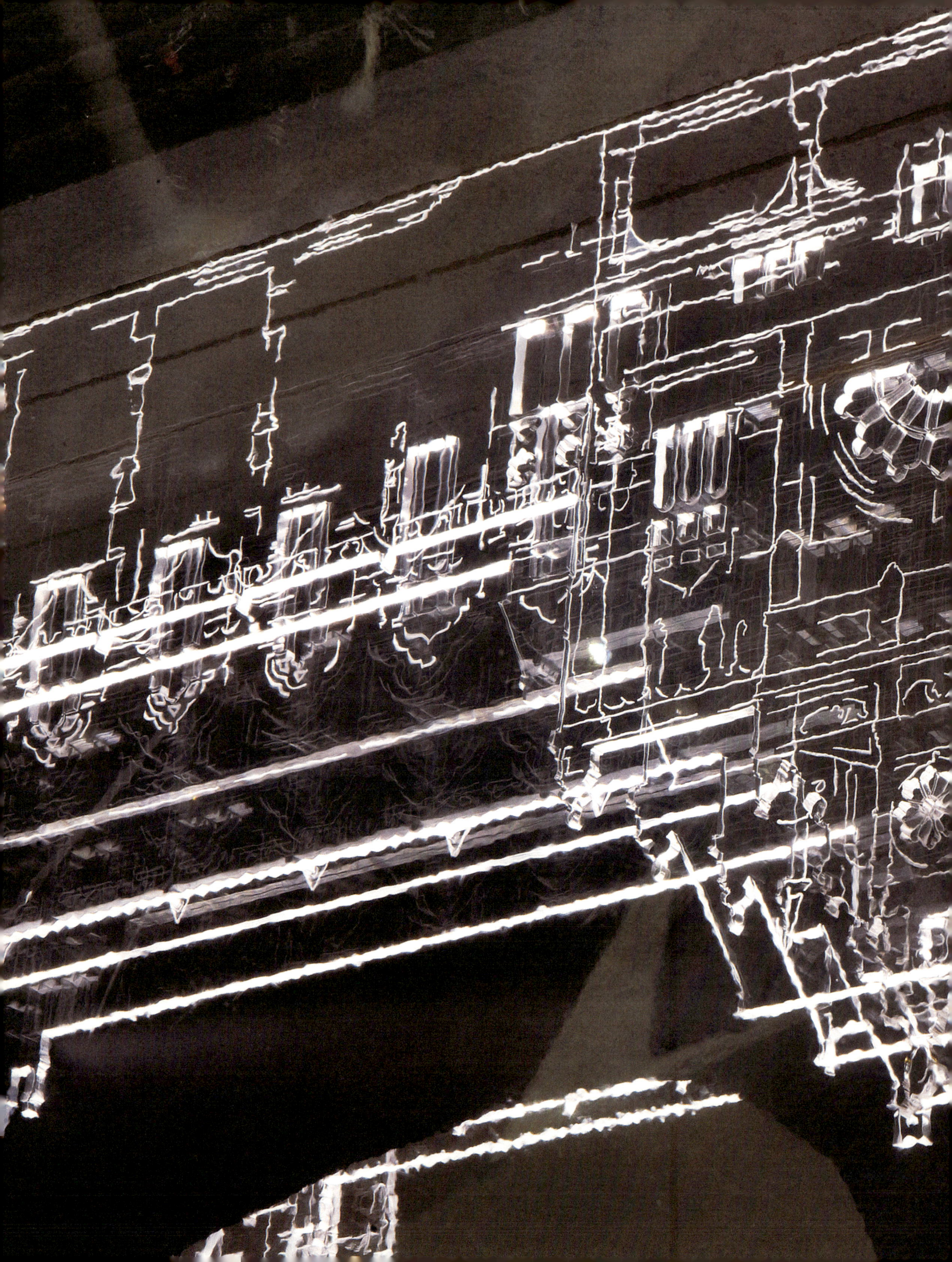

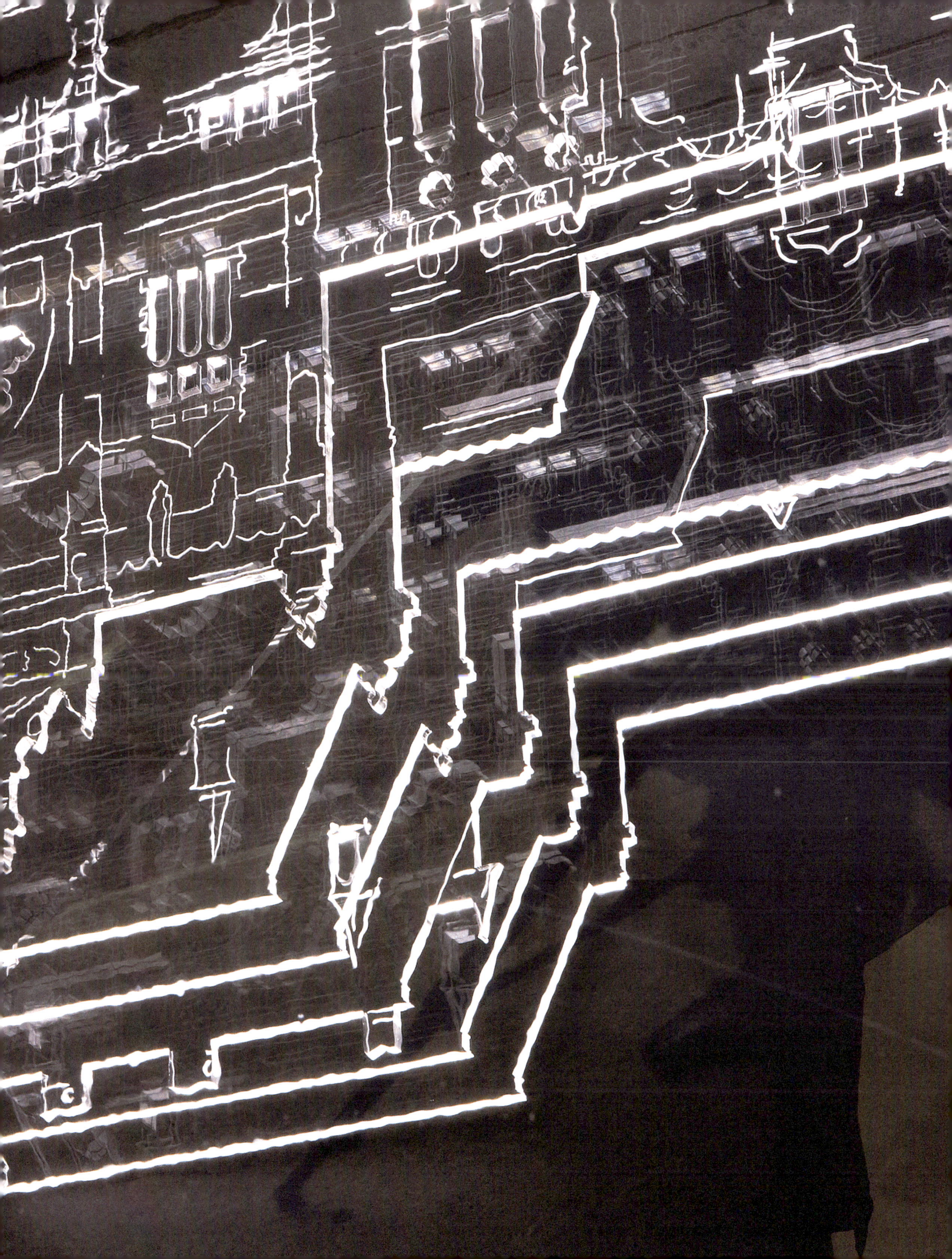

Miracle in between

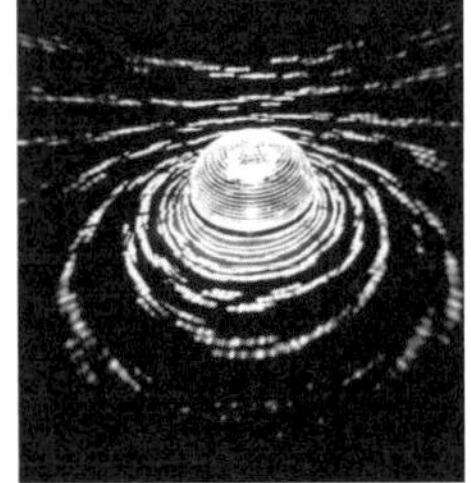
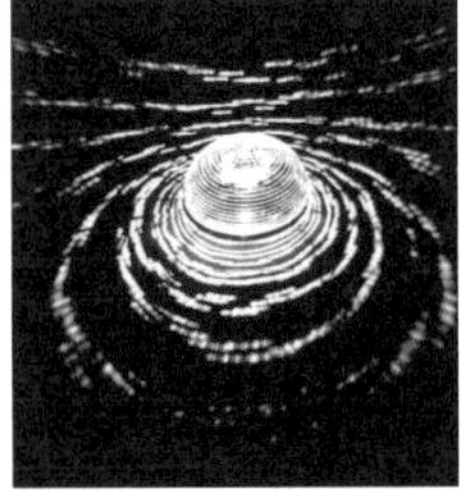

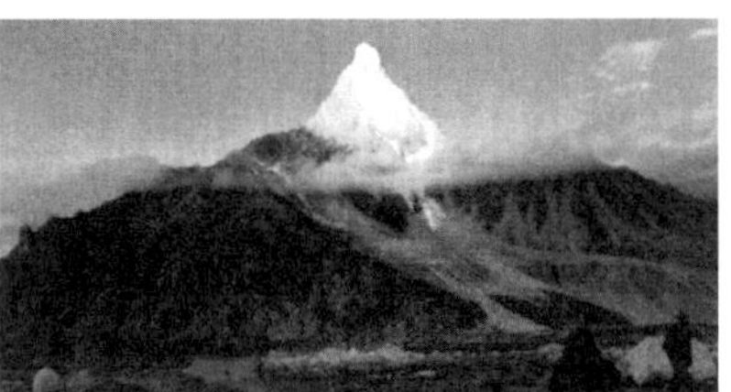

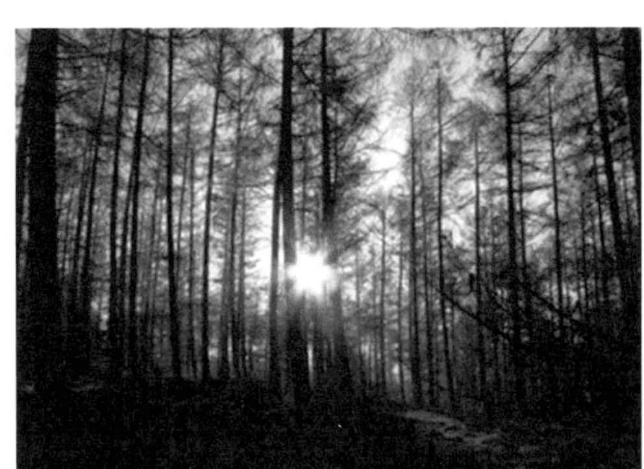

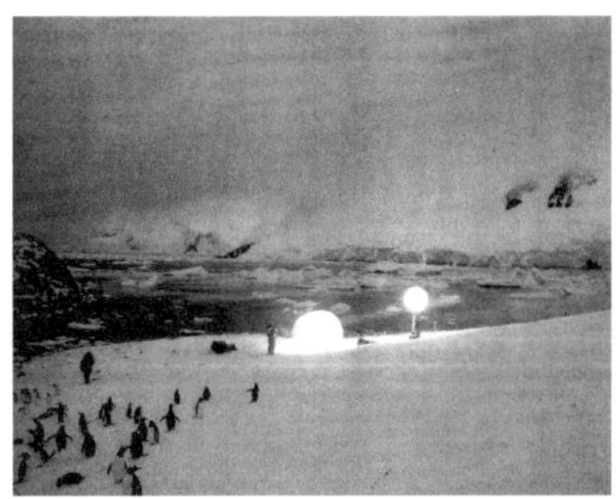

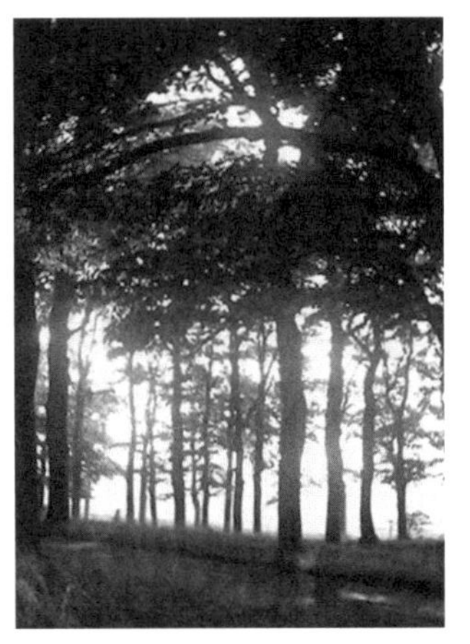

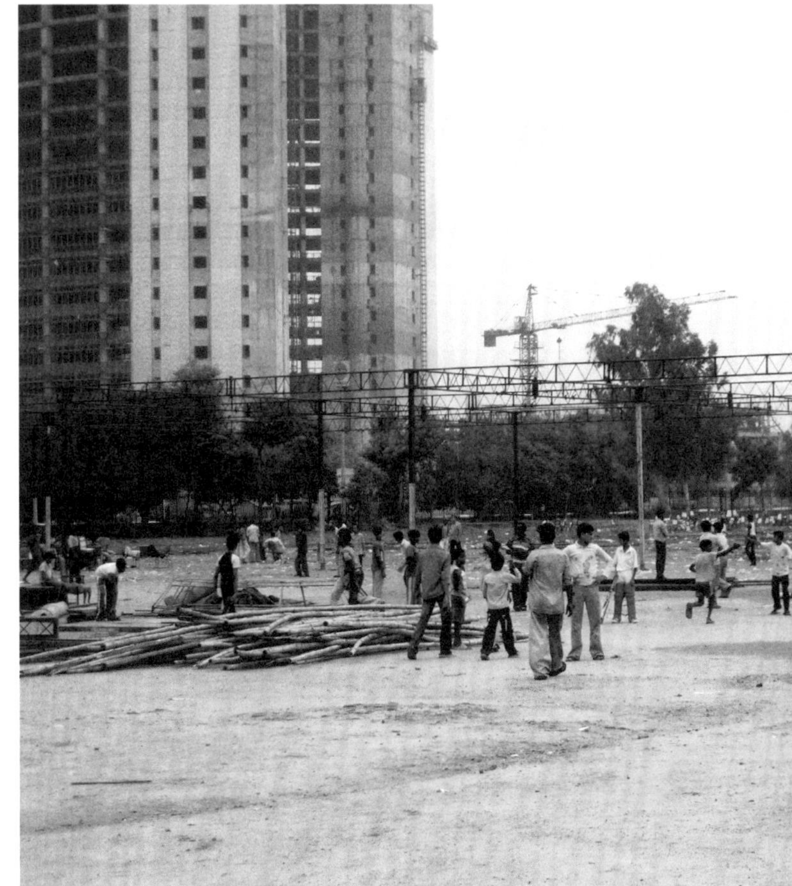

Ramlila Ground, Delhi, India

Ramlila Ground, installation of bamboo
sticks for *Miracle in Between*

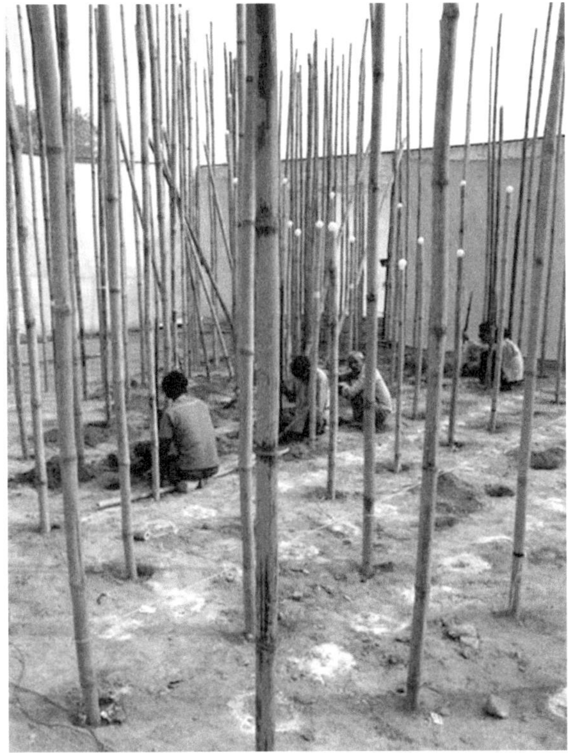

Digital sketches

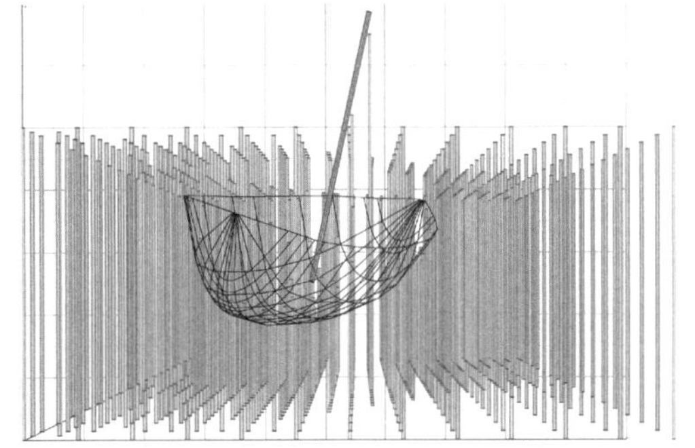

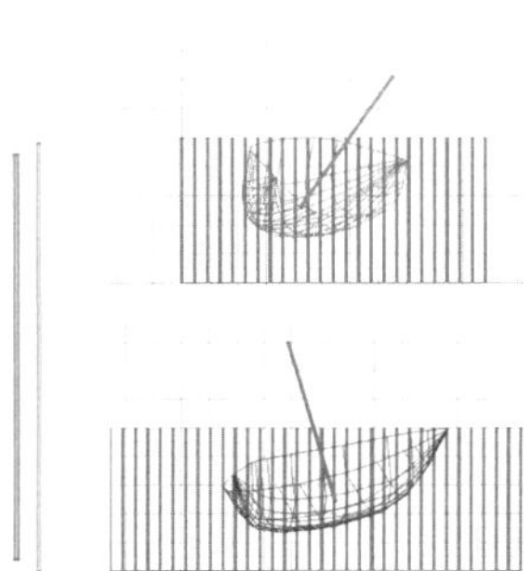

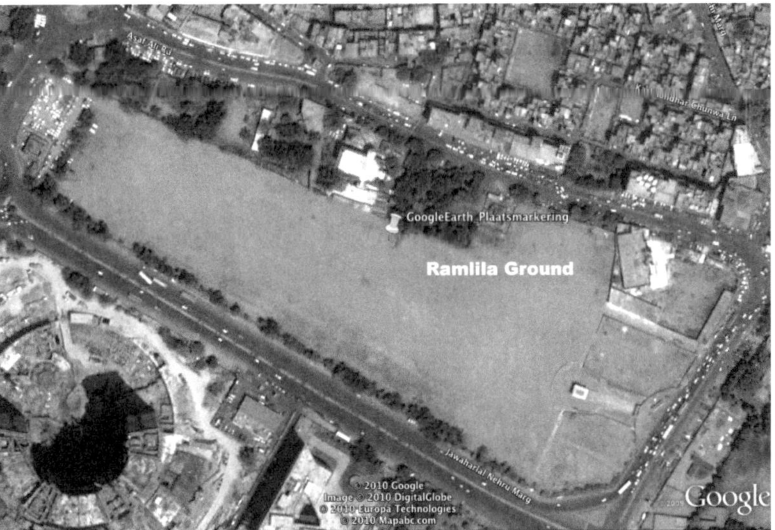

Ramlila Ground, Delhi, India

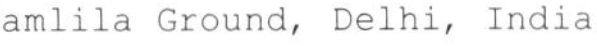

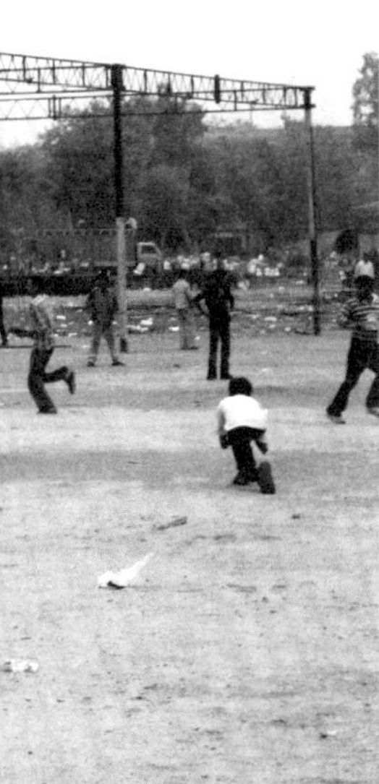

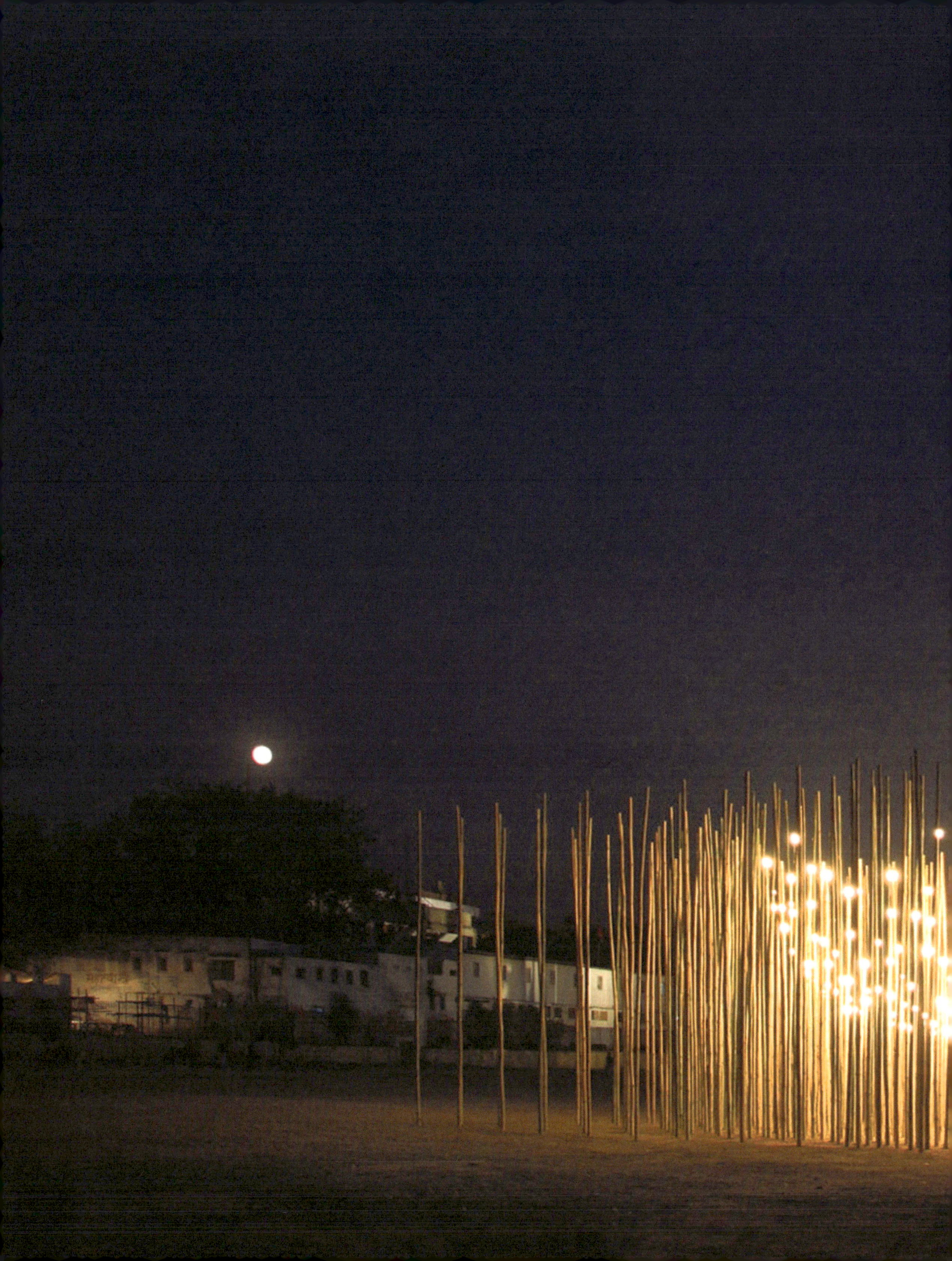

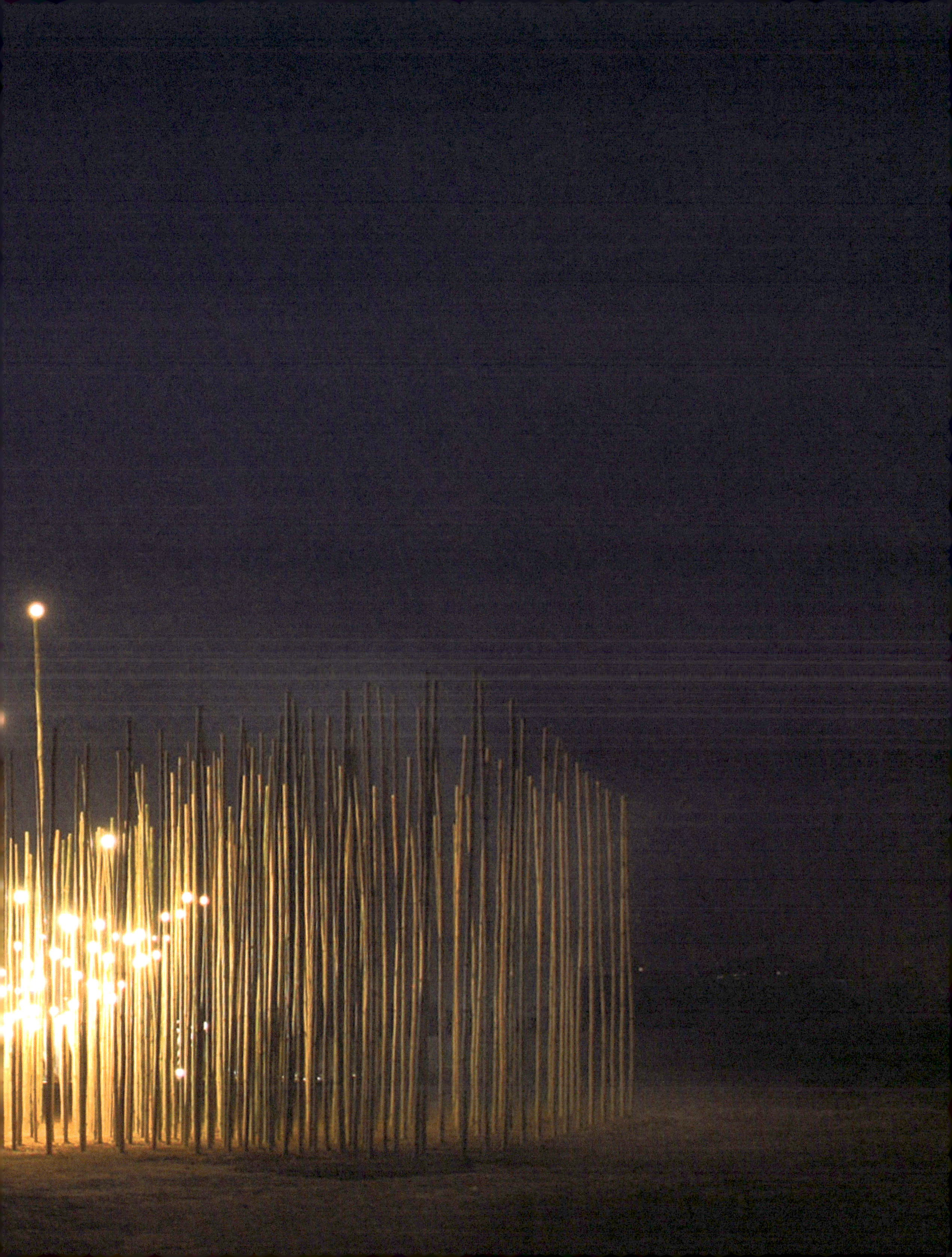

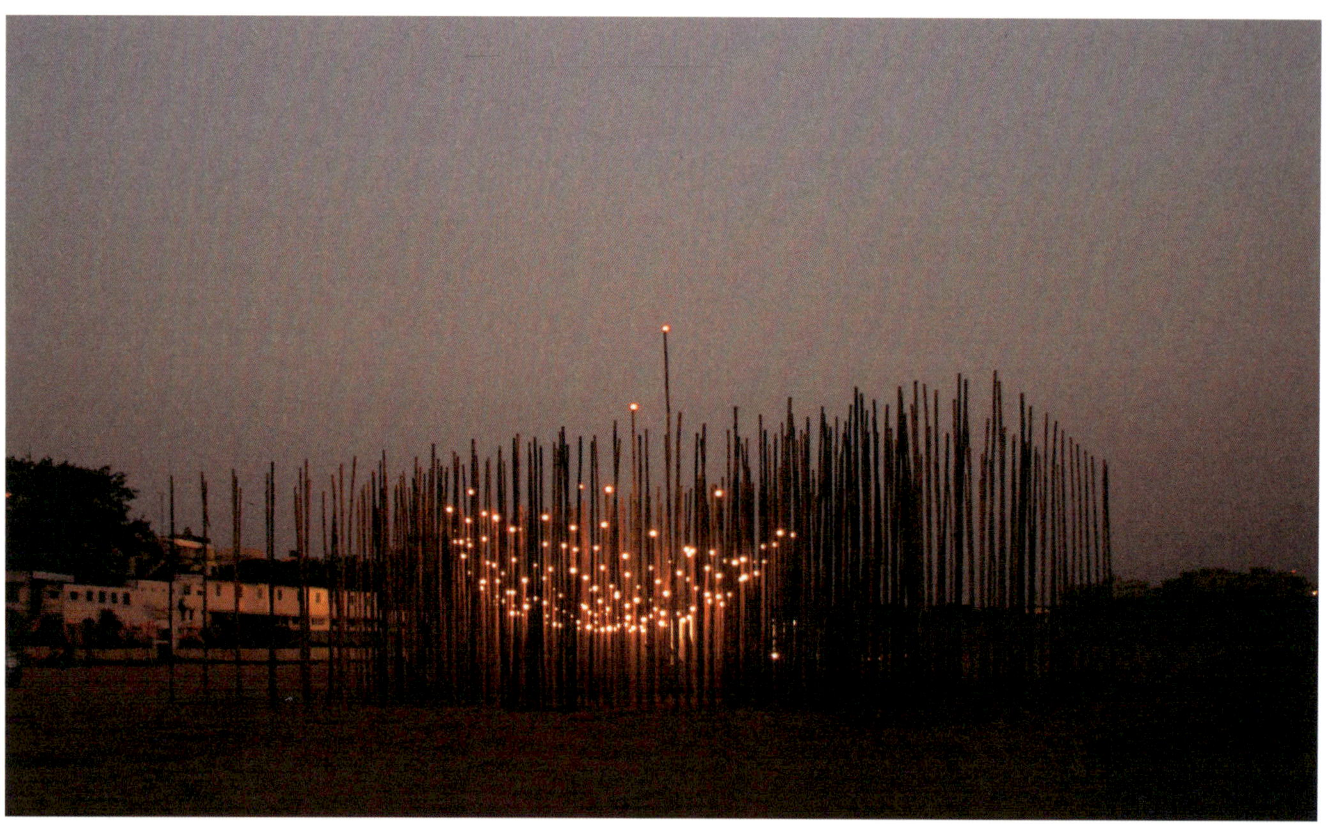

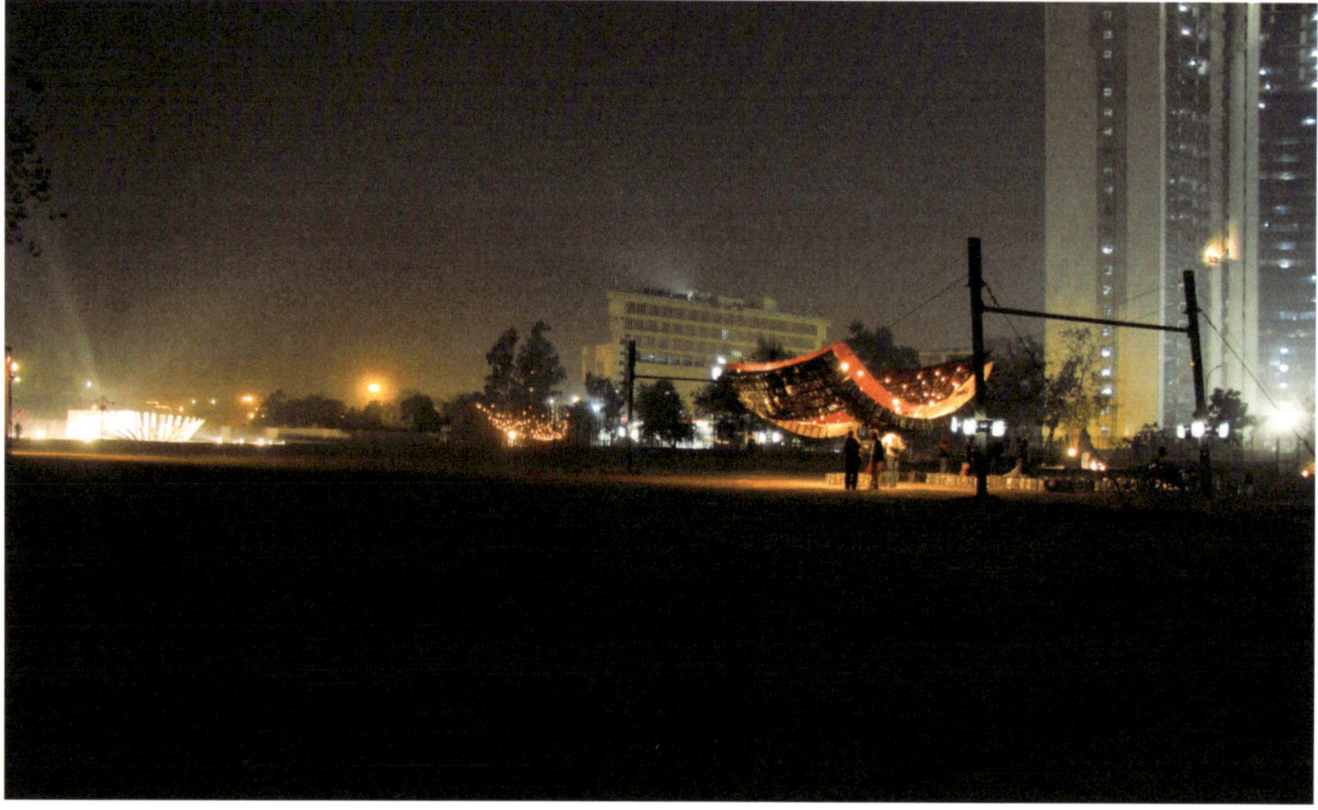

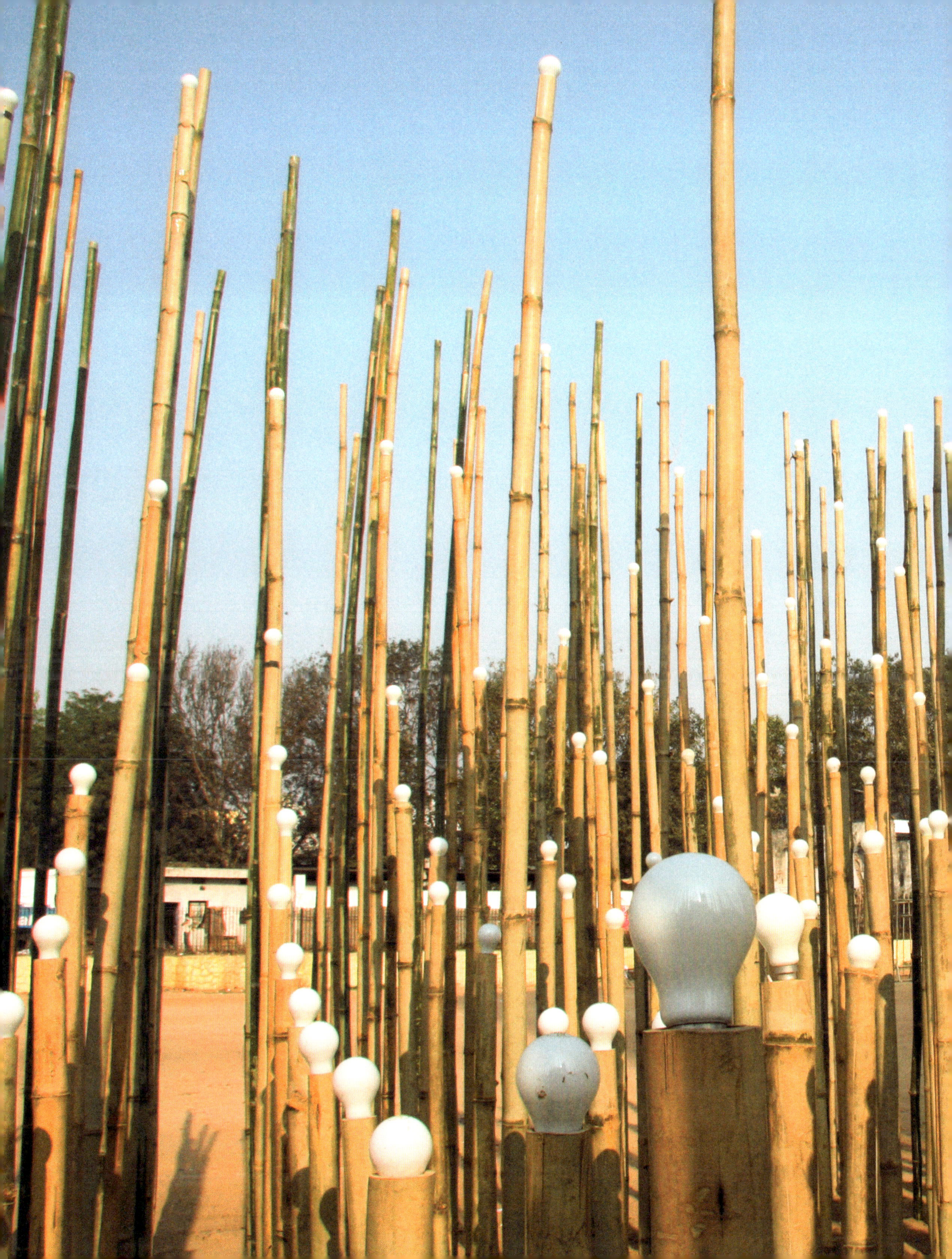

Travelling Sand

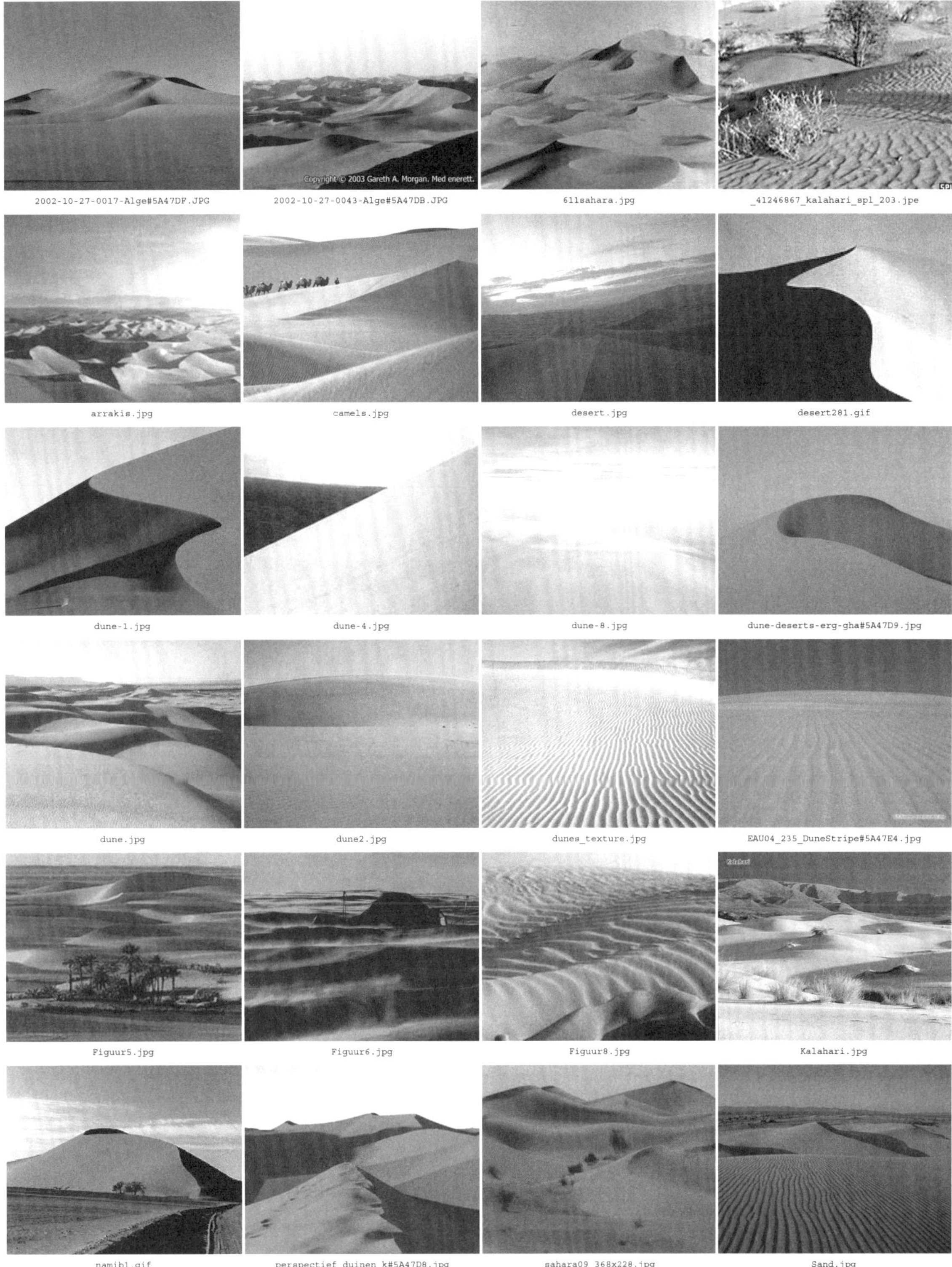

2002-10-27-0017-Alge#5A47DF.JPG   2002-10-27-0043-Alge#5A47DB.JPG   611sahara.jpg   _41246867_kalahari_spl_203.jpe

arrakis.jpg   camels.jpg   desert.jpg   desert281.gif

dune-1.jpg   dune-4.jpg   dune-8.jpg   dune-deserts-erg-gha#5A47D9.jpg

dune.jpg   dune2.jpg   dunes_texture.jpg   EAU04_235_DuneStripe#5A47E4.jpg

Figuur5.jpg   Figuur6.jpg   Figuur8.jpg   Kalahari.jpg

namib1.gif   perspectief duinen k#5A47D8.jpg   sahara09_368x228.jpg   Sand.jpg

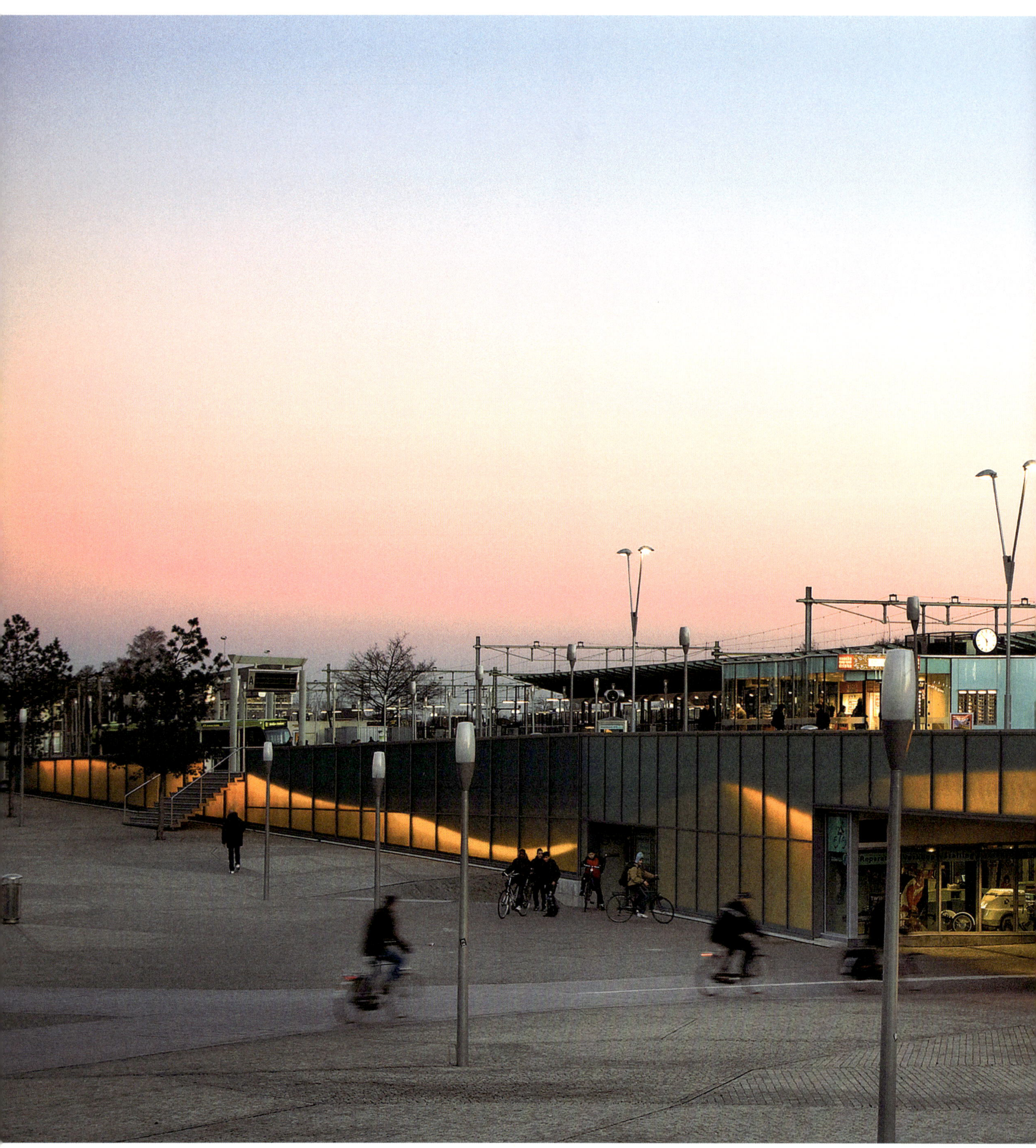

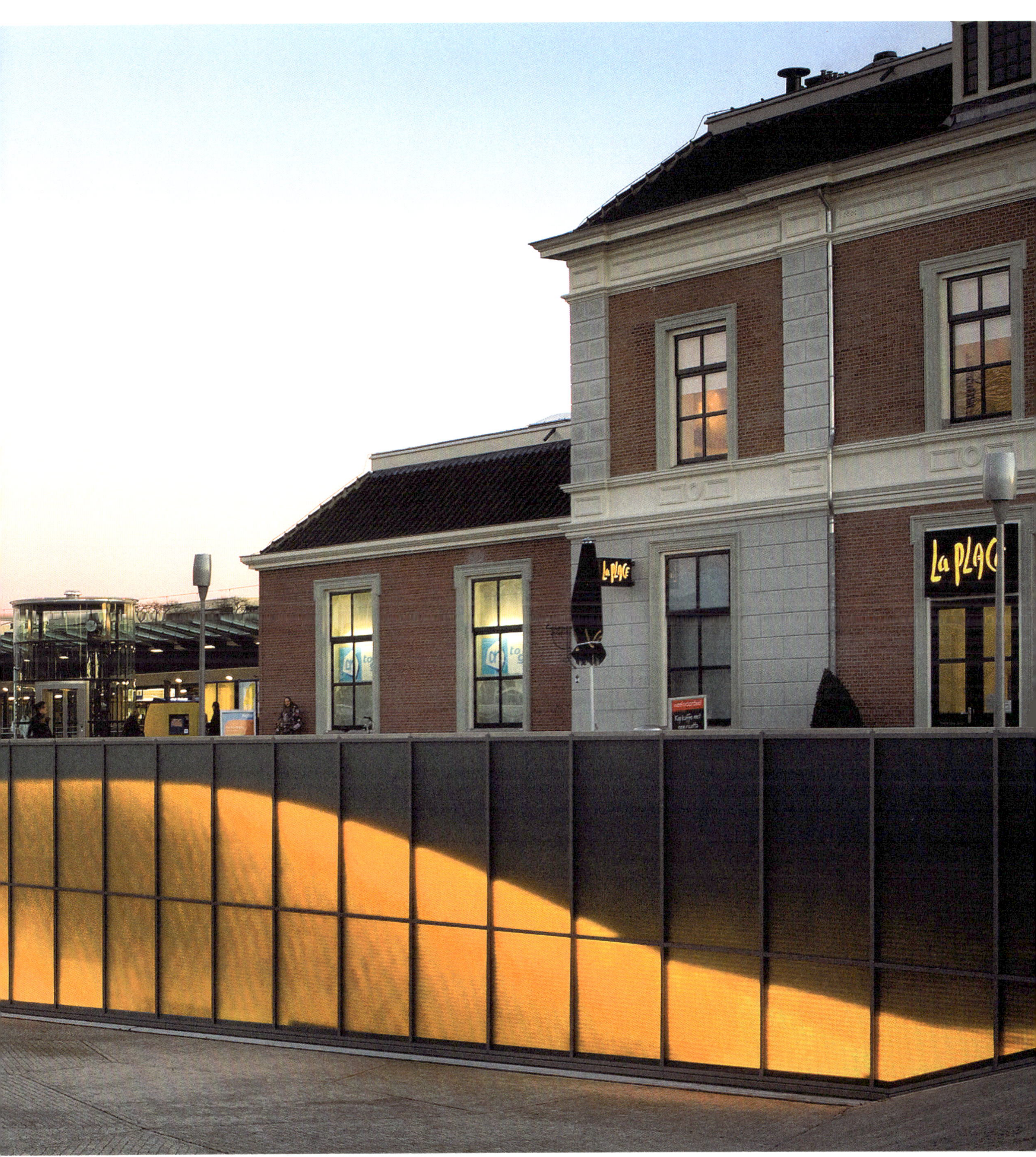

La PLACE
La PLACE

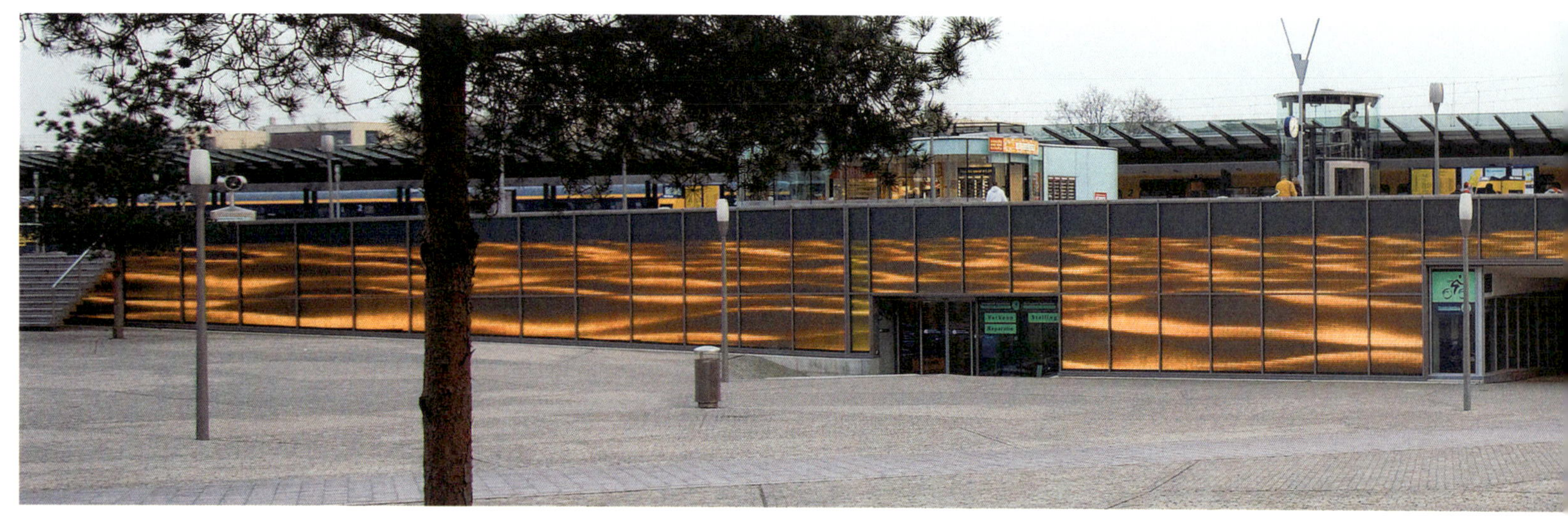

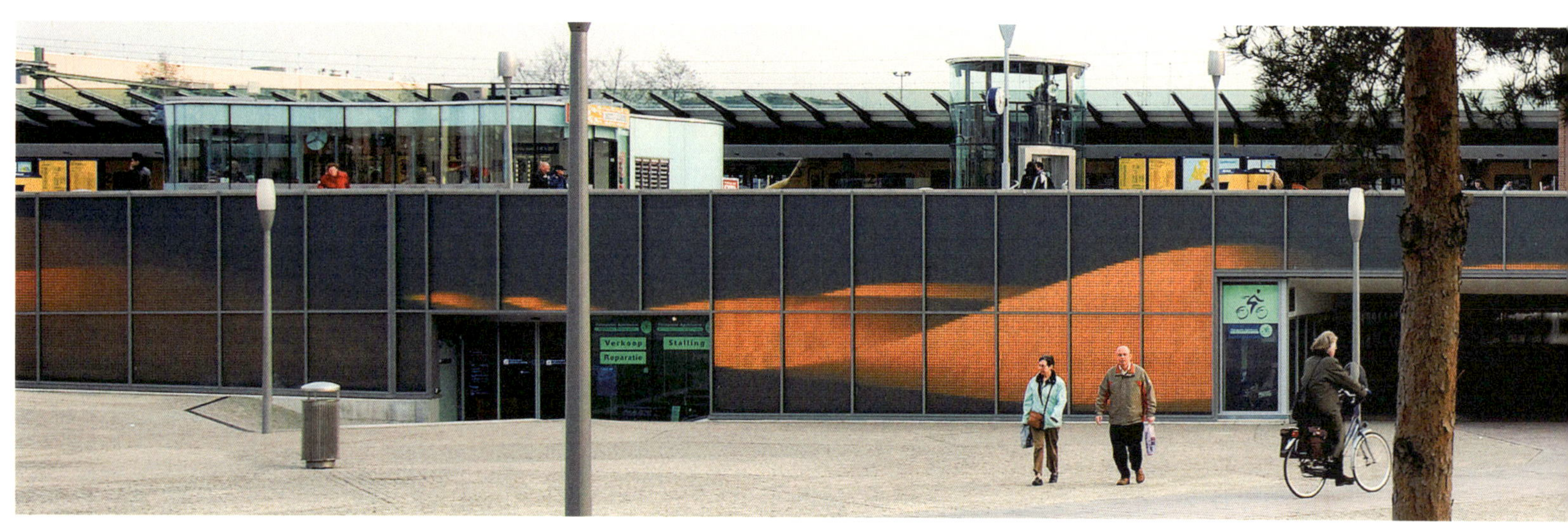

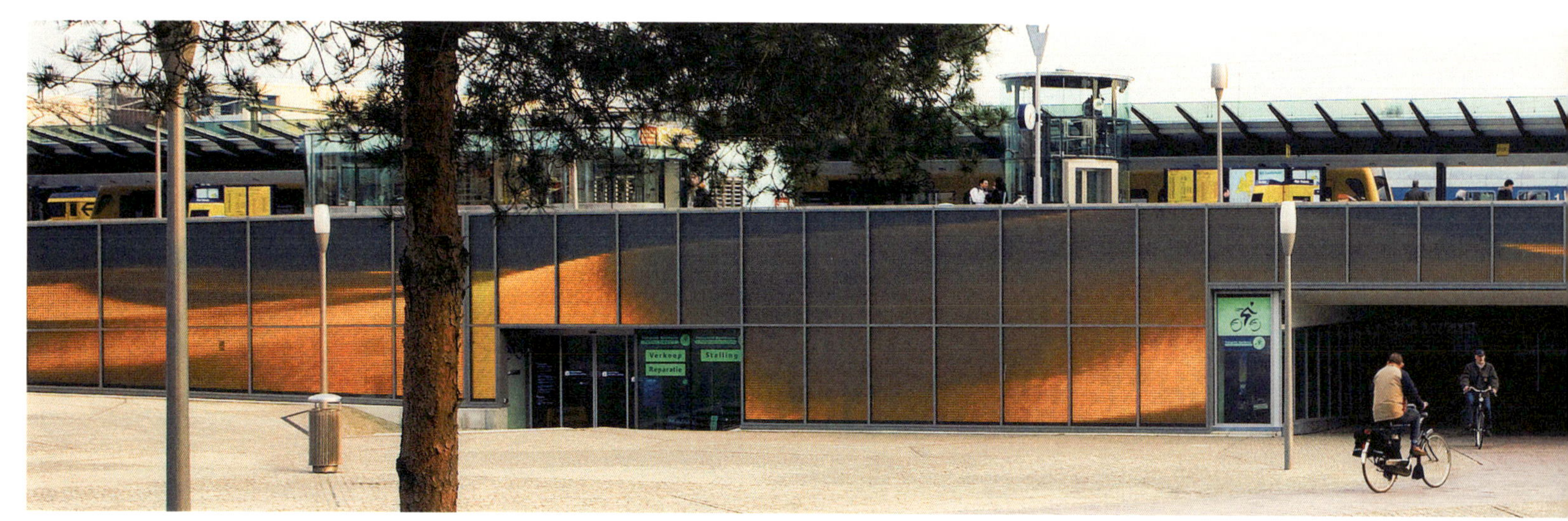

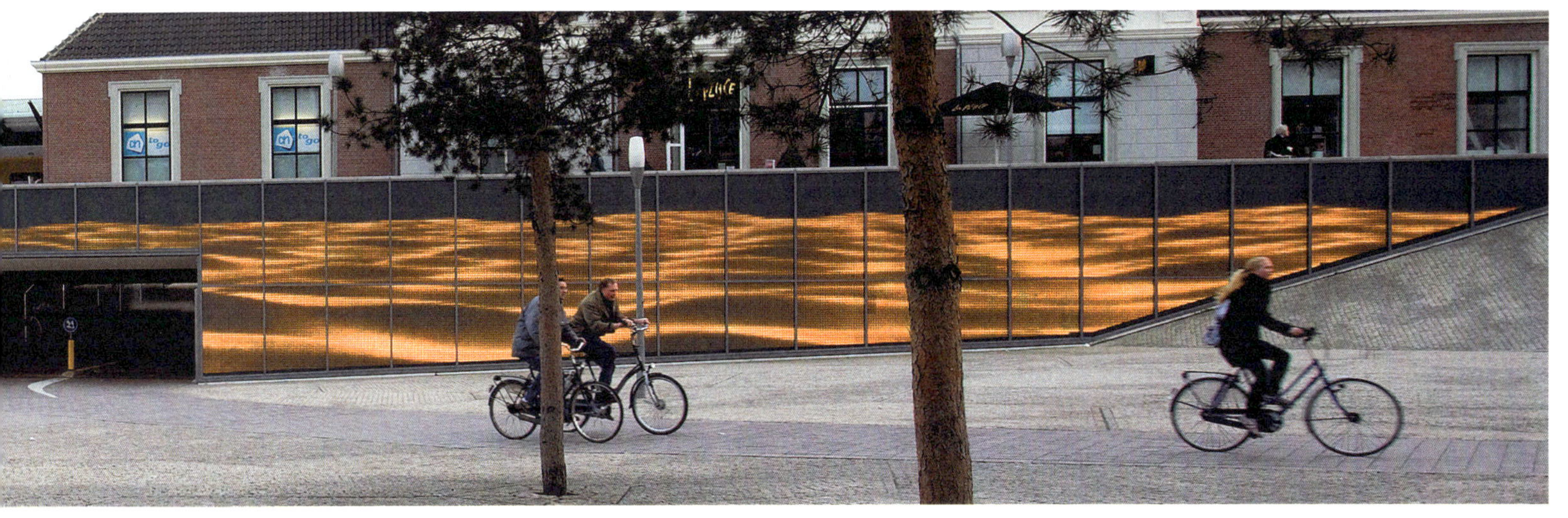

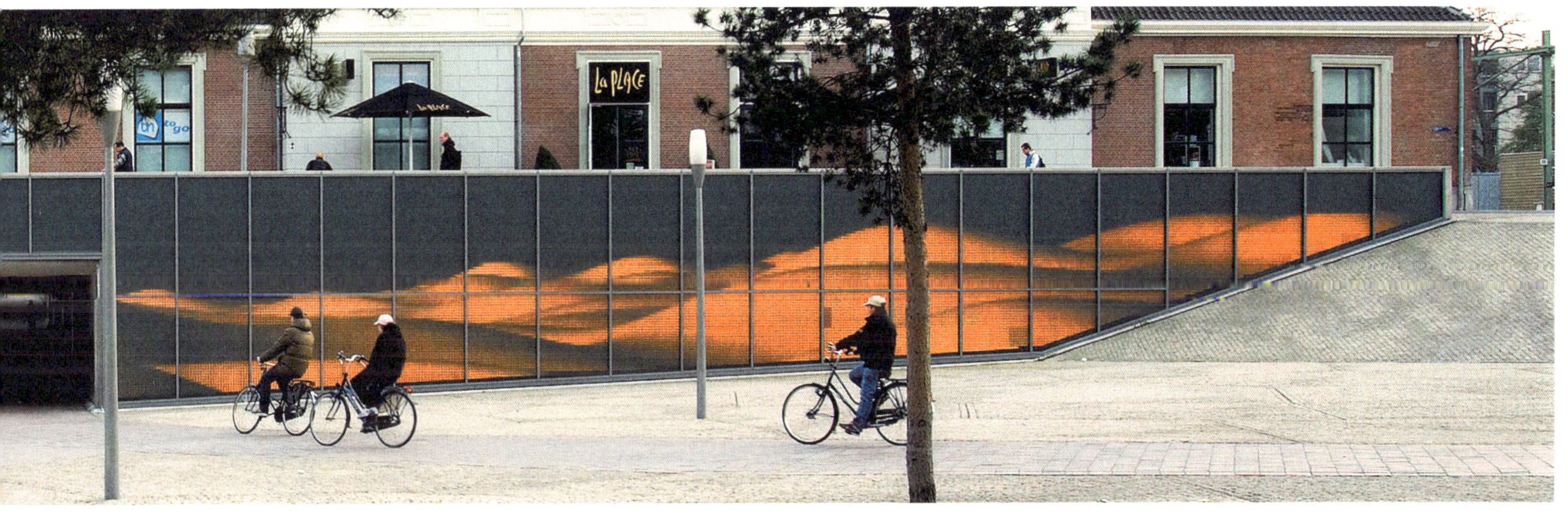

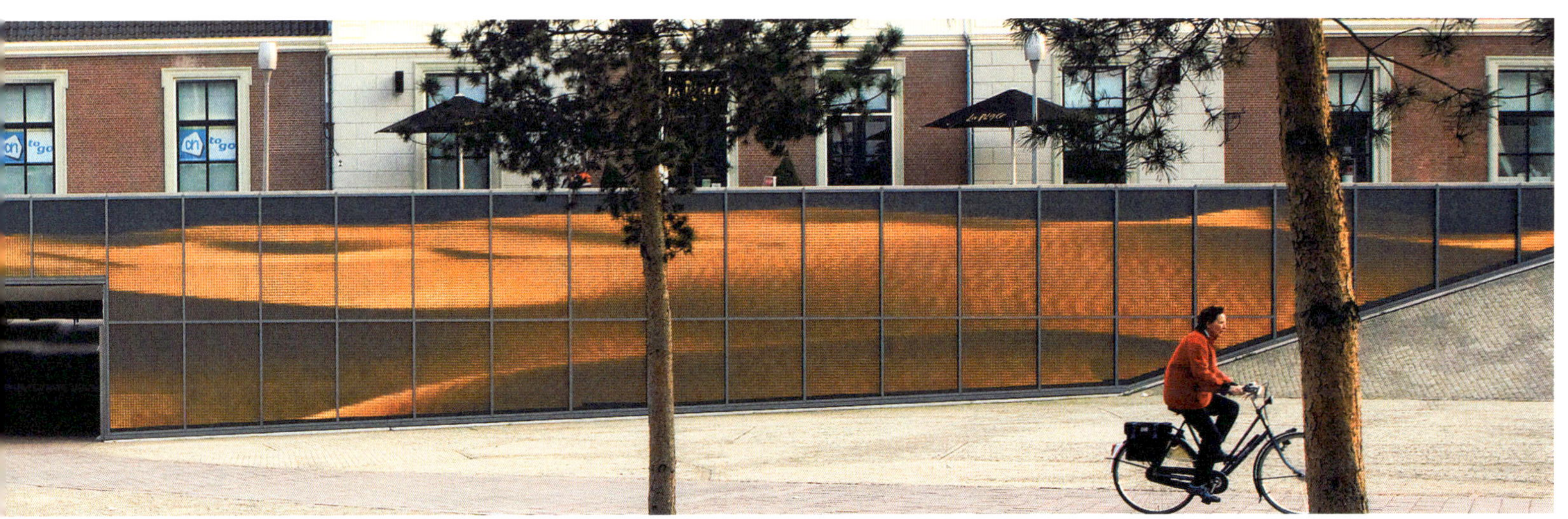

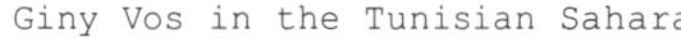
Giny Vos in the Tunisian Sahara

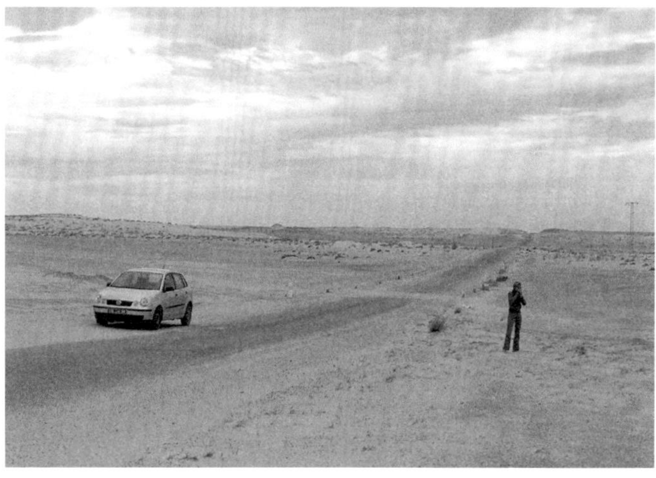

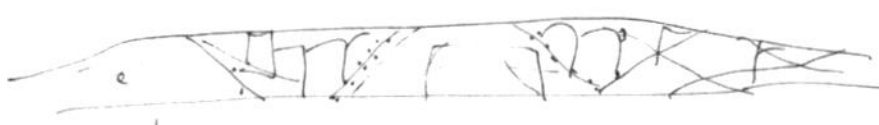

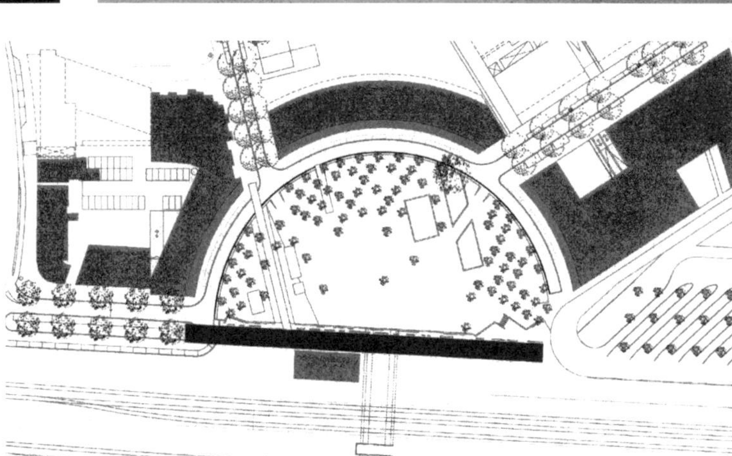
Ground plan 'Stationsplein', Apeldoorn, Lodewijk Baljon

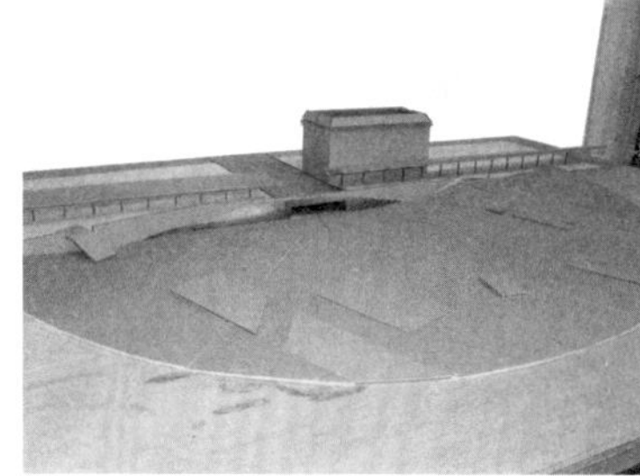
Model 'Stationsplein', Apeldoorn

Concept development, notes of meeting,
planning, notebook Giny Vos

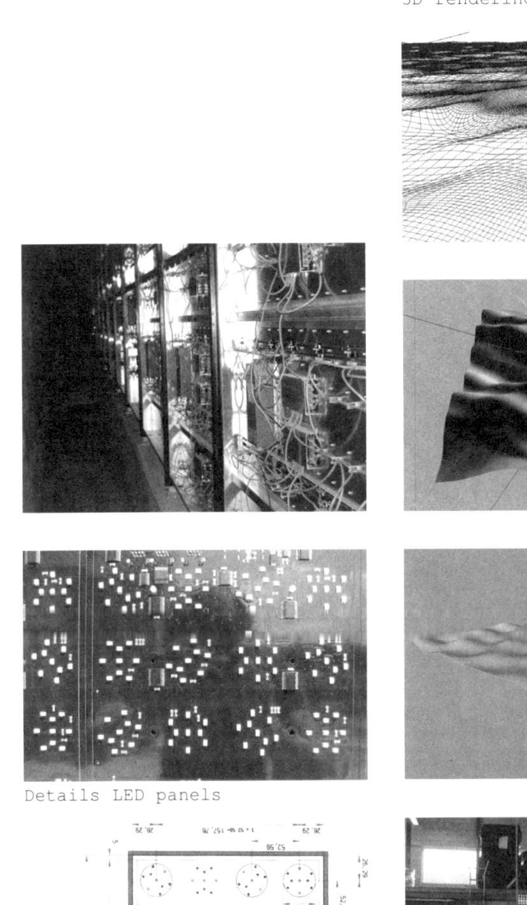

Details LED panels

Technical drawing detail
LED panel

3D renderings

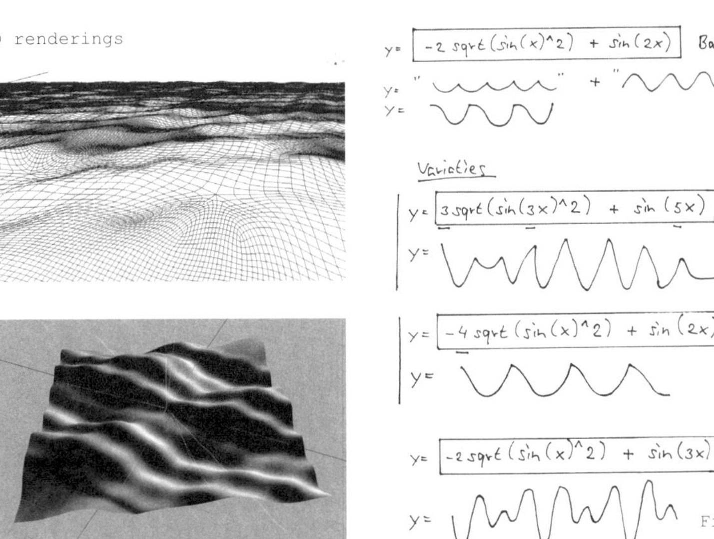

Try-out prototype

$y =$ $\boxed{-2\,sqrt(sin(x)^2) + sin(2x)}$ Basis

$y =$ First sinus formula of the 3D land-
$y =$ scape *Travelling Sand*

Varieties

$y = \boxed{3\,sqrt(sin(3x)^2) + sin(5x)}$

$y = \boxed{-4\,sqrt(sin(x)^2) + sin(2x)}$

$y = \boxed{-2\,sqrt(sin(x)^2) + sin(3x)}$

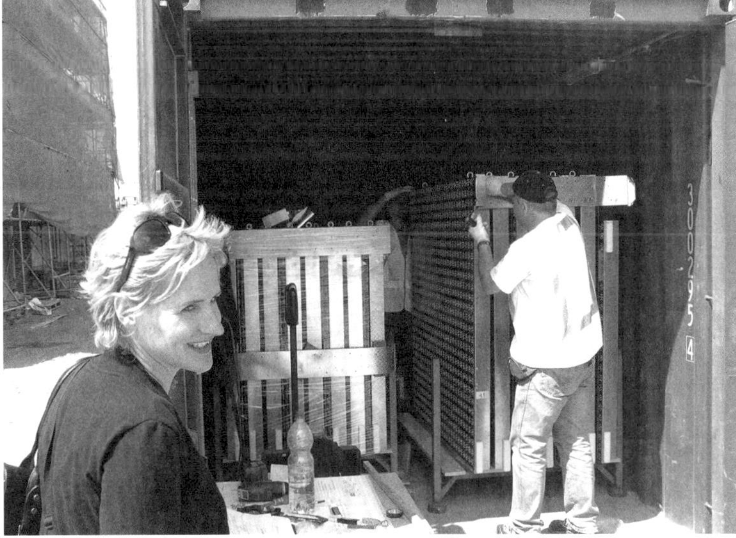

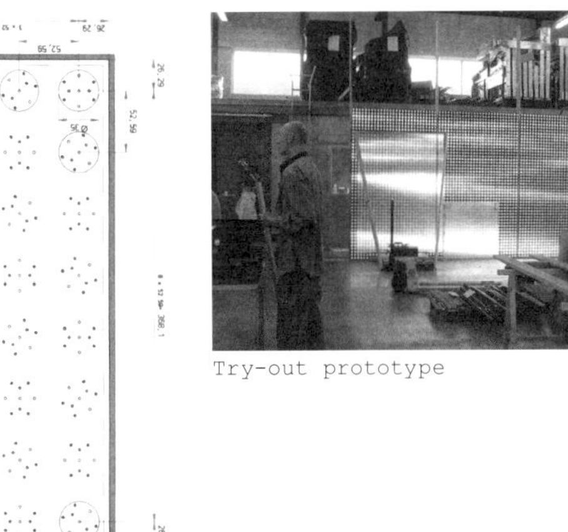

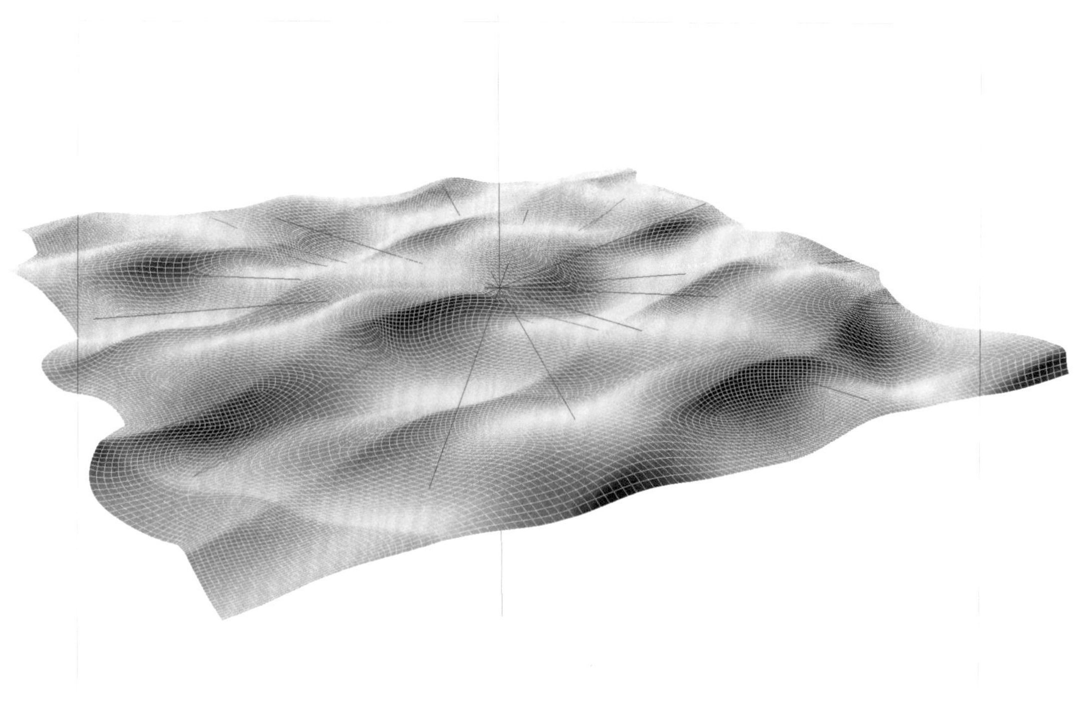

Sandra Smets

Dancing Visions of Light

'High-tech offices, comfortable homes, luxury and cultural facilities. Every means of transport outside the front door.' That is the start of the blurb for the Amsterdam South Axis, a zone where 1 million m² of extra office space will be built in the next few years to accommodate the promised luxury. The tower blocks already shine a welcome to you from the motorway.

The commercial district is deserted on an ordinary Tuesday morning in early March. It is around ten o'clock and the personnel are already sitting in their offices with high windows and design furniture. The South Axis is an important location for financial institutions in Amsterdam. Art is here an accessory to enhance the image of the financial centre. Colourful paintings hang in the reception areas, design indicates the status and taste of a corporation. Art and the world of commerce work together to radiate creativity, allure and prestige. Not many artists manage to break into this world of money and power structures, but it is possible.

Among the prestigious high-rise buildings is a purely functional office building of the KPN telecommunications company. Few windows, tight security, no nonsense. Yet it is here that a discussion is taking place this Tuesday morning on what is to be a work of art that sets the tone for the district. Seven people are sitting around a table in a conference room on the third floor: a representative of KPN, two from the South Axis Virtual Museum, the supplier of LED lights Rena Electronica, the architect Christof Schwencke, and the artist in question, Giny Vos. She designed *White Noise*, a complex light installation for the new telecommunications mast under construction outside next to the office block. Thousands of LED lamps will create a universe of stars between the transmission and receiver dishes to be attached to the staggered platforms of the tower. Technical specifications and building drawings are put on the table, a secretary joins the group to record the minutes. 'The "real" world', as Vos was later to describe the meeting, a joke with a serious undertone.

The people sitting around the conference table have not seen one another for a couple of months and time is running out: *White Noise* must hurry up because the tower has been sold. It will be transferred in the summer to Alticom, another telecommunications company. So the

Sandra Smets

Dansende licht- visioenen

'High-tech kantoren, comfortabele woningen, luxe en culturele voorzieningen. Alle transportmogelijkheden liggen voor de deur.' Zo begint de wervingstekst voor de Amsterdam Zuidas, een gebied waar de komende jaren een miljoen vierkante meter kantoorruimte wordt bijgebouwd om de beloofde luxe te accommoderen. Nu al glimmen de kantoortorens je vanaf de snelweg tegemoet.

Op een doordeweekse dinsdagochtend begin maart ligt de zakenwijk er verlaten bij. Het is een uur of tien en het personeel zit al binnen in de kantoren met hoge ramen en designmeubels. De Zuidas is een belangrijke vestigingsplaats van financiële instellingen in Amsterdam. Kunst is hier een accessoire die het beeld van financieel centrum kracht moet bijzetten. Kleurige schilderijen hangen in de ontvangstruimtes, design geeft de status en smaak van het bedrijf aan. Kunst en bedrijfsleven werken samen aan een uitstraling van creativiteit, allure en prestige. Het is niet veel kunstenaars gegeven om daadwerkelijk in te breken in deze wereld van geld en machtsstructuren. Maar het kan wel.

Tussen de prestigieuze hoogbouw staat een louter functioneel kantoorpand, van KPN. Weinig ramen, veel bewaking, geen flauwekul. Toch is juist hier op deze dinsdagochtend een bespreking gaande over wat een toonaangevend kunstwerk voor het gebied moet worden. In een vergaderkamer op de derde verdieping zit zeven man aan tafel. Een vertegenwoordiger van KPN, twee van het Virtueel Museum Zuidas, led-leverancier Rena Electronica, architect Christof Schwencke en

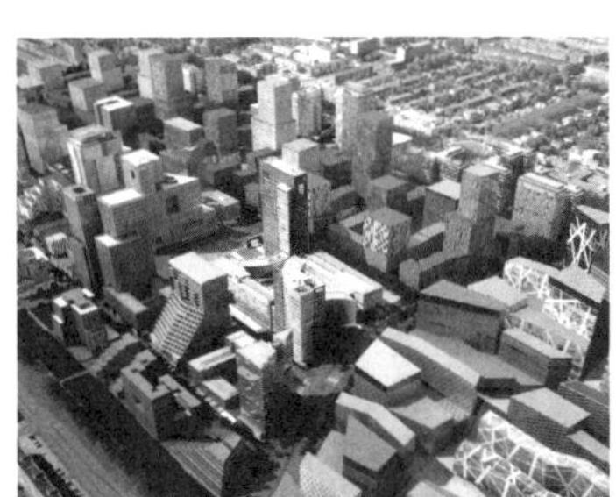

de kunstenaar in kwestie, Giny Vos. Zij ontwierp *White Noise*, een complex lichtkunstwerk voor de nieuwe zendmast die buiten, pal naast het pand, in aanbouw is. In duizenden ledlampjes moet een heelal van sterren gaan verschijnen tussen de zend- en ontvangstschotels die aan verspringende bordessen van de toren bevestigd worden. Technische specificaties en bouwtekeningen komen op

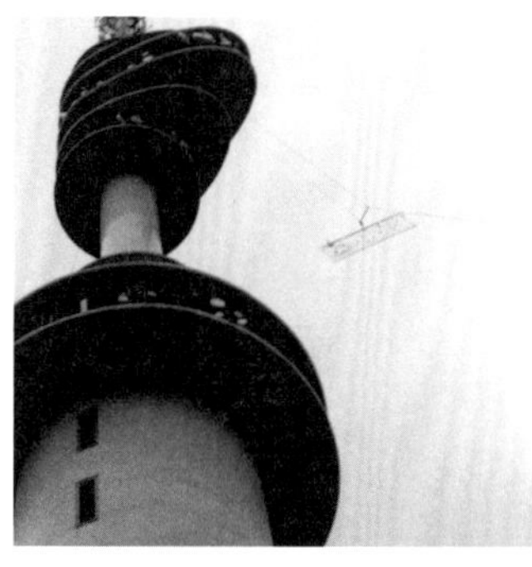

tafel, een notulist schuift aan. 'De "echte" wereld', zal Vos later over de vergadering zeggen, een grapje met een serieuze ondertoon.

Het gezelschap aan de vergadertafel heeft elkaar een paar maanden niet gezien en de tijd dringt: *White Noise* moet opschieten, want de toren is verkocht. Hij wordt in de zomer overgedragen aan Alticom, een andere telecommunicatiefirma. Er blijkt dan ook meer ter tafel te komen dan het eigenlijke onderwerp dat op de agenda staat: de proefopstelling van metalen hekken, die straks het kunstwerk op zijn plek moeten houden.

De KPN-projectleider somt de stappen op. 'Je ziet al een stuk steiger staan, nu wordt Bolidt op de toren gesmeerd en dan kijken we hoe het uitwerkt. De schotels worden overgezet van de oude naar de nieuwe toren, dan nog een kraan, vergunningen, schilderen. Optimistisch gedacht zijn we in juli net voor de bouwvak klaar.' Hij vertelt over de benodigde mankracht en betrokken firma's. Dit is duidelijk een miljoenenproject. En tijd is geld. 'Maar geldt die deadline dan ook voor het kunstwerk?', vraagt de vertegenwoordiger van het Virtueel Museum – deze kunststichting is opdrachtgever van *White Noise*, niet KPN. 'Jazeker', antwoordt de man van KPN, 'van de zomer is alles dicht, en we kunnen het niet op de lange baan schuiven.'

Dan breekt Vos, die onbewogen heeft zitten luisteren, in op het gesprek. 'Hebben jullie in die planning rekening gehouden met de lichtproef?', vraagt ze. 'We moeten zorgvuldig testen of het kunstwerk haalbaar is met de leds die we voor ogen hebben.' De architect knikt instemmend. 'Het leergeld moet niet in het kunstproject betaald worden.' Hij en Vos geloven in elkaars ontwerpen: zijn elegante toren en haar fonkelende sterrenhemel, die uiteindelijk zullen samensmelten. Al hebben ze allebei een eigen ontwerp te bewaken – hij wil niet dat de hekken te veel afleiden van zijn ontwerp, zij wil zo veel mogelijk ruimte voor haar kunstwerk. 'Deze ingewikkelde processen zijn taai en gevaarlijk', vervolgt de architect. 'Maar als je de zaak eenmaal te pakken hebt, dan heb je hem ook echt beet.' Het klinkt alsof hij het niet alleen over het kunstwerk heeft. Vos vult hem aan met een opsomming van zaken die in de planning moeten worden meegenomen – tests, soorten leds, prototypes. Rustig besluit ze haar betoog: 'Eind dit jaar is het klaar.'

Gemor stijgt op, en ingehouden kritiek wordt niet meer ingehouden. KPN vindt dat ze met die tijdsplanning niet meer mee kan doen. Vos werpt tegen dat ze nog geen contract of betaling heeft gezien, maar wel al assistenten en leveranciers heeft moeten inhuren. De architect raakt geïrriteerd dat er geen goede tekeningen op tafel liggen. Het Virtueel Museum, als intermediair, baalt van alle opgeworpen complicaties. Toch blijft de KPN-man rustig. Voor zijn werk is dit kunstwerkje van twee ton een kleinigheid. 'Nog iemand koffie?', vraagt hij en loopt naar de kantine.

Vos legt intussen het nut van de lichtproef uit. 'Van dichtbij moet het een mooie sterrenhemel zijn, op een kilometer afstand moet je ook individuele sterren ontwaren, niet één grote lichtvlek. Testen betekent dat we het bekijken vanaf verschillende plekken in Amsterdam – dichtbij, en op anderhalve kilometer afstand. De vorige proef had niet de twinkeling van het heelal die ik voor ogen had.'

matters to be discussed turn out to be more than what is indicated on the agenda: the tryout of the metal fencing which will presently have to hold the work of art in place.

The KPN project leader sums up the stages. 'You can already see some scaffolding, Bolidt is being smeared onto the tower and then we shall see what the effect is. The dishes are transferred from the old to the new tower, plus a crane, permits, painting. At the earliest, we will be finished in July just in time before the builders' holiday.' He talks about the necessary manpower and companies involved. This is clearly a project costing millions. And time is money. 'But does that deadline also apply to the work of art?', asks the representative of the Virtual Museum – it is this art foundation, not the KPN, that has commissioned *White Noise*. 'Certainly', the KPN representative replies, 'in the summer everything is closed, and we can't postpone it to the long term.'

Then Vos, who has been listening motionless, breaks into the discussion. 'Have you included the light test in the planning?', she asks. 'We have to carefully test whether the work of art is feasible with the LEDs that we have in mind.' The architect nods approval. 'We mustn't pay our dues in the art project.' He and Vos believe in one another's designs: his elegant tower and her twinkling starry sky, which will eventually be united. Although they each have their own design to defend – he does not want the fences to deflect too much attention from his design, and she wants as much space as possible for her work of art. 'These complex processes are tough and dangerous', the architect continues. 'But once you have the matter in your grasp, then you really have a firm hold on it.' It sounds as though he is not just talking about the work of art. Vos joins in with a list of items that need to be included in the planning – tests, type of LEDs, prototypes. Calmly she winds up her argument: 'It will be ready by the end of the year.'

A muttering starts and criticisms that had been kept close to the chest are now brought out into the open. KPN feels unable to go along with that planning. Vos objects that she has not yet seen a contract or payment in spite of having to pay assistants and suppliers. The architect grows irritated because there are no good drawings on the table. The Virtual Museum as intermediary is fed up with all the complications that are being raised. Still, the KPN representative remains calm. For him this work of art costing 200,000 euro is a minor matter. 'Any more for coffee?', he asks and walks off to the canteen.

In the meantime Vos explains the value of the light test. 'It must be a beautiful starry sky at close quarters, but you must also be able to make out individual stars, not just one big mass of light, from a kilometre away. Testing means that we view it from different points in Amsterdam – close up, a kilometre and a half away. The last test didn't have the twinkling of the universe that I had in mind.' The representative of the Virtual Museum adds: 'It's like an Impressionist painting, dots from close up, flowers from a distance.'

The discussion moves to astronomy. The skies above Tunisia are different from the Dutch ones – has Vos given that thought? And whether it comes through those stories or because everyone has made their demands known, the tense atmosphere gives way to harmonious cooperation. Schedules are made more specific, the height and mesh of the fences are discussed, details about the painting and the cranes are raised for discussion. The supplier calculates how much time is needed for the LED lights including light tests, galvanising, system cupboards, installations and adjustments. KPN talks about additional electro-technical and mechanical engineering demands. Vos and the architect sketch every stage. Vos takes the comments by KPN and Rena into account in her planning. That yields a further eighteen extra stages for the software, 3D visualisation, manufacture frames, transport, as well as the interim tryouts and evaluations. In the end the meeting comes to a successful conclusion: the planning is settled, everyone wants this work of art, the next meeting will discuss copyright and maintenance contracts, and a new tryout in three weeks' time. There is no longer any mention of completion before the start of the builders' holiday.

The Magic of the Milky Way

It all began more than a year earlier. The Virtual Museum Foundation, which was set up to put the glossy South Axis on the cultural map, asked a few well-known artists to come up with a proposal for the KPN telecommunications mast. This new mast towers above its surroundings and has everything needed to become an icon of the city. Vos' proposal had to compete with those of three other artists. Smartly dressed and armed with PowerPoint, she plays the role of experienced participant in board meetings with verve – there is always something of a performance artist in the way she acts.

White Noise came out on top: a virtual, multi-coloured, sparkling star-studded sky in which stars fall and comets race past. Vos had conversations with astronomers and immersed herself in their discipline, but in the last resort it is her choreography that determines which stars will change where and at what tempo. All the magic of the Milky Way and astronomy is sublimated in this work of art. What look like abstract letters and numbers – verification codes from the digital world – appear amid the celestial bodies and refer to the function of the mast as a communication tower.

Vos' work has the glamour that is associated with money. All the same, *White Noise* seems to draw the Icarus moral: the hubris of big money that wants to conquer the world and the whole universe. Two years earlier Vos had made the door of a safe for Shell that opens slightly every now and then to transmit the energy from which the company makes it money – solar energy, which actually belongs to us all. Clients like Shell or KPN need Vos for their showpiece, vice versa Vos uses them to make her dreams come true and to deliver implicit commentary.

Business as Usual

The first test of the lights is set for three weeks after the meeting. By now it is the end of March. Vos spends the morning in her studio in Het Veem

De vertegenwoordiger van het Virtueel Museum voegt daaraan toe: 'Het is als een impressionistisch schilderij. Van dichtbij vlekjes, van veraf bloemen.'

Het gesprek komt op astronomie. Tunesische sterrenhemels zijn weer heel anders dan Nederlandse – heeft Vos daar wel aan gedacht? En of het nou door die verhalen komt of doordat iedereen zijn eisen kenbaar heeft gemaakt, de gespannen sfeer slaat om naar een eensgezinde samenwerking. Planningen worden gespecificeerd, de hoogte en fijnmazigheid van de hekken worden besproken, details over het schilderwerk en de kranen komen ter sprake. De leverancier rekent uit hoeveel productietijd nodig is voor de leds inclusief lichtproeven, verzinken, systeemkasten, installaties en aanpassingen. KPN vertelt over aanvullende elektrotechnische en werktuigbouwkundige eisen. Vos en de architect tekenen elke stap uit. Vos neemt de opmerkingen van KPN en Rena mee in haar planning. Dat levert nog eens achttien extra fases op voor de software, 3D-visualisaties, fabricageframes, transporten, met daarbij de tussentijdse proefopstellingen en evaluaties. Uiteindelijk sluit de vergadering goed af: de planning is rond, iedereen wil dit kunstwerk, de volgende vergadering gaat over auteursrecht en onderhoudscontracten, en over drie weken een nieuwe proef. Oplevering voor de bouwvak, daar heeft niemand het meer over.

De magie van de melkweg

Het begon ruim een jaar eerder. De stichting Virtueel Museum, opgericht om de glossy Zuidas cultureel op de kaart te zetten, vroeg een paar gerenommeerde kunstenaars een voorstel te maken voor de KPN-zendmast. Deze nieuwe toren steekt boven het gebied uit en heeft alles in zich om een icoon van de stad te worden. In concurrentie met drie andere kunstenaars presenteerde Vos haar voorstel. Strak in het pak en gewapend met powerpoint speelt ze de rol van vergadertijger met verve – er schuilt altijd een beetje een performancekunstenaar in haar optreden.

White Noise won: een virtuele sterrenhemel in allerlei kleuren, die oplichten en dimmen, waar sterren vallen en kometen langs schieten. Vos sprak met sterrenkundigen en verdiepte zich in hun vakgebied, maar haar choreografie bepaalt uiteindelijk in welk tempo en waar welke sterren veranderen. Alle magie uit de Melkweg en uit de sterrenkunde wordt in dit kunstwerk gesublimeerd. Tussen de hemellichamen doemen ogenschijnlijk abstracte letters en cijfers op – verificatiecodes uit de digitale wereld – die verwijzen naar de communicatiefunctie van de toren.

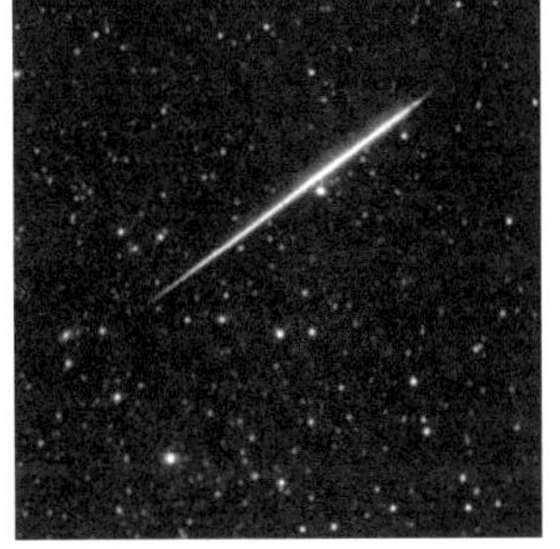

Het werk van Vos heeft de glamour waar geld mee geassocieerd wordt. Toch lijkt het of *White Noise* ook een Icarus-moraal heeft: de hoogmoed van het grote geld dat de wereld en het heelal wil veroveren.

Twee jaar eerder maakte Vos voor Shell een kluisdeur die om de zoveel tijd een kiertje opent om de energie door te laten die het bedrijf te gelde maakt – zonne-energie die eigenlijk van ons allemaal is. Opdrachtgevers als Shell en KPN hebben Vos nodig om een pronkstuk neer te zetten, andersom gebruikt Vos hen om haar dromen te verwerkelijken en impliciet commentaar te leveren.

Business as usual

Drie weken na de vergadering zal 's avonds de eerste lichtproef plaatsvinden. Het is inmiddels eind maart. Vos brengt de ochtend door in haar atelier in Het Veem in Amsterdam. Dit is een verzamelgebouw aan het IJ met kunstenaars en cultureel ondernemers. Rond Het Veem staan bouwprojecten waar groot denken voor nodig is: prestigieuze nieuwbouw met dure materialen, yuppenflats en goed gerestaureerd industrieel erfgoed met een weidse horizon over het water geven het gebied een hippe, luxe uitstraling. Hier geen eenzame zolderkamerkunstenaars maar cultureel ondernemers, architecten, ontwerpers, webdesigners.

Het grote atelier van Vos heeft meer weg van een werkruimte van een architect dan van een beeldend kunstenaar. Een bureau met computer dient voor de administratie en de animaties, die ze door assistenten laat maken. Een grote werktafel in het midden is bedoeld om met meerdere mensen aan te kunnen zitten, al zorgt ze dat ze er vaak genoeg in alle rust, zonder anderen om zich heen, kan werken. In de kast staan boeken over kunst, astronomie en exacte wetenschappen. Op een prikbord prijken foto's van pleinen, kerkkoepels en sterrenregens. Ze geven de esthetiek aan waar Vos naar streeft: grandeur, met verwijzingen naar de klassieke schoonheden van vroeger, naar de realiteit van nu, en naar een high-tech toekomstfantasie.

In de kasten staan armaturen en maquettes van nieuwe, gedroomde en gerealiseerde kunstwerken. Een van deze Madurodamgebouwtjes is een kartonnen torentje met verspringende bordessen, minischoteltjes en foto's van wat duidelijk een fonkelende sterrenhemel is. Vos telt de ruimtes op de bordessen voor de zekerheid nog eens na – ja het klopt. Tussen de spijlen en verdiepingen komen ruim tachtig hekken die ze moet vullen met bewegende sterren. 'Iedereen heeft het maar over die hekken, maar het uiteindelijke kunstwerk moet nog worden ontworpen.' En dan is het ook nog een 'eng' kunstwerk, biecht ze op. 'Bij andere werken heb ik dat gevoel nooit zo gehad. Maar dit keer weet ik niet of het gaat uitpakken zoals ik in mijn hoofd heb. Dat komt doordat het werk er van dichtbij goed en gedetailleerd uit moet zien, maar ook op afstand moet het een interessant zicht bieden. Het mag niet één lichtvlek worden. Veel zal op de tests aankomen.' Zou *White Noise* helemaal mislopen, dan gaat Vos toch enigszins het schip in. Met alle voorbereidingen heeft ze al veel tijd en ook geld geïnvesteerd in dit project.

Vooralsnog is het overdag business as usual: e-mail, telefoon, administratie, assistenten en verschillende kunstprojecten eisen haar aandacht op. Met een looptijd

in Amsterdam, a cluster of artists and cultural entrepreneurs beside the River IJ. Het Veem is surrounded by ambitious building projects: prestigious new apartment blocks with expensive materials, yuppie flats and well restored industrial heritage with a panoramic view over the water give the area a hip, upmarket character. There are no solitary attic artists here, just cultural entrepreneurs, architects, designers, web designers.

The large studio of Vos is more like that of an architect than an artist's studio. A desk with a computer takes care of administration and animations, which assistants make for her. A large worktable in the middle is intended for several people to sit around it, although she ensures that she can often work there quietly without being surrounded by other people. The bookshelves contain books on art, astronomy and the exact sciences. Photographs of squares, church domes and starbursts are pinned to a bulletin board. They indicate the aesthetics that Vos aims for: grandeur, with allusions to the classical beauties of the past, to the reality of today, and to a high-tech future fantasy.

There are frames and models of new, dreamed and implemented works of art in the cupboards. One of these miniature buildings is a cardboard tower with staggered platforms, mini-dishes and photographs of what is clearly a twinkling starry sky. Vos counts the areas on the platforms again just to be sure – yes, that's right. More than eighty fences will be inserted between the railings and the floors that she is to fill with moving stars. 'Everyone keeps talking about these fences, but the final work of art still hasn't been designed yet.' And it's a 'scary' work of art too, she confesses. 'I've never had that feeling with other works before, but this time I don't know whether it will turn out like what I have in my head. That's because the work must look good and detailed from close by, but must also present

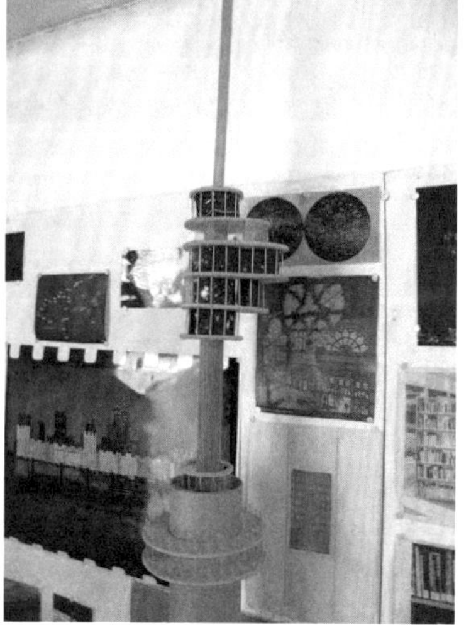

an interesting aspect from a distance. It must not become a single mass of light. A lot will depend on the tests.' If *White Noise* goes completely wrong, it will costs Vos thousands. She has already invested a lot of time and money in this project with all the preparations.

For the time being the day is one of business as usual: e-mail, telephone, administration, assistants and various art projects claim her attention. Vos always works on several commissions at the same time with a duration of a couple of years per project. At the moment this means a sketch design for the Ministry of Defence, two for local authorities, a monograph, a presentation in Oregon, a big job for the RAI, and a temporary work of art beside the A1 motorway in Deventer. There is also an assignment for a transformer kiosk running in Purmerend. 'Saying yes or no to an assignment is above all connected with the question: Can I do anything with it? Or do I have to solve a spatial problem? In the latter case I have to take good care that I can still make a sufficiently autonomous work.'

Vos walks to the cupboard and picks up a plastic sheet with squares on it: this is a working model for Deventer. The Arts Lab there asked six artists to design a motorway work of art to help to brand the A1 motorway. Vos devised a transparent screen of ten by sixteen metres on which a future panorama in large pixels emerges from the present landscape. The Netherlands is changing fast and if you are concerned with images in the public space, you have at least to be aware of this conjuncture. She looks pensively at the plastic. 'The nice thing about the temporary assignments is that you are given room to experiment. Then you can test out new ideas in practice.'

An assistant has done material research so that Vos can concentrate on what the image must communicate: landscape, future, the out of focus gaze, a game with advertising and billboards. Questions about wind resistance or the edges of the pixels will come later, although she still has to find a supplier who is prepared to tackle such an extremely large transparent screen. 'Most companies are simply a bit anxious. They were more accommodating during the previous recession. Works of art like these are always risky: both they and I have to try out new techniques. Only enthusiasts really go for it.'

Another model on her worktable is the *Crystal Palace*, that is now being assembled by a team. It is a three-dimensional light vision for the new RAI building designed by Benthem Crouwel. On the table it is a wobbly curtain of snakes (in reality tubes with small lamps) next to a model made of skewers with a small white sphere above each one (in reality bamboo sticks with glow lamps that form a boat). This boat is the model for another work, *Miracle in between*, that featured at an international exhibition in Delhi, India, last year. *Crystal Palace* is an advanced sequel. It will be a three-dimensional grid of aluminium tubes with LED lamps in them, which will form different, changing patterns of light, creating not just a boat, but all kinds of looming shapes.

Crystal Palace went fairly smoothly – there was a brief hitch when it turned out that the building was also going to be clad with LEDs on the outside. 'In that case I would have withdrawn my work', Vos says, 'because it would have looked like a follow-up to the cladding already in place. Every major art commission is a complex process in which you have to see whether the work remains intact if the conditions change. Benches that are placed in front of a wall. Walls that are lowered.' The LED lights on the outside did not go ahead. 'The credit crisis will have played a role. I wasn't sure of my own situation either until the money was on my account.'

In the afternoon Vos drives her red sports car to the team working on *Crystal Palace*. We travel from the studio complex to a zone full of industrial buildings where functionality prevails over beauty. Behind this zone lies Sloterdijk, where four years ago Vos tackled one of these grey boxes of bricks with a magisterial big work of art, *Lokroep/The Painted Chat*. She had filled the side wall of the municipal depot with thousands of LED lamps which kept changing to form poetic words – 'cowboyland, 'snoeikunst' [the art of pruning], 'hoe-hoe' [how on earth, or the sound of an owl] – in letters metres tall. In the daytime the work is invisible and

van een paar jaar per project werkt Vos altijd aan meerdere opdrachten tegelijkertijd. Op dit moment betekent dat een schetsontwerp voor het ministerie van Defensie, twee voor gemeentes, een monografie, een presentatie in Oregon, een flinke opdracht voor de RAI en een tijdelijk kunstwerk in Deventer langs de A1. In Purmerend loopt nog een opdracht voor een transformatorhuisje. 'Wel of niet ja zeggen tegen een opdracht heeft vooral te maken met de vraag: kan ik er iets mee? Of moet ik een ruimtelijk probleem oplossen? In dat laatste geval moet ik goed oppassen dat ik wel een voldoende autonoom werk kan maken.'

Vos loopt naar de kast en pakt een plastic vel met vierkantjes erop: dit is een werkmodel voor Deventer. Het Kunstenlab aldaar vroeg zes kunstenaars met een kunstwerk langs de weg mee te helpen de A1 als 'merk' neer te zetten. Vos bedacht een doorzichtig scherm van tien bij zestien meter, waarop in grove pixels een toekomstig panorama opdoemt in het huidige landschap. Nederland verandert in rap tempo en om dan beelden in de openbare ruimte te maken, betekent op zijn minst dat je je bewust moet zijn van dit tijdsgewricht. Peinzend kijkt ze naar het plastic. 'Het leuke met die tijdelijke opdrachten is dat je de ruimte krijgt om te experimenteren. Dan kun je nieuwe ideeën aan de praktijk toetsen.'

Een assistent heeft materiaalonderzoek gedaan waardoor Vos zich kan concentreren op wat het beeld moet communiceren: landschap, toekomst, de onscherpe blik, een spel met reclame en billboards. Vragen over windbelasting of het omranden van de pixels komen later wel. Al moet ze nog wel een leverancier vinden die zo'n buitengewoon groot transparant scherm aandurft. 'De meeste bedrijven zijn nu een beetje angstig. Bij de vorige recessie waren ze toeschietelijker. Dit soort kunstwerken heeft altijd een risico: zowel zij als ik moeten nieuwe technieken uitproberen. Alleen enthousiastelingen gaan overstag.'

Een ander model op haar werktafel is het *Kristalpaleis*, dat nu door een werkploeg in elkaar gezet wordt: een driedimensionaal lichtvisioen voor het nieuwe RAI-gebouw van Benthem Crouwel. Op de werktafel is het een wiebelig gordijn van slangetjes (in het echt buizen met lampjes) naast een model van satéprikkers met boven op elk stokje een wit bolletje (in het echt bamboestokken met gloeilampen die een bootje vormen). Dit bootje is het model van een ander werk, *Miracle in between*, dat vorig jaar op een internationale tentoonstelling in de Indiase stad Delhi stond. Het *Kristalpaleis* is een geavanceerd vervolg daarop. Het wordt een driedimensionaal grid van aluminiumbuizen met ledlampjes erin, die beurtelings worden aangezet. Daarin ontstaat niet slechts één bootje, maar kunnen allerlei vormen opdoemen.

Het *Kristalpaleis* verliep relatief soepel – even was er een kink in de kabel toen bleek dat het gebouw aan de buitenkant ook aangekleed zou worden met leds. 'Dan had ik mijn kunstwerk teruggetrokken', zegt Vos, 'want dan had het een vervolg op de bestaande bekleding geleken. Elke grote kunstopdracht is een ingewikkeld proces waarbij je moet kijken of het werk overeind blijft als de omstandigheden veranderen. Bankjes die voor een muur worden gezet. Wanden die worden verlaagd.' De leds aan de buitenkant gingen niet door. 'De kredietcrisis zal wel een rol hebben gespeeld. Zelf was ik ook pas zeker van mijn zaak toen het geld op mijn rekening stond.'

's Middags rijdt Vos in haar rode sportauto naar de werkploeg die met het *Kristalpaleis* bezig is. De reis gaat van het ateliercomplex naar een gebied vol bedrijfspanden waar functionaliteit het van schoonheid wint. Achter dit gebied ligt Sloterdijk, waar Vos vier jaar geleden zo'n grijze blokkendoos onder handen nam met een magistraal groot kunstwerk, *Lokroep/The Painted Chat*. Ze had de zijwand van de gemeenteloods doorboord met duizenden ledlampjes, die telkens aansprongen om poëtische woorden te vormen – 'cowboyland', 'snoeikunst', 'hoe-hoe' – in metershoge letters. Overdag is het werk onzichtbaar en is *Lokroep/The Painted Chat* een doodgewone grijze muur, verder niets. Ook andere lichtkunstwerken van Vos zijn niet altijd te zien. 'Het mooie van licht is dat het weg kan zijn. Daarom past het zo goed bij het ongrijpbare dat ik wil verbeelden. Als het licht uit is, is het hele kunstwerk verdwenen.'

De auto laat Sloterdijk achter zich. In het groen, iets verderop, ligt het Rijk van de Keizer, een werkplaats voor creatieve ondernemers. Het ziet eruit als een vrijstaat. In de ruimte tussen de drie bakstenen schuren staan zakken kunstmest en puin, waartussen het onkruid welig tiert. Naast een enorme polyester mammoetschedel zit de werkploeg op een boomstam in het zonnetje even 'n sjekkie te draaien.

Chris Heijens, die met Andries de Marez Oyens het technisch bedrijf Yens & Yens vormt, is de aanvoerder van de ploeg. 'Kom binnen', zegt hij, 'we hebben een lopende band gemaakt. Net Ford.' In de werkplaats staat een uiterst minutieus uitgedokterde werkbank, op maat gemaakt voor het Kristalpaleis. Posities van de arbeiders, werkbakjes, snoeren en stopcontacten zijn tot op de millimeter precies uitgerekend. 'Het spul is te kwetsbaar en te duur om fouten mee te maken.' Tientallen onderdelen worden door pincetten in voorzichtige handen aaneen gemonteerd en gesoldeerd: snoeren, ringetjes, plastic omhulsels, dopjes, draadjes en natuurlijk de ledlampjes. Daar worden zilverkleurige stickertjes op geplakt. Niet dat je de onderliggende koperkleur kunt zien, straks als het geheel hangt, maar je weet maar nooit. Risico's zijn uit den boze. Heijens heeft voor elk ringetje en schroefje wekenlang binnen- en buitenland afgezocht, want de kwaliteit moet perfect zijn maar het moet binnen het budget blijven. 'Mijn werk ziet er altijd vanzelfsprekend uit', zegt Vos, 'het oogt niet als ingewikkeld. En het kost heel wat moeite om het er zo moeiteloos uit te laten zien.'

In dit geval betekent dat tien weken werk voor zes man, die na een periode van trial-and-error individueel zijn ingewerkt door Heijens. Met zijn team – muzikanten en kunstenaars die hiermee iets bijverdienen – is hij al jaren samenwerkingspartner van Vos, maar hij is niet de enige producent met wie zij werkt. Het onderhoud van de projecten wordt even doorgenomen; alles loopt op rolletjes, althans, voor zover ze dat in eigen beheer hebben. 'Laatst kregen we melding van een storing, wat heel

Lokroep/The Painted Chat is nothing but a very ordinary grey wall. Other of Vos' light works are not always visible either. 'The nice thing about light is that it can be switched off. That's why it is so well suited to the elusive that I want to visualise. When the light is turned off, the whole work of art is gone.'

The car leaves Sloterdijk behind. In the countryside a little further on is the Rijk van de Keizer [Empire of the Emperor], a workplace for creative entrepreneurs. It looks like a free state. In the space between the three brick sheds there are sacks of artificial fertiliser and rubble amid a proliferation of weeds. The team are sitting on a tree stump in the sun rolling cigarettes beside an enormous polyester skull of a mammoth.

Chris Heijens, who forms the technical company Yens & Yens together with Andries de Marez Oyens, is in charge of the team. 'Come inside', he says, 'we've made an assembly line. Just like Ford.' An extremely precisely designed workbench, custom-made for *Crystal Palace*, stands in the working area. The positions of the workers, work trays, cables and power points have been calculated exactly to the millimetre. 'The stuff is too fragile and too expensive to make mistakes.' Dozens of parts are care-

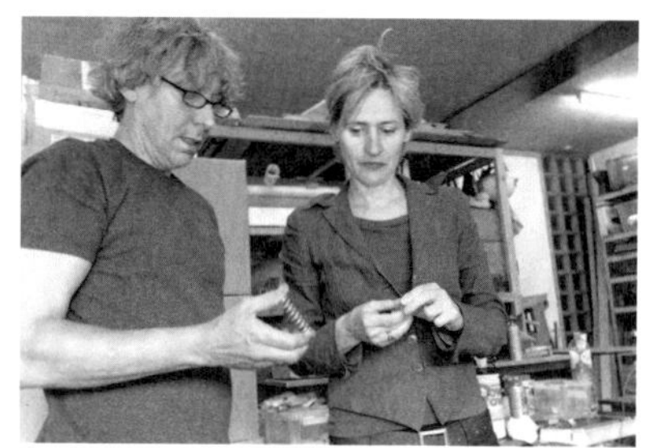

fully picked up with tweezers, assembled and soldered: cables, rings, plastic coverings, caps, wires, and of course the LED lamps themselves. Silver stickers are attached to them. It's not that you will be able to see the underlying copper colour once the whole thing is hanging, but you never know. There is no room for taking risks here. Heijens has spent weeks combing the country and abroad for every ring and screw, because the quality has to be perfect as well as fitting within the budget. 'My work always looks natural', Vos says, 'it doesn't look complicated. And it takes a lot of effort to make it look so effortless.'

In this case that means ten weeks of work for six pairs of hands, who have been individually trained by Heijens after a period of trial and error. With his team of musicians and artists who can earn a bit on the side in this way, he has been a partner with Vos for years, but he is not the only producer with whom she works. They briefly run through the maintenance of the projects; everything is going smoothly, at least as far is within their control. 'We recently had an error message, which is very rare', Heijens grins. 'We pulled out the plug and put it back in. Everything worked again.'

In the meantime he has walked outside. 'Look', he says with pride, 'I've invented an M-folder. It suddenly came to me in the weekend.' It is a strange-looking foam rubber thing that saves his team from having to unroll dozens of metres of electric wire by hand to fit it into the tubes. 'We are an invention richer after each joint project with Giny.' Vos nods. She once applied for a patent for one of her inventions years ago, just for fun, to see how it works. 'Once was enough. You find yourself in such a bizarre world. Some people are fully employed in trying to make a living with patents. A new technique is developed for almost every one of my projects, but I don't use it again – a work of art is unique. Somebody else can apply for the patents.'

Heijens is a musician, Vos an artist, but they both keep up with technological developments via the internet. 'Have you seen the latest LEDs on YouTube?', she asks. 'Terrific!' – immediately following up with the remark: 'It's fantastic material, but LEDS are at the same time so ugly and cold.' It's a question of looking beyond them: in the end that technology is a device that you no longer even see. 'Not in *Crystal Palace* either', Heijens enthusiastically joins in. 'Dancing visions of light that appear and fade. This will be so fucking bright, the viewers won't be able to understand how it's done.'

The name *Crystal Palace* refers not only to the crystalline way in which the light will sparkle in the building. The first world exhibition was held in the Crystal Palace in London in the nineteenth century. It displayed the world of objects in which we live. The RAI, with its series of trade fairs where new products are displayed for the world market for a few days, is a successor to it. These enormous presentations follow one another in rapid succession as one product is quickly replaced by the next one. Vos' *Crystal Palace* is about this perpetuum mobile by making objects appear and disappear. She has decided that they must not move too quickly. A certain slowness will enable the work to maintain its magic.

Heijens and Vos continue their discussions amid the tree-stump furniture – about the quality of the aluminium, the plexiglass, resistance to rain, payment, advances, planning. The work will be unveiled in September by Prince Willem Alexander, but Heijens considers that the sooner it hangs the better. Then there is enough time to test it out – also for the software, which still has to be written. 'I presented it to the client with the image of a car inside', Vos smiles, 'but I don't know whether it will be there. A building dictates certain things, just as technology does. You have to free yourself from that. This work will assume a story of its own. It's not a billboard for the Car RAI.'

Everything is running – Vos returns to the studio. Back in the car she tells me about the collaboration with technical partners like Yens & Yens. 'I'm not easy. There's always room for improvement. Sometimes the companies I work with come up with technical solutions that delight them, but I'm still not satisfied. It's always a bit of a fight, but the difference is critical. A good work does not just make the place special, it even makes the surrounding space adapt to it. It stretches the surroundings. If that works, it's terrific.'

That evening was supposed to be the moment of truth for *White Noise*, but that did not happen. The test on the KPN mast was a failure. Only one of the twenty-four minutes of software functions. Then the mast is enshrouded in darkness again. Still, that one minute is promising, Vos later mails from Berlin. The work is gradually becoming less scary. By now it is the end of April and KPN decides to do another test with the fences – the planning is modified again.

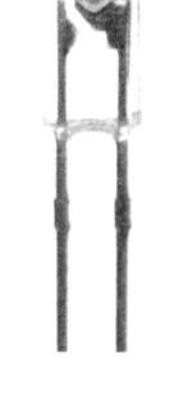
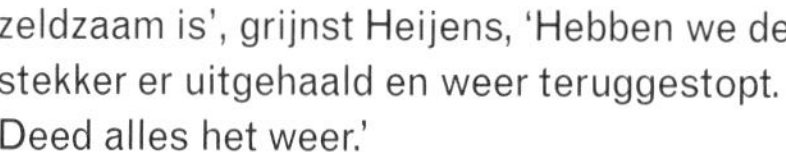

zeldzaam is', grijnst Heijens, 'Hebben we de stekker er uitgehaald en weer teruggestopt. Deed alles het weer.'

Hij is intussen naar buiten gelopen. 'Kijk', zegt hij trots, 'Ik heb een M-vouwer uitgevonden. Van het weekend wist ik ineens hoe.' Het is een onooglijk schuimrubberen ding dat voorkomt dat zijn mensen handmatig tientallen meters elektriciteitsdraad moeten omvouwen om in buisjes te duwen. 'Aan elke samenwerking met Giny houden we wel een uitvinding over.' Vos knikt. Ze heeft zelf wel eens, jaren geleden, een octrooi aangevraagd voor een van haar uitvindingen – gewoon voor de lol, kijken hoe dat werkt. 'Eenmalig hoor. Je komt in zo'n bizarre wereld terecht. Voor sommige mensen is het een dagtaak om te proberen met octrooien geld te verdienen. Bij mijn projecten wordt bijna altijd een nieuwe techniek ontwikkeld die ik geen tweede keer gebruik – een kunstwerk is uniek. Die patenten, die mag iemand anders aanvragen.'

Heijens is muzikant, Vos beeldend kunstenaar, maar beiden houden ze technologische ontwikkelingen via internet bij. 'Heb je die nieuwste leds op YouTube gezien?', vraagt ze. 'Geweldig!' – om daar meteen een kanttekening bij te maken: 'Het is fantastisch materiaal, maar leds zijn tegelijkertijd ook lelijk en koud.' Het is een kwestie van 'erdoorheen' kijken: uiteindelijk is die techniek een hulpmiddel dat je niet eens meer ziet. 'Ook bij het *Kristalpaleis* niet', beaamt Heijens enthousiast. 'Bewegende visioenen van licht, die opdoemen en vervagen. Dit wordt zó fucking fel, toeschouwers zullen niet begrijpen hoe dit kan.'

De naam 'Kristalpaleis' verwijst niet alleen naar de kristalachtige manier waarop het licht in het gebouw zal flonkeren. In het Londense Crystal Palace werd in de negentiende eeuw de eerste wereldtentoonstelling gehouden. Het toonde de wereld van objecten waar wij in leven. De RAI, met zijn aaneengeschakelde beurzen waar nieuwe producten een aantal dagen staan uitgestald voor de wereldmarkt, is een vervolg daarop. Met grote vaart volgen deze enorme presentaties elkaar op, snel wordt het ene product vervangen door het volgende. Vos' *Kristalpaleis* gaat over dit perpetuum mobile, door objecten te laten opdoemen en verdwijnen. Die beweging mag niet te snel gaan, heeft ze besloten. Dankzij een zekere traagheid zal het werk zijn magie behouden.

Tussen de meubels van boomstronken praten Heijens en Vos verder – over de kwaliteit van het aluminium, het plexiglas, regenbestendigheid, betaling, voorschotten, planning. Het werk wordt in september door prins Willem Alexander onthuld, maar hoe eerder het er hangt hoe beter, vindt Heijens. Dan is er genoeg tijd voor het uittesten – ook voor de software, die nog geschreven moet worden. 'Ik presenteerde het aan de opdrachtgever met als beeld een autootje erin', glimlacht Vos, 'maar of dat erin komt, weet ik nog niet. Een gebouw dicteert iets, net zoals een techniek dat doet. Daar moet je je los van maken. Dit werk krijgt een eigen verhaal. Het wordt geen uithangbord voor de AutoRAI.'

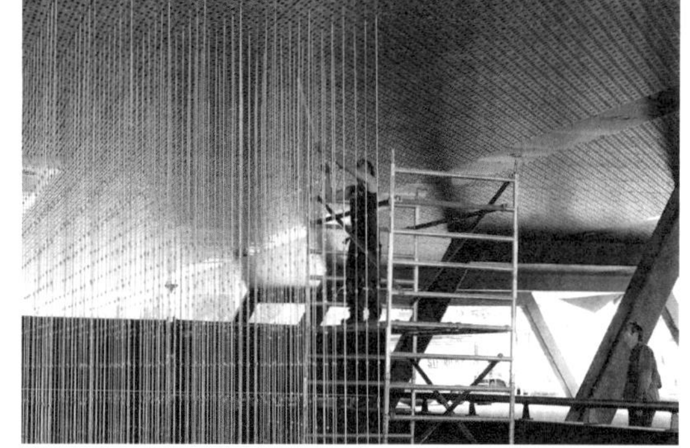

Alles loopt – Vos keert terug naar het atelier. Terug in de auto vertelt ze over de samenwerking met technische partners zoals Yens & Yens. 'Ik ben niet gemakkelijk. Het kan altijd beter. Soms komen de bedrijven waarmee ik werk met technische oplossingen waar ze verrukt over zijn en dan vind ik het toch niet goed. Of een muur wordt nét in een verkeerde tint geverfd en moet overnieuw. Het is altijd een beetje vechten, maar het luistert heel nauw. Een goed werk verbijzondert niet alleen de plek, het zorgt zelfs dat de omringende ruimte zich daarnaar schikt. Het rekt de omgeving op. Als dat lukt, dat is geweldig.'

Die avond zou het uur der waarheid voor *White Noise* moeten komen. Maar, het komt niet. De test op de KPN-toren mislukt. Van de vierentwintig minuten software die is gemaakt, functioneert maar één minuut. Daarna wordt de toren weer zwart. Toch ziet die ene minuut er wel hoopgevend uit, mailt Vos later vanuit Berlijn. Langzaam wordt het kunstwerk minder eng. Het is intussen eind april en KPN besluit nog een extra proefopstelling van de hekken te willen – de planning wordt wederom aangepast.

Twee weken retraite in een Berlijns appartement geven Vos de rust om de beelden voor het *Kristalpaleis* te maken. Ze krijgt een ingeving door *Der Lauf der Dinge* van Fischli en Weiss. Het Zwitserse kunstenaarsduo maakte een video over objecten die elkaar in beweging zetten met zwaartekracht en door te ontvlammen. Vonkjes en kettingreacties worden de basis van een choreografie voor het *Kristalpaleis*, besluit ze. Ze vormen een metafoor voor de vluchtigheid en omvang van de beurzen die er steeds zo kort staan. Metaforen in werk in de openbare ruimte zijn niet aan iedereen besteed, maar zijn wel van belang. Ze zorgen dat de meer aandachtige kijker nuances en ideeën ziet voorbij het wow-effect dat de snelle passant bijblijft.

Het werk langs de A1 wordt in Berlijn in haar gedachten steeds meer een romantisch landschap. In een gemeentelijke tunnel en de opdracht voor Defensie ziet ze ook ineens nieuwe mogelijkheden. En dan alleen nog die tachtig hekken voor de KPN-toren vullen...

Render farms

Nu alle verschillende partijen aan hun eigen deel werken van zowel *White Noise* als van het *Kristalpaleis*, kan Vos haar gedachten gaan richten op de animaties die voor beide werken nodig zijn. Het *Kristalpaleis* krijgt voorrang omdat dat als eerste wordt opgeleverd. Een bloedhete dag in juli brengt Vos door in Utrecht bij 3D-animator Bram Verhavert. Zijn kantoortje in een oude school, onder een plat dak, bevat weinig meer dan twee fikse computers. Met deze buitengewone systeemkasten maakt hij 3D-applicaties voor klanten zoals Vos. Toen Verhavert in 2006 de animaties maakte voor *Reizend zand*, een digitaal gevormd landschap op het NS-station in Apeldoorn, lag het kantoor vol met papier. Daarop had Vos zandlandschappen getekend van tientallen meters breed. Verhavert moest zorgen dat de

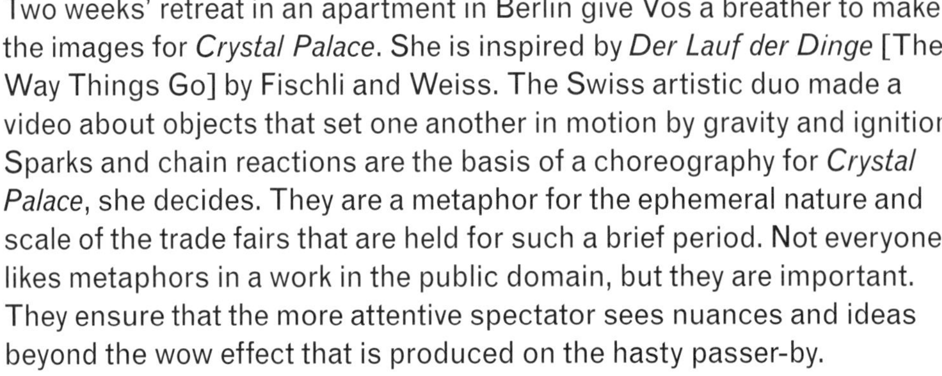

Two weeks' retreat in an apartment in Berlin give Vos a breather to make the images for *Crystal Palace*. She is inspired by *Der Lauf der Dinge* [The Way Things Go] by Fischli and Weiss. The Swiss artistic duo made a video about objects that set one another in motion by gravity and ignition. Sparks and chain reactions are the basis of a choreography for *Crystal Palace*, she decides. They are a metaphor for the ephemeral nature and scale of the trade fairs that are held for such a brief period. Not everyone likes metaphors in a work in the public domain, but they are important. They ensure that the more attentive spectator sees nuances and ideas beyond the wow effect that is produced on the hasty passer-by.

In Berlin, the work to flank the A1 motorway increasingly becomes a romantic landscape. She also suddenly sees new possibilities in a municipal tunnel and the commission for the Ministry of Defence. And on top of that the job of filling those eighty fences in front of the KPN mast...

Render Farms

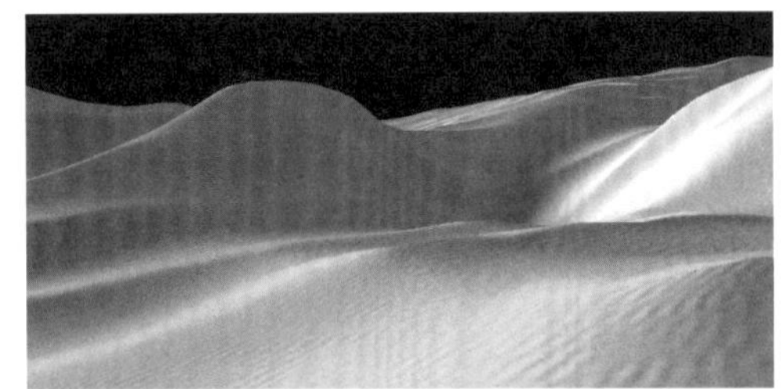

Now that all the different parties are working on their own part in *White Noise* and *Crystal Palace*, Vos can concentrate on the animations that both works require. *Crystal Palace* is given priority because it is the first in the pipeline. Vos spends a boiling day in July in Utrecht with 3D-animator Bram Verhavert. His office in a former school, beneath a flat roof, contains little more than two powerful computers. He uses these exceptional computers to make 3D applications for clients like Vos. When Verhavert made the animations for *Travelling Sand*, a digital landscape for Apeldoorn railway station, in 2006, the office was full of paper. Vos had drawn sand landscapes dozens of metres long on them. It was Verhavert's job to make sure that the computer understood all those panoramas and made the shifting sands flow naturally into one another. There was no other way, because you cannot simply project film of shifting sand, especially when you want to visualise the essence of travelling sand, as Vos wanted.

It took the computer months to render these images. Vos and Verhavert almost farmed this process out to the US render farms with thousands of computers that the Hollywood studios use for digital film effects. But thanks to a powerful extra computer with a special graphic card and an extra ventilator, Verhavert managed to pull it off. Now the same computer displays falling stars: pieces of *White Noise*. Verhavert uses the mouse

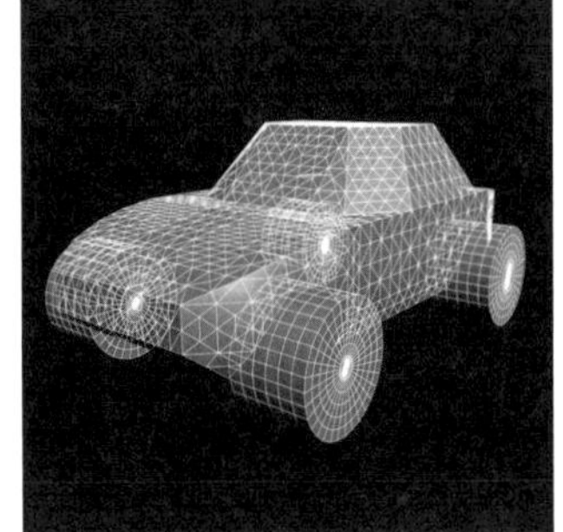

to make the mast rotate. 'That's how it looks from the motorway', he says. 'How much time do people spend in the traffic jam?', Vos asks. The choreography must be exciting enough to rivet everyone's attention, including the drivers.

Verhavert then shows the stars from a distance. They still sparkle on his screen. Vos wonders whether they will sparkle in real life as well: 'LED light becomes uniform from a large distance'. The gap between animation and reality leads the conversation to the impossibility of presenting a work in the concept stage. 'That's why

I am so opposed to people having a say', Vos states categorically. 'If people buy a sofa, they are surprised how different it looks at home. Some of them form a completely wrong impression of a work of art that they don't know.' If Vos is asked for a commission and hears that the residents have a share in the final decision-making, she turns it down. 'You mustn't let residents decide, you must inform them, make them participants. People almost always choose what they know. That's fine for entertainment, but not for art. Otherwise new ideas never get a chance.'

They switch to the software for *Crystal Palace* for a moment. Andries Oyens from Yens & Yens has written the software. That programme worked with formulae, but in Verhavert's variant they can build visually. 'We can ask for a patent for this', Vos says. 'Is it new, then?', asks Verhavert. 'Yes', she says, 'but I'm not interested in patents, it's a miserable life. But if you like…' Verhavert just stares at the screen and reacts calmly. 'I don't need a miserable life', he says, while he opens the animations for *Crystal Palace*. Curves and diagonals loom up. Vos looks attentively to see which curves are and are not possible.

They go back to *White Noise*. Verhavert shows her new stars. The rotation involves a further complication: because of the staggered platforms, the stars never fall perpendicularly. Verhavert: 'Rotating animations aren't on.' Vos nods. She must take good care in the months ahead to ensure that the fences are positioned as precisely as possible. The rest of the afternoon is spent on photographs of black holes and star bursts. Vos and Verhavert spend hours seeing which of the 1,200 LEDs should light up. It is a long, hot afternoon, one of many to come.

A Strange Profession

It is a strange profession in which Vos engages. Attending meetings, discussing fences and maintenance contracts form an important part of her work, in which she is dealt the trickiest cards. How do you explain in meetings with planners, CEOs, architects and residents that the poetic autonomy of your work is at risk if a fence is made taller or shorter, with a looser or tighter mesh than agreed? She tackles those hurdles with unlimited energy: 'It's the only way for me to do what I want to do. The public domain is my ideal workplace, in fact it's my studio. I want to key in to the scale of the world.'

Vos has had to invent her profession by herself. When she went to the art academy in the 1980s, cultural entrepreneurship was not taught. The term did not even exist. She grew up in Rotterdam, where she celebrated her departure with her first big work of art in the public domain during the longest night of the year. With a little more than five hundred guilders, a lot of agricultural plastic and a group of friends, she went into the office blocks on the Marconiplein on 21 December 1985. They covered enough windows for the remaining illuminated windows to spell the words WORK TO DO. Vos still uses it in her portfolio and remarks that her assistants, who were often born around the time that she made this work, are impressed by it.

computer al die panorama's begreep en de verstuivingen natuurlijk in elkaar liet overlopen. Dat kon niet anders, omdat je niet gewoonweg gefilmde verstuivingen kunt projecteren. Zeker niet wanneer je de essentie van een verstuiving wil verbeelden, zoals bij Vos het geval was.

De computer had maanden nodig om deze beelden te renderen. Bijna hadden Vos en Verhavert dit proces ondergebracht bij de Amerikaanse *render farms* die Hollywoodstudio's gebruiken voor digitale filmeffecten. Daar staan duizenden computers. Maar dankzij een flinke extra systeemkast met een zware grafische kaart en een extra ventilator erachter, lukte het Verhavert toch. Nu laat deze zelfde computer vallende sterren zien: stukjes *White Noise*. Met de muis laat Verhavert de toren roteren. 'Zo ziet het eruit vanaf de snelweg', zegt hij. 'Hoelang staan mensen daar in de file?', vraagt Vos. De choreografie moet zo blijven prikkelen dat iedereen, ook de automobilist, blijft kijken.

Verhavert toont de sterren vervolgens van veraf en op zijn beeldscherm blijven ze fonkelen. Of ze dat in het echt ook zo zullen doen, blijft volgens Vos de vraag: 'Ledlicht wordt eenvormig op grote afstand.' Door de kloof tussen animatie en werkelijkheid komt het gesprek op de onmogelijkheid om een werk in de conceptfase al te presenteren. 'Daarom ben ik zo tegen inspraak', zegt Vos fel. 'Als mensen een bank kopen, verbazen ze zich erover hoe anders die thuis blijkt te staan. Een kunstwerk dat ze niet kennen, daar maken sommigen zich een heel verkeerde voorstelling van.' Als Vos voor een opdracht gevraagd wordt en hoort dat omwonenden uiteindelijk mogen meebeslissen, gaat ze er niet op in. 'Je moet omwonenden niet laten besluiten, je moet ze informeren, deelgenoot maken. Mensen kiezen bijna altijd voor wat ze al kennen. Bij entertainment kan dat, bij kunst niet. Dan krijgen nieuwe ideeën nooit een kans.'

Even schakelen ze over naar de software voor het *Kristalpaleis*. Hiervoor heeft Andries Oyens, van Yens & Yens, het softwareprogramma geschreven. Dat programma functioneerde met formules, in Verhaverts variant kunnen ze 'beeldend' bouwen. 'We kunnen hier patent op aanvragen', zegt Vos. 'Is dit nieuw dan?', vraagt Verhavert. Ze antwoordt bevestigend: 'Alleen hou ik me niet met patenten bezig, dat is een naar leven. Maar als jij wil…' Verhavert tuurt enkel naar het beeldscherm en reageert gelaten. 'Ik hoef ook geen naar leven', zegt hij, terwijl hij wat animaties voor het *Kristalpaleis* opent. Curves en diagonalen doemen op. Vos kijkt aandachtig mee om te zien welke welvingen wel en niet mogelijk zijn.

Ze gaan weer terug naar *White Noise*. Verhavert laat nieuwe sterren zien. Het roteren brengt een andere complicatie in beeld: door de verspringende bordessen vallen de sterren nooit recht. Verhavert: 'Ronddraaiende animaties kunnen dus niet.' Vos knikt. Ze moet de komende maanden goed in de gaten blijven houden dat de hekken zo nauw mogelijk aansluiten. De rest van de middag komen foto's van zwarte gaten en sterrennevels op tafel. Urenlang bekijken Vos en Verhavert wanneer welk van de 1200 lampjes moet oplichten. Het wordt een lange, warme middag en er zullen nog vele volgen.

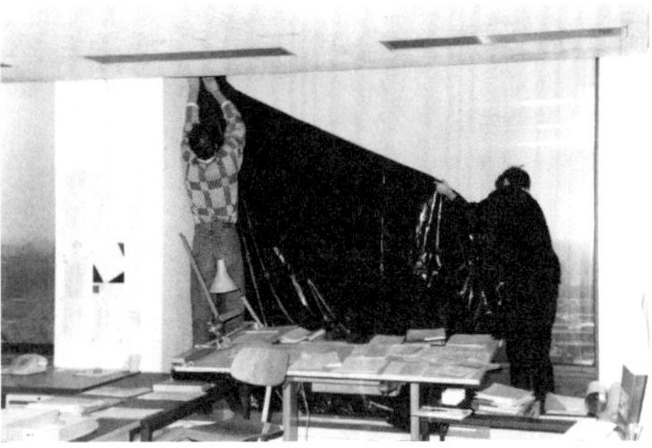

Een vreemd beroep

Het is een vreemd beroep dat Vos uitoefent. Vergaderen, hekken en onderhoudscontracten bespreken is een belangrijk onderdeel van haar werk, waarbij ze steeds de lastigste kaarten aan tafel heeft. Hoe leg je uit in gesprekken met planologen, CEO's, architecten en omwonenden dat de poëtische autonomie van je werk in het gedrang komt als een hek hoger of kleiner, grofmaziger of fijnmaziger wordt dan afgesproken? Die hobbels neemt ze vol energie: 'Alleen zo kan ik doen wat ik wil doen. De openbare ruimte is mijn ideale werkplek, in feite is dat mijn atelier. Ik wil aansluiten op de schaal van die wereld.'

Vos heeft haar vak zelf moeten uitvinden. Toen ze in de jaren tachtig naar de kunstacademie ging, werd cultureel ondernemerschap niet onderwezen. Het woord bestond niet eens. Ze groeide op in Rotterdam, waar ze haar afscheid vierde met haar eerste grote kunstwerk in de openbare ruimte, tijdens de langste nacht van het jaar. Met iets meer dan vijfhonderd gulden, heel veel landbouwplastic en een groepje vrienden trok ze op 21 december 1985 de kantoortorens op het Marconiplein binnen. Ze plakten net zo veel ramen af als nodig was totdat de resterende verlichte ramen 'work to do' spelden. Vos gebruikt het nog steeds in haar portfolio en merkt dat haar assistenten, die vaak geboren werden in de tijd dat zij dit werk maakte, ervan onder de indruk zijn.

Work to Do is achteraf een startpunt gebleken voor de grootschalige lichtkunst van Vos, kunstwerken die zo groot en complex zijn dat ze deze alleen voor elkaar kan krijgen in samenwerking met andere partijen. Het verschil tussen *Work to Do* en de kunst die erop volgde, zit hem vooral in het werk achter de schermen. *Work to Do* was een brutale stunt van een jonge kunstenaar met veel lef. Nu is Vos een bedrijfsleider met een team dat aan langdurige projecten werkt. Kunst die zich buiten het museale circuit afspeelt, maar artistiek niet inboet en een budgettering kent waar musea van zouden watertanden.

Vos trok naar Amsterdam om te studeren aan de Rietveld Academie. Die keuze was nog even een onderwerp van twijfel – Delft trok ook wel met al zijn technische studies. Maar uiteindelijk ging het haar om de kunst en niet om de techniek. De Rietveld Academie haalde haar enthousiast binnen vanwege *Golden Years*, een installatie die ze kort daarvoor had gemaakt: op monitoren en via projecties doemde een Amerikaanse auto op waarin Vos met wapperende haren achter het stuur zat, begeleid door een soundtrack van David Bowies *Golden Years* – half echt, half droom. Het was een ironisch zelfportret van een succesvolle cultureel ondernemer. Ook toen al had haar werk te maken met high en low, met vervreemding, met kritiek op de verbeeldingsarme leefwereld waar alles maar is wat het is – een auto, een bewakingsvideo, een zendmast.

In 1988 – jong, onbekend en nog niet eens afgestudeerd – overtuigde ze een dappere museumdirecteur ervan om haar het volledige Stedelijk Museum Schiedam ter beschikking te stellen. Ze vulde het met grote abstracte, zwarte sculpturen. Het is het gedachtegoed van Judd, Serra of misschien – als we even in de openbare

Looking back, *Work to Do* marked the start of the large-scale light art of Vos, works of art that are so large and complex that she can only achieve them in cooperation with other parties. The difference between *Work to Do* and the art that followed it lies mainly in the work behind the scenes. *Work to Do* was a cheeky stunt by a young artist with a lot of guts. Now Vos is in charge of a business with a team that works on long-term projects. It is art that takes place outside the museum circuit, but which makes no artistic concessions and is used to budgets that would make museums water at the mouth.

Vos moved to Amsterdam to study at the Rietveld Academy. She had her doubts about the choice, as Delft with all its technological studies was attractive too, but in the last resort it was art, not technology, that was her prime concern. The Rietveld Academy welcomed her with open arms for *Golden Years*, an installation that she had created shortly before: a US car with Vos at the wheel, her hair streaming behind her, was shown on monitors and via projections to the accompaniment of David Bowie's *Golden Years* – half real, half dream. It was an ironical self-portrait of a successful cultural entrepreneur. Her work was already related to high and low, alienation, criticism of the unimaginative world where everything is simply what it is – a car, a security video, a transmission mast.

In 1988, the young, unknown art student who had not even graduated managed to convince a courageous museum director to give her the run of the entire Stedelijk Museum in Schiedam. She filled it with large, abstract,

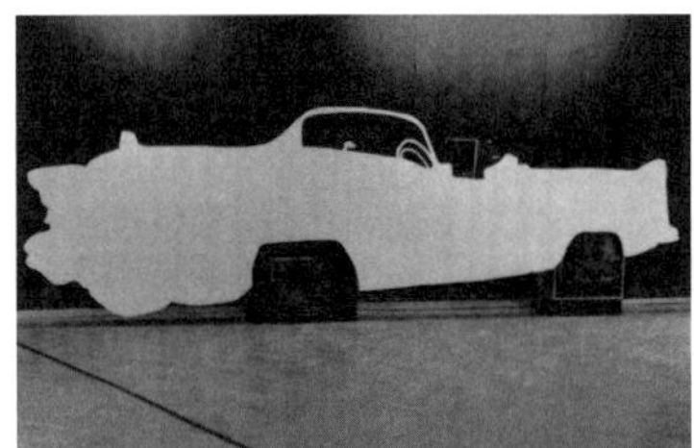

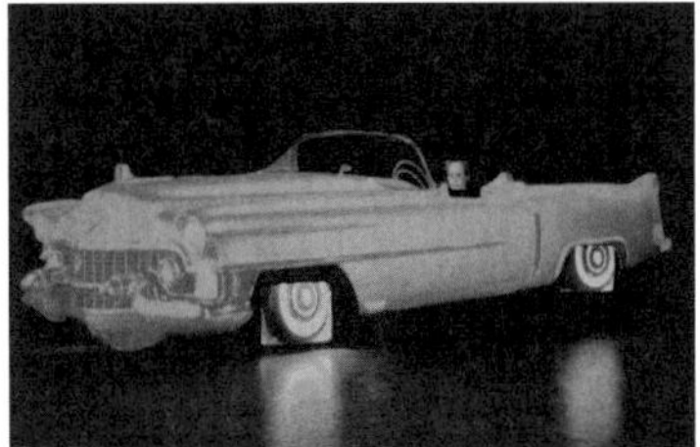

heavy sculptures inspired by Judd, Serra or perhaps – to stay in the public domain – Lon Pennock. They were grand gestures to show that art is tough and masculine, must control the space and command respect. Visitors walked past the megalomaniac abstractions in search of spirituality, as one is supposed to do with that kind of art, until they reached the exit and could see the monitors of the custodians' room: the abstractions formed the letters 'Watch' on the security screens. A good work gives you something you had not imagined in advance. 2D became 3D, Vos discovered here, and small dolls teemed between the letters – museum visitors who had unwittingly become actors in a performance video.

Depriving art of its gravity, as in Schiedam, is something that she has continued to do. In the successive years the hardware has become less and the light has become more elusive. She has taken more and more to working outdoors, in the Netherlands and sometimes abroad. She uses small works of art for festivals for experiments on which she can draw for the large assignments, and vice versa. And the large assignments have grown in complexity. That is connected with her ambition, but also with how the world is changing: building projects, the number of parties interested, and participation procedures are all growing. *Travelling Sand*, in front of Apeldoorn station, took four years and entailed an ongoing struggle over important details, in which Vos had to present reports on vulnerability to vandalism, visual axes and other technical matters.

She wouldn't say no if she were offered a museum again to do her thing. 'It enables you to raise certain issues that you couldn't do outdoors. Because people come specially for it, it's easier for you to use a complex language.' In 2004 she filled a space in the Deventer Arts Lab with 340 100-watt lamps. They gave off an enormous amount of light and also made a Hertz noise that you could feel pulsing through your whole body. Once every couple of minutes a heavy shadow passed through the space and made it completely dark. 'You can't do that in the public domain', Vos explains. 'It's technically impossible and you can't inflict it on people. Outdoors you have to reach people in a different way.' The presentation was connected with the Witteveen+Bos prize for technology that she had been awarded for her oeuvre. The prize now hangs in a frame on the wall of her studio besides the patent for which she once applied for a LED light system. A practical patent and an art award – this diptych represents the two worlds in which Vos operates.

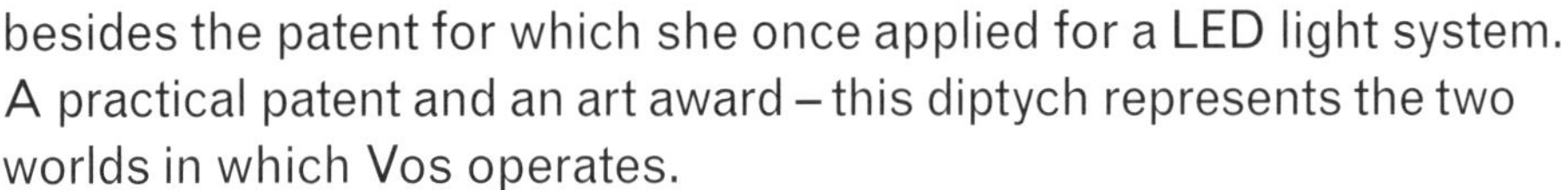

Constellations and Balls of Fire

2009 is a busy year for Vos. The summer is turning to autumn and the winter looms up. In October it can get freezing cold on the KPN mast, and if there is a strong wind as well, the workers up there do not feel at all comfortable. The unveiling of *White Noise* is finally fixed for 2 December. In fact that is the perfect time to start up an installation in lights because the days are so short. All the parties have worked hard, sometimes burning the candle at both ends. Vos has had to make drastic alterations to her design once she discovered that the dishes are all suspended from one platform and are not distributed over the mast like pearl necklaces. It can be done, she remarks. And the light test in November finally reveals that the animations look equally good at close quarters and from a distance. This is a breakthrough for Vos: it is going to work.

Another welcome circumstance is that *Crystal Palace* was completed in September so that since then she has had her hands free for *White Noise*. *Crystal Palace* was more complicated than she had expected. The search for the right forms turned out to be difficult and the Fischli/Weiss concept did not work at all – she only managed to get the rhythm right once the forms became more ephemeral. The reactions to the inauguration were positive and the Crown Prince, who unveiled the work, was very interested in the technical side.

Fortunately 2 December is a clear evening. The unveiling of the KPN mast is celebrated in the adjacent tower block of Ernst & Young. Dozens of guests arrive from the world of art and commerce and are escorted up from a luxurious reception area. '21 floors in 9 seconds', the hostess

ruimte blijven – van Lon Pennock. Grote gebaren om te laten zien dat kunst stoer en mannelijk is, de ruimte moet beheersen en respect moet afdwingen. Bezoekers lopen langs de megalomane abstracties, zoekend naar spiritualiteit zoals dat hoort bij dat soort kunst, tot ze bij de uitgang de monitoren van de suppoostenkamer zien: op de beveiligingsbeelden vormen de abstracties de letters 'Watch'. Van een goed werk krijg je iets terug wat je tevoren niet had bedacht. 2D werd 3D, ontdekte Vos hier, en tussen die letters krioelden poppetjes – de museum-bezoekers die, zonder het te weten, acteurs waren geworden in een performancevideo.

Kunst haar zwaarte ontnemen, zoals in Schiedam, is iets wat ze is blijven doen. In de loop van de jaren die volgen, is de hardware minder geworden en wordt het licht ongrijpbaarder. Steeds vaker is ze buiten gaan werken, in Nederland en soms over de grens. Kleine kunstwerken voor festivals grijpt ze aan voor experimenten waar ze profijt uit haalt voor de grote opdrachten, en andersom. En de grote opdrachten zijn complexer geworden. Dat heeft van doen met haar ambitie, maar ook met hoe de wereld verandert: bouwprojecten groeien, het aantal belanghebbenden ook, inspraakprocedures idem. *Reizend zand*, voor het station in Apeldoorn, heeft vier jaar geduurd en een voortdurende strijd vereist over belangrijke details, waarbij Vos rapporten moest overleggen over vandalismegevoeligheid, zichtlijnen en andere technische zaken.

Ze zou geen 'nee' zeggen als ze weer een museum tot haar beschikking zou krijgen om zich op uit te leven. 'Je kunt er andere zaken aan de orde stellen dan in de buitenruimte. Omdat mensen er speciaal voor komen, kun je meer een complexe taal spreken.' In het Kunstenlab Deventer vulde ze in 2004 een ruimte met 340 lampen van 100 watt. Die gaven niet alleen héél veel licht af, ze maakten ook een hertz-geluid dat je door je hele lijf voelde trillen. Om de paar minuten trok een zware schaduw door de ruimte en werd het helemaal donker. 'Dat kan niet in de openbare ruimte', zegt Vos. 'Het kan technisch niet en je kunt het de mensen niet aandoen. Buiten moet je mensen op een andere manier raken.' De presentatie hoorde bij de Witteveen+Bos techniekprijs die ze had gekregen voor haar oeuvre. De prijs hangt nu in een lijstje op de muur van haar atelier, naast het octrooi dat ze ooit aanvroeg voor een spiegelinrichting met leds. Een zakelijk octrooi en een kunstprijs – als tweeluik zijn ze de tweespalt van de werelden waar Vos zich in begeeft.

Sterrenbeelden en vuurbollen

2009 is een druk jaar voor Vos. De zomer loopt af en het wordt herfst, de winter komt in zicht. In oktober is het soms ijzig koud boven op de KPN-toren en als het dan ook nog waait, voelen de werklui zich daar hoog bovenin best ongemakkelijk. De onthulling van *White Noise* is eindelijk vastgesteld, op 2 december. Eigenlijk is dat de perfecte tijd om een lichtkunstwerk in werking te stellen, omdat de dagen zo kort zijn. Alle partijen hebben hard gewerkt, en zelfs nachtelijke uurtjes zijn niet geschuwd. Vos heeft haar ontwerp nog eens drastisch moeten bijstellen, als blijkt dat de schotels allemaal op één bordes zijn gehangen, en niet als parelkettingen over de toren verspreid zijn. Het is te doen, merkt ze. En bij de lichtproef in november is eindelijk te zien dat de animaties zowel van dichtbij als van veraf er goed uitzien. Dit voelt voor Vos als een doorbraak: het gaat werken.

Een andere prettige bijkomstigheid is dat het *Kristalpaleis* in september is opgeleverd, zodat ze daana haar handen vrij heeft voor *White Noise*. Het *Kristalpaleis* was ingewikkelder dan ze had gedacht. Het zoeken naar de goede vormen bleek toch nog een worsteling en het Fischli/Weiss-concept werkte totaal niet – de ritmiek liep pas lekker toen de vormen meer efemeer werden. Bij de oplevering zijn de reacties lovend en de kroonprins, die het werk onthult, is erg geïnteresseerd in hoe dit nu toch technisch in elkaar steekt.

2 december is gelukkig een heldere avond. De onthulling van de KPN-zendmast wordt gevierd in een belendende kantoortoren, van Ernst & Young. Tientallen gasten uit de zaken- en kunstwereld arriveren en worden vanuit een luxeueze ontvangsthal naar boven begeleid. '21 verdiepingen in 9 seconden', glimlacht de hostess tussen de glanzende wanden van de geruisloze lift. Boven is de minimalistisch ingerichte lounge omringd door glas. Het biedt de gasten een spectaculair uitzicht op het onderliggende zakendistrict, en op de KPN-toren, waarvan de bordessen zich op ooghoogte blijken te bevinden.

W139-directeur Gijs Frieling opent het officiële gedeelte met een pleidooi voor meer commercieel opdrachtgeverschap. De hoogtepunten uit de kunstgeschiedenis zijn immers ontstaan door mondige opdrachtgevers. In het gesprek dat volgt, zet Vos daar haar kanttekeningen bij: opdrachtgevers moeten niet te veel ruimte nemen. Zelf wil ze toch altijd vooral haar eigen idee kunnen neerzetten. In de andere praatjes wisselen kunst en economie elkaar af. De directeur van Projectbureau Zuidas vertelt dat de recessie wel meevalt en de hoogbouw hoger wordt. De wethouder verklapt alvast dat de A10 er overdekt zal worden door een boulevard. De architect vertelt over zijn toren – 'overdag is het mijn ontwerp, 's avonds is hij van Giny'. Na een uurtje mogen de gasten richting het balkon. Het moment is aangebroken.

Als de toren een minuut lang zwart blijft, houdt Vos haar hart vast. Maar dan barst het lichtkunstwerk los met een oerknal, zowel in beeld als in geluid. Uit een grote lichtbal verspreiden zich sterren over de bordessen van de toren om daar een vaste plek in te nemen – blauw, rood, wit. Sommige groot, andere klein. Als het sterrenstelsel er tot rust is gekomen, gaat een tweede deel van de choreografie van start. Sterren beginnen te vallen, iets wat 's zomers in het computerprogramma nog onmogelijk leek. Andere doven uit. En sommige lichtpunten versmelten tot lettervormige sterrenbeelden. Niets wijst erop dat er een week geleden nog alom stress heerste, toen bleek dat lang niet alle leds op de juiste plek gemonteerd waren.

Terwijl het personeel van Ernst & Young champagne ronddeelt, staat Bram Verhavert naar de toren te kijken. Hij ziet er nog monter uit voor iemand die tot halfzeven 's ochtends bezig is geweest om de laatste details voor de choreografiesoftware af te maken. Zo in de praktijk is

smiles between the shiny walls of the noiseless lift. The upstairs lounge with its minimalist interior is surrounded by glass. It offers the guests a spectacular view of the commercial district below and of the KPN mast, whose platforms are at eye level.

W139 director Gijs Frieling opens the official part of the ceremony with a call for more commercial patronage. After all, the highlights of art history were created thanks to strong-willed principals. Vos voices her reservations in the ensuing discussion: patrons must not become too

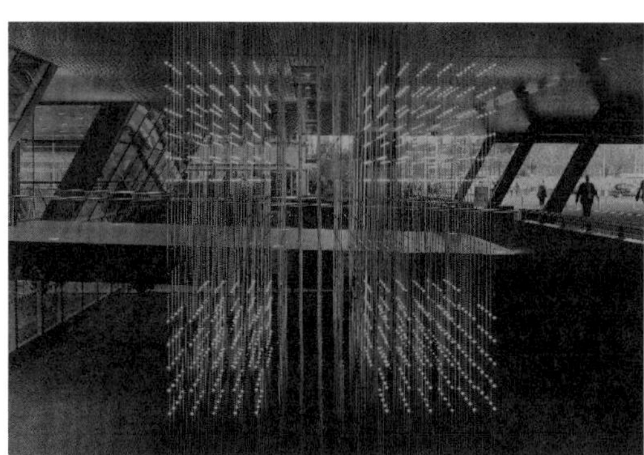

dominant. She always wants to implement her own idea above all. Art and the economy alternate in the other speeches. The director of the South Axis Project Bureau states that the recession is not as bad as it seemed and that the high-rise buildings are growing higher. The councillor lets out the secret that the A10 motorway is going to be covered by a boulevard. The architect talks about his mast – 'it's my design in the daytime and Giny's at night'. An hour later the guests can head for the balcony. The moment has arrived.

Vos holds her breath as the mast remains black for a minute. But then the light installation erupts with a big bang in sound and image. Stars emerge from a large ball of light, spread over the platforms of the mast, and take up a fixed place there – blue, red, white. Some are big, others small. Once the constellation has settled down, the second part of the choreography begins. What had seemed impossible in the computer programme during the summer takes place: stars start to fall. Others fade out. And some dots of light merge to form letter-shaped constellations. There is no sign now of last week's stress when it was discovered that by no means all of the LED lights had been installed in the right place.

While the Ernst & Young staff go the rounds with champagne, Bram Verhavert continues to stare at the mast. He still looks wide awake for sometime who has been working until half past six in the morning to finish the last details for the choreography software. It's now possible to see in practice that the work presents a sparkling spectacle from various distances, even for the surrounding residential districts. 'Just suppose', he says, 'that a kid is looking out of the window over there at eight o'clock in the evening, sees this and grows up with this view.'

Vos is congratulated, it has all worked. The traffic below the mast and the illuminated skyline in the background seem to blend with Vos' starry sky above them. With the best outdoor art, Vos once said, the surroundings adapt to the work of art. In that case *White Noise* is an extraordinary success. Two days later the newspapers report that meteorologists and astronomers predict spectacular nights for December: with a clear sky there will be unusual showers of meteors, with hundreds of falling stars and even fireballs around midnight. It is as if it has all been planned.

It is questionable whether Vos notices. She is back on the phone days after the unveiling. The transformer kiosk in Purmerend has to be developed, there are a couple of other assignments, she has to submit a grant application before January, and there was a sketch for which she has suddenly had a brainwave...

te zien dat het werk inderdaad op verschillende afstanden een aanblik vol schitteringen biedt, ook voor de omringende woonwijken. 'Stel je voor', zegt hij, 'dat daar een jongetje van acht 's avonds uit het raam zit te kijken, dit ziet en opgroeit met dit uitzicht.'

Vos wordt gefeliciteerd, alles is gelukt. Het verkeer onder aan de zendmast en de verlichte skyline op de achtergrond lijken zich te voegen naar Vos' sterrenhemel daarboven. Bij de allerbeste buitenkunst, zo zei Vos eerder een keer, voegt de omgeving zich naar het kunstwerk. In dat geval is *White Noise* meer dan geslaagd. Twee dagen later melden de kranten dat meteorologen en astronomen voor december spectaculaire nachten voorspellen: door een heldere hemel zullen uitzonderlijke meteorietenregens te zien zijn, met vooral rond middernacht honderd vallende sterren per uur en zelfs vuurbollen. Het is alsof het zo had moeten zijn. Of Vos dat opmerkt, is maar de vraag. Die zit daags na de onthulling alweer aan de telefoon. Het elektriciteitshuisje in Purmerend moet verder, er liggen nog een paar opdrachten, voor januari moet een subsidieaanvraag af en er was een schets waar ze ineens een heel goed idee voor kreeg...

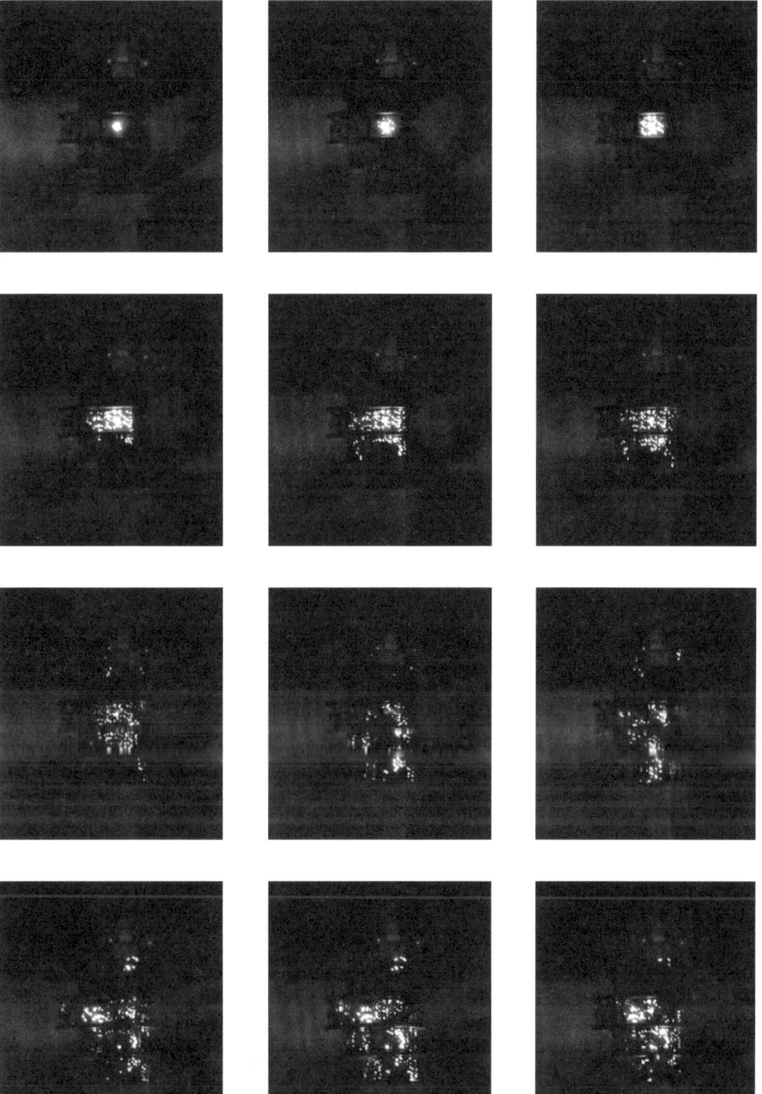

The Illuminated Room

Examples of follies

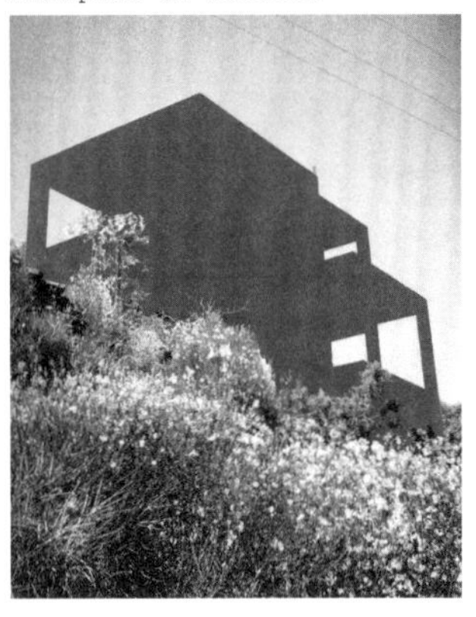

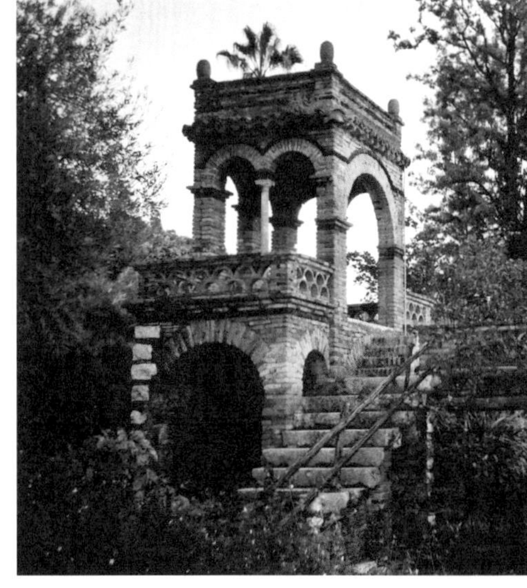

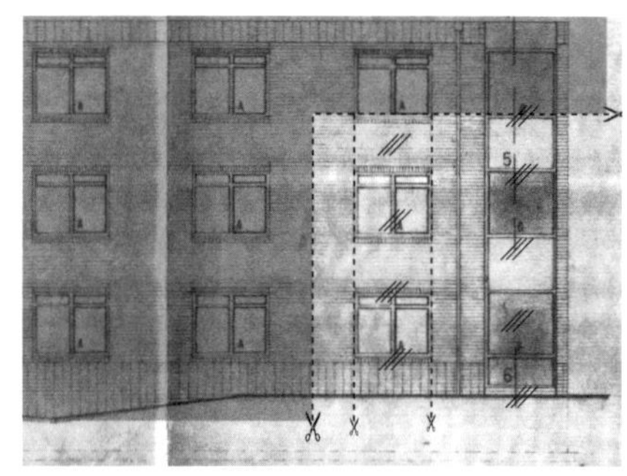

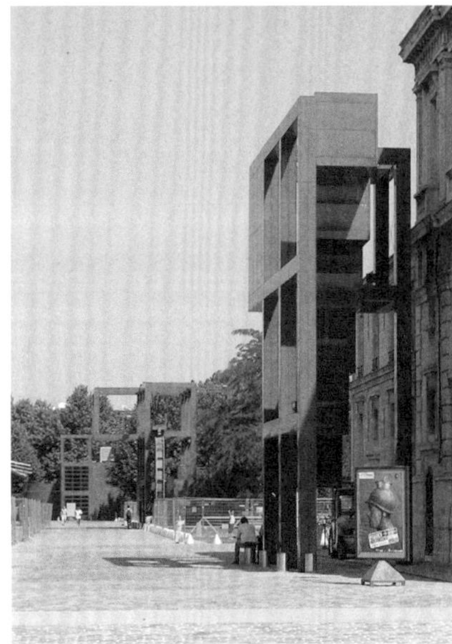

Bernard Tschumi, Parc de La Villette,
Paris, 1982-1998

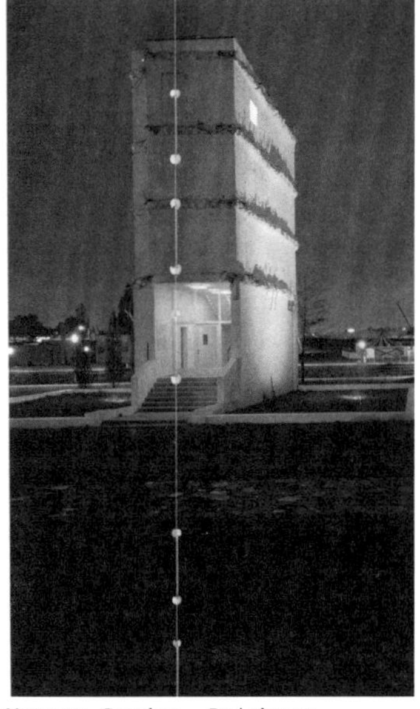

Memory Garden, Duisburg,
Germany, 2000, lighting design
by Uwe Belzner

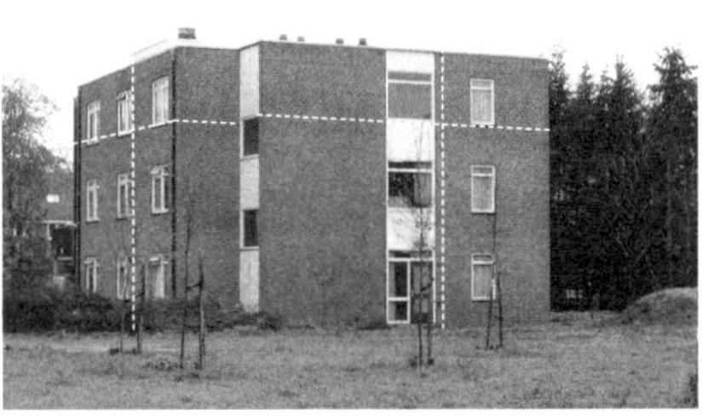

Neighbourhood protest during
the construction of the work

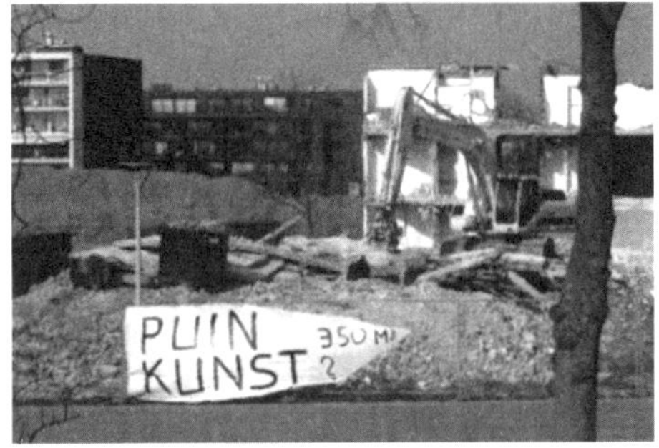

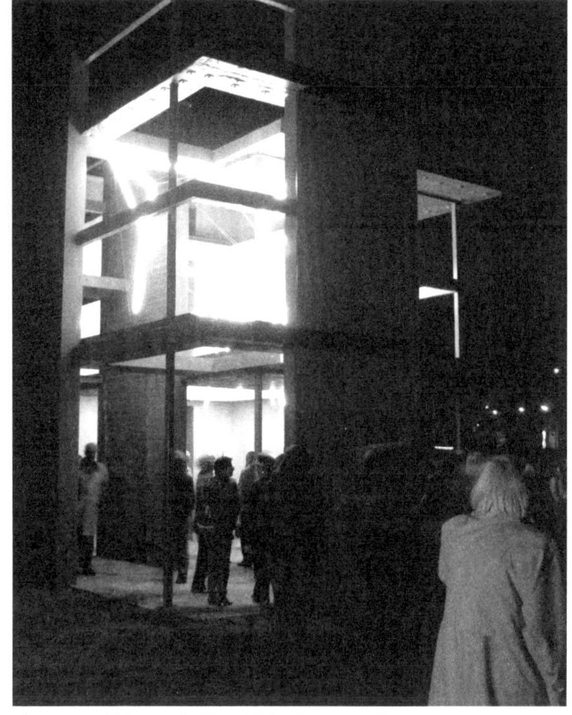

The unveiling of *The Illuminated Room*

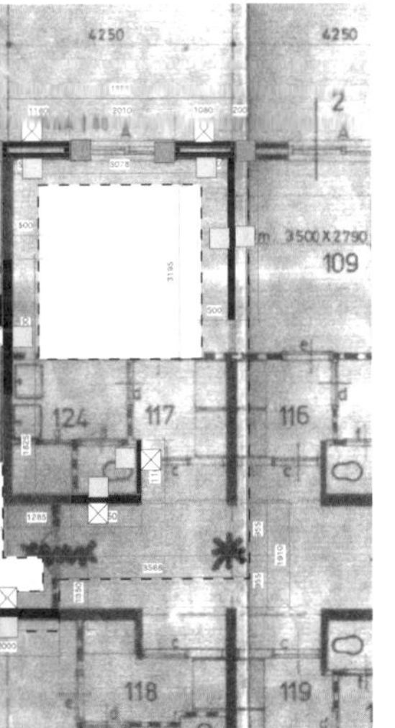

Ground plan with
sections of the floor
to be sawn away

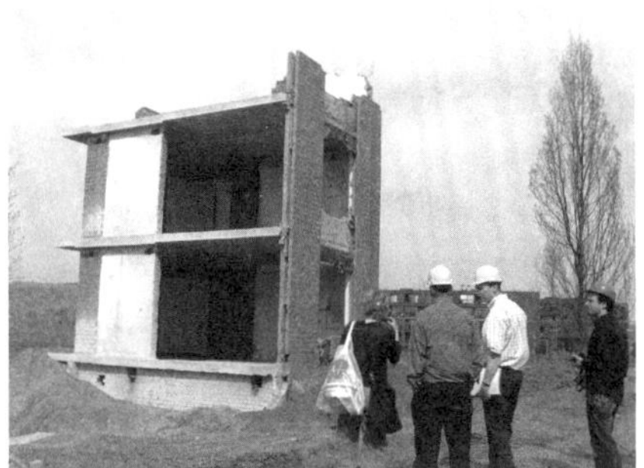

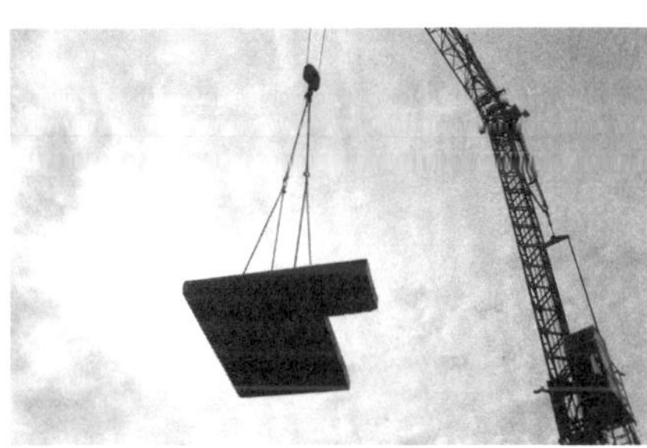

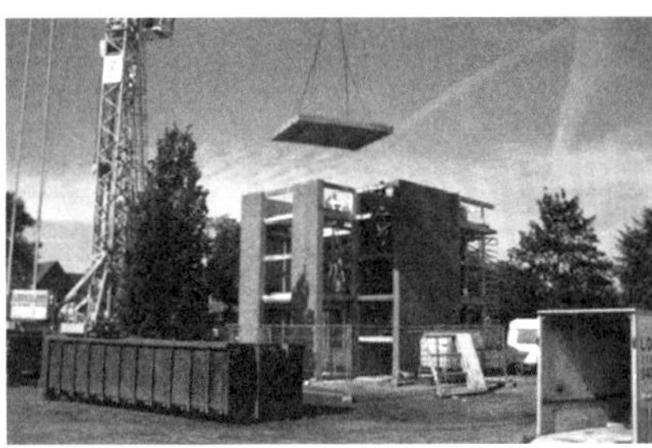

Construction of *The Illuminated Room*

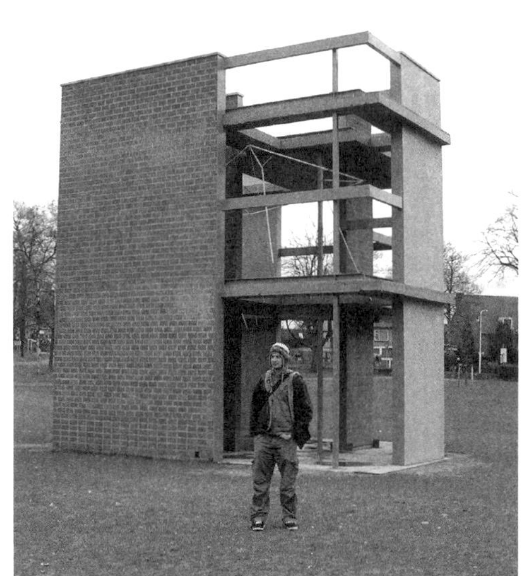

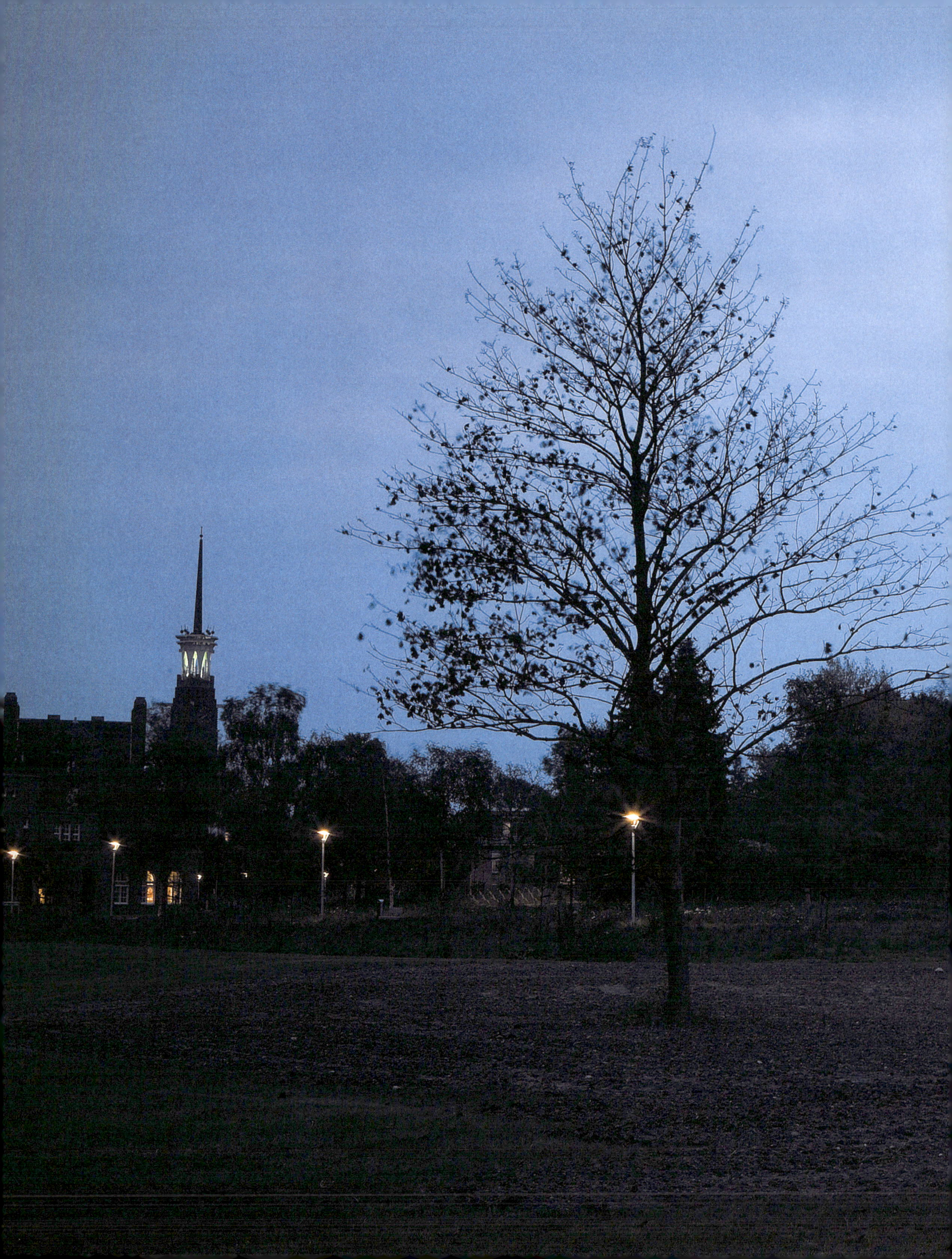

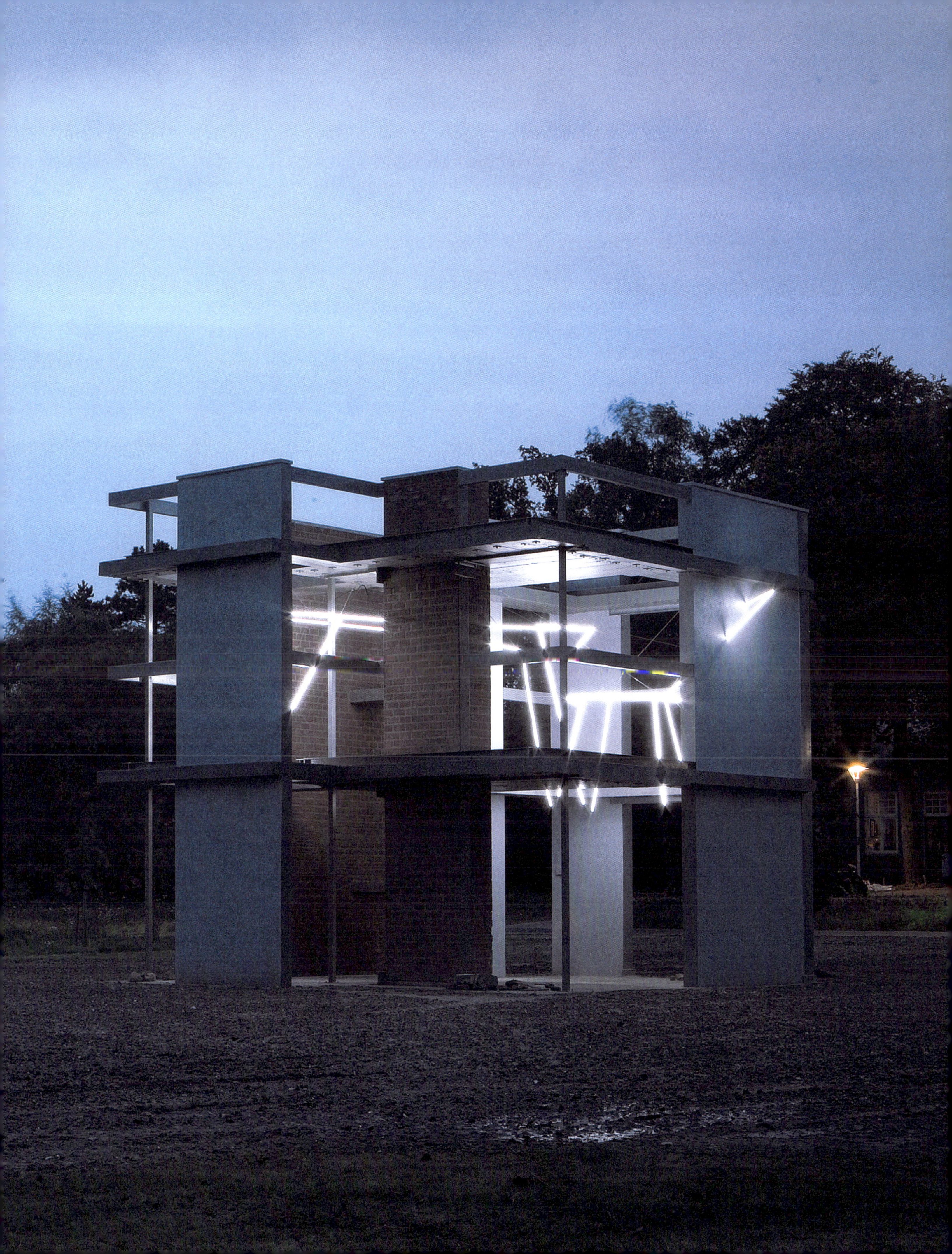

Körper in Körper

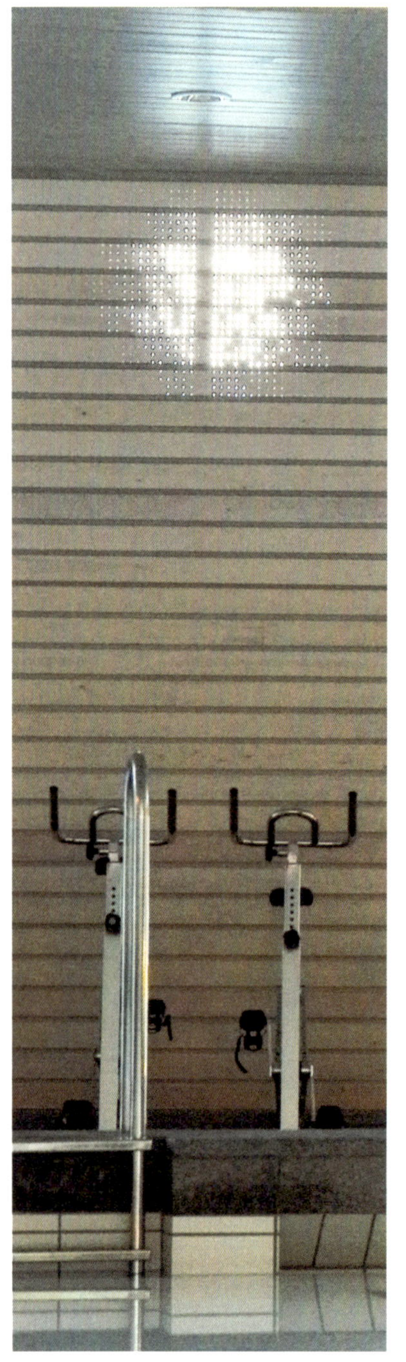

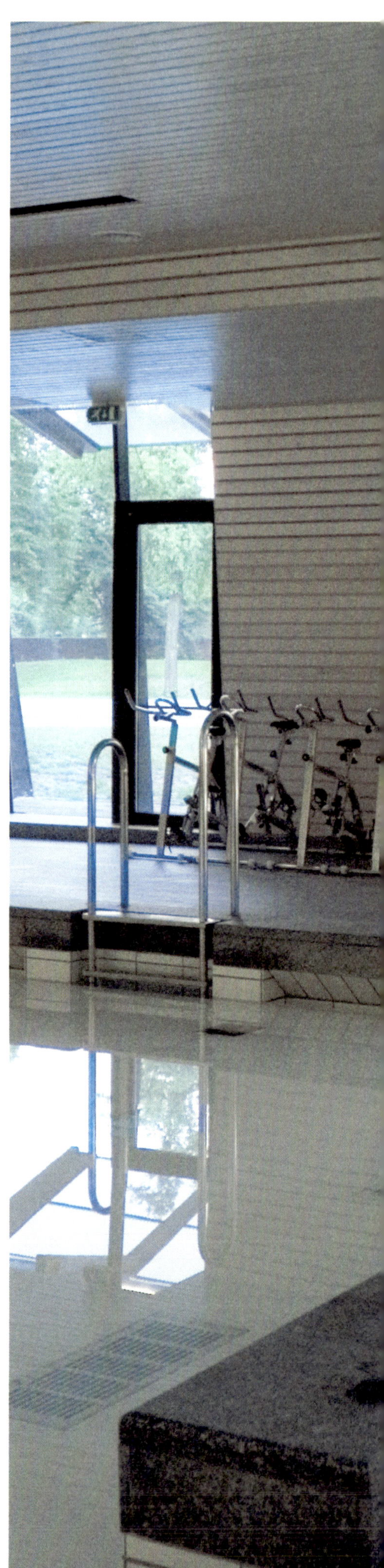

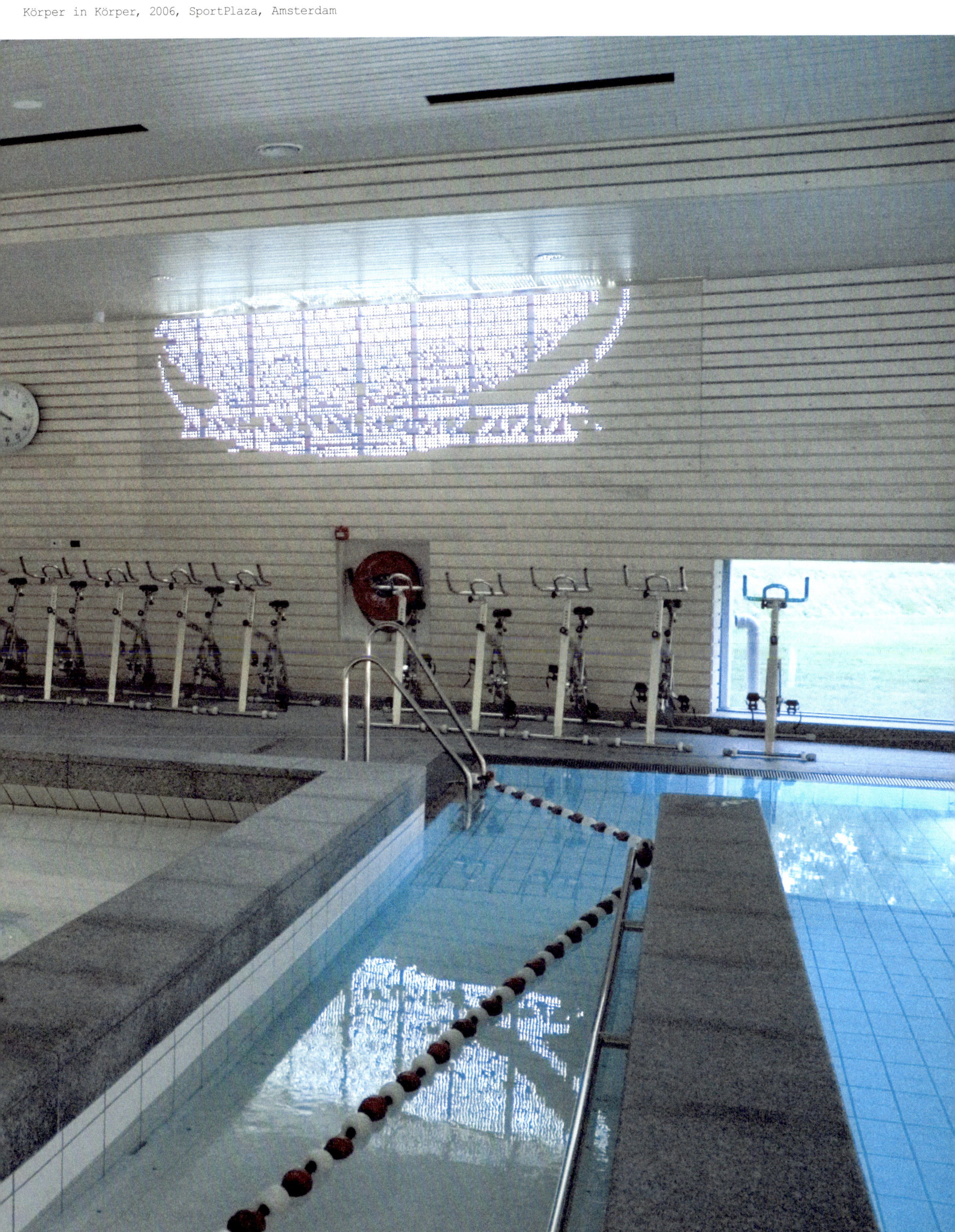

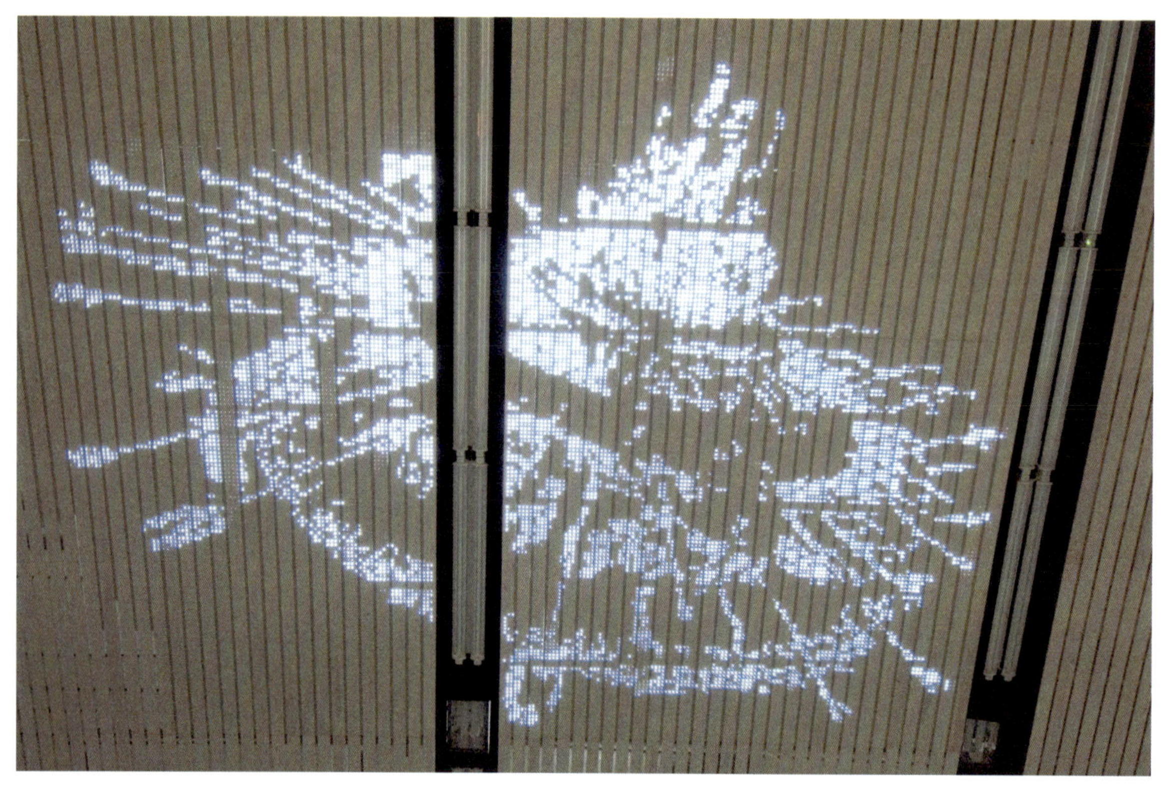

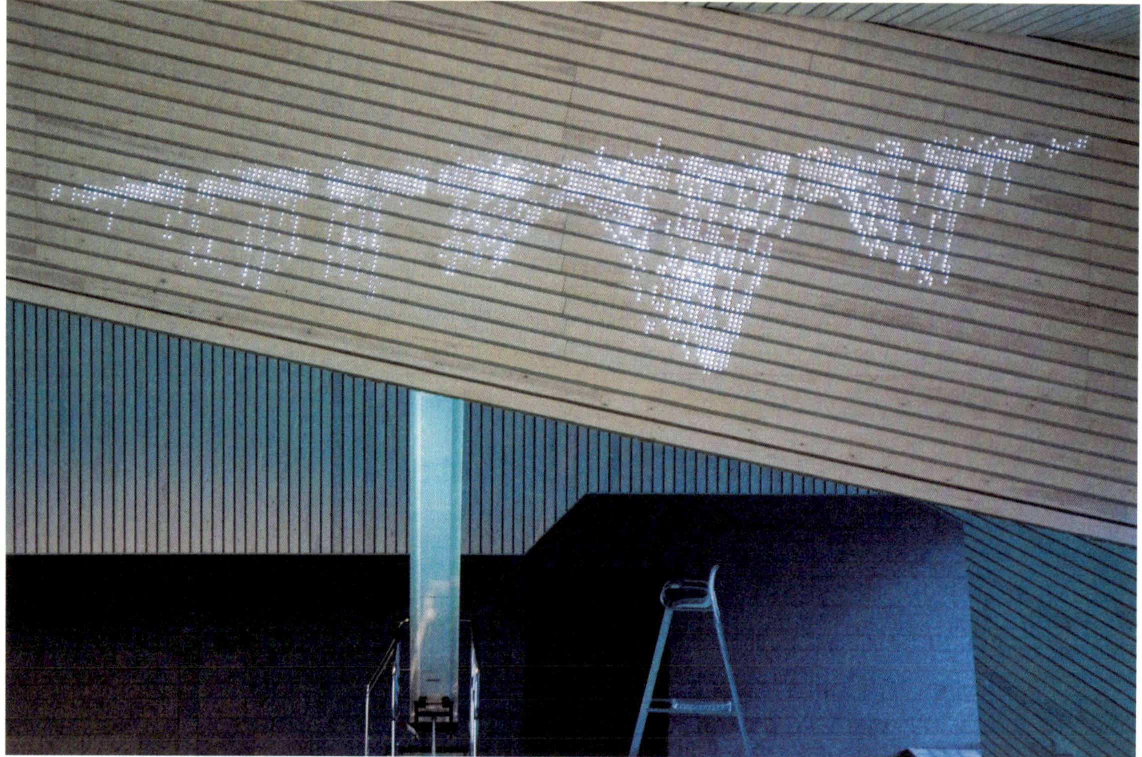

Körper in Körper, 2006, SportPlaza, Amsterdam

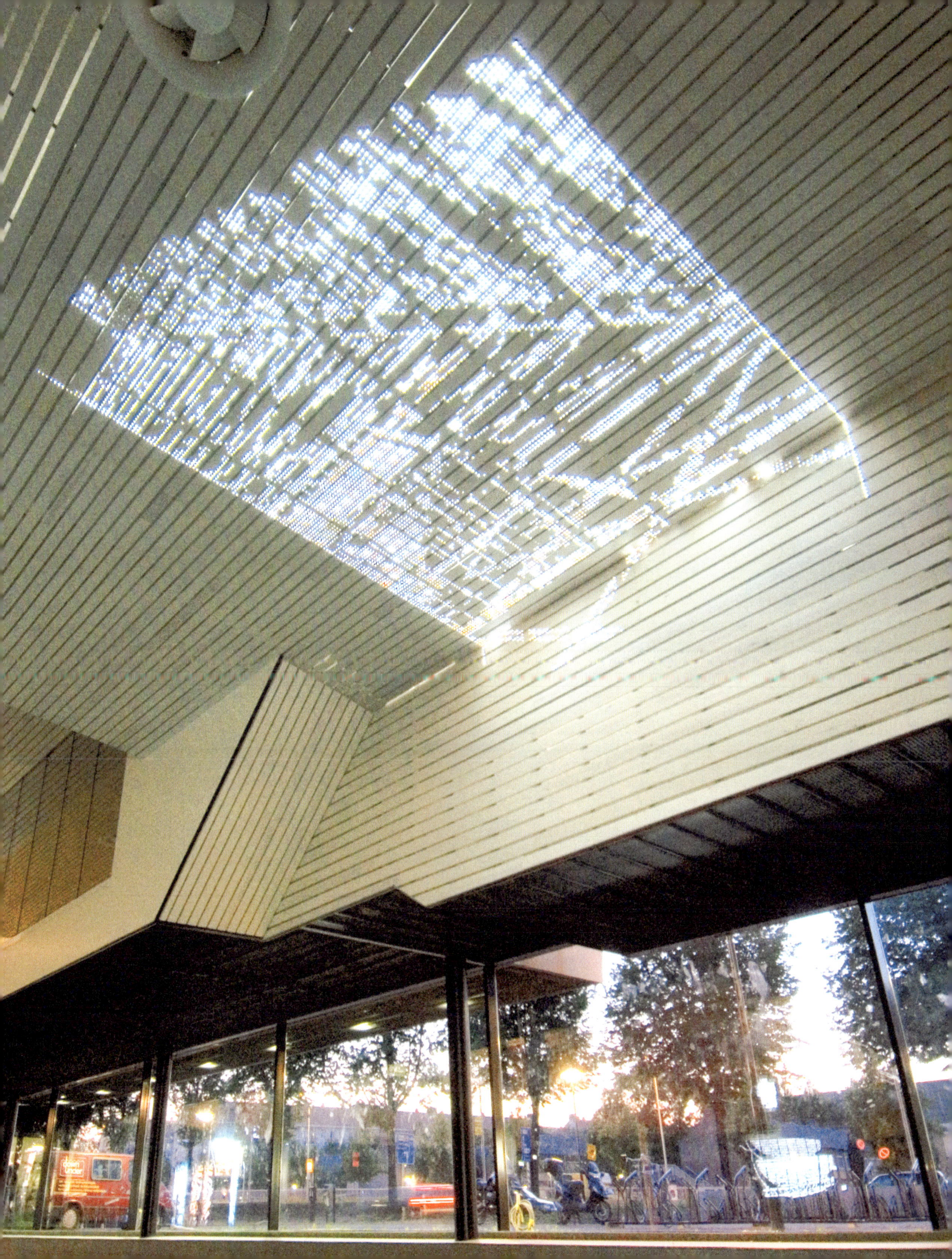

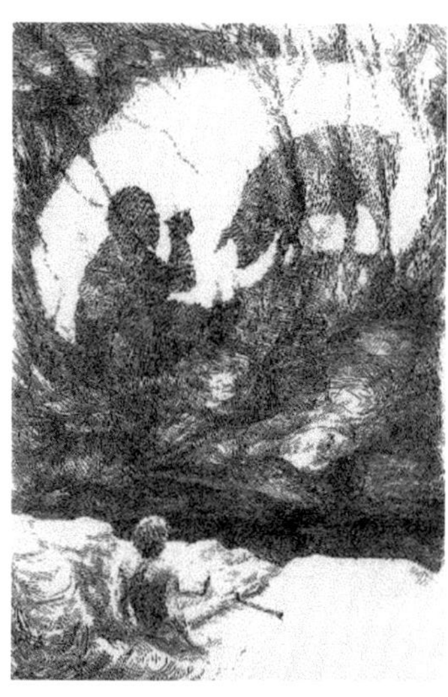

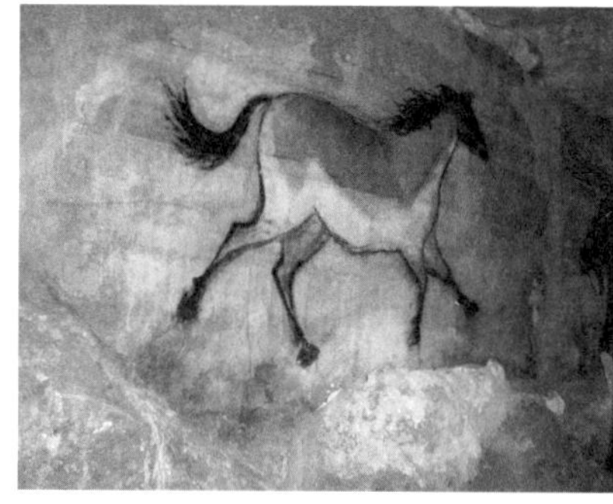

Prehistoric
cave drawing

Sketch for light drawing

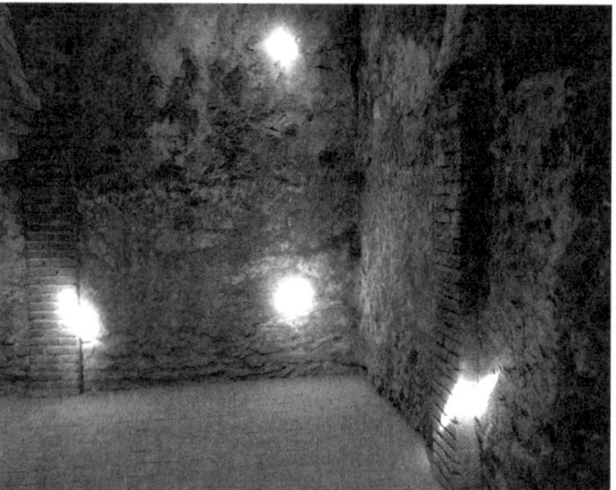

Interior Arabian bathhouse

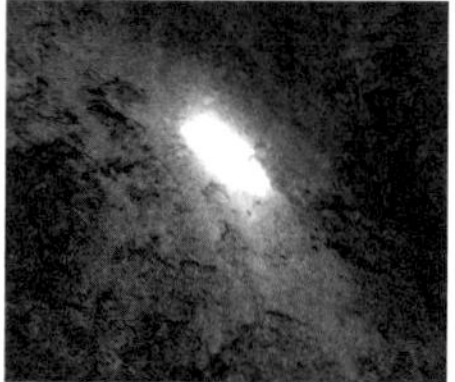

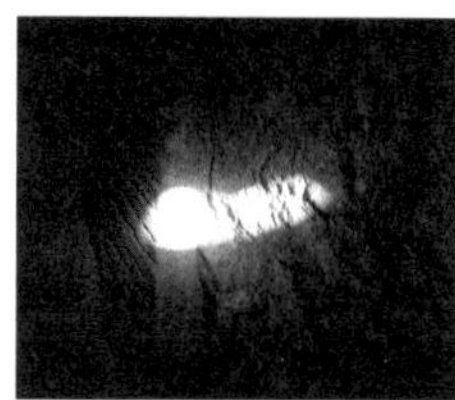

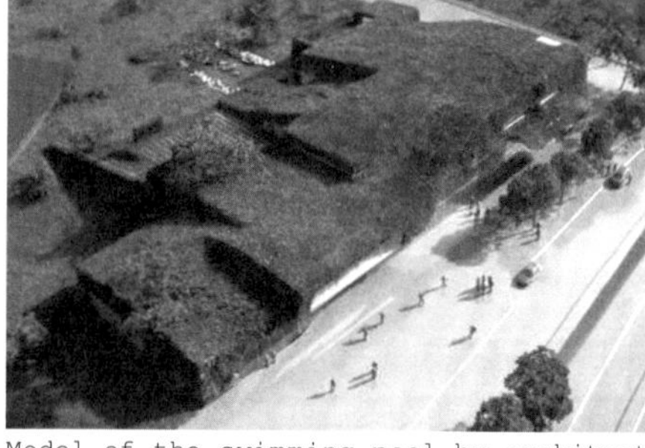

Model of the swimming pool by architect
Ton Venhoeven CS

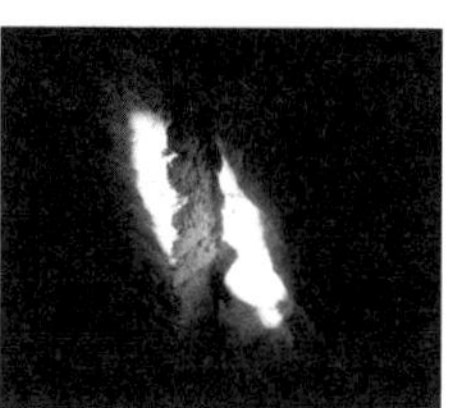

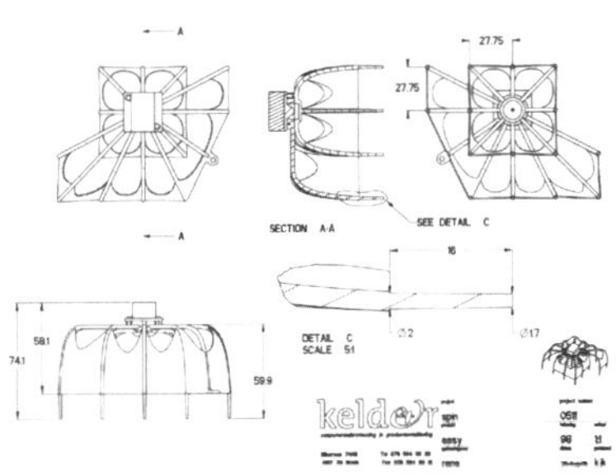

'The Spider' – light unit, custom
made design for the work

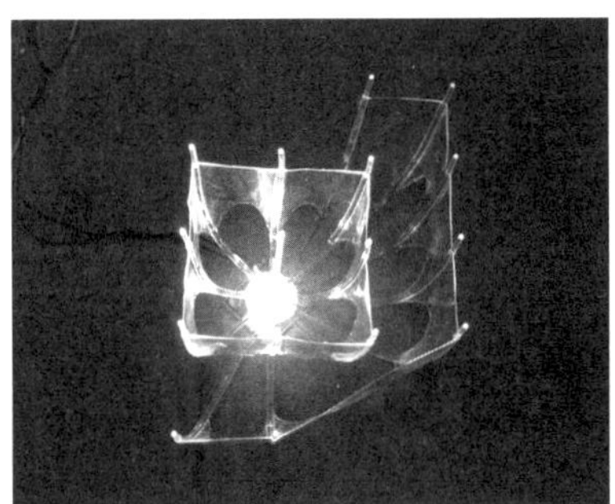

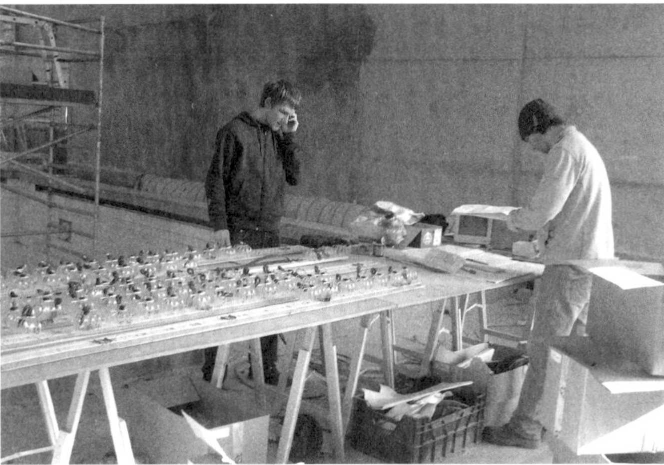

Montage of 'Spiders'

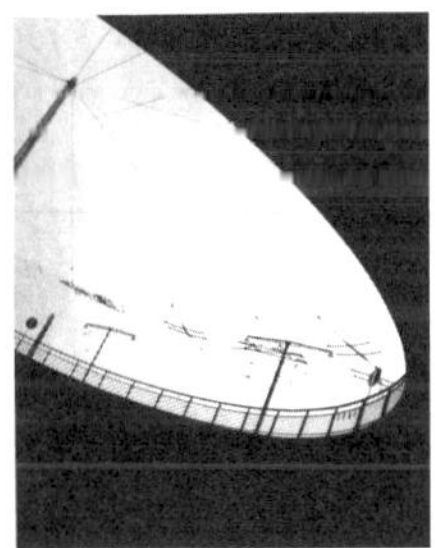

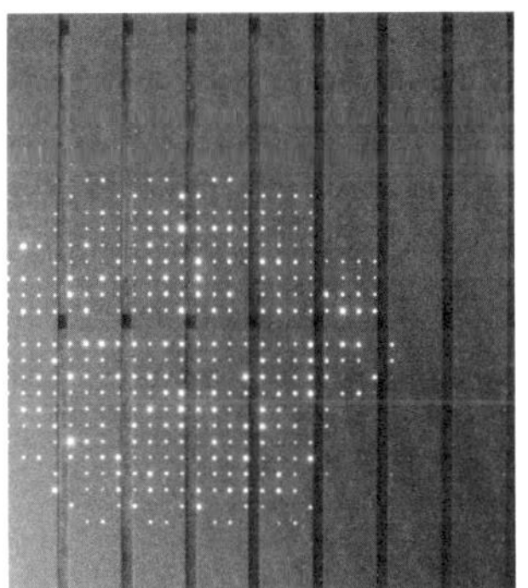

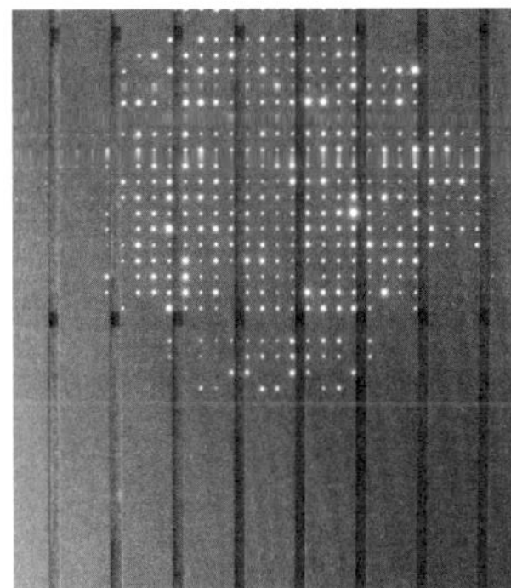

Panel prototype

Montage of 'Spiders'

Lokroep/The Painted Chat

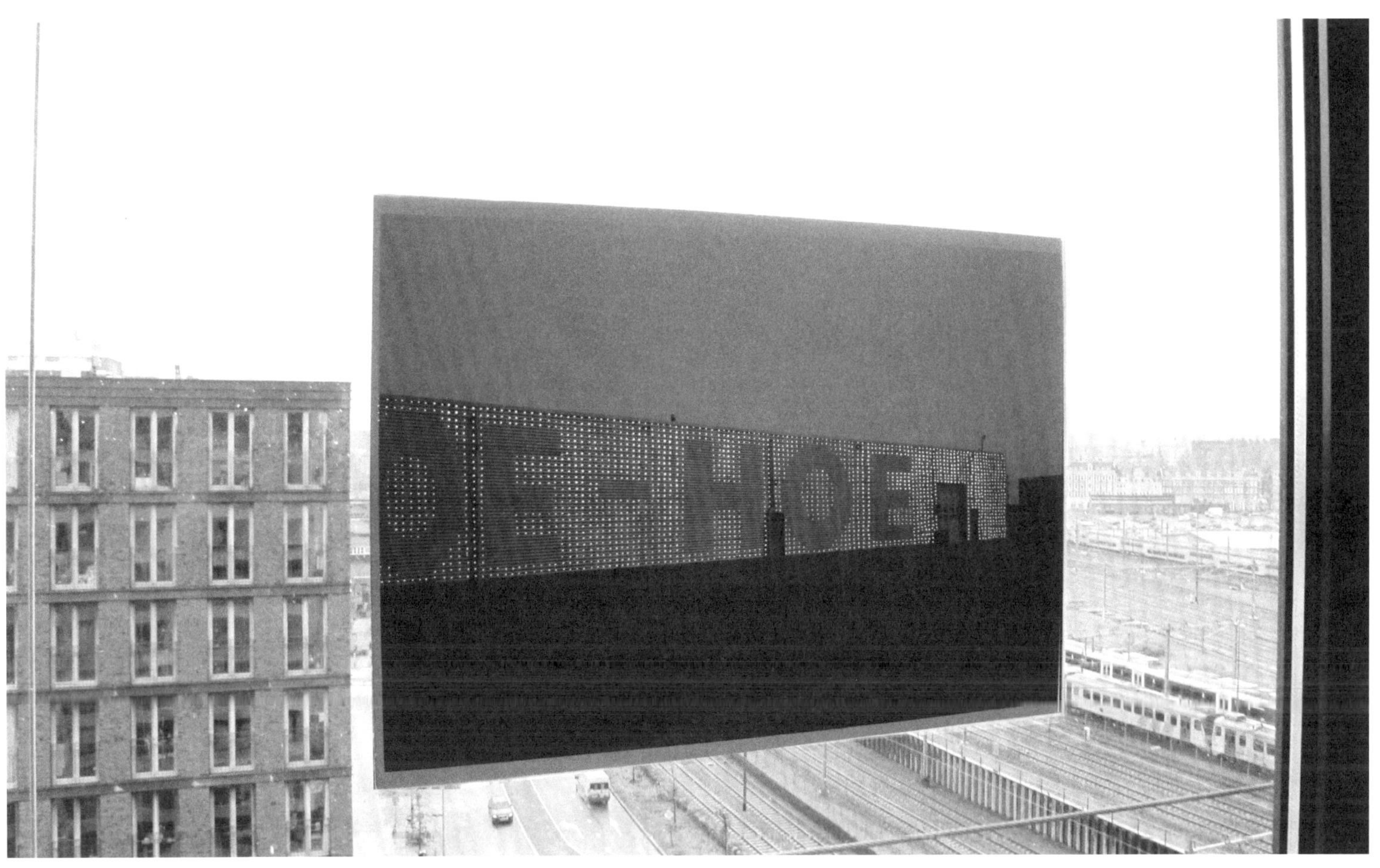

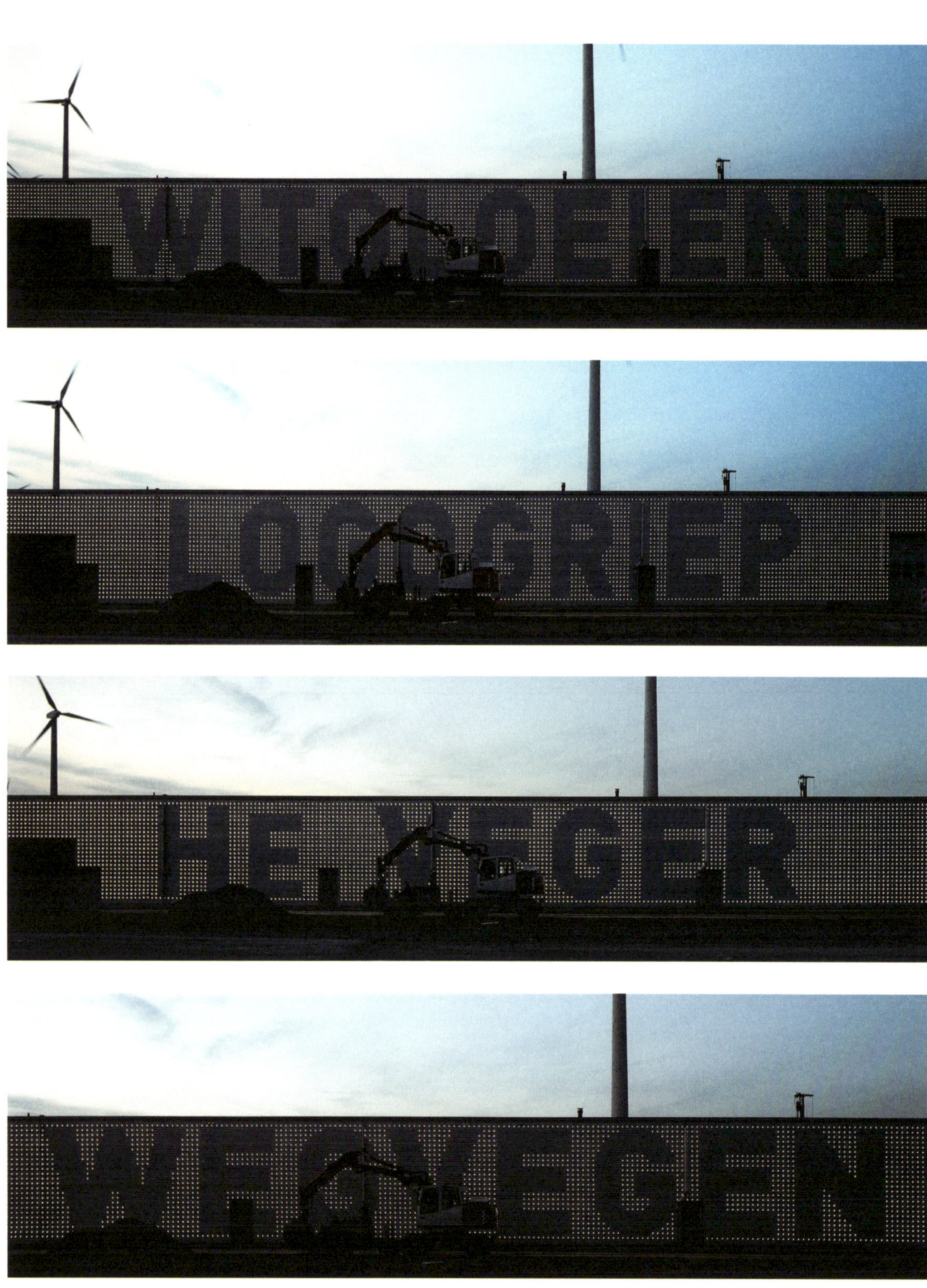

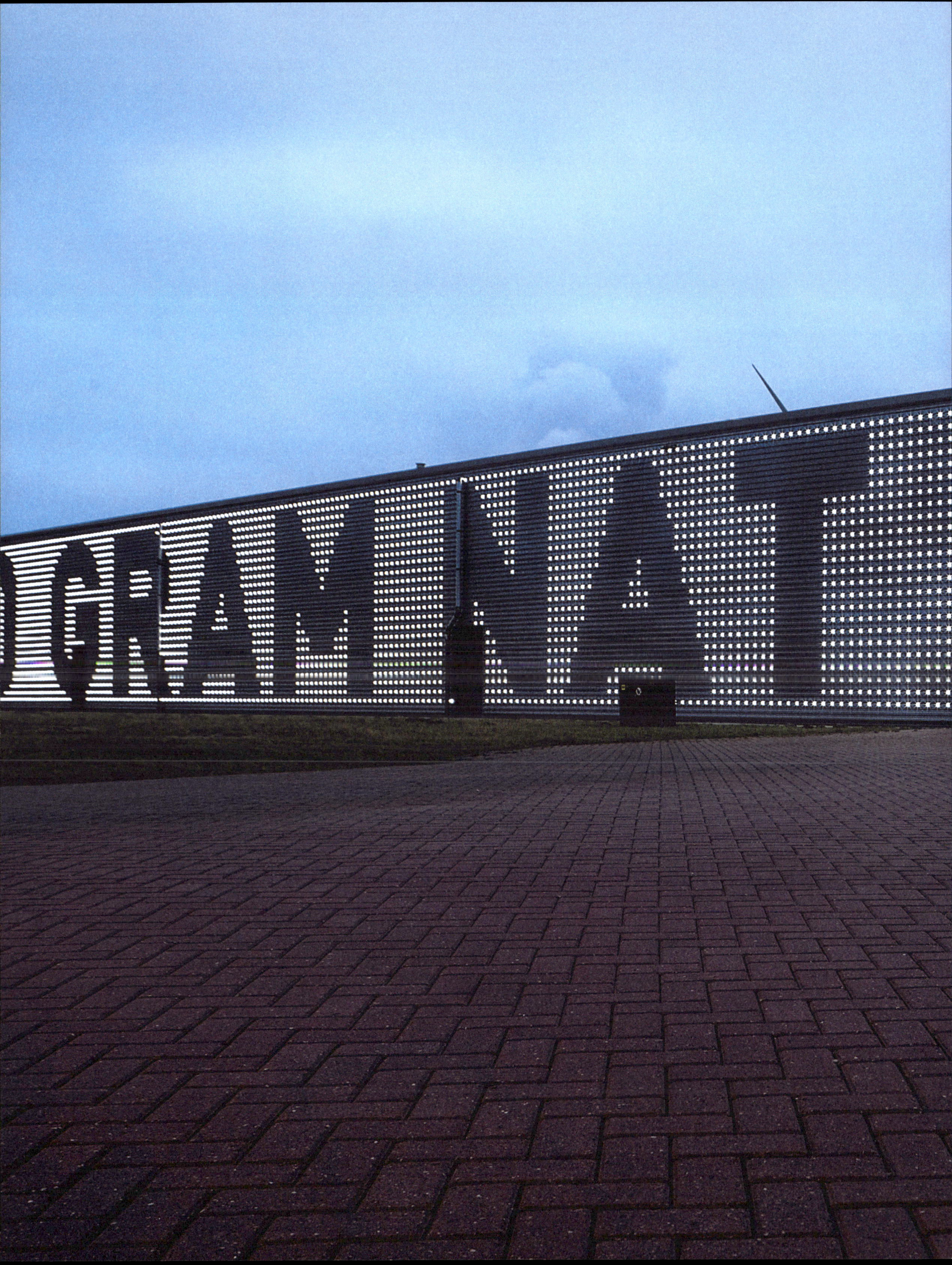
GRAFEAT

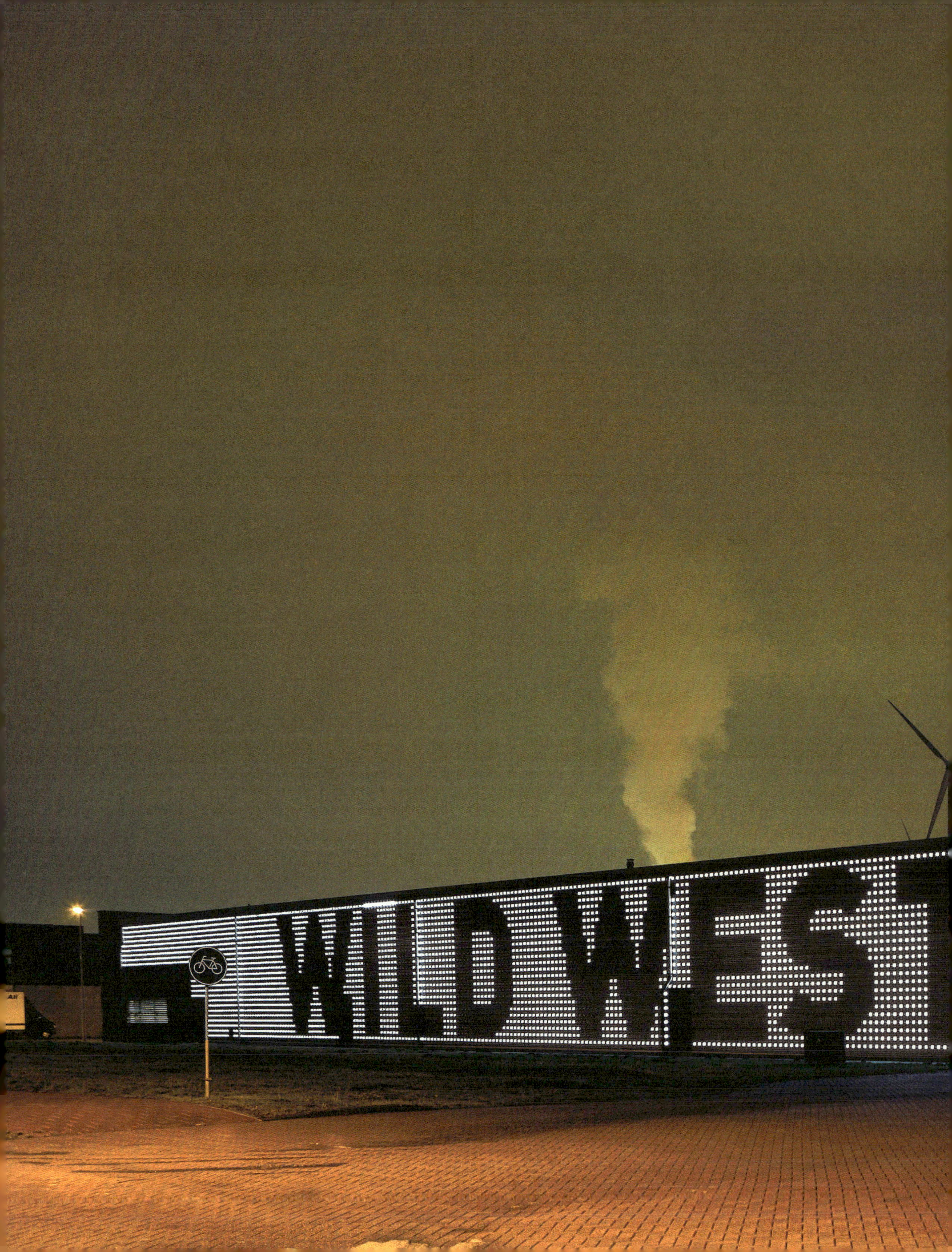
WILD WEST

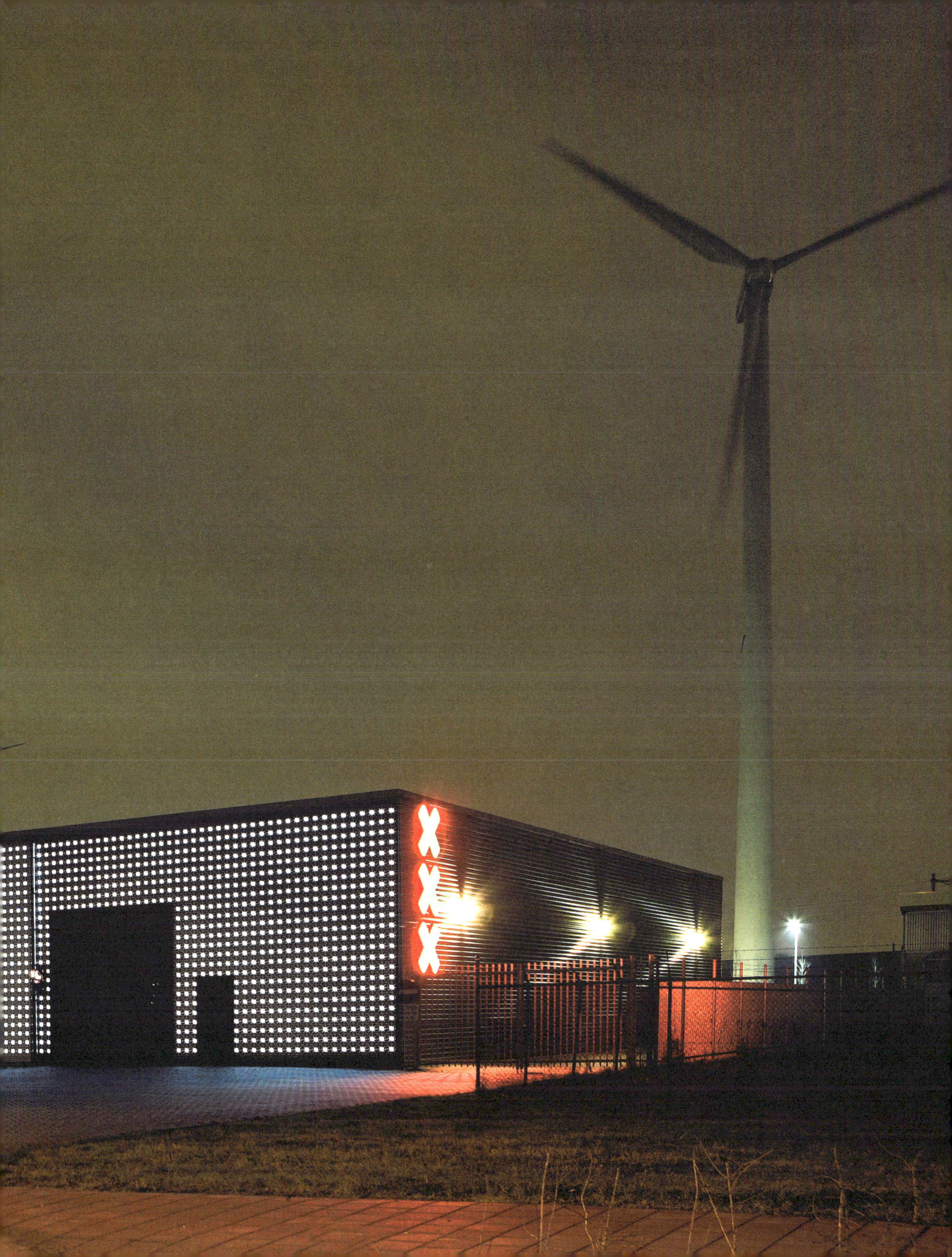

HOE-HOE	DE HOE	HOEMEER	HOEKOM	KOMMAAR	ZOUT HE
ZOUT WERK	STEENHOUT	BRANDKOUD	WILD WEST	RUW DIENST	KLT + OTTO
LAMOER	MODE MOER	MOERSTAAL	MISTROOST	ZO AB SLURRY	ZOOFDAG
DAGDROOM	DRAGLINE	DAGWACHT	VERREIKER	GLADJAKKER	DE DINGEN
VRIENDINNEN	BERM MIJ	A-NIVEAU	RIJKE KANT	HAARTJE OP	10 GRAM NAT
HART OP HART	WITGLOEIEND	EVENLICHT	OP EEN OOR	HELLEVEEG	LAMELOS
BIGBANG	LOGOGRIEP	JA KIEPER	MAANBRIEF	WEGVEGEN	COWBOYLAND
HE VEGER	GRASWEER	ONWEER	OVERENWEER	PEKELZONDE	SNOEIKUNST
TIMMERDOOS	TOVERPRINS	TIJD BEST	TSJOEK TSJ	SPOELAUTO	NAAR NEST

Dirk van Weelden

Voice of the Metropolis

So to see, this zone, the western corner of the docklands area of the city, is a wilderness. In what sense? Not that there are so many wild and savage things to see, but the opposite. In the inner city of Amsterdam, say, the Nine Little Streets, there is almost nothing that catches our eye and attracts our attention that we cannot immediately place. A well-groomed, perhaps elegant woman with a cape who leans over to look at a shop window display and after a few minutes leisurely walks into the Mexican tableware shop. A tourist using her couple of days in Amsterdam to go fun shopping. The decoration, the design of the shop interiors and the bars, the signs with advertising and information, even the clothing of most of the passers-by is a clear message. Ah, there's the fashion-conscious, artistic gay, that must be a student of the hearty fellow type, and there are the shopping ladies from Hoorn. Here come the American backpackers and the somewhat older grumpy local with his dog, which he hates, but that his wife refuses to take for a walk.

Whereas the inner city is so rich in signs and people who are dressed and who behave in a recognisable way, here it is desolate and empty. The distances here are not calculated for pedestrian bodies but for cars – lorries, in fact. The roads and the torsos of the buildings have enormous surfaces. Only here and there can you find a sign or indication of the function of the buildings or what motivates the people who come and go here. On the whole you don't see many people here. Well, sometimes a Russian sailor walking to his vessel with the purchases that he has made in the city in a number of plastic bags. There's no longer any money for the taxi and the bus timetable is illegible. A lot of space, a lot of building volumes. Few signs, little publicly shared meaning, little communication.

This zone is empty and desolate, opaque to the eye searching for familiarity, understanding and recognition, to the human senses that receive and process signals from the communication between bodies, objects, sounds, words, symbols. In short, there is not much city or public life here in Westpoort. It is a typical place where people and activities converge that are at odds with the law, order and security. The hooker zone here beside the Theemsweg with its bizarre mixture of regulations and chaos was an example of that. But urban nomads, shady businessmen, people smugglers and cannabis growers feel at home here. It is a zone between city and countryside. A twilight zone.

Dirk van Weelden

Stem van de mensenstad

Voor de ogen is dit gebied, de westelijke havenhoek van de stad, een wildernis. Wat bedoel ik daarmee? Niet dat er zo veel woeste en wilde dingen te zien zijn. Eerder het tegenovergestelde. In de binnenstad, zeg, de Negen Straatjes, is vrijwel niets wat ons oog treft en onze aandacht trekt waarvan we niet onmiddellijk weten wat het betekent. Een verzorgde, misschien wel deftige mevrouw met een cape, die voorover buigt bij een etalage en na een paar minuten op haar dooie gemak de winkel met Mexicaans serviesgoed binnenstapt. Een toeriste, die haar paar dagen in Amsterdam gebruikt voor funshopping. De versiering, de vormgeving van de winkelinterieurs en de cafés, de borden met reclame en informatie, zelfs de kleding van de meeste passanten is een duidelijke boodschap. Ah, daar is de modebewuste, artistieke homo, en dat moet de corpsstudent zijn en daar zijn de winkelende dames uit Hoorn. Hier komen de Amerikaanse rugzakkers en de wat oudere knorrige buurtbewoner met zijn hondje, dat hij haat, maar dat zijn vrouw vertikt uit te laten.

Zo rijk aan tekens en herkenbaar uitgedoste en zich gedragende mensen als de binnenstad is, zo woest en ledig is het hier. De afstanden zijn hier niet berekend op voetgangerslichamen maar op auto's. Vrachtwagens eigenlijk. De weglichamen en de torso's van de gebouwen hebben enorme oppervlakten en maar hier en daar is een teken of aanwijzing voor de functie van de gebouwen of voor wat de mensen beweegt die hier komen en gaan. Je ziet in het algemeen weinig mensen hier. Ja, soms een Russische zeeman die te voet vanuit de binnenstad met zijn aankopen in een stel plastic tassen terugloopt naar zijn schip. Geld voor de taxi is er niet meer en de dienstregeling van de bus is onleesbaar. Veel ruimte, veel bouwvolumes. Weinig tekens, weinig openbaar gedeelde betekenis, weinig communicatie.

Woest en ledig is dit gebied. Ondoorzichtig voor het oog dat houvast, begrip en herkenning zoekt. Voor de menselijke zintuigen die signalen opvangen en verwerken van de communicatie tussen lichamen, voorwerpen, geluiden, woorden, symbolen. Er is hier in Westpoort, kortom weinig stad. Weinig openbaarheid. Typisch een plek waar mensen en bezigheden terechtkomen die op gespannen voet staan met de wet, de orde en de veiligheid. De tippelzone hier aan de Theemsweg met zijn bizarre mengeling van reglementering en chaos was er een voorbeeld van. Maar in dit Wilde Westen voelen ook stadsnomaden, duistere zakenmannen, mensensmokkelaars en wiettelers zich thuis. Het is een zone tussen stad en land. Een schemergebied.

Als je de term 'Het Wilde Westen' gebruikt, roep je meteen het beeld op van verdwijnende wildheid. Van een gestage ontginning en verkenning. Van het bedwingen en beschaven van de wildheid. Westpoortbeheer maakt onderdeel uit van het meer en meer stedelijk maken van dit gebied. Daarom is het zo passend dat aan de zijwand van het Westpoortgebouw een machine is aangebracht die het stedelijke oog op voorbeeldige wijze houvast biedt in de wildernis. Ja, ik heb het over het werk van Giny Vos, dat hier vandaag onthuld wordt. Ik heb me afgevraagd hoe het nu precies werkt en wat het hier doet aan deze doodlopende straat met een spoorlijn in de verte, omringd door de sporen van een rauw en triestig verleden.

Wat al meteen prachtig is en het hart even doet opspringen, is dat de installatie van duizenden lampjes de oppervlakte van de muur van dit doosgebouw haar eentonigheid en gewicht afneemt. Opeens is het geen zware norse muur meer, maar een scherm waar leven en betekenis kunnen opduiken. Dit werk zit als een zelfverzekerde, gezonde vogel op zijn tak in het bos en fluit. In dit geval is het een visueel fluiten. Woorden en korte woordenreeksen verschijnen in de schemer of het duister van Westpoort.

Waarom zingen vogels? Om elkaar te roepen. Om afstand te bepalen. Hun leefgebied af te bakenen. Maar ook om informatie over voedsel, gevaar en weersomstandigheden door te geven. En natuurlijk om partners en concurrenten in de liefde te lokken en te intimideren. Dit lichtwerk zingt woorden de ruimte van Westpoort in die verwijzen naar dit gebied, maar ook naar dit gebouw, naar wat de mensen die hier werken doen. Naar alles wat je associëren kunt bij de voorwerpen en woorden die daarbij horen. Net zoals een vogel fluit en rondtoetert: ik ben een merel! Een hele goeie merel! Ik zit hier! En ik zit hier altijd! Is hier ergens nog een andere leuke merel?! Om samen mee te zingen of te paren misschien?!

Net als de merel varieert het lichtwerk op een vast gegeven. Op hetzelfde liedje, het speelt een refrein zou je kunnen zeggen. En alledrie de eigenschappen van het refrein zijn terug te vinden in het lichtwerk. Het eerste: de zingende vogel maakt met geluid een cirkel om zich heen. Een eigen territorium. Met de tonen en ritmes richt hij zijn gebied in. Het lichtwerk van Giny Vos verklaart met koeienletters dat dit gebouw er staat, maar ook bezingt het voor passanten tot op grote afstand wat en wie er huist. Het bezingt dus letterlijk het inrichten, vormgeven en verzorgen van het gebied rondom het gebouw; want dat is wat Westpoortbeheer doet. Het tweede, het bezwerende van het vogelrefrein is er ook. Denk aan het

If you use the term 'Wild West', you immediately conjure up the picture of a wilderness that is disappearing, of a gradual bringing under cultivation and exploration, of subjugating and taming its wildness. Westpoortbeheer is a part of the increasing urbanisation of this zone. That is why it is so appropriate that a device has been applied to the side wall of the Westpoort building that offers the urban eye a point of reference in the wilderness in an exemplary fashion. Yes, I'm talking about the work of Giny Vos that is being unveiled here today. I wondered exactly how it works and what it is doing here in this cul-de-sac with a railway track in the distance, surrounded by the traces of a raw and depressing past.

What is immediately marvellous and which makes your heart skip a beat is the way the installation of thousands of LED lamps on the surface of the wall of this boxlike building detonates its monotony and ponderousness. All of a sudden it is no longer a heavy, grim wall but a screen on which life and meaning can appear. This work sits like a self-assured, healthy bird on its branch in the wood and sings. In this case it is a visual song. Words and short phrases appear in the dusk or darkness of Westpoort.

Why do birds sing? To call to one another, to determine distance, to demarcate their territory, but also to pass on information about food, danger and the weather – and of course to attract partners and intimidate rivals in love. This light installation sings words into the Westpoort area that refer to this zone, but also to this building, to what the people who work here do, to everything you can associate with the themes and words that go with them. Like a bird that whistles and spreads the message: I'm a blackbird! A very good blackbird! I'm here! And I'm always here! Is there some other attractive blackbird around? To sing with or maybe to mate with?!

Like the blackbird, the light installation plays variations on a fixed theme. You might say it plays a refrain to the same song. And all three properties of the refrain can be found in the light installation. The first: the singing bird uses sound to draw a circle around itself, its own territory. He arranges his area with the tones and rhythms. The massive letters in the light installation of Giny Vos announce that this building stands there, but it also sings the message of what and who are inside it to passers-by near and far. So it literally sings the layout, design and maintenance of the area around the building, because that is what Westpoortbeheer does.

The second, exorcising element of the bird's refrain is there too. Think of singing against danger, like that of a child humming in a dark street. That is in this light installation as well. In this remote corner of the city, waiting for better times and the implementation of the redevelopment plans, it is rather sad and desolate as it shines its words into the void. I can imagine that someone passing it late at night in the train who sees a couple of enigmatic or witty words light up in the inhospitable night of Westpoort will see its melancholy side and be moved by the resoluteness that such a signal radiates.

The refrain of a bird is also a call and a challenge to confrontation. It is a signal that breaks the circle of its own domain and appeals to the world outside, a signal that seduces through its striking and impressive tones and rhythms. The light installation of Giny Vos also calls out to friend and foe. It is a big and public signal in surroundings where there is very little public communication. It is a reminder of the city further on. But where does the seduction of this solitary bird lead to?

It does not seduce like an advertisement or a logo. Nor does it have any of the prosaic invitation of city signs that indicate: here is the library, this is the town hall. No, this light installation seduces the imagination to take a leap. Very literally, it tempts or compels you to imagine what the words might mean. What is 'ruwdienst' [rough service], what do you imagine 'zoutwerk' [salt work] to mean? It is a call that provokes activity. Graffiti work in the same way: they transform bare walls into the bearers of messages that are not directly functional or comprehensible. Instead, they refer to people, stories, activities, moments that are invisible and absent. The graffiti are the trace they have left behind, the flag they have planted.

This light installation is municipal hypergraffiti. Like the uninvited and unwanted graffiti, this wanted and commissioned light installation refers to life in the city, to what goes on, what people do, what moves, what is ephemeral and temporary. It is a reminder of people who sit together and talk about what they do, crack jokes, invent strange words. The refrain that this light installation sings with the courage of desperation in this desolate darkness is also about the sober and bold attempt to bring some degree of public life and of the city to Westpoort. And the light installation changes and sets Westpoort in motion just as the bird in the wood does with its refrain of tones, rhythms and communicative enticement. This light installation does not refer to the city and not only talks about that work of bringing under cultivation and maintenance but actually does what it says, acts in according with what it sings.

I spend many hours each week running though Westpoort for its loneliness, the windmills and the luscious fields of grass. One blustery day with wind and drizzle, I was returning from a very long run as dusk was setting in when I saw this light installation from the Seineweg. 'Grasweer' [grass weather], it said. And soon afterwards 'ruwdienst'. I understood as little of it as I do of the blackbird's song, but I knew what it did to me. I recognised this beacon as a friendly voice, a voice from the city of people. It was a sign that lorries, asphalt, blind walls, fences and gloom do not hold full sway here. I whistled back and stepped up my pace. This bird-image and its cheerful, courageous, sober refrain cheered me up.

zingen tegen het gevaar, zoals dat van een neuriënd kind in een donkere straat. Ook dat zit in dit lichtwerk. In deze uithoek van de stad, wachtend op betere tijden en de uitvoering van de herinrichtingsplannen, staat het wat triest en verlaten in de leegte te stralen met zijn woorden. Ik kan me voorstellen dat iemand die 's avonds laat met de trein passeert en een paar raadselachtige of grappige woorden ziet oplichten in de onherbergzame nacht van Westpoort zowel de melancholieke kant daarvan ziet, als dat hij geraakt kan zijn door de vastberadenheid die van zo'n signaal uitgaat.

Het refrein van een zangvogel is ook een lokroep en een uitdaging tot confrontatie. Een signaal dat de cirkel van het eigen domein doorbreekt en de wereld daarbuiten aanroept. Een signaal dat verleidt door opvallende en imponerende tonen en ritmes. Het lichtwerk van Giny Vos lokt ook gelijkgestemden en vijanden. Het is een groot en openbaar signaal in een omgeving waar heel weinig openbare communicatie is. Het is een herinnering aan de stad verderop. Maar waartoe verleidt deze eenzame zangvogel?

Het verleidt niet zoals een reclame of een logo. Het heeft ook niets van de feitelijke uitnodiging van stadstekens die aangeven: hier is de bibliotheek, dit is het stadhuis. Nee, dit lichtwerk verleidt tot een sprong van de verbeelding. Heel letterlijk, het verleidt of dwingt ertoe je een voorstelling te maken van wat de woorden zouden kunnen betekenen. Wat is 'ruwdienst' of welke beelden komen er in je op bij 'zoutwerk'? Het is een lokroep die activiteit uitlokt. Net zoals graffiti dat doen. Graffiti transformeren ook kale muren tot dragers van niet direct nuttige of begrijpelijke boodschappen. Ze verwijzen eerder naar mensen, verhalen, bezigheden, momenten die onzichtbaar zijn en afwezig. Met de graffiti hebben ze een spoor achtergelaten. Hun vlag geplant.

Dit lichtwerk is gemeentelijke über-graffiti. Net als de ongevraagde en ongewenste graffiti verwijst dit gewenste en bestelde lichtwerk naar het leven in de stad. Naar wat er gebeurt, wat mensen doen en wat beweegt en wat vluchtig en tijdelijk is. Het herinnert aan mensen die bij elkaar zitten en vertellen over wat ze doen, geintjes maken, rare woorden verzinnen. Het refrein dat dit lichtwerk zit te zingen met de moed der wanhoop in dit verlaten duister, gaat ook over de nuchtere en moedige poging om in Westpoort iets van stedelijkheid en openbaarheid te brengen. En net zoals de vogel met zijn refrein van tonen, ritmes en communicatieve uitlokking het bos verandert en in werking zet, zo doet dit lichtwerk dat met Westpoort. Dit lichtwerk verwijst niet naar de stad en vertelt niet alleen van dat ontginnende en beherende werk, het doet wat het zegt, het handelt naar wat het bezingt.

Als hardloper zwerf ik vele uren per week door Westpoort. Vanwege de eenzaamheid, de windmolens en de heerlijke grasvelden. Toen ik van een erg lange tocht terugkeerde bij invallende schemer op een gure dag met wind en miezerregen, zag ik vanaf de Seineweg dit lichtwerk. 'Grasweer' stond er. En even later 'ruwdienst'. Net zo min als ik merels versta, begreep ik dit, maar ik wist wel wat het me deed. Ik herkende dit lichtbeeld als een vriendelijke stem, een stem van de mensenstad. Het was een teken dat hier niet alleen vrachtwagens, asfalt, blinde muren, hekken en duisternis de dienst uitmaakten. Ik floot terug en versnelde mijn pas. Ik werd blij van deze beeldvogel en zijn vrolijke, moedige, nuchtere refrein.

Zonneschat

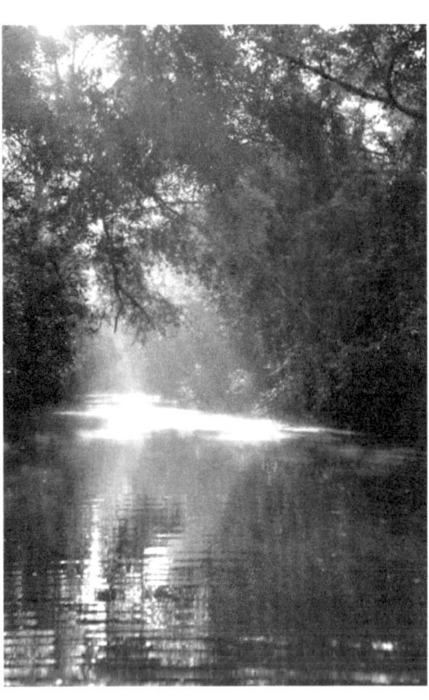

Film still from introduction to
Le Procès aka The Trial, Orson Welles, 1962

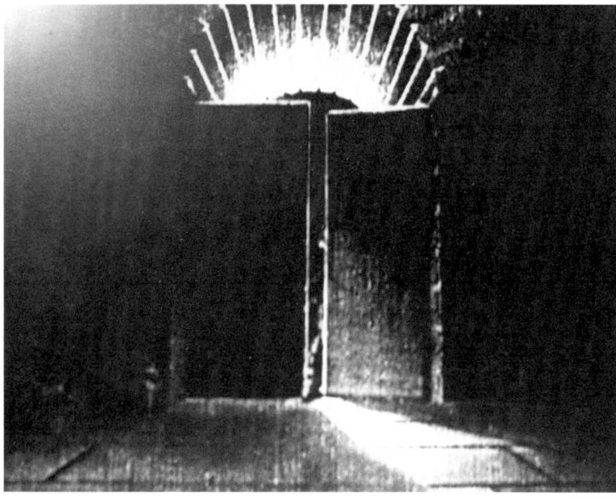

Technical drawing of
the door movement

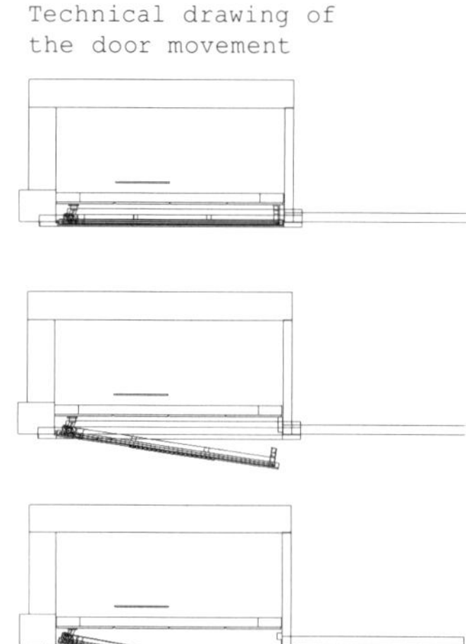

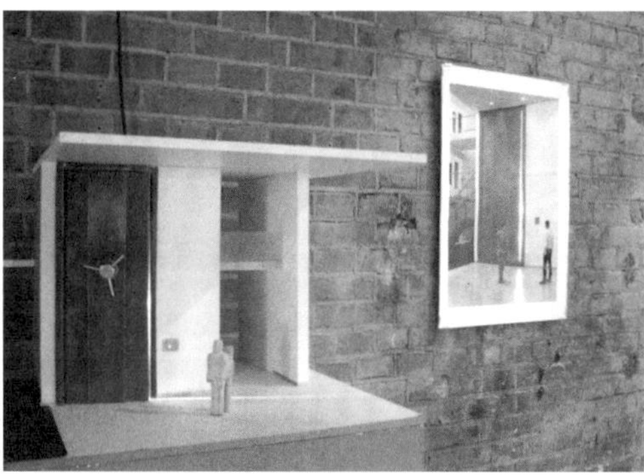

Scale model

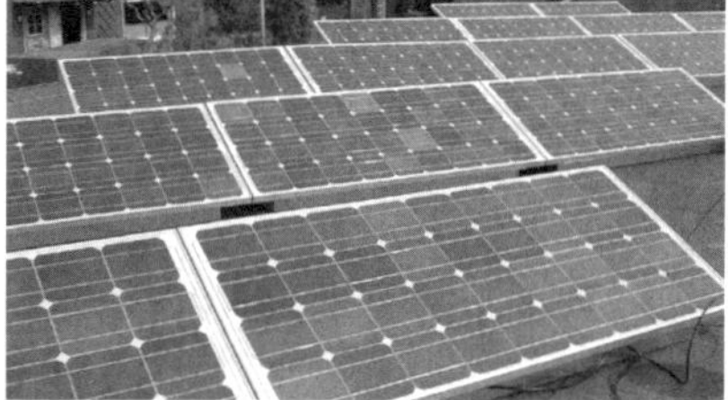

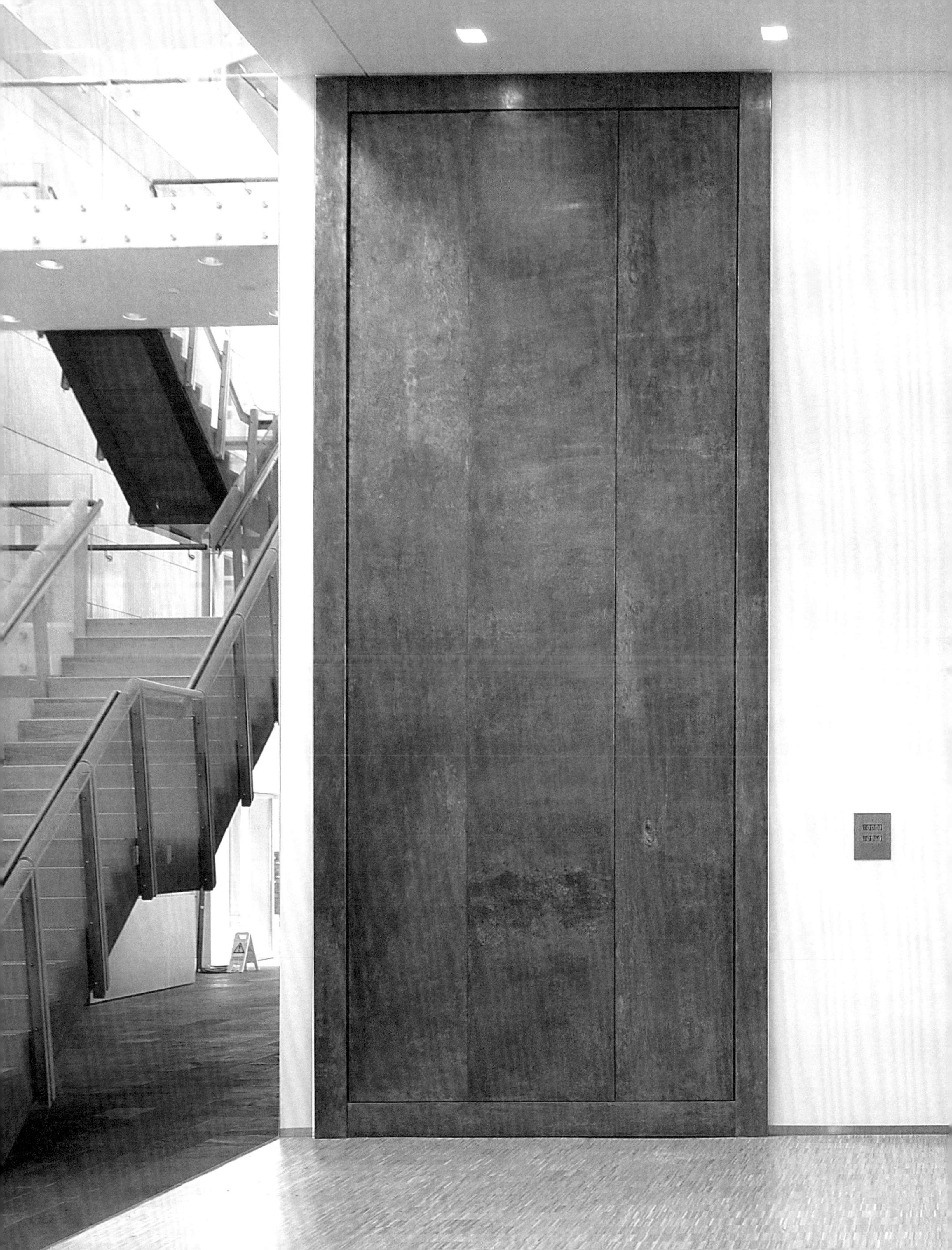

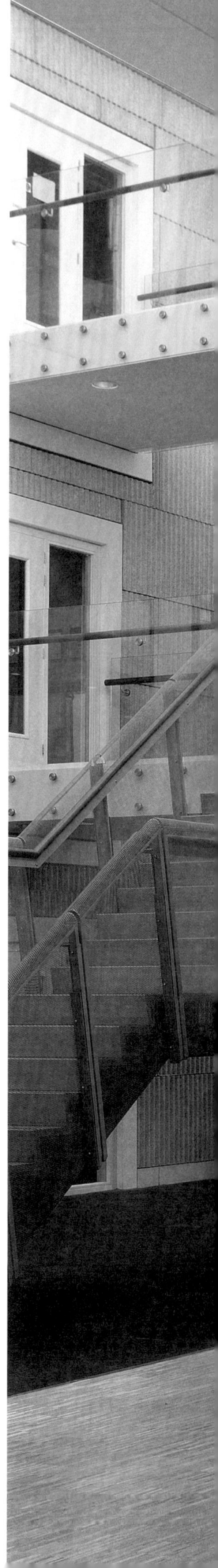

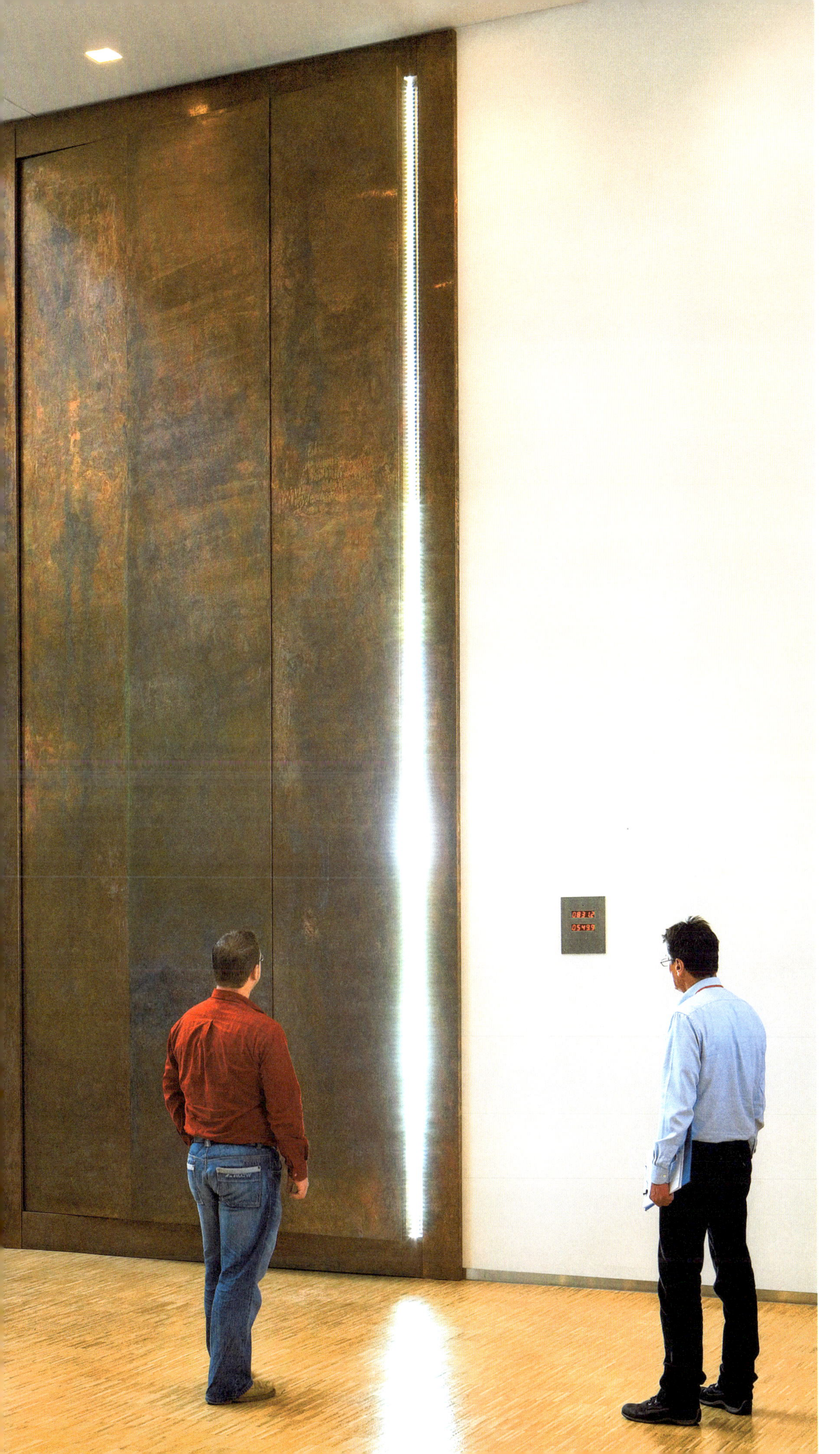

Zwart Licht

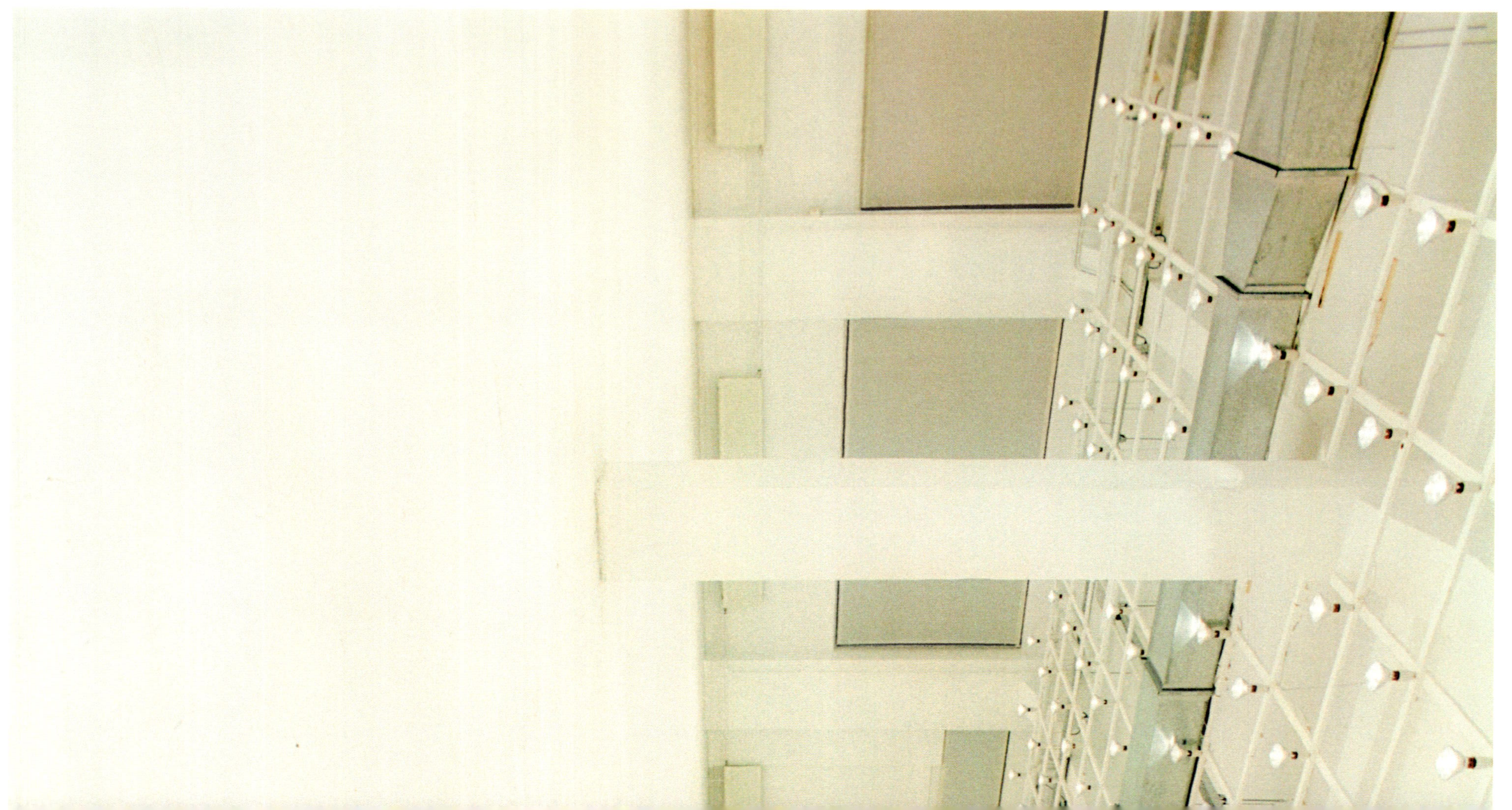

Zwart Licht, 2004, Kunstenlab, Deventer

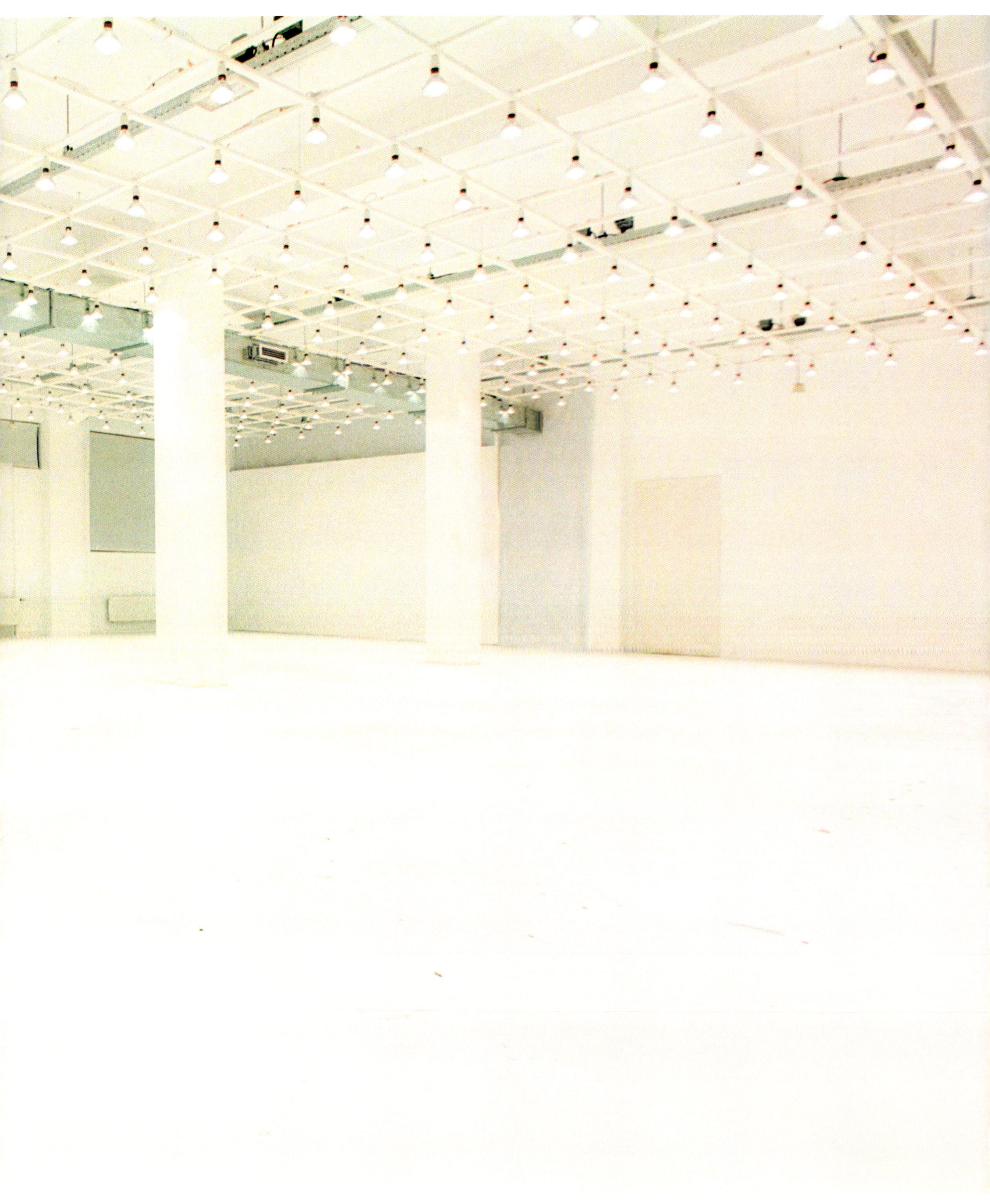

Zwart Licht, 2004, Kunstenlab, Deventer

Spacesaver

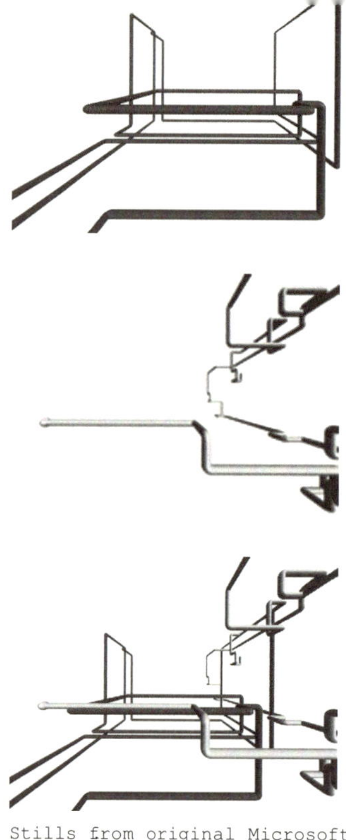

Stills from original Microsoft
screen saver

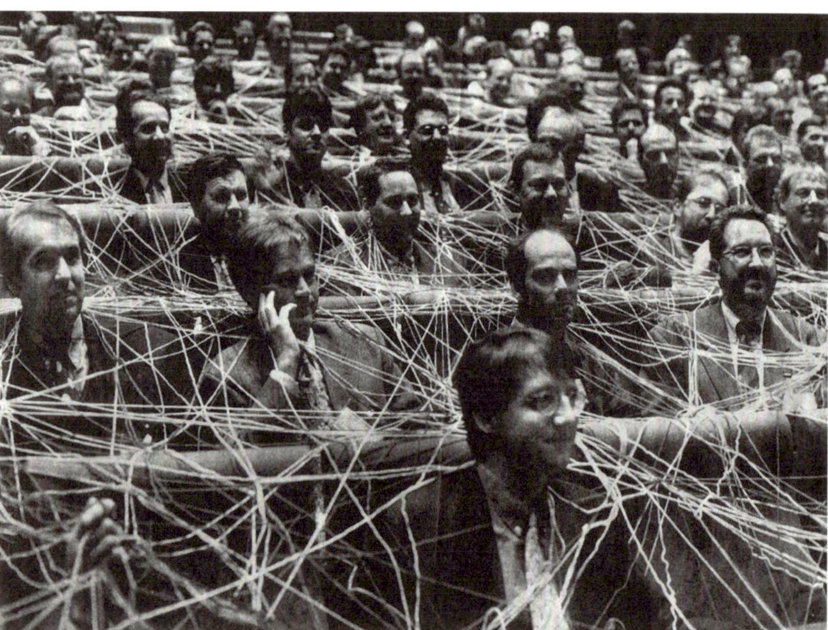

Networks explained to managers

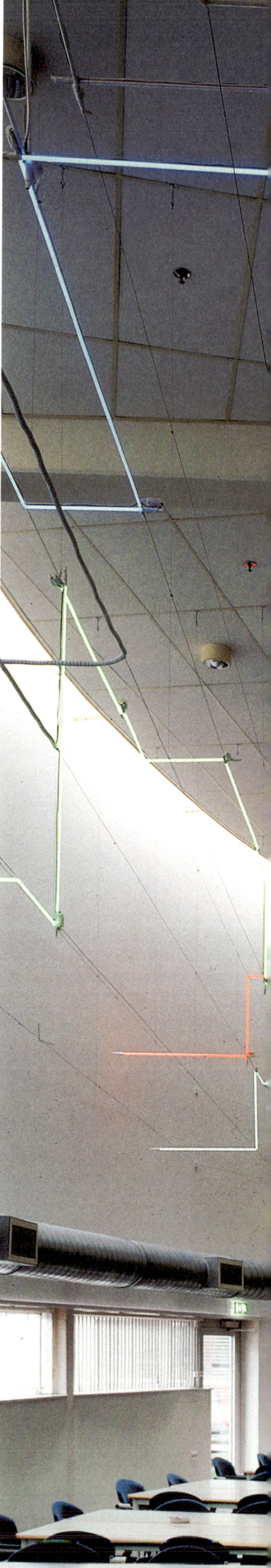

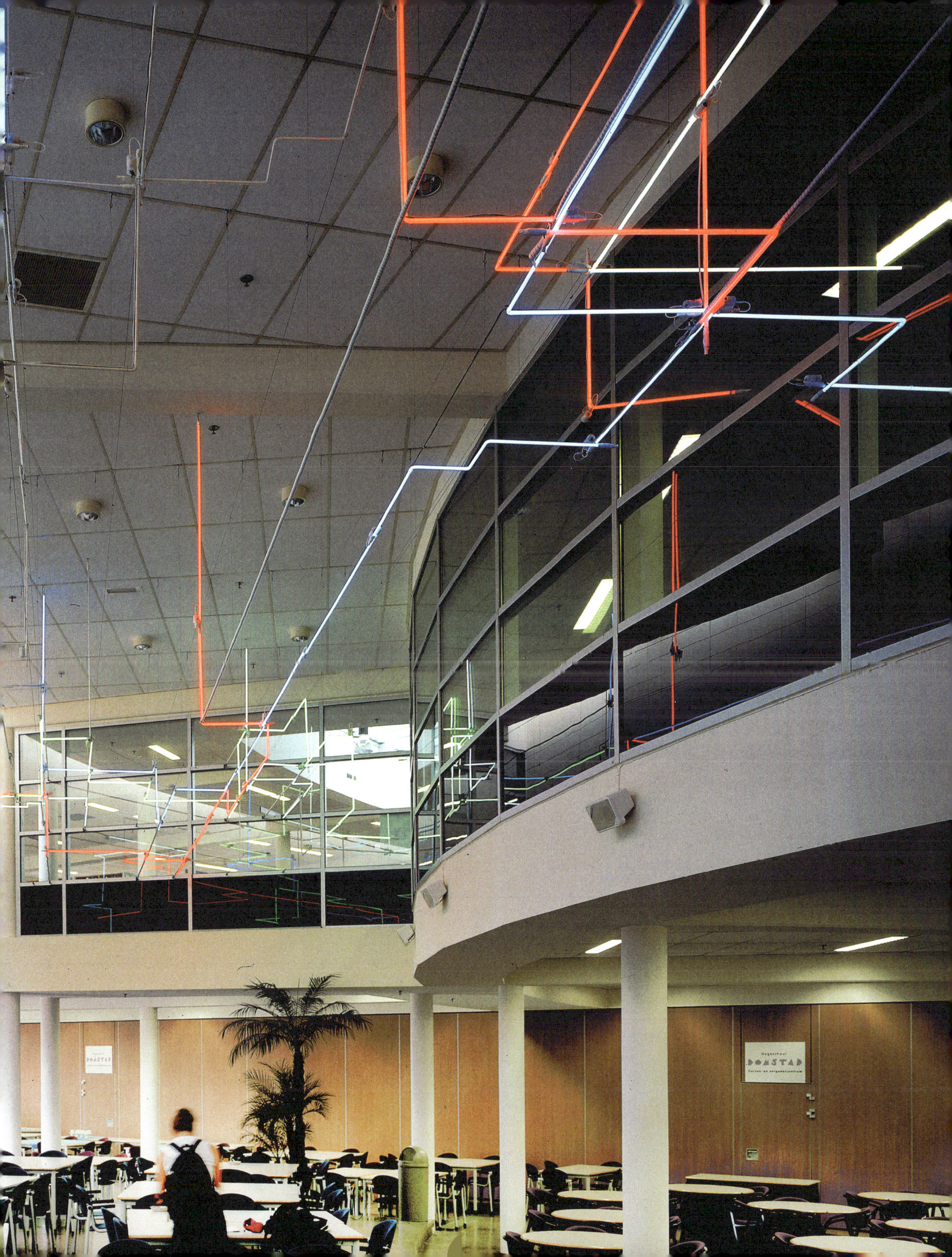

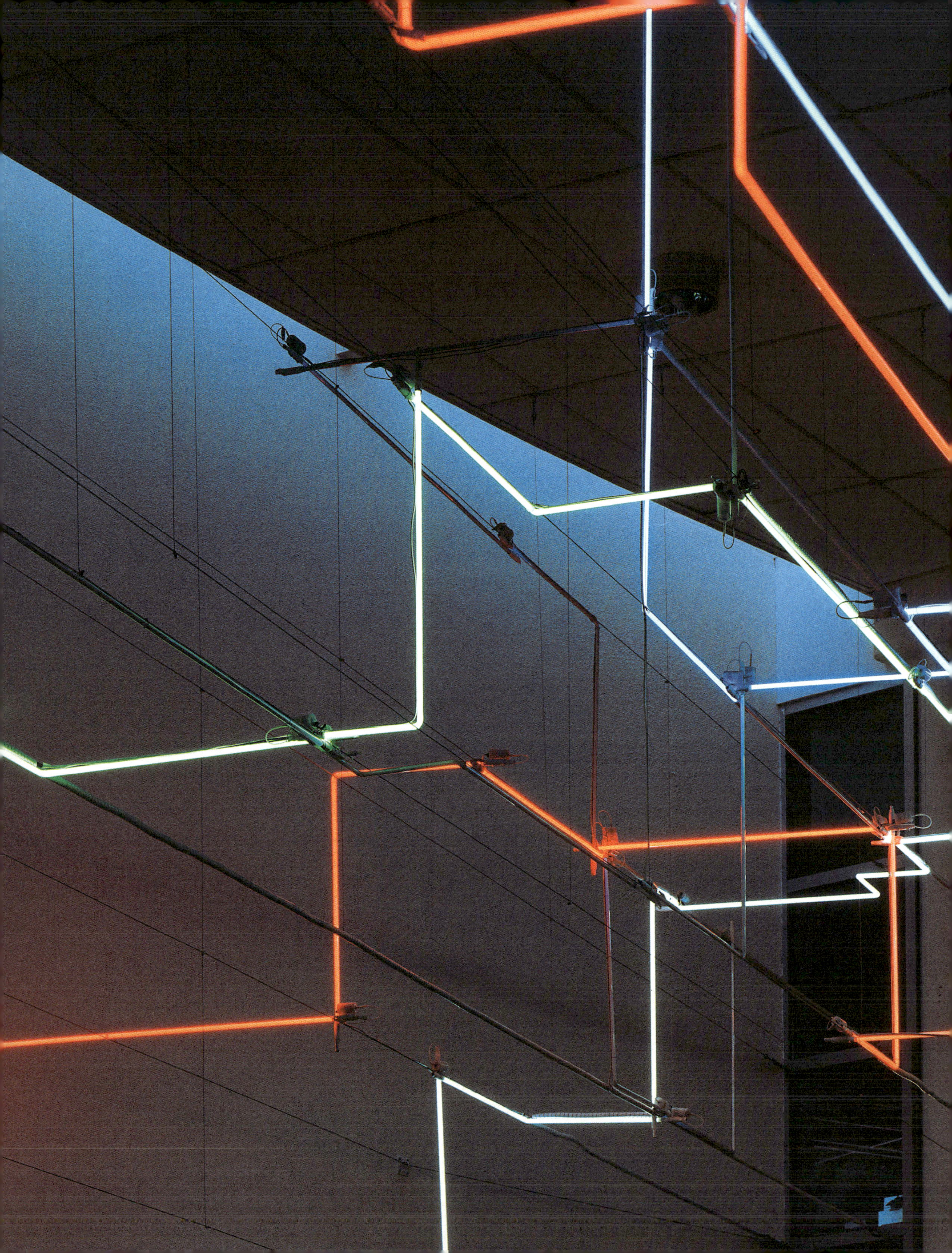

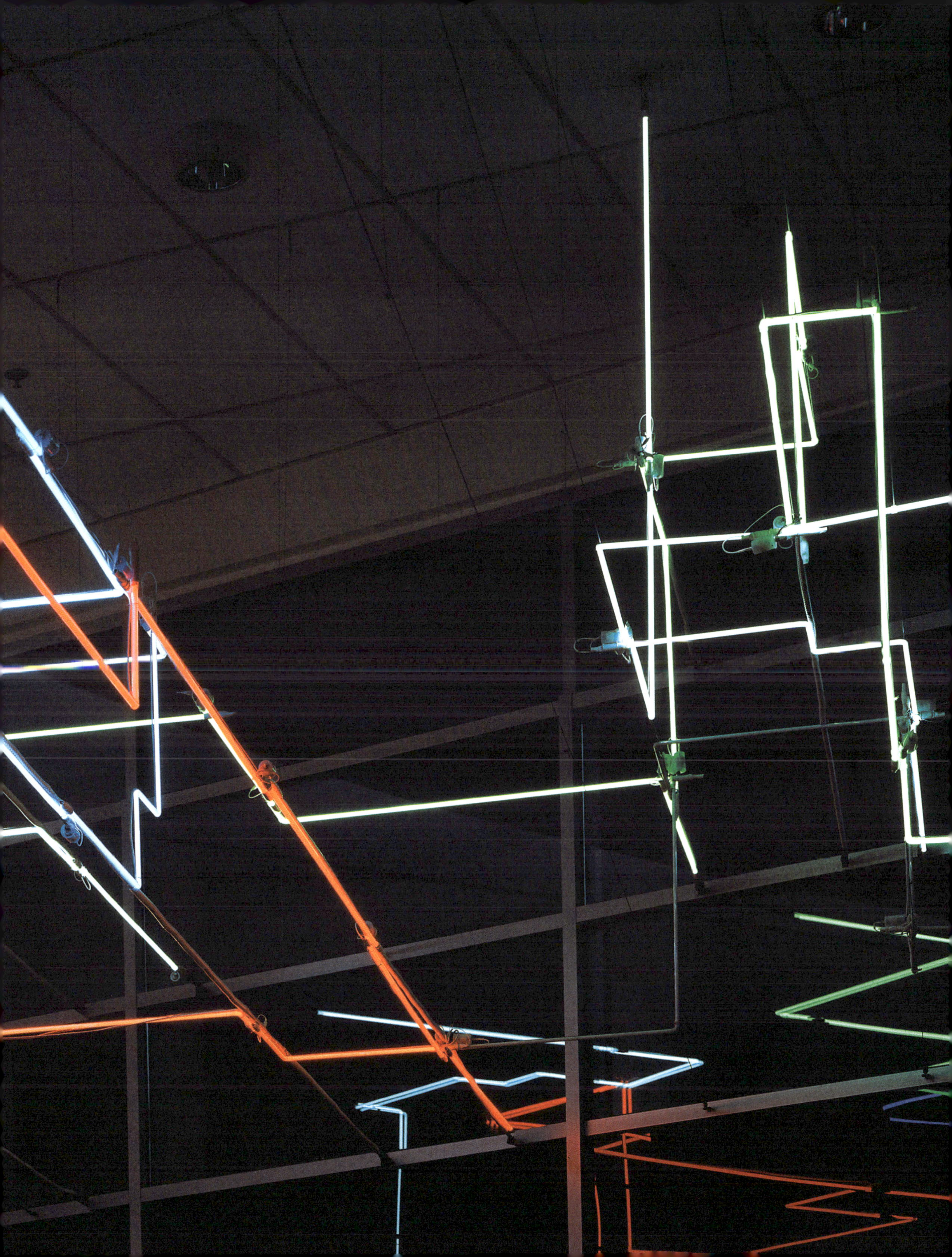

Le Poème Electronique 2

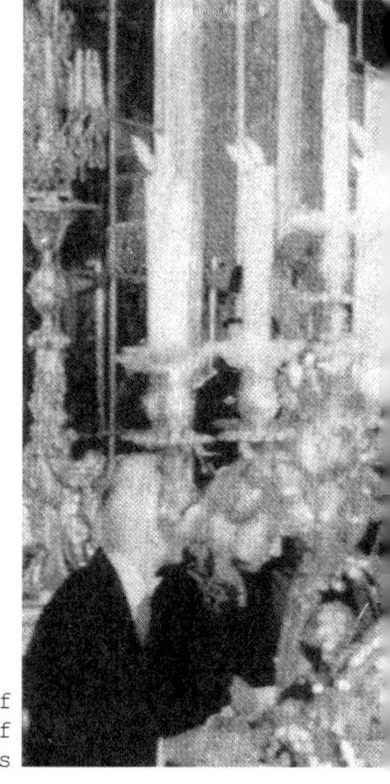

European summit in the Hall of
Mirrors of the Palace of
Louis XIV in Versailles

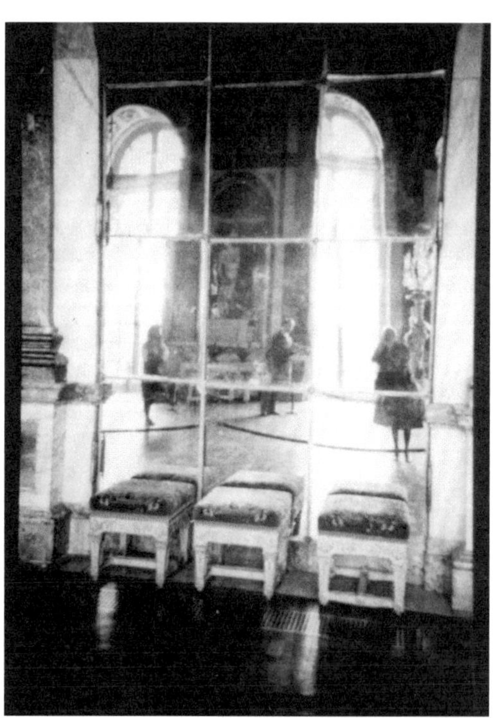

Giny Vos on location in Versailles

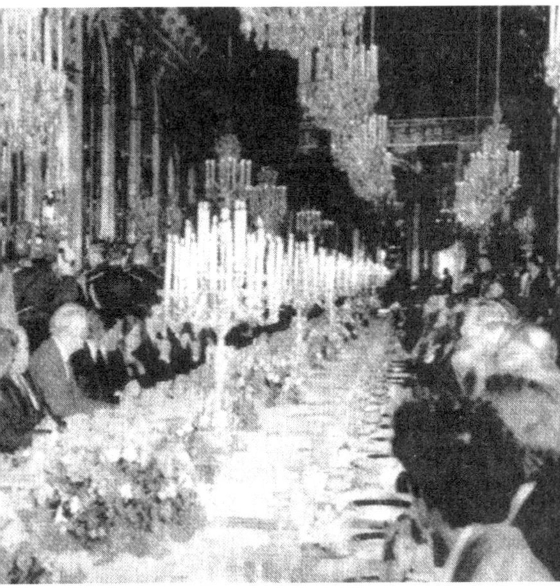

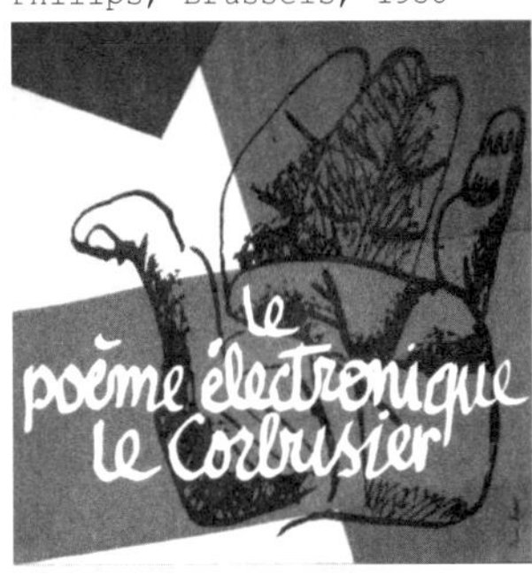

Jacket design of Le Corbusier (Kalff, L.C.), *Le poème électronique le Corbusier*, published by Philips, Brussels, 1958

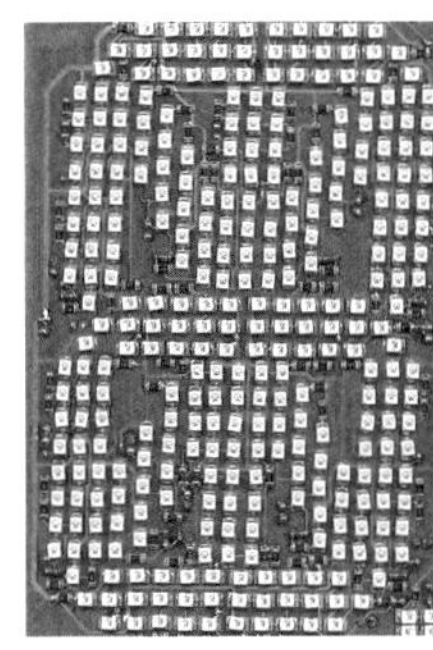

LED display for digital numbers and letters

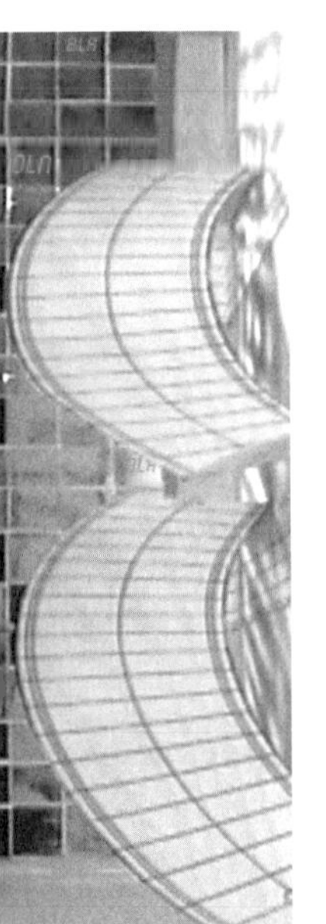

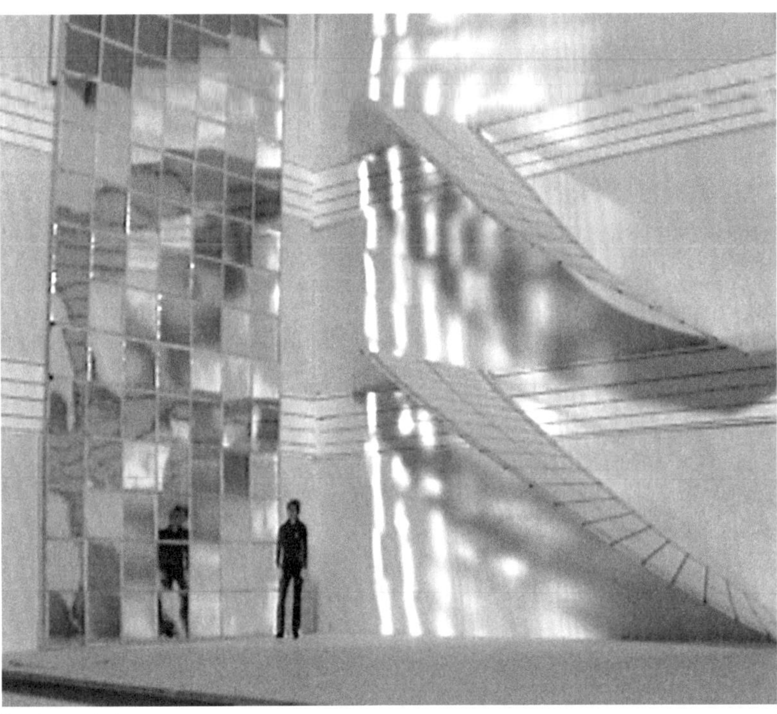

Scale model

ME

if you weren't you, who would you like to be?

Paul McCartney Gustav Mahler
Alfred Jarry John Coltrane
Charlie Mingus Claude Debussy
Wordsworth Monet Bach and Blake

Charlie Parker Pierre Bonnard
Leonardo Bessie Smith
Fidel Castro Jackson Pollock
Gaudi Milton Munch and Berg

Belà Bartók Henri Rousseau
Rauschenberg and Jasper Johns
Lukas Cranach Shostakovich
Kropotkin Ringo George and John

William Burroughs Francis Bacon
Dylan Thomas Luther King
H. P. Lovecraft T. S. Eliot
D. H. Lawrence Roland Kirk

Salvatore Giuliano
Andy Warhol Paul Cézanne
Kafka Camus Ensor Rothko
Jacques Prévert and Manfred Mann

Marx Dostoievsky
Bakunin Ray Bradbury
Miles Davis Trotsky
Stravinsky and Poe

Danilo Dolci Napoleon Solo
St John of the Cross and
The Marquis de Sade

Charles Rennie Mackintosh
Rimbaud Claes Oldenburg
Adrian Mitchell and Marcel Duchamp

James Joyce and Hemingway
Hitchcock and Buñuel
Donald McKinlay Thelonius Monk

Alfred, Lord Tennyson
Matthias Grünewald
Philip Jones Griffiths and Roger McGough

Guillaume Apollinaire
Cannonball Adderley
René Magritte
Hieronymus Bosch

Stéphane Mallarmé and Alfred de Vigny
Ernst Mayakovsky and Nicolas de Staël
Hindemith Mick Jagger Dürer and Schwitters
Garcia Lorca
and
            last of all
                          me.
Adrian Henrii
The best of Henri

De pudding van het brein
gaat verdragen aan met de karbonade
van het hart. Lucebert

De hond en zijn baas

Wie zoekt zal vinden
sprak hij als een atlas
wie zwemt komt zeker
aan de overkant

J. Bernlef,
Gedichten 1970-1980,
Querido

Wat is geluk

Omdat het geluk een herinnering is
Bestaat het geluk omdat het tevens
Het omgekeerde het geval is,

ik bedoel dit: omdat het geluk ons
herinnert aan het geluk achtervolgt het
ons en daarom ontvluchten wij het

en omgekeerd, ik bedoel dit: dat wij
het geluk zoeken omdat het zich
verbergt in onze herinnering en

omgekeerd, ik bedoel dit: het geluk
moet ergens en ooit zijn omdat wij dit
ons herinneren en dit ons herinnert.

Rutger Kopland,
Tot het ons verlaat,
Oorschot

Ik maak bijna nooit een fout, want ik heb enorme
moeite mij te vergissen. Johan Cruijff

De mus

Tjielp tjielp – tjielp tjielp tjielp
tjielp tjielp tjielp - tjielp tjielp
tjielp tjielp tjielp tjielp tjielp tjielp
tjielp tjielp tjielp

Tjielp
        etc.

Jan Hanlo,
Gedichten,
van Oorschot

Mondriaan

vlieg ik
over Holland
zie ik
Mondriaan
liggen tussen
sloten, kanalen
en heggen ligt hij
rustig
in zijn eigen schilderij

Bert Schierbeek,
Vlucht van de Vogel,
De Bezige Bij

zodra de zon opkomt

    wordt alles overtollig

        het is voldoende
        je ogen te openen
        je uit te rekken
        als een poes

En cuanto sale el sol

    Todo sale sobrando

            Basta

        Con abrir los ojos
        Desperezarse
            Como un gato

Isabel Fraire (Mexico), *Liefde kon maar beter
naamloos zijn*, De Geus (Amnesty International)
Translation: Marjolein van Santen

Fantasie is ook een business.
Anton Philips

ramen of deuren

het verschil tussen ramen en deuren
is zo duidelijk en groot
dat ik als ik moest kiezen
het wel wist en met een raam
al heel blij was

Mischa de Vreede,
Vrouwen dichten anders,
uitgeverij Bert Bakker

Vroeger keken de mensen naar de radio.
Van Kooten en de Bie

La vie c'est comme une dent

La vie c'est comme une dent
D'abord on n' y a pas pensé
On s'est contenté de mâcher
Et puis ça se gâte soudain
Ça vous fait mal
Et on y tient
Et on la soigne
Et les soucis
Et pour qu'on soit vraiment guéri
Il faut vous l'arracher
La vie.

Boris Vian

Dat koninkrijk van U, weet U wel, wordt dat nog
wat? Gerard Reve

PING – PONG

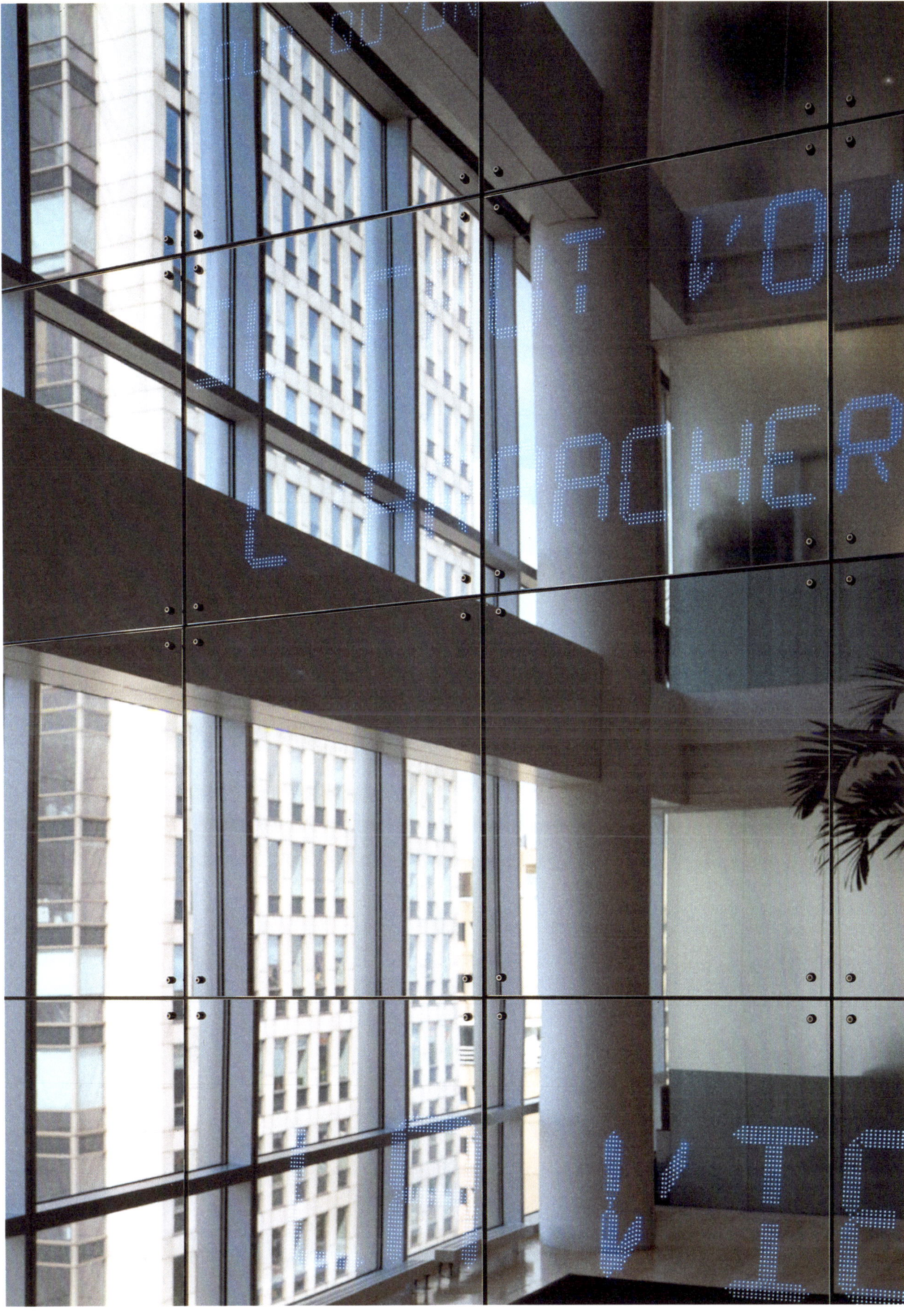

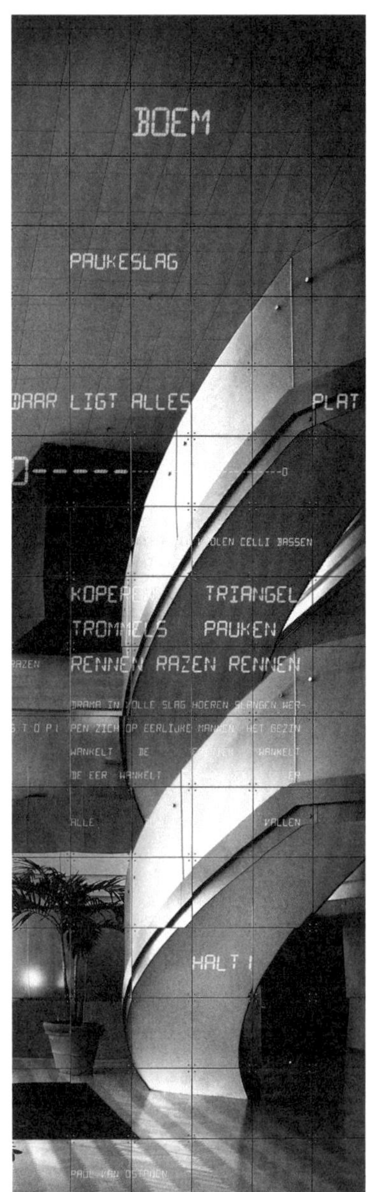
BOEM
PAUKESLAG
DAAR LIGT ALLES PLAT
KOPER TRIANGEL
TROMMELS PAUKEN
RENNEN RAZEN RENNEN
HALT!
PAUL VAN OSTAIJEN

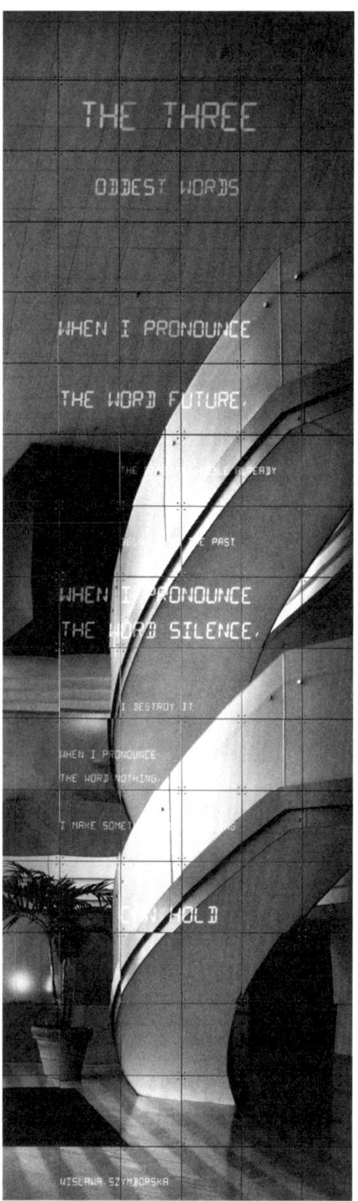
THE THREE
ODDEST WORDS
WHEN I PRONOUNCE
THE WORD FUTURE,
WHEN I PRONOUNCE
THE WORD SILENCE,
I DESTROY IT
WHEN I PRONOUNCE
THE WORD NOTHING,
WISLAWA SZYMBORSKA

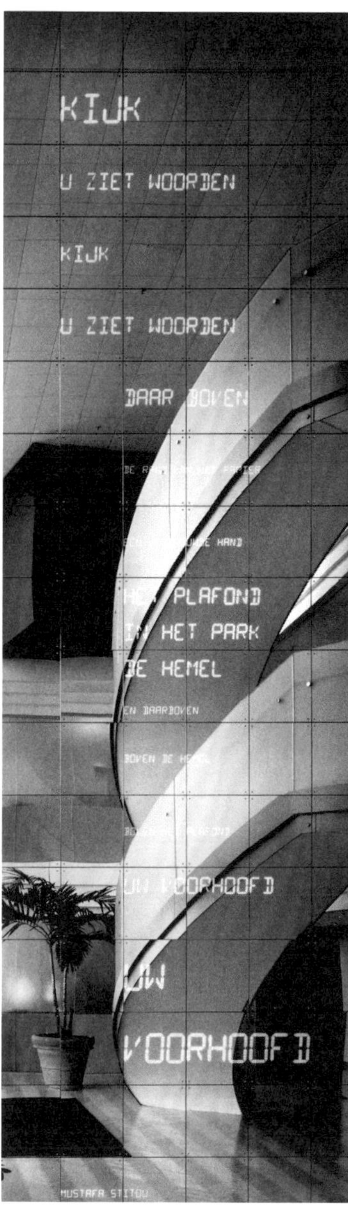
KIJK
U ZIET WOORDEN
KIJK
U ZIET WOORDEN
DAAR BOVEN
HET PLAFOND
IN HET PARK
DE HEMEL
EN DAARBOVEN
UW VOORHOOFD
UW VOORHOOFD
MUSTAFA STITOU

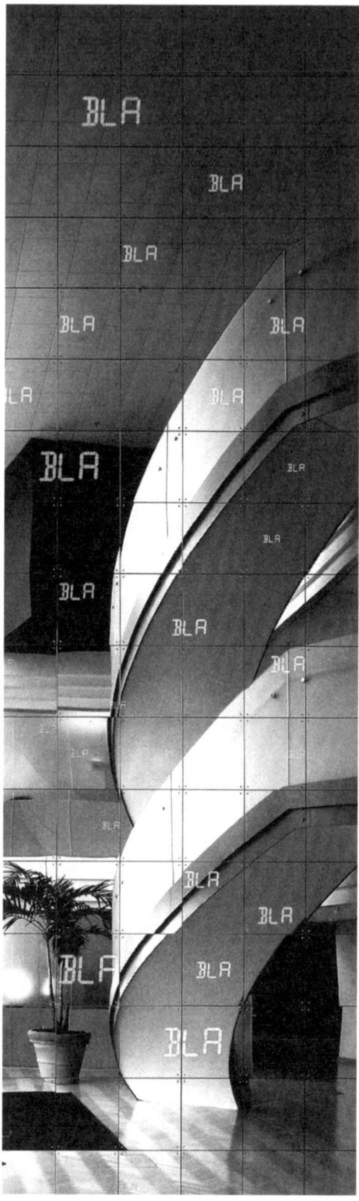
BLA
BLA
BLA
BLA
BLA
BLA
BLA
BLA
BLA
BLA
BLA
BLA
BLA
BLA
BLA

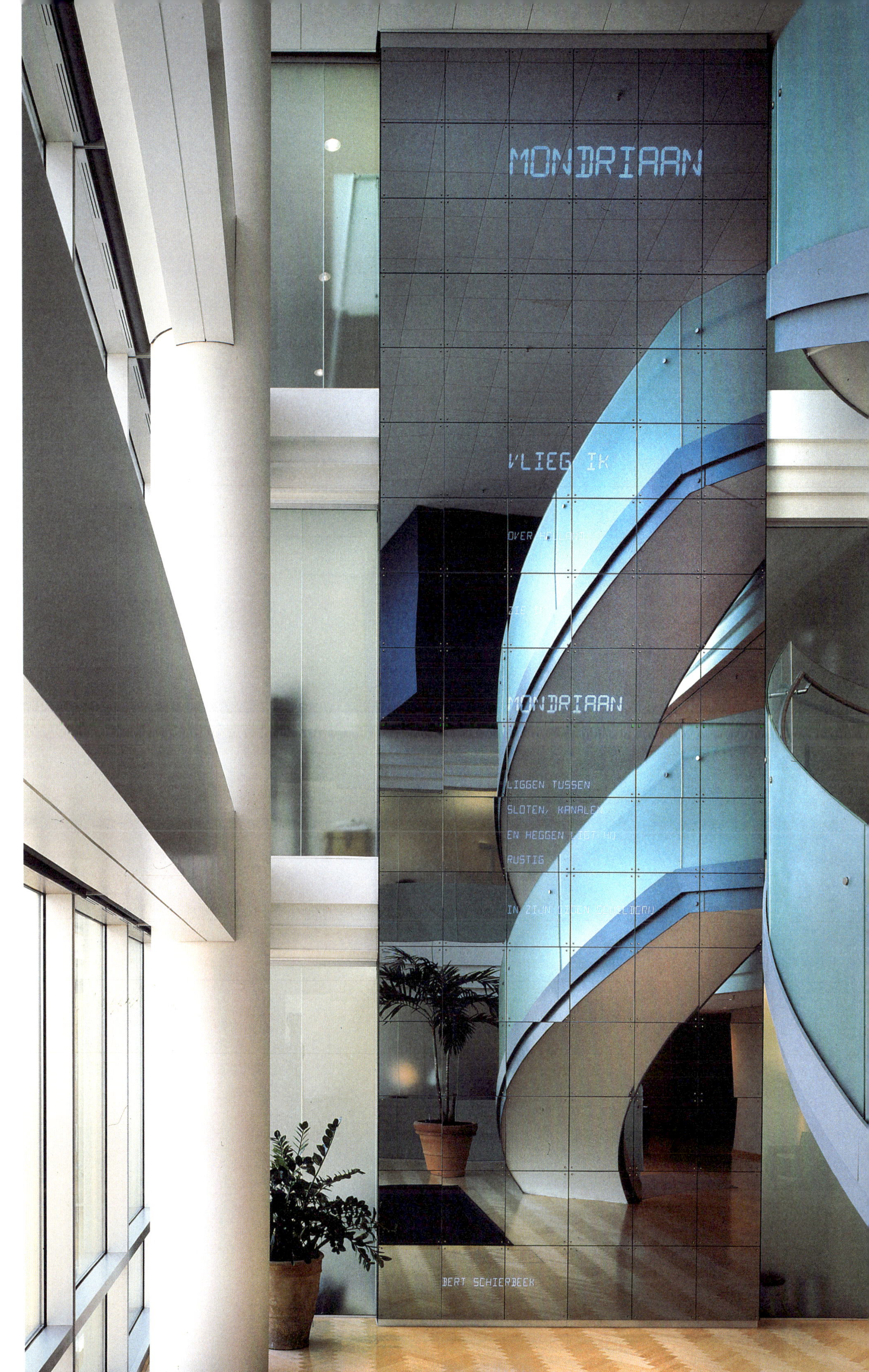

MONDRIAAN
VLIEG IK
OVER HOLLAND
ZIE IK
MONDRIAAN
LIGGEN TUSSEN
SLOTEN, KANALEN
EN HEGGEN LIGT HIJ
RUSTIG
IN ZIJN EIGEN SCHILDERIJ
BERT SCHIERBEEK

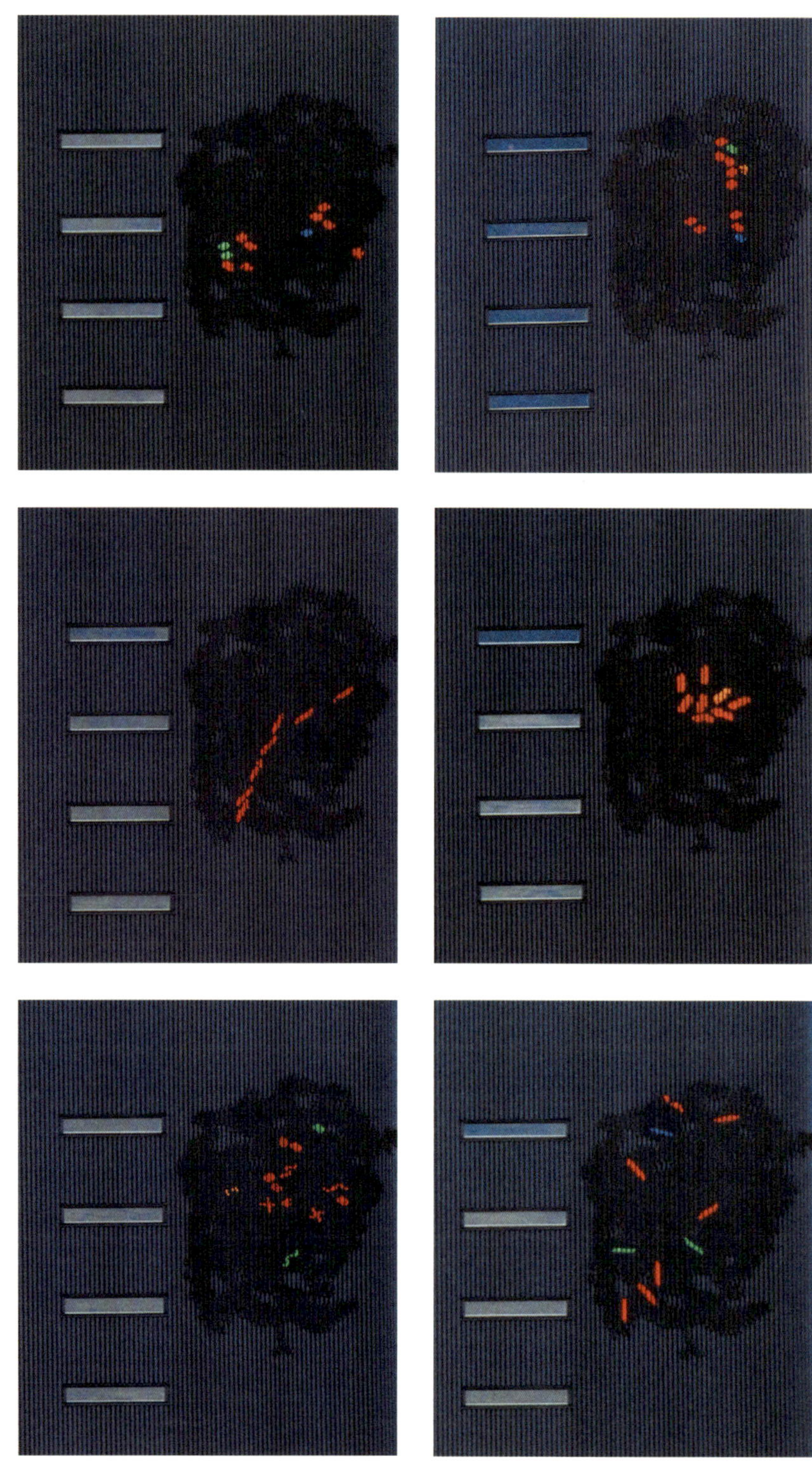

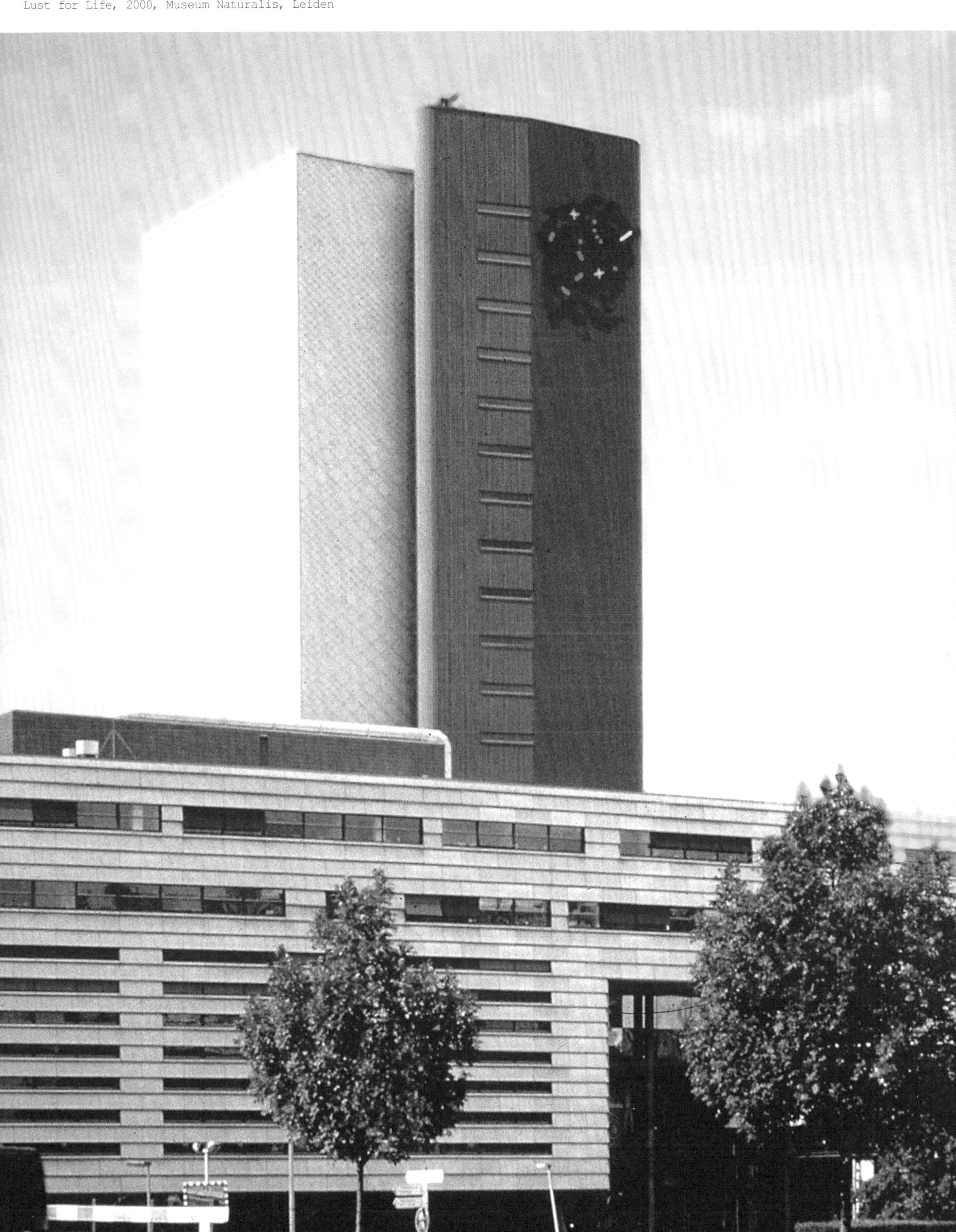

Lust for Life, 2000, Museum Naturalis, Leiden

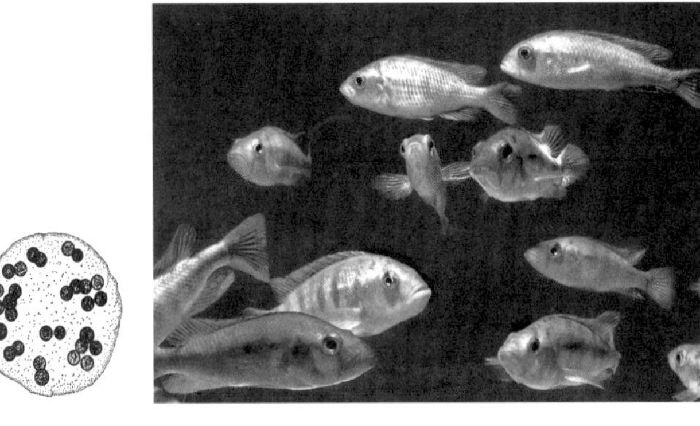

Cichlidae from Lake Victoria

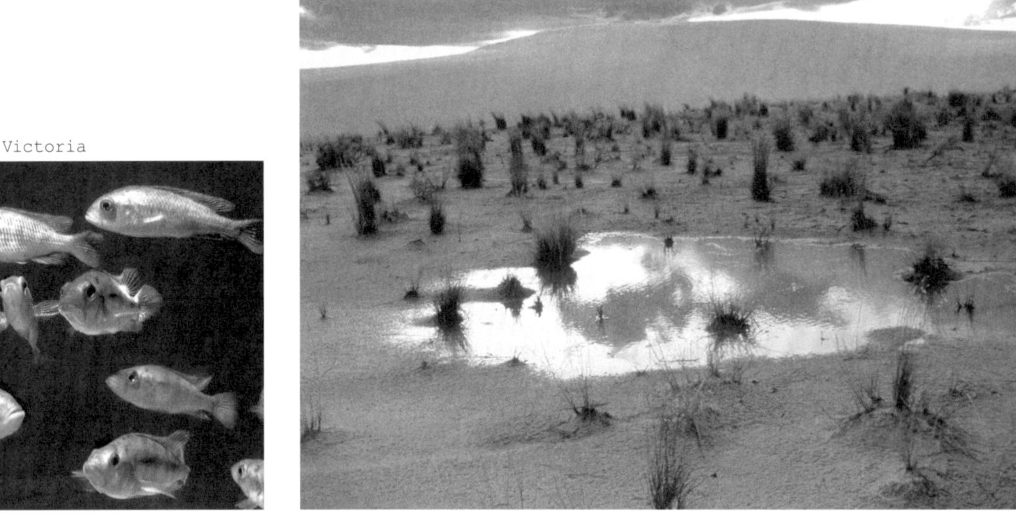

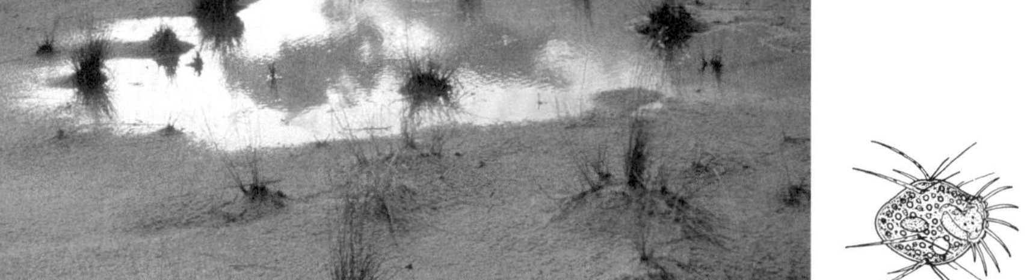

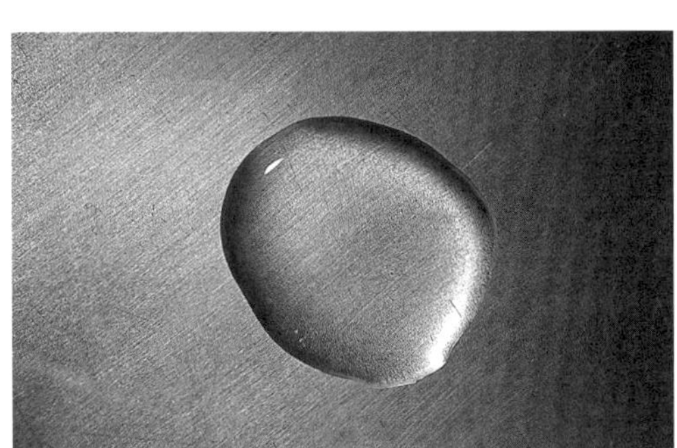

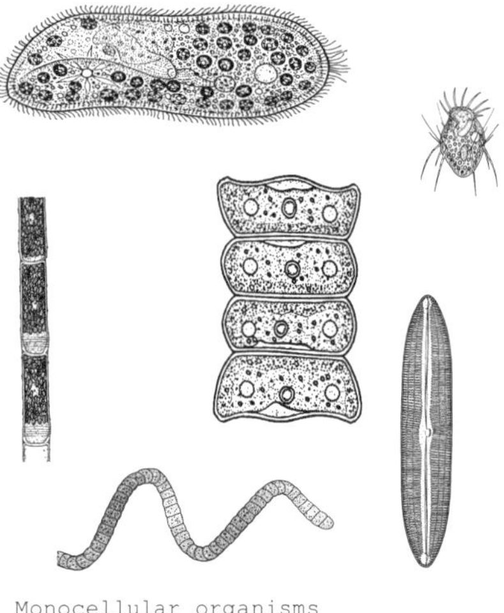

Monocellular organisms

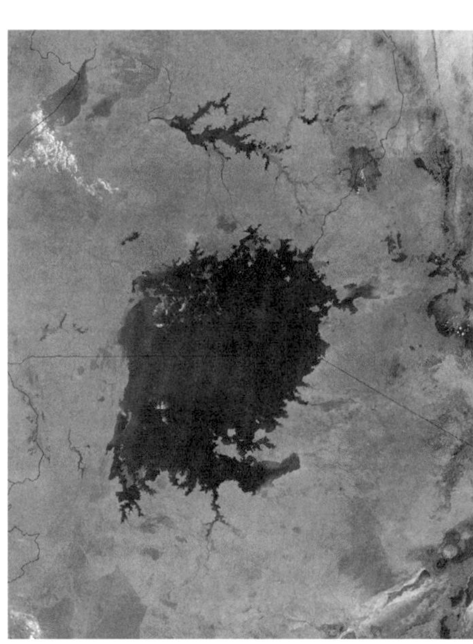

Satellite picture Lake Victoria, Africa

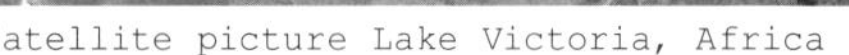

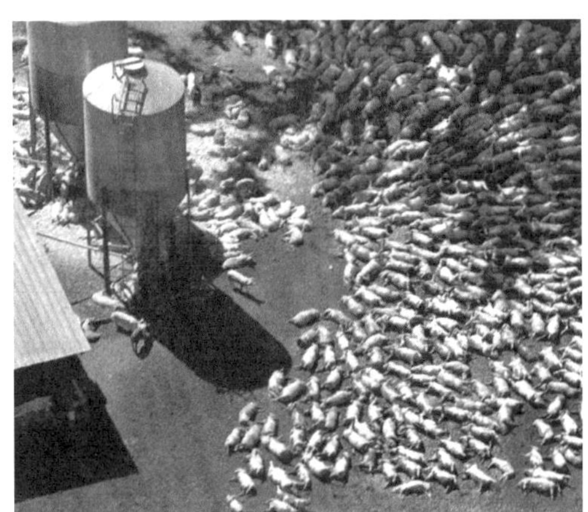

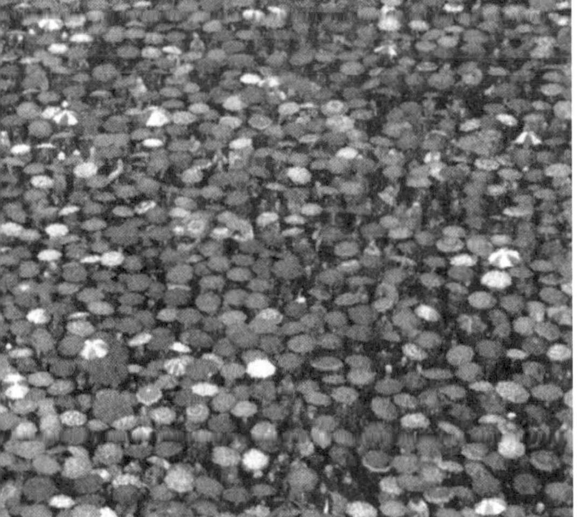

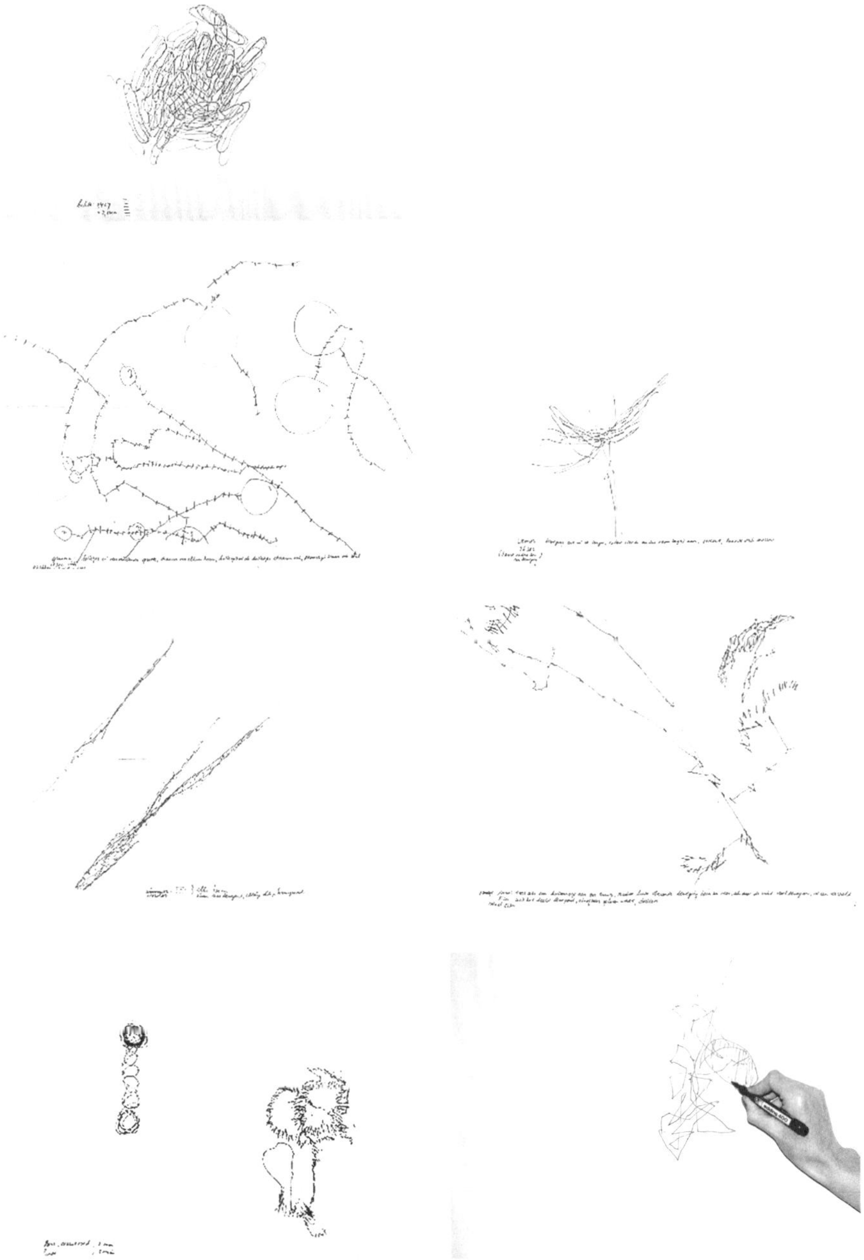

Drawings of behaviour patterns of micro-organisms

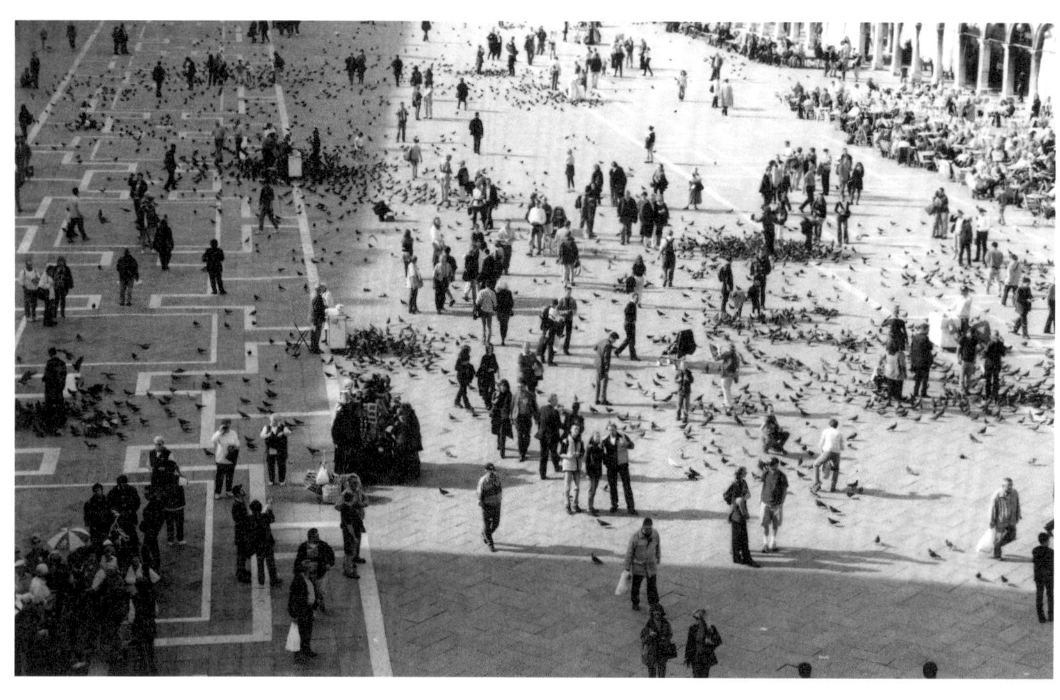

Jeroen Boomgaard

The City Dreams

Jeroen Boomgaard

De stad droomt

The city writes itself on its walls and in its streets. But that writing is never completed. The book never ends and contains many blank or torn pages.
Henri Lefebvre, *The Urban Revolution* (1970)

Like an immense brain, the city directs our daily lives. Information, people, commodities – they move like stimuli and signals along the neural pathways of the streets to the nodes of storage and exchange. The city is the overarching structure that guides and accompanies our comings and goings. This is true in general of all cities and urban agglomerations, but each city, metropolis or megalopolis is different in its specific accumulation of zones, districts, possibilities, events, contacts and failures. Every urban district is different through the way in which life is made possible or impossible there. The way in which the city is experienced eludes the attempts to give it an unambiguous image or logo. Every effort at city branding eventually runs aground on the use that the city itself imposes.

It is precisely this aspect of the city that is given a voice in a number of works by Giny Vos. It happens very literally in her first large work for the public domain. The words 'work to do' that appeared on three high-rise office blocks in the Marconiplein in Rotterdam on the night of 21 to 22 December 1985 transmitted the frank message that this city conveys to its residents. The people of Rotterdam have for a long time had a reputation for being hard workers, but this image of the city had never been made so directly visible before. More important than the credo of her native city that Vos shows here, however, is the statement that she makes with it about the role of art in the public domain. The question of who speaks and who is addressed plays a role in the background to every debate on works of art in public space. Do the artists bring their images out into the open in the hope of reaching a public, or is it the patrons who use the work of art to give vent to their ideas about cultural education, local identity, social cohesion or gentrification? Or, in an attempt to reverse or to disguise the one-way traffic, is it the voice of the residents themselves that is heard this time? The city speaks through Vos – the city not as an administration or organisation, nor as a residents' association or project developer, but as the intersection of built environment and everyday use. This is the city as practice, as event, historically determined and orientated towards the future, imperfect and unexpected.

The voice of the city is raised in another work from twenty years later. *Lokroep/The Painted Chat* (2006) shows even more clearly how the urban dimension makes itself known. When night falls, big words appear on the Westpoort municipal depot almost on the outskirts of the city. The

De stad beschrijft zichzelf op muren en straten. Maar dat schrijven wordt nooit voltooid. Het boek is nooit af en het bevat vele lege of gescheurde pagina's.
Henri Lefebvre, *The Urban Revolution* (1970)

Als een immens brein stuurt de stad ons dagelijks leven. Informatie, mensen, goederen, als prikkels en signalen bewegen ze zich langs de zenuwbanen van de straten naar de knooppunten van opslag en uitwisseling. De stad is de allesoverkoepelende structuur die ons doen en laten leidt en begeleidt. Dit geldt in het algemeen voor alle steden en stedelijke conglomeraties, maar elke stad, elke metro- of megapool is verschillend in zijn specifieke opeenhoping van zones, gebieden, mogelijkheden, gebeurtenissen, contacten en mislukkingen. Elk urbaan gebied is anders door de wijze waarop het leven er mogelijk en onmogelijk wordt gemaakt en die wijze waarop de stad geleefd wordt, onttrekt zich aan de pogingen haar van een eenduidig beeld of logo te voorzien. Alle inspanningen om de stad van een brandmerk te voorzien lopen uiteindelijk stuk op het gebruik dat de stad zelf afdwingt.

Juist deze kant van de stad wordt in een aantal werken van Giny Vos tot spreken gebracht. Heel letterlijk gebeurt dat in haar eerste grote werk voor de openbare ruimte. De woorden 'work to do' die in de nacht van 21 op 22 december 1985 op drie kantoortorens op het Marconiplein in Rotterdam verschijnen, geven onomwonden de boodschap door die deze stad aan haar bewoners heeft. De bevolking van Rotterdam beroept zich er al lang op harde werkers te zijn, maar zo direct was dit beeld van de stad nog niet zichtbaar gemaakt. Belangrijker dan het credo van haar geboortestad dat Vos hier laat zien, is echter de uitspraak die ze ermee doet over de rol van de kunst in het publiek domein. Wie spreekt en wie wordt aangesproken, is een vraag die op de achtergrond van elk debat over kunstwerken in het openbaar gebied speelt. Is het de kunstenaar die zijn beelden naar buiten brengt in de hoop een publiek te bereiken of is het de opdrachtgever die het kunstwerk gebruikt om zijn ideeën over cultuureducatie, wijkidentiteit, sociale cohesie of gentrificatie uit te venten? Of komen, in een poging het eenrichtingsverkeer om te draaien of te verbloemen, de bewoners deze keer zelf aan het woord? Bij Vos spreekt de stad.

De stad niet als bestuur of organisatie, evenmin als bewonersvereniging of projectontwikkelaar, maar als knooppunt van gebouwde omgeving en dagelijks gebruik. De stad als praktijk, als 'gebeurtenis', even historisch bepaald als toekomstgericht, en even onvolmaakt als onverwacht.

Ook in een werk dat twintig jaar later tot stand komt, is de stem van de stad hoorbaar. *Lokroep/The Painted Chat* uit 2006 toont nog duidelijker op welke wijze het urbane zich kenbaar maakt. Op een loods van stadsbeheer, bijna op de rand van de stad, verschijnen wanneer het donker wordt grote woorden. De woorden zijn ontleend aan het jargon van de groenvoorzieners, stratenmakers en zoutstrooiers die er hun domicilie hebben, maar deze benoeming van de praktijk die in het gebouw verborgen zit, wordt afgewisseld met woorden die naar een veel sprookjesachtiger realiteit lijken te verwijzen. Een vreemde, poëtische stem zingt zijn teksten in de nacht, woorden die een uitdrukking zijn van de omgeving zoals die daar daadwerkelijk wordt geleefd, maar ook verwijzingen naar alles wat zich er mogelijk heeft voorgedaan of er ooit zal kunnen plaatsvinden. Het is de stad die hier haar bestaan verkondigt en die tegelijk fantaseert over toekomst, over alles wat ze dit marginale terrein te bieden heeft. Maar als je langer kijkt zie je dat de woorden geen zin vormen, ze reageren uitsluitend op elkaar. Het gebouw associeert op de klanken die het voortbrengt, het laat zich meeslepen van het ene woord naar het andere ('mistroost', 'moerstaaf', 'mode moer', 'lamoer'), van zakelijk naar betoverend en van beschrijvend naar onmogelijk. De stad lijkt hier in zichzelf te praten, ze droomt.

In 1997 maakt Vos een installatie getiteld *The Things That Dreams Are Made Of*. In een houten wandkast staan gestolde schaduwvormen, zwarte beeldjes zonder duidelijke vorm of betekenis. Ertussen staan losse ledblokjes waar woorden op verschijnen. Telkens andere, alsof iemand een wanhopige poging doet de onbestemde gestalten te benoemen. Het is een werk dat het droomproces goed weergeeft: het soms dreigende karakter van de schimmen in ons hoofd en de droomactiviteit die dit tracht te ordenen en te bezweren. Met deze expliciete droom en de onmogelijkheid hem te vatten, geeft Vos inzicht in een thema dat ook in haar werk voor de openbare ruimte een grote rol speelt. Dat wordt goed zichtbaar in *Second Thought*, dat zij in 2008 in Groningen realiseert. Aan het plafond van een overdekte fietsenstalling hangt een doorzichtige koepel waarin, op de kop, de contouren van een gebouw in lichtlijnen verschijnen. Het gebouw gloeit op en dooft weer uit, en dan blijkt er ineens een dreigende vleermuisachtige schaduw over het gebouw te hangen. Omdat de bol van tijd tot tijd bespikkeld raakt met vrolijk rondwentelende lichtvlokjes, blijft de lezing van het werk in eerste instantie luchtig. Pas bij nader inzien onthult het zijn meer dromerige en dreigende kanten. Het gebouw dat in het sneeuwhuisje zit opgesloten, is het negentiende-eeuwse station dat door de nieuwe fietsenstalling voor een deel aan het zicht onttrokken wordt en dat in gerestaureerde staat veel van zijn voormalige functie verloren heeft. Om als sneeuwhuisje

words are taken from the jargon of the park attendants, road menders and salt spreaders who are based there, but these references to the practice that is concealed in the building alternate with words that seem to allude to a much more fairytale reality. A strange, poetic voice sings its texts in the night, words that are an expression of the surroundings as they are actually experienced there, but that also refer to everything that may have taken place or might ever take place there. It is the city that announces its existence here and at the same time fantasises about the future and about everything it has to offer to this marginal terrain. But if you keep on looking, you see that the words do not form a sentence, they react exclusively to one another. The building makes associations with the sounds it produces, it allows itself to be led from one untranslatable word to the next ('mistroost', 'moerstaaf', 'mode moer', 'lamoer'), from down-to-earth to enchanting and from descriptive to impossible. Here the city seems to be talking to itself, dreaming.

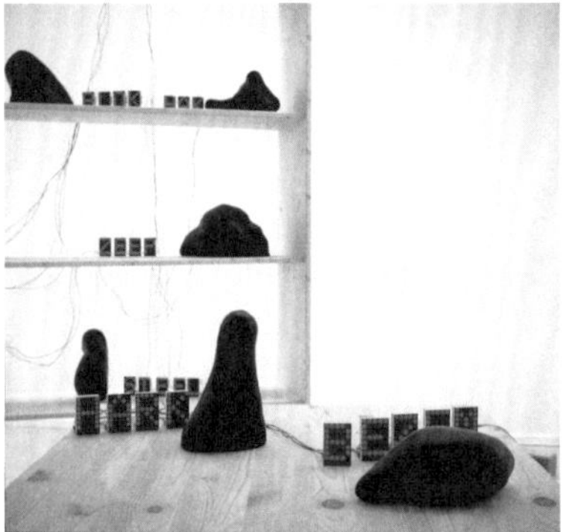

In 1997 Vos made an installation entitled *The Things That Dreams Are Made Of*. A wooden cupboard housed solidified shadows, dark figures without clear form or meaning, separated by individual blocks of LED lights on which words appeared – constantly changing, as though someone is desperately attempting to give the indeterminate figures a name. It is a work that aptly conveys the dream process: the sometimes sinister character of the shadows in our heads and the dream activity that tries to arrange and exorcise them. With this explicit dream and the impossibility of grasping it, Vos offers insight into a theme that also plays a major part in her work for the public domain. This can be seen clearly in *Second Thought*, that she made in Groningen in 2008. An inverted transparent dome hangs from the ceiling of a bike shed and reflects, upside down, the contours of a building in lines of light. The building glows and fades, and then a bat-like shadow suddenly seems to be hanging threateningly over the building. Because from time to time the snow dome is dotted with cheery flurries of flakes of light, the first reading of the work is light-hearted. It is only on closer inspection that it reveals its more dreamy and sinister aspect. The building encapsulated in the snow dome is the nineteenth-century station that is partly hidden from sight by the new bike shed and that in its restored state has lost much of its previous function. Perhaps the prospect of a future as a snow dome is the greatest desire and at the same time the greatest fear of every building. And that seems to be the fate of the old station too. But the building also dreams of the shadow that it once cast over the city and about the power that it may perhaps have again in the future.

What is a personal dream of the artist in *The Things That Dreams Are Made Of* proves here to be a dream that is dreamt at the level of the city. And in retrospective, that is a characteristic of all of Vos' earlier works in the public domain. *Work to Do* is less of an exhortation than an uneasy thought that the city dreamily mumbles to itself, like the building in Westpoort that talks in its sleep. These dreams, like ours, always have a bright and a dark side, as can also be seen in the work that can be regarded as Vos' ultimate dream: *Castle for Mike* (1997). This work has a hallucinatory character, but was never more than a dream as it turned out to be impossible. All the same, it shows how Vos gets to the very bottom of a city. New York has here become not only a city of lights that outshines Paris, but also a city that dreams about a heroic past it has never known and whose nightmares about a closed fortress were to become reality a few years later.

The ambiguous character of the dream is the characteristic of the work of Giny Vos. It is accommodating and aloof, accessible and unfathomable. That is why it fits perfectly into the urban space, or rather, into the urban dynamics that is always marked by the paradox of proximity and anonymity. It is a paradox that you cannot pinpoint generally, but that presents itself in a different guise on every differentiated spot in the urban environment. For instance, *The Illuminated Room* (2007) shows the ambiguous character of the Limos site in Nijmegen. This former barracks has been opened up by the Nijmegen local authority for housing and, as is usually the case in urban renewal in the Netherlands in the last few years, has been filled mainly by urban villas in a secure, park-like setting. *The Illuminated Room* consists of a remnant of the officers' quarters that was later used for student accommodation. This remnant is a block of two storeys in which, when it is dark, a simple interior with a table and a chair is illuminated. What was formerly a closed barracks seems to have become less forbidding, exterior and interior blend in this typically Dutch view of an interior at night when the curtains are never drawn. Closer inspection, however, reveals that the out of plumb interior is actually cold and uninviting, the building itself is open on all sides and offers no shelter. *The Illuminated Room* is as hospitable as the residents, for whom the installation of a work of art aroused fears that it would become a meeting place for juvenile delinquents.

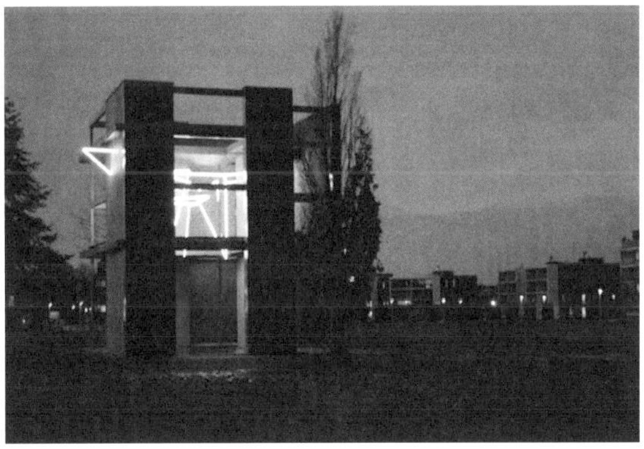

Time and again the seemingly friendly works of Vos turn out to contain a sting in the tail. *Miracle in between*, made in 2009 for an exhibition in the public domain in Delhi, shows another dream image: a boat of light floats in a forest of bamboo stakes. It presents a situation of transition, of in between, in every respect: it is situated on Ramlila Ground, a strip between old and new Delhi, and combines a traditional building material with the latest technology. In that sense it shares the Indian optimism about a transition to a brighter future. But the boat is also trapped in the bamboo grid, thereby raising the question of the confinement of the city in innumerable gated communities. Their ambivalent character makes it difficult to place works like these. They offer a view of hidden aspects of the city, but the role that they play for the public domain is not immediately clear. To understand it better, we should take a closer look at how these dream images are put together and what effect they have on the context in which they find themselves.

voort te bestaan is misschien wel de grootste wens en tegelijk de grootste angst van elk gebouw. En dat lijkt het lot van het oude station. Maar het gebouw droomt ook van de schaduw die het ooit over de stad wierp en over de macht die het mogelijk ooit weer zal hebben.

Wat bij *The Things That Dreams Are Made Of* nog de persoonlijke droom van de kunstenaar is, blijkt zich hier als een droom op het niveau van de stad af te spelen. En met terugwerkende kracht tekent dat alle eerdere werken van Vos in de openbare ruimte. In *Work to Do* is er dan ook geen sprake van een aansporing, maar eerder van een bezorgde gedachte, die de stad halfslapend voor zich uit mompelt zoals ook het gebouw in Westpoort praat in zijn slaap. Dat het in deze dromen net als in de onze altijd gaat om beelden die zowel een lichte als een duistere kant hebben, is zichtbaar in het werk dat als het ultieme droombeeld van Vos kan gelden. *Castle for Mike* (1997) heeft een hallucinerend karakter, maar het is bij een droom gebleven: het werk blijkt niet uitvoerbaar. Maar het laat zien op welke manier Vos ten diepste een stad doorgrondt. New York is hier niet alleen een lichtstad geworden die Parijs naar de kroon steekt, maar ook een stad die droomt over een heroïsch verleden dat ze nooit bezeten heeft en die aan nachtmerries lijdt over het gesloten fort waarin ze een aantal jaren later zal veranderen.

Het dubbelkarakter van de droom is het kenmerk van het werk van Giny Vos. Het is toeschietelijk en afstandelijk, toegankelijk en ondoorgrondelijk. Daardoor past het naadloos in de stedelijke ruimte, of beter, in de stedelijke dynamiek die ook altijd gekenmerkt wordt door de paradox van nabijheid en anonimiteit. Een paradox die je niet algemeen kunt aanwijzen, maar die zich op alle gedifferentieerde plekken van de urbane omgeving op steeds andere wijze toont. Zo laat *De verlichte kamer* (2007) het dubbelzinnige karakter van het Limosterrein in Nijmegen zien. Dit voormalige kazerneterrein is door de gemeente Nijmegen opengelegd voor woningbouw en, zoals gebruikelijk in de Nederlandse stadsvernieuwing van de afgelopen jaren, vooral gevuld met zogenaamde stadsvilla's in een veilige, parkachtige omgeving. De verlichte kamer bestaat uit het restant van een officiershotel dat later werd gebruikt voor studentenwoningen. Het overgebleven deel is een stukje van twee verdiepingen waarin, wanneer het donker wordt, een simpel interieur van een tafel met een stoel oplicht. Het voorheen gesloten kazerneterrein lijkt gezellig geworden, exterieur en interieur raken vermengd in deze typisch Hollandse avondinkijk waarbij de gordijnen nooit gesloten zijn. Bij nader inzien is het scheefgetrokken interieur echter kil en weinig uitnodigend, het gebouwtje zelf kiert aan alle kanten en biedt geen onderdak. *De Verlichte Kamer* is even gastvrij als de bewoners van het gebied die bij het ontstaan van het kunstwerk vooral de komst van een 'hangplek' vreesden.

Telkens opnieuw blijken de vriendelijk ogende werken van Vos een venijnige ondertoon te bevatten. *Miracle in between*, in 2008 gerealiseerd voor een tentoonstelling in de openbare ruimte van Delhi, toont opnieuw een beeld uit de slaap. In een woud van bamboestaken drijft een bootje van licht. In alle opzichten toont het een toestand van overgang, een 'tussen': het staat op Ramlila Ground, een strook grond tussen oud en nieuw Delhi in, en maakt een combinatie van traditioneel bouwmateriaal met de allernieuwste techniek. In die zin deelt het in het Indiase optimisme over de transitie naar een lichtere toekomst. Maar het bootje is ook gevangen in de tralies van bamboe, die daarmee de opsluiting van de stad in ontelbare *gated communities* aanwezig stellen. Door hun dubbele karakter laat dit soort werken zich lastig plaatsen. Ze bieden een blik op verborgen kanten van de stad, maar de rol die zij daarbij spelen voor de openbare ruimte is niet direct duidelijk. Om dat te begrijpen moet we nog beter kijken naar de wijze waarop deze droombeelden zijn samengesteld en hoe ze inwerken op de plek waarop ze zich bevinden.

In 2008 komt in Apeldoorn een nieuw stationsplein tot stand dat gedomineerd wordt door een 100 meter lange glazen wand waarvoor Vos *Reizend zand* maakt. Met behulp van meer dan een miljoen leds, die achter een wand van geëtst glas zijn geplaatst, schept zij een voortdurend veranderend en verwaaiend zandlandschap, woestijnbeelden in het hart van de stad. Ook dit werk doet denken aan een droom: Apeldoorn mijmert over zijn verleden, opgedolven uit de omringende zandwoestenij van de Veluwe, maar misschien verlangt de stad daarbij ook terug naar de tijd dat ze nog geen grootstedelijke ambities kende, of vreest ze het moment dat het zand haar weer zal overspoelen. In ieder geval ontstaat precies op de plek waar het leven bruist en de grootstedelijke dynamiek tot uitdrukking komt in de elkaar kruisende en botsende drommen reizigers en fietsers een rustgevend beeld dat de plek karakter geeft zonder dat de betekenis ervan valt vast te leggen. En deze betekenisleegte is typerend voor de manier waarop het werk van Vos de stad tot spreken brengt. Steeds gaat het om een beeld dat geen extra informatie verschaft, dat zich niet nadrukkelijk uitspreekt en dat de stedelijke complexiteit en dubbelzinnigheid kleedt in nietsverhullende helderheid. En hoewel het werk vaak deel uitmaakt van ingrijpende wijzigingen in het stedelijk weefsel, keert het zich tegen de pogingen openbare ruimte te ontwerpen. Met zijn dromerige karakter verzet het zich tegen de ingrepen die de onbestemde ruimtes van de stad een duidelijke bestemming willen geven met behulp van een op specifieke doelgroepen afgestemd design. Bij Vos wordt de openbare ruimte weer de ruimte die de stad openlaat, een ruimte waarvan de betekenis niet tot een welomschreven gebruik wordt gereduceerd, maar waar betekenisproductie mogelijk wordt doordat het gebruik niet vastligt.

De stad droomt. En alle pogingen haar te wekken zijn tot mislukken gedoemd. Hoe precies de planologische ingrepen ook zijn, en hoe doordacht de politiek van de ruimte ook probeert plooien glad te strijken, de complexiteit van de stad zorgt altijd weer voor nieuwe kreukels en obstakels. Vooral in de nacht toont de stad haar ware gezicht. Dan vullen de stegen, straten en pleinen zich met wensen en onvervulde verlangens, dan sluipt de angst langs de muren, dan is de stad gelukkig met al haar zorgen. In het donker lichten dan de werken van Giny Vos.

In 2008 a new station forecourt was created in Apeldoorn that is dominated by a 100-metre long glass wall for which Vos made *Travelling Sand*. By means of more than a million LED lights placed behind a wall of etched glass, she creates a continually changing and shifting sand landscape, desert images in the heart of the city. This work too is reminiscent of a dream: Apeldoorn reflects on its past, dug up from the surrounding sandy wilderness of the Veluwe, but perhaps the city is also nostalgic for the time when it had no metropolitan ambitions, or fears the moment when it will be buried by the sand again. At any rate, a calming image confers character, without defining its meaning, on precisely that spot that is full of life and where the metropolitan dynamism is expressed in the flows of travellers and cyclists that interweave and bump into one another. This reluctance to impose meaning is typical of the way in which Vos' work allows the city to speak with its own voice. In each case her work of art does not add any extra information, does not make any explicit statement, and clothes the urban complexity and ambiguity in a clarity that conceals nothing. And although the work is often part of drastic interventions in the urban fabric, it resists the attempts to design public space. With its dreamy character, it puts up an opposition to the interventions that are intended to give the indeterminate areas of the city a clear function by means of a design aimed at specific target groups. Vos allows the public domain to become the space that the city leaves open again, a space whose significance cannot be reduced to a clearly defined use, but where the production of meaning is possible because its use has not been pinned down.

The city dreams. And every attempt to wake it up is doomed to failure. No matter how precise the urban planners' interventions may be, nor how cleverly the politics of the space tries to iron out the folds, the complexity of the city ensures that there will always be new wrinkles and obstacles. The city shows its true face especially at night. That is when the alleys, streets and squares are filled with longing and unfulfilled desires, when fear creeps along the walls, when the city is content with all its cares. And in the dark the works of Giny Vos light up.

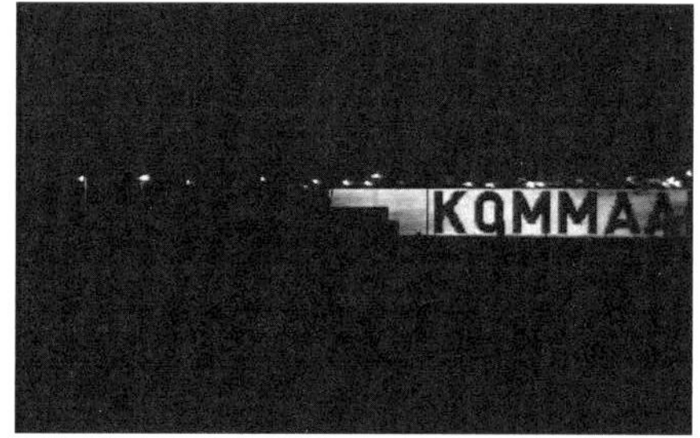

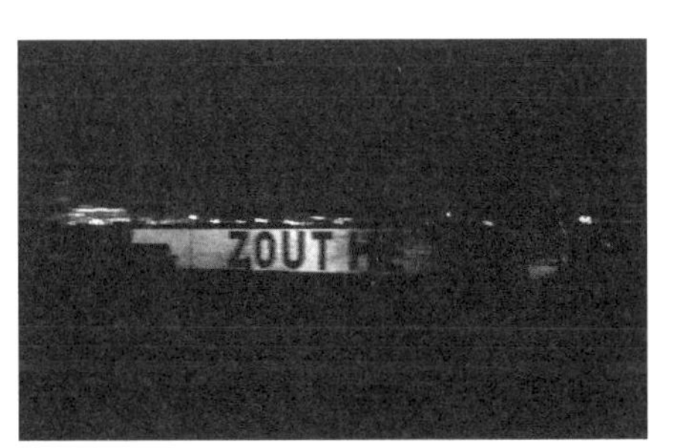
ZOUT
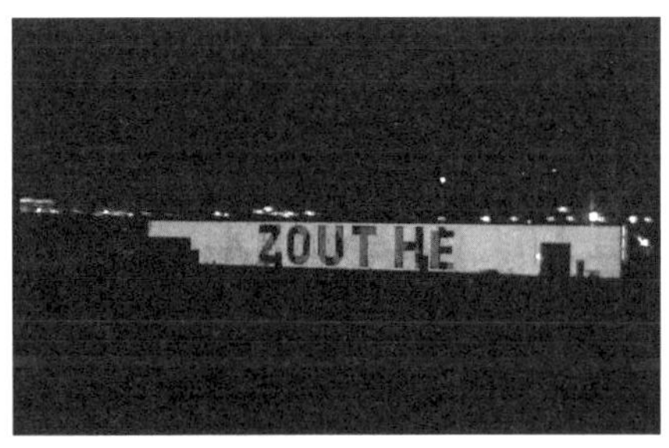
ZOUT HE
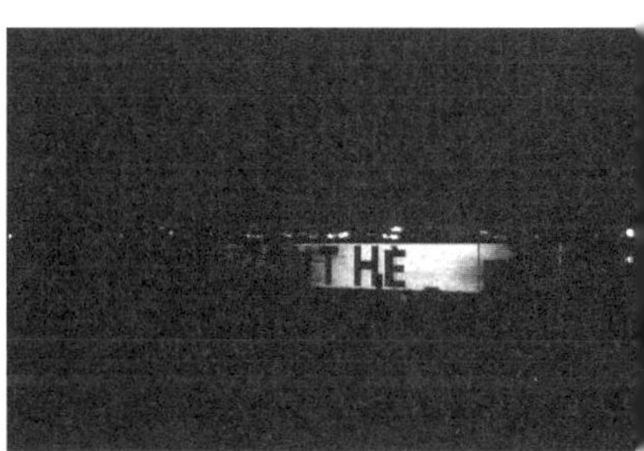
THE

Another Red Letter Day

What Are Words Worth

The Things That Dreams Are Made Off

Castle for Mike

Gate of Paradise

Killroy Was Here

Head Room

Time and Time Again

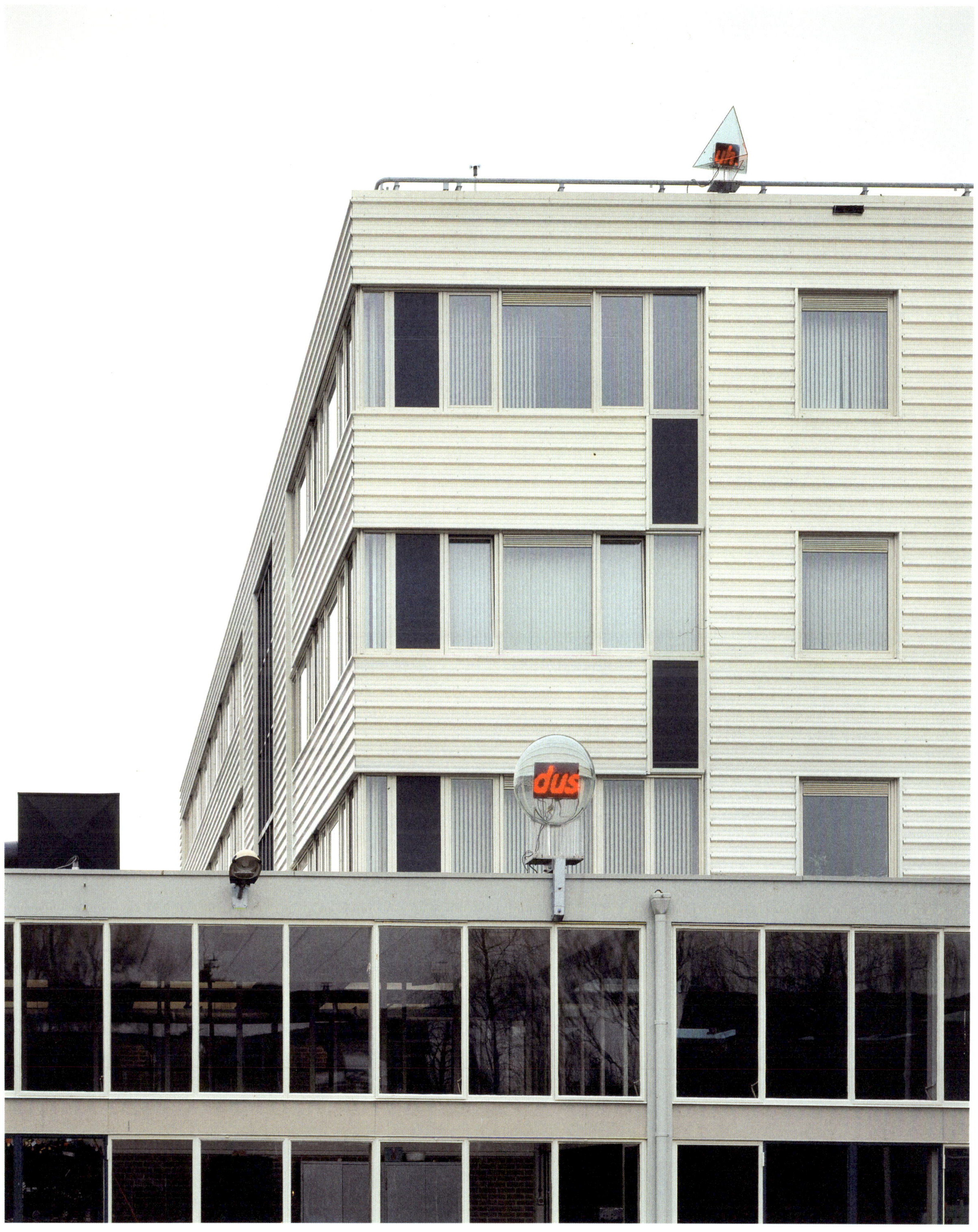
dus
uh

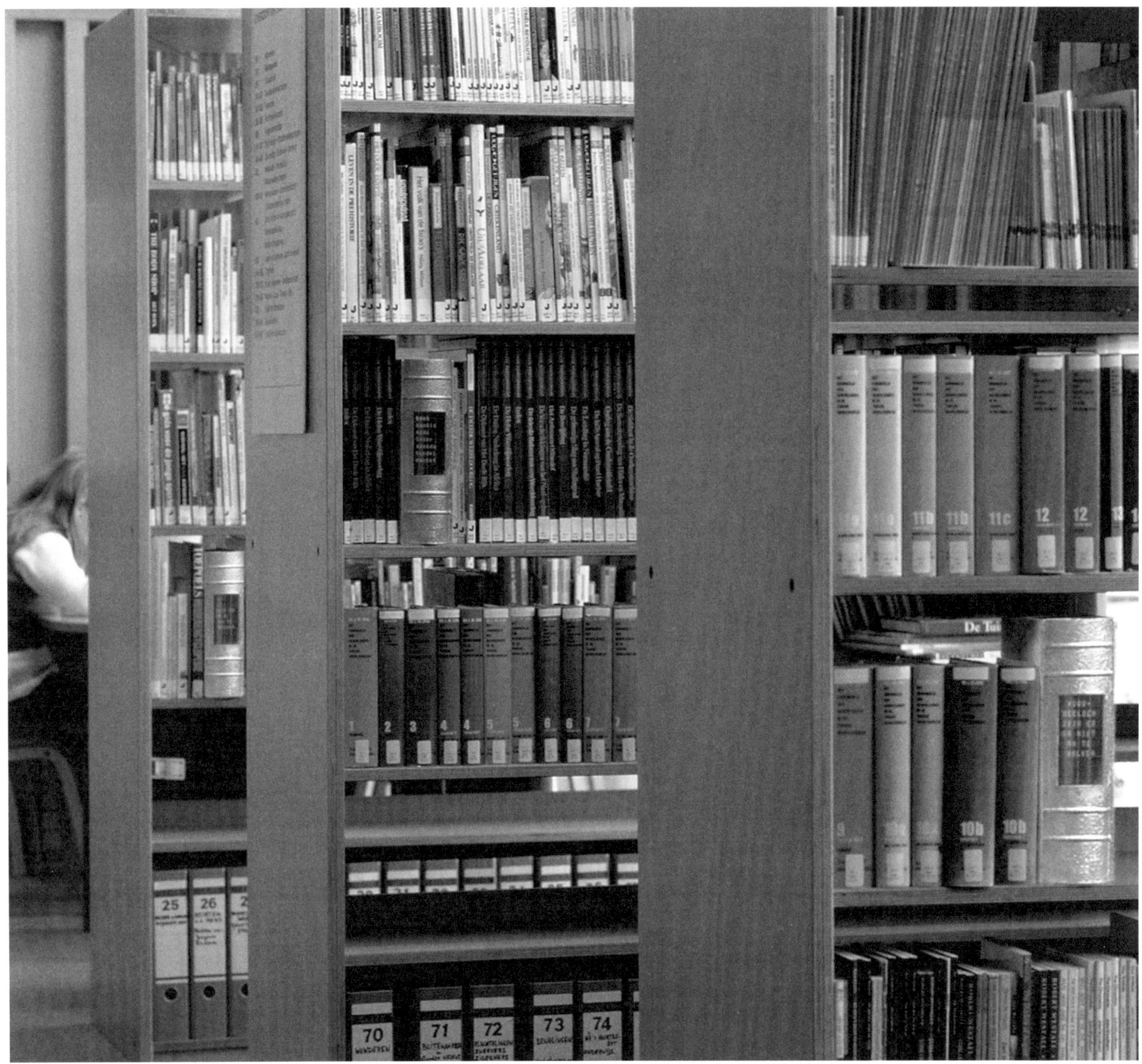

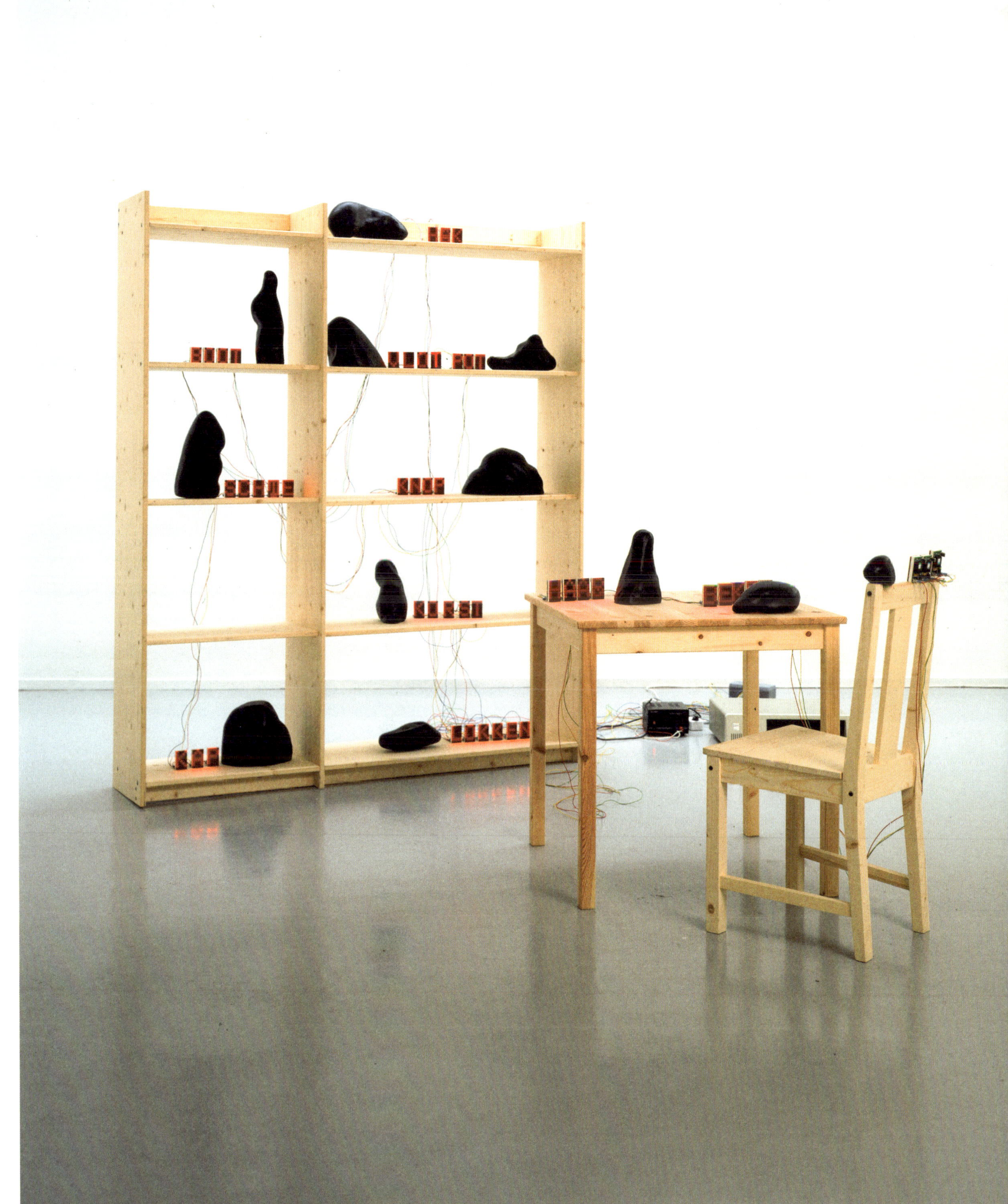

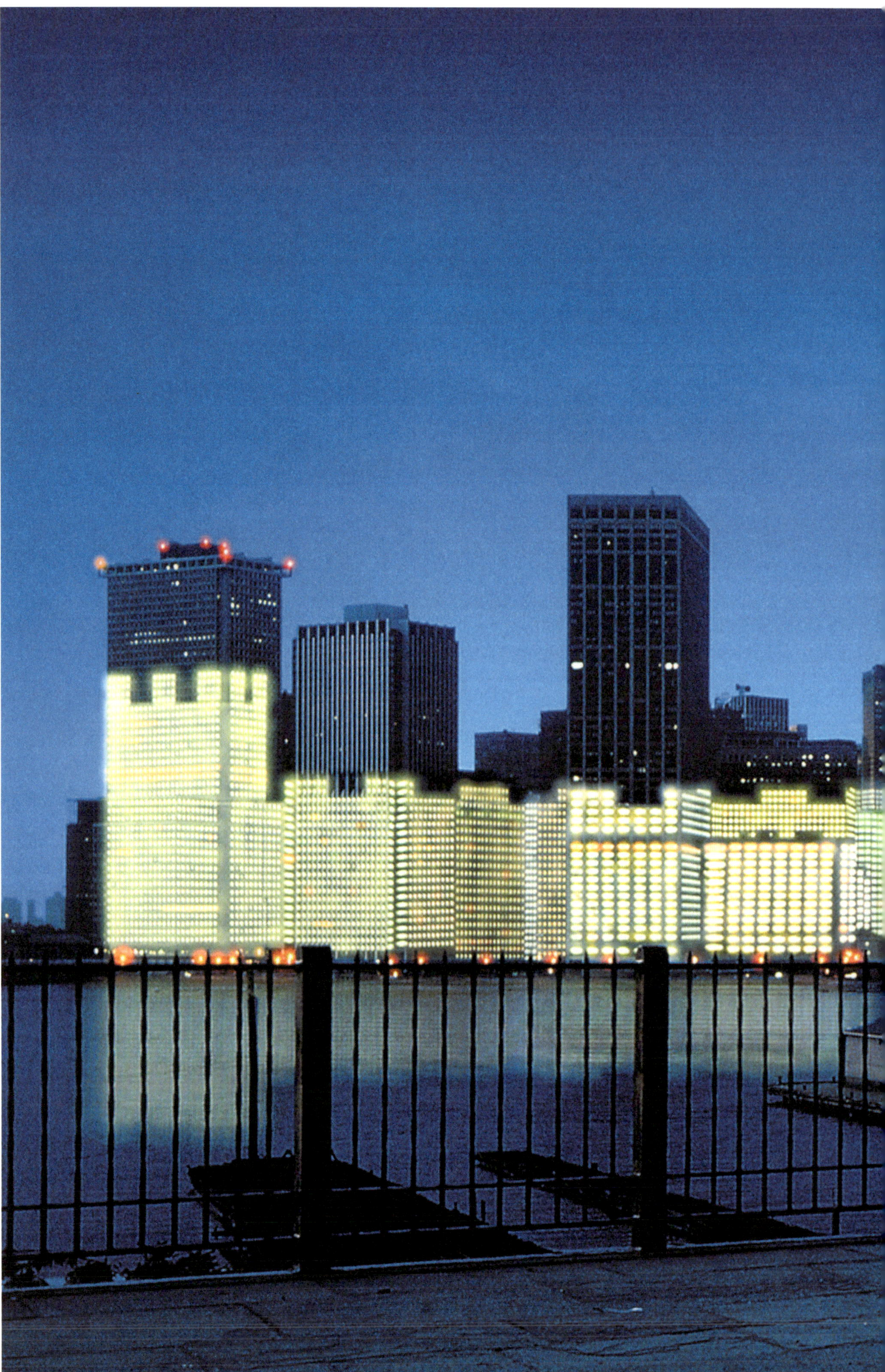

Castle for Mike, 1997

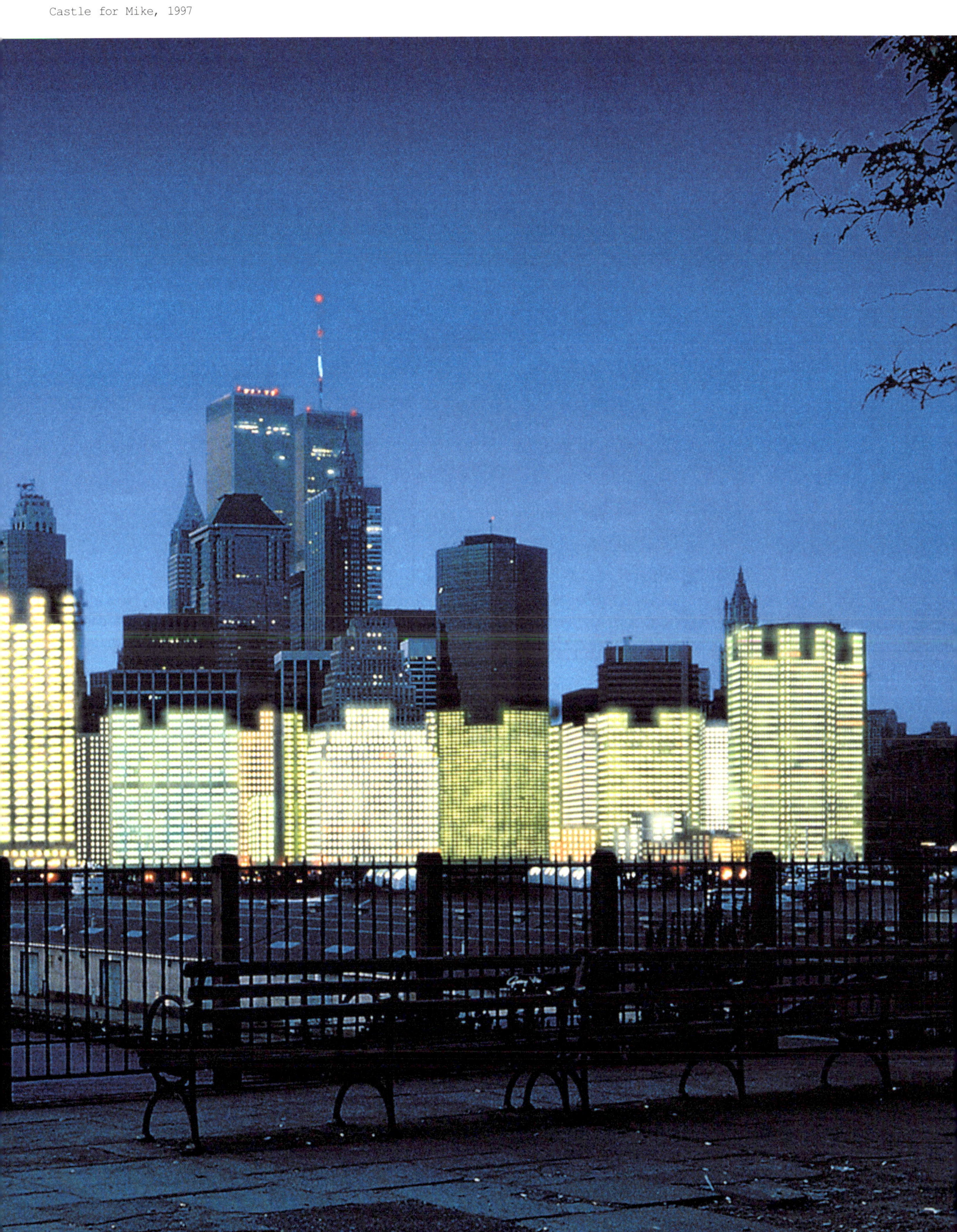

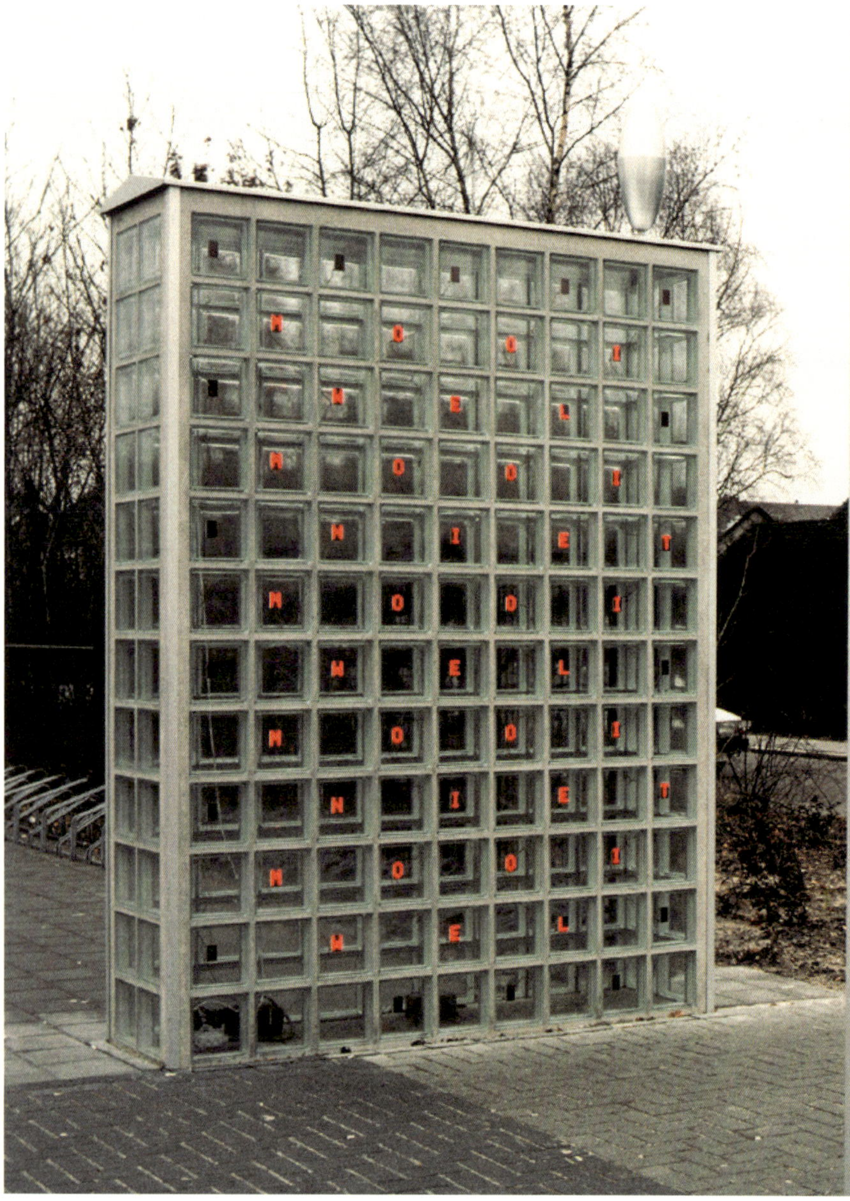

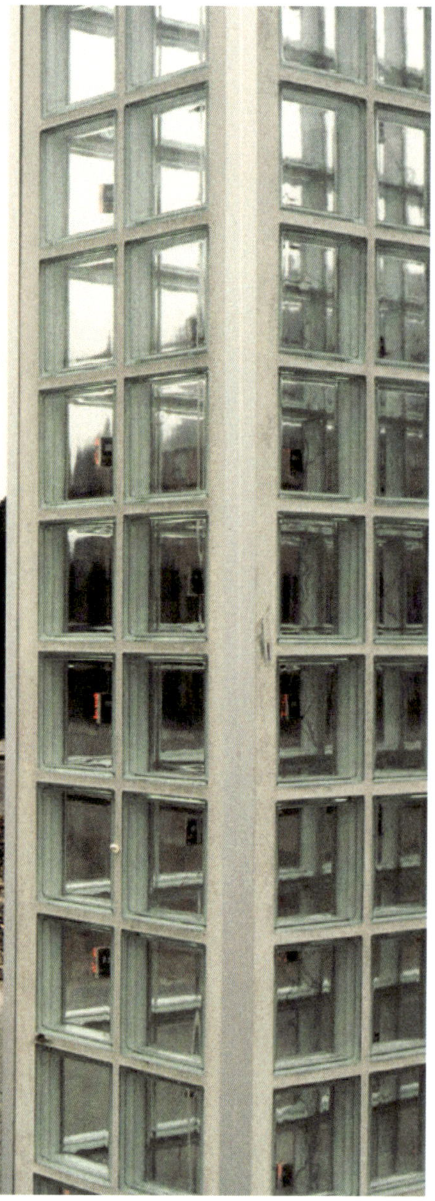

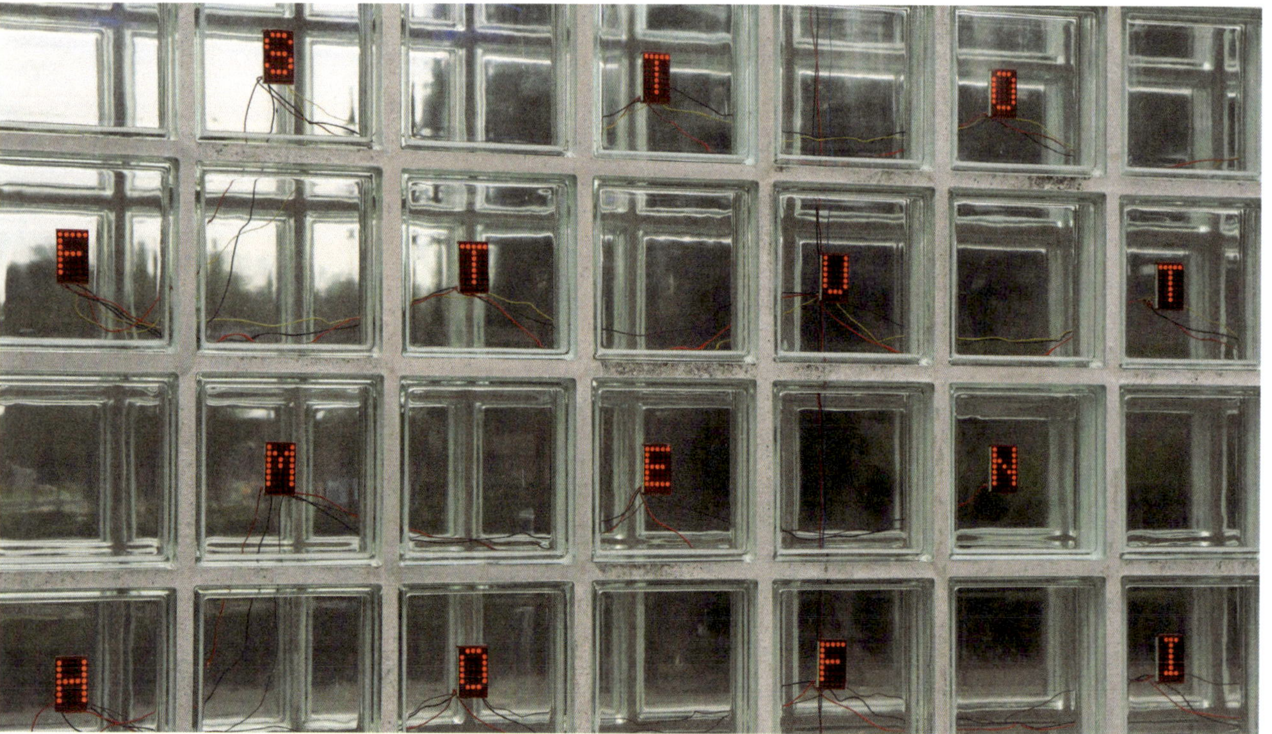

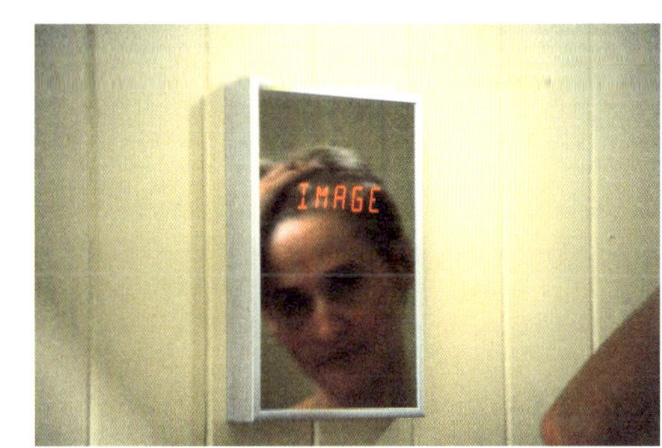
IMAGE

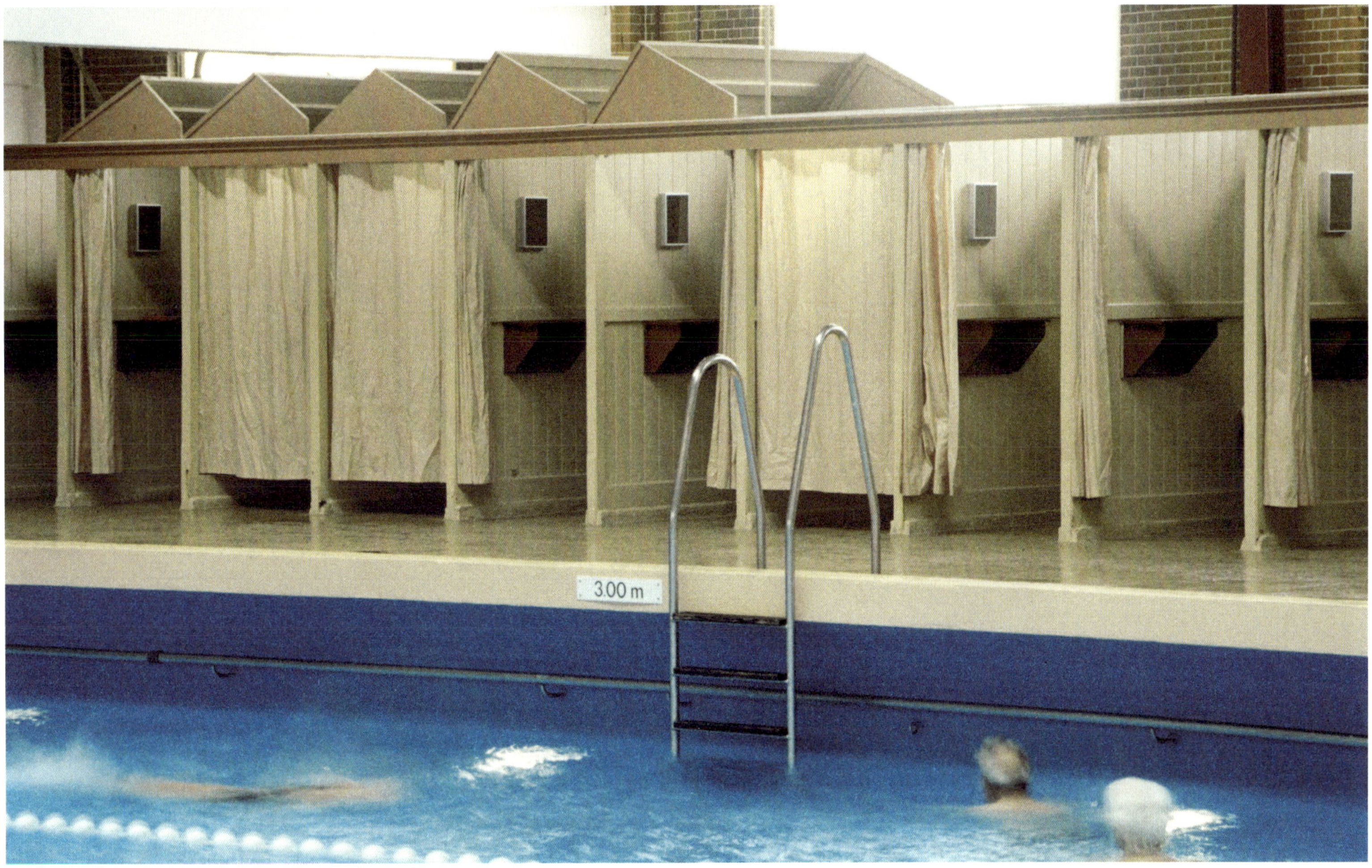

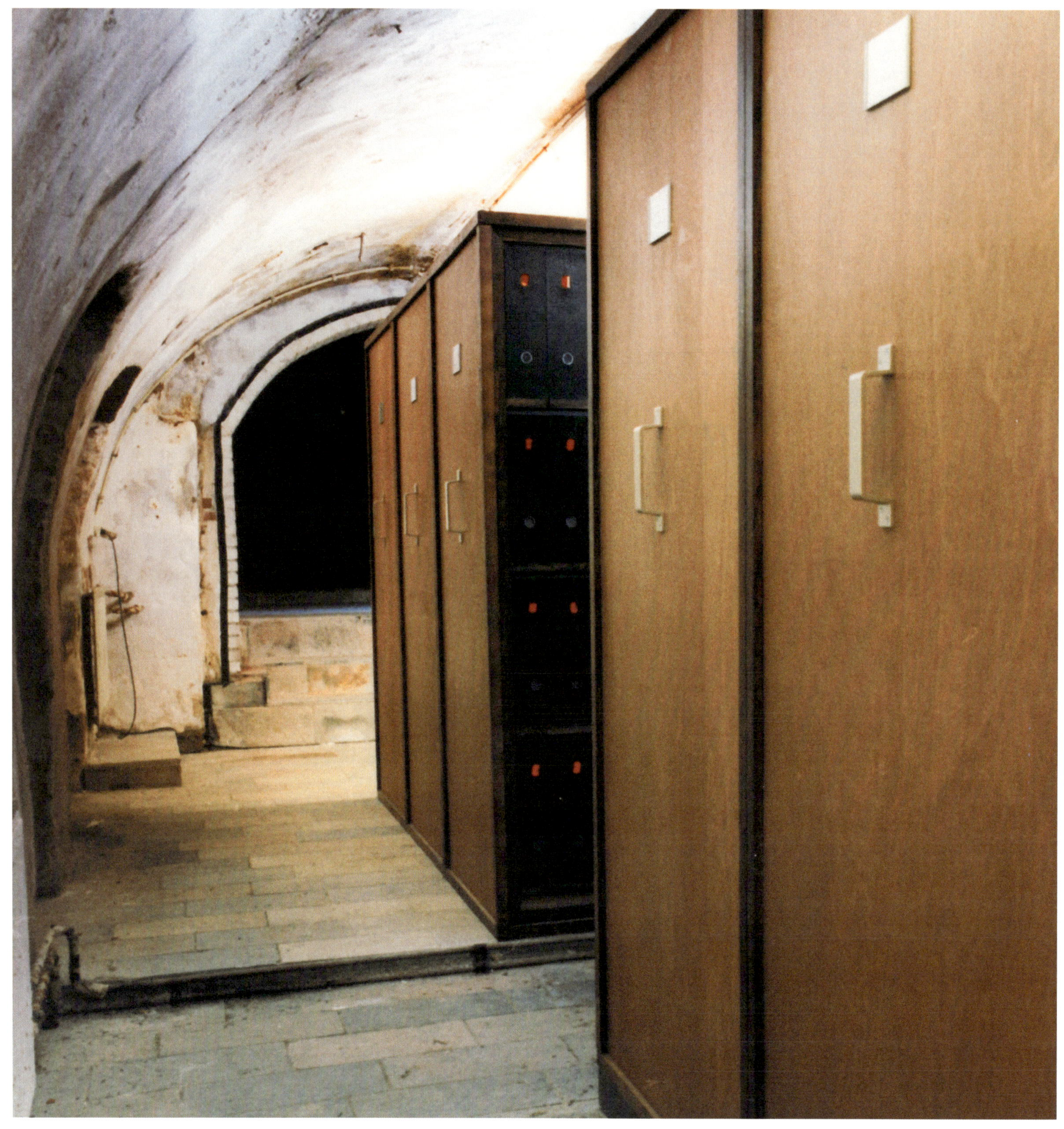

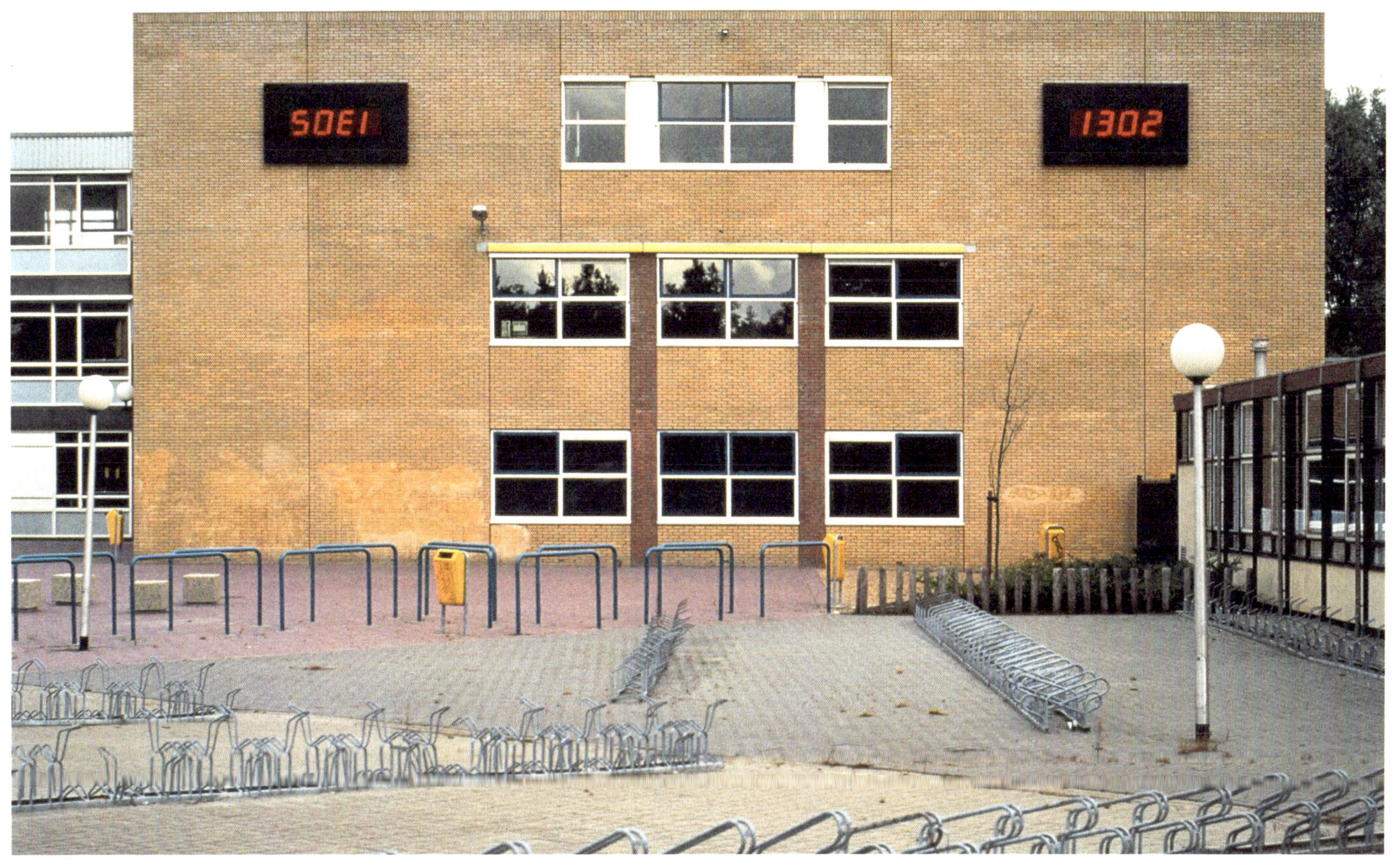

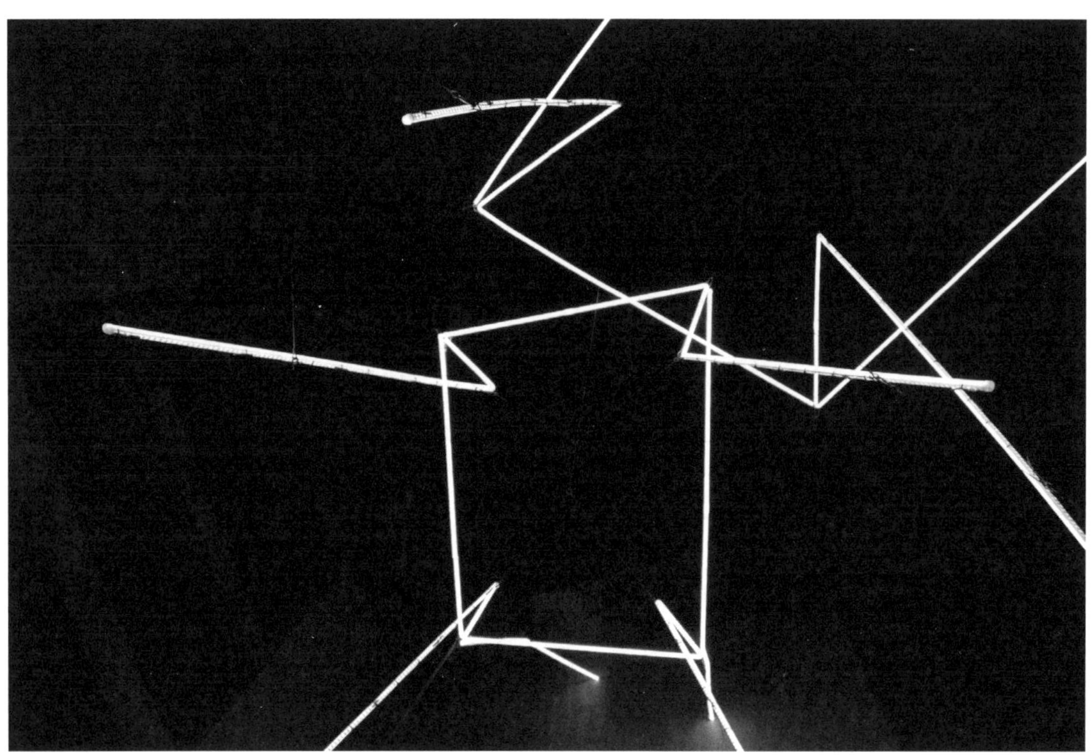

Creation of Architectural Spaces Through Art

'Art does not reproduce the visible, but makes visible.' Paul Klee

'What I seek to do, is to create an "image" that makes particular aspects or elements of this environment visible, which would otherwise go unnoticed.' Giny Vos about her project *Brainstorm*

Art and architecture have always been intertwined and it has always been hard to determine where one ends and the other begins. I will identify architecture first of all as an interior space – a place enclosed by borders and defined by means of these borders: its walls. It is a defined space, as opposed to the external space, the space outside the borders. It is only at a later stage, through art, that these borders can be broken down. Moreover art, because it allows for free reflection and thought, has recently been seeking out the participation and active involvement of the observer, who then becomes a user. The most evident difference here lies precisely in the user's involvement. Architecture limits movements and organizes activities according to a set of rules. Art helps us first of all to reflect on space, both interior and exterior, and then contributes to giving it a new form. And the user is free to suggest new interpretations. The field of action of this new binomial is not architecture's traditional one, but at times trespasses into the realm of art.

The work of Giny Vos could be analysed according to either a diachronic or a synchronic approach. According to the diachronic approach, it is possible to notice an evolution from the beginning of Vos' work, when she started experimenting with light through the use of video, neon and finally LEDs, progressively refining her ability to use these technologies. With a synchronic approach, the work of Giny Vos could be divided into three different typologies of work, corresponding to the three spatial coordinates in which any event or physical object is located: the artwork inside a building, inside its space, the fundamental category of architecture; the artwork on the surface of the building, which becomes a sort of threshold

Het creëren van architectonische ruimten door middel van kunst

Daria Ricchi

'Kunst is geen weergave van het zichtbare, maar kunst maakt zichtbaar.' Paul Klee

'Waar het mij om gaat, is om een "beeld" te laten ontstaan dat bepaalde aspecten of elementen van dic omgeving zichtbaar maakt die anders onopgemerkt zouden blijven.' Giny Vos over haar project *Brainstorm*

Kunst en architectuur zijn altijd met elkaar vervlochten geweest en het is altijd moeilijk om te bepalen waar de een ophoudt en de ander begint. Ik vat architectuur hier in de eerste plaats op als een binnenruimte – een plek die is afgebakend door grenzen en door deze grenzen wordt bepaald: door zijn muren. Het is een omsloten ruimte, in tegenstelling tot de buitenruimte, de ruimte buiten de grenzen. Pas in een later stadium kunnen deze grenzen, door middel van kunst, worden opengebroken. Bovendien doet kunst, vanwege de mogelijkheid tot vrije reflectie en gedachten, tegenwoordig een beroep op de participatie en actieve betrokkenheid van de beschouwer die daardoor een gebruiker wordt. Het duidelijkste verschil zit hem hier dan ook juist in die betrokkenheid van de gebruiker. Architectuur beperkt bewegingen en organiseert bezigheden volgens bepaalde regels. Kunst helpt ons in eerste instantie om na te denken over ruimte, zowel binnen als buiten, en biedt daarna de mogelijkheid om er een nieuwe vorm aan te geven. Het staat de gebruiker daarbij vrij om nieuwe interpretaties aan te voeren. Het werkterrein van deze tweeledigheid is niet het traditionele terrein van de architectuur, maar loopt soms over in het domein van de kunst.

Het werk van Giny Vos kan worden geanalyseerd vanuit een diachronische of een synchronische benadering. Bij de diachronische benadering kun je in het werk van Vos een ontwikkeling waarnemen vanaf het moment dat ze begon met het experimenteren met licht door middel van video, vervolgens neon en ten slotte ledlampen, waarbij ze haar beheersing van deze technieken steeds verder heeft verfijnd. In een synchronische benadering kun je het werk van Giny Vos indelen in drie verschillende typen, die overeenkomen met de drie ordes van ruimte waarin elk gebeuren zich voltrekt of ieder fysiek object zich bevindt: het kunstwerk in een gebouw, binnen in de ruimte, de basale vorm van architectuur; het kunstwerk aan de buitenkant van het gebouw dat een soort drempel vormt tussen binnen- en buitenruimte; en het kunstwerk dat zich buiten het gebouw bevindt als een onafhankelijk kunstwerk in de stedelijke omgeving. De diachronische benadering gaat over tijd en behandelt de veranderingen en ontwikkelingen in haar werk op chronologische wijze. De synchronische benadering daarentegen gaat over ruimte. Bij een synchronische benadering beschouwen we de drie verschillenden categorieën van ruimte ongeacht wanneer het werk werd gemaakt. Hierbij wordt tijd iets statisch, een consistent element, zonder duur, terwijl ruimte het variabele en aan verandering onderhevige element wordt.

In die zin is architectuur allesbehalve veranderlijk, terwijl beeldende kunst en nieuwe-mediakunst welhaast voortdurend in beweging zijn. Een gebouw en zijn buitenkanten zijn per definitie statisch, maar het werk van Giny Vos is dat niet. Het constante element daarvan is beweging die wordt bewerkstelligd door middel van licht. Het werk van Vos laat architectuur bewegen. Maar hoe verhoudt zich beweging tot architectuur?

Het interessantste aspect van haar werk zit hem in haar talent om iets wat van nature statisch is flexibel en beweeglijk te maken. Voor een van haar binnenprojecten, *Spacesaver*, een installatie voor een school in Utrecht, maakte Vos een structuur van buizen met neonlicht. Omdat ze geleidelijk aan- en uitgaan, lijkt het of de geometrische patronen bewegen. De structuur blijft geometrisch, maar de lichtbuizen tekenen steeds andere virtuele oppervlakken die je kunt zien als je op de grond zit en naar het plafond kijkt, of als je van bovenaf kijkt hoe de neonlichten over de vloer schijnen. Bovendien varieert de snelheid waarmee de lichten aan- en uitgaan. Dat heeft invloed op het ritme waarmee de gebruikers zich door de ruimte bewegen, en door de reflecties op de transparante muren (van plexiglas of glas) lijkt het of de ruimte verveelvoudigd wordt. Anders gezegd, door het gebruik van licht laat de kunstenaar de bezoeker de ruimte als veel groter ervaren.

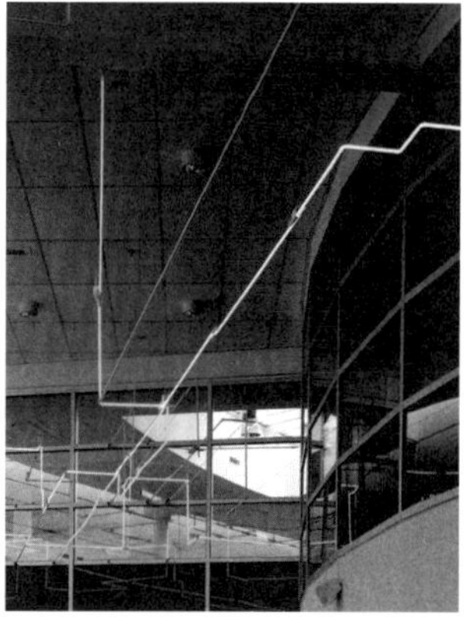

between the interior space and the exterior public space; and the artwork outside the building which becomes an independent work of art in the urban space.

The diachronic approach represents time, it is an historical narration of her work that changes and develops in a consequential manner. On the other hand, the synchronic approach represents space. In a synchronic approach, we consider the three different categories of space regardless of when the work was realized. In this sense, time becomes static, it is a consistent element, a-chronic, whereas space becomes the element we consider variable and subject to change.

In this sense, architecture is everything but changeable, whereas visual and new media art tend to be in constant motion. A building and its surfaces are by definition static, whereas the work of Giny Vos is not, its consistent element is one of movement achieved through light. Vos' work makes architecture move. But, how does movement relate to architecture?

The most interesting part of her work lies in her ability to make something flexible and movable that normally is not. In one of her interior projects, *Spacesaver,* installed in a school in Utrecht, Vos builds a structure made of strings of neon light. They gradually turn on and off, making the geometrical space move. The space continues to be geometric, but the strings draw different virtual surfaces that can be perceived by sitting on the ground floor and looking at the ceiling, or sitting on the upper level and watching the neon lights superimposed on the ground floor. Furthermore, the lights' varying speeds can influence the rhythm of the users' movement in the space and the reflections on the transparent sides of the walls (plexi-glass or glass) visually multiply the space. In other words, by using light, the artist leads the visitor to experience a much wider space. This school is a standard building and the tools – the material and the colours – that Vos uses in the work are the same: basic materials with pale colours that speak the same language of the school. It does not displace the viewers, but agreeable locates them in their environment.

Conversely, in other works inside buildings that we will later analyse, such as *Solar Treasure* or *Le Poème Electronique 2,* thanks to Vos' intervention, the built constructions – offices or headquarters – lose their neutral properties, and the users experience a kind of agreeable estrangement. By estrangement I mean the capacity to remove a set of associations from a familiar place and to recreate a fictive environment. Giny Vos constructs environments in which, the very moment you come to understand the space for what it is – an office, a station, a school – the work of art undermines the very notion of that sense of place, turning it into something unexpected.

When the work of art is applied to the surface of a building, its external protective part, the project becomes a kind of set design, the architecture acquiring not only a mobile but also a discursive dimension. In *Lokroep/ The Painted Chat,* white LEDs are fitted to the profiled cladding along the entire length of the façade. Switching off a number of these LEDs creates voids that generate words. These words are constantly changing and form series that have an associative relationship with the surrounding environment. The façade is visible from the approaching road, the railway, and the main road that runs alongside the building, catching the viewer's eye or intriguing the casual passer-by.

The discursive dimension plays a major role in Vos' work. It does not serve a political function, but its main aim is to amaze and wonder. Thanks to the performative character of the building, the viewer can enjoy the space, without necessarily having to become part of it in any way. The artist uses LED and light precisely to reaffirm the material construction. Therefore, besides its merely practical, sheltering function, the façade acquires a new and alluring character, appealing to both the worker and the passer-by who can perceive it just by driving by. Besides its being a functional, practical feature, the building's cladding becomes a new urban icon. It expresses the idea of inserting abstract structures within metropolitan spaces, using words that could become legible urban signs or urban décor. The discursive character that the façade acquires is once again testament to the building's ability, or that at least of its external part, to 'talk'. Traditionally the building would in fact be unable to express words or concepts. The artist gives the building this new ability.

Her artwork outside the building gives us further food for thought. It spurs reflection about the different dimensions of architecture and visual art. Architecture is a three-dimensional discipline, whereas visual art by means of videos and LED is normally a two-dimensional discipline that could aim at three-dimensional effects by means of representation. By using materials and lights in motion, three-dimensional spaces can be reproduced. The same applies to Vos' work. By reproducing the movement of the desert's sands with 1,3 million LEDs, *Travelling Sand* is a work that tries to achieve the illusion of three-dimensional space through two-dimensional representation. Furthermore, it is here, in an external space, that an estrangement takes place through the representation of a new environment, a kind of dream-state.

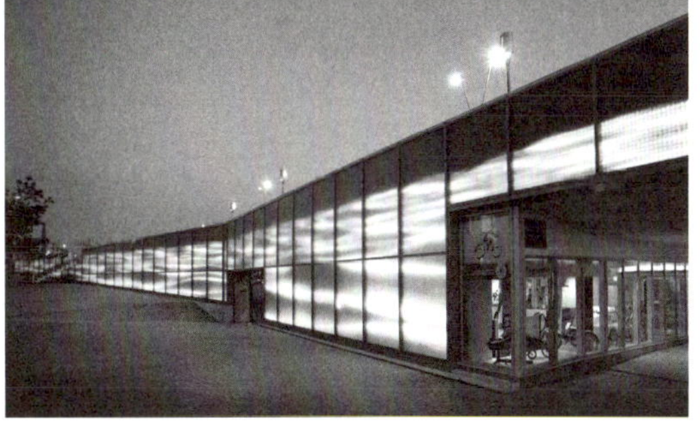

The train station of Apeldoorn loses its merely functional character and acquires, once again, an amazing dimension, let's call it the geographic quality of the 'other' , the illusion of being geographically somewhere else, and, more importantly, being in the spatial dimension of the 'other'. The infrastructure acquires, thanks to Vos' work, a social dimension. The exterior space, by means of *Travelling Sand,* acquires borders that both define the architecture of the train station and of the shopping spaces around it, while also defining a new social exterior space.

In the school in Utrecht, the people that use the building feel that the work of art is integrated in the construction and they can feel comfortable in their environment, perhaps even taking no notice of Vos' work, since the work of art is so deeply embedded in the structure. Instead, *Travelling Sand*

Deze school is een gewoon gebouw en de middelen – het materiaal en de kleuren – die Vos in dit werk gebruikt, zijn dat ook: basismaterialen met fletse kleuren in de sfeer van de school. De toeschouwers voelen zich daardoor niet ontheemd, maar worden juist aangenaam in hun omgeving gepositioneerd. Het omgekeerde gebeurt wel bij andere werken binnen gebouwen die we later zullen beschouwen, zoals *Zonneschat* of *Le Poème Electronique 2*. Door de interventie van Vos verliezen de gebouwen – bureaus of hoofdkantoren – hun neutrale eigenschappen en ondervinden de bezoekers een soort aangename vervreemding. Met vervreemding bedoel ik het vermogen om de associaties die horen bij een bekende plek los te laten en een fictieve omgeving te creëren. Giny Vos construeert een omgeving zo dat op het moment dat je begrijpt wat voor soort plek het is – een kantoor, een station, een school – het kunstwerk dat begrip van de ruimte ondermijnt door het te veranderen in iets onverwachts.

Als het kunstwerk aan de buitenkant van een gebouw is gemaakt, op de beschermende buitenste laag, dan wordt het project een soort decor, waardoor het gebouw niet alleen een bewegende maar ook een discursieve dimensie krijgt. Bij *Lokroep/The Painted Chat* zijn over de gehele lengte witte leds aangebracht op de geprofileerde gevelbekleding. Door een aantal van deze leds uit te schakelen, ontstaan er leegtes die woorden vormen. Deze woorden veranderen voortdurend en hebben allemaal een associatieve verbinding met het gebied. De gevel is te zien vanaf de toegangsweg, vanaf het spoor, en vanaf de hoofdweg die langs het gebouw loopt en is daardoor een echte blikvanger of een bron van verwondering voor een toevallige passant.

De discursieve dimensie speelt een belangrijke rol in het werk van Vos. Die dient geen politiek doel, maar is voornamelijk bedoeld om verbazing en verwondering te wekken. Door het performatieve karakter van het gebouw kan de toeschouwer genieten van de ruimte zonder er in enige zin deel van te hoeven uitmaken. De kunstenaar gebruikt leds en licht om de materiële constructie juist te benadrukken. Zo krijgt de gevel naast zijn praktische, beschermende functie een nieuwe allure die de mensen die in het gebouw werken aanspreekt, maar ook degenen die alleen even langsrijden. Afgezien van het praktische en functionele aspect krijgt de gevelbekleding van het gebouw een nieuwe functie als stedelijk icoon. Het is een uiting van het idee om abstracte structuren op te nemen in een grootstedelijke omgeving door woorden te gebruiken die leesbare symbolen of decors van de stad kunnen worden. Het discursieve karakter dat de gevel krijgt, getuigt andermaal van de mogelijkheid van het gebouw om te 'praten', althans met zijn buitenkant. Normaal gesproken is het gebouw niet in staat om woorden of ideeën te uiten. De kunstenaar geeft het gebouw dit nieuwe vermogen.

De kunstwerken die zij heeft gemaakt op de buitenkanten van gebouwen geven ons nog meer stof tot nadenken. Het maakt gedachten los over de verschillende dimensies van architectuur en visuele kunst. Architectuur is een driedimensionale discipline, terwijl beeldende kunst die gebruikmaakt van video en leds normaal gesproken een tweedimensionale discipline is, die wel driedimensionale effecten kan bereiken in de uitbeelding.

Door beweegbare materialen en licht te gebruiken kunnen driedimensionale ruimtes worden opgeroepen. Dat zien we ook bij het werk van Vos. Door de beweging van woestijnzand te laten zien met 1,3 miljoen leds is *Reizend zand* een kunstwerk dat de illusie probeert te wekken van een driedimensionale ruimte door middel van een tweedimensionale voorstelling. Bovendien werkt dat hier, in de buitenruimte, zeer vervreemdend, omdat er een nieuwe omgeving wordt opgeroepen. Alsof je droomt. Het station van Apeldoorn verliest zijn puur functionele karakter en krijgt er, ook hier, een wonderlijke dimensie bij, die we de geografische kwaliteit van het 'andere' kunnen noemen: de illusie van het ergens anders zijn. En, nog belangrijker: het in de ruimtelijke dimensie van het 'andere' zijn. De infrastructuur krijgt door het werk van Vos een sociale dimensie. Dankzij *Reizend zand* krijgt de buitenruimte grenzen die zowel het stationsgebouw afbakenen als de omliggende winkels, terwijl er ook een nieuwe sociale buitenruimte ontstaat.

In de school in Utrecht ervaren de gebruikers het kunstwerk als geïntegreerd in het gebouw en ze voelen zich daarbij op hun gemak, misschien zelfs zo dat het werk van Vos hun niet meer opvalt, omdat het helemaal is ingebed in de omgeving. *Reizend zand* daarentegen is niet geïntegreerd in de architectuur; het verschilt van het station en is anders dan het gebouw. Toch is de vervreemding die dit oproept niet schokkend of afstotend. Het ongewone karakter van het kunstwerk is duidelijk herkenbaar. Het fleurt de omgeving op en voegt iets waardevols toe.

Haar werk kan in drie categorieën worden verdeeld als het gaat om het aspect van ruimte, maar het temporale aspect van haar werk kan maar op één manier worden beschreven. Al vanaf het eerste begin werd haar werk gekenmerkt door zijn vermogen tot bewegen, waarover ik het al heb gehad, en door zijn vermogen tot verandering in de tijd. Als architectuur kan worden beschouwd als iets wat in wezen statisch is, dan is die eigenlijk leeftijdsloos, of in elk geval veroudert die niet zodanig dat dat proces van dag tot dag is te zien. Ruimtetijd is een wiskundig model dat ruimte en tijd samenvoegt in een doorlopend geheel. Bij het ruimtetijdmodel wordt ruimte gewoonlijk beschouwd als driedimensionaal en speelt tijd de rol van een vierde dimensie die zich op een ander niveau beweegt. Giny Vos beziet tijd op twee verschillende manieren, om zo twee verschillende effecten te bereiken.

Hoewel haar werk kinetisch is, is de beweging enerzijds gerelateerd aan een bepaald tijdsverloop; het veroudert niet per dag en verandert niet met de jaren. Ze maakt performatieve kunstwerken waarbij de 'performance' een bepaalde tijd duurt (enkele minuten of een paar uur) en zichzelf in een lus herhaalt. Anderzijds wordt de tijdsdimensie ook opgerekt. In het werk van Vos krijgt tijd een fictief karakter dat losstaat van de feitelijke duur; ze rekt tijd uit, vertraagt de ene keer en versnelt een andere keer. Ook het idee van tijd wordt opgerekt, of stilgezet. Bij een van haar eerste werken, *Time and Time Again* (1993), zijn twee grote digitale klokken links en rechts bevestigd aan de symmetrische gevel van het Dollard College in Winschoten. Een van de klokken geeft altijd de juiste tijd aan, terwijl de andere het spiegelbeeld van die tijd laat zien. In een periode van 24 uur geven beide klokken zes keer dezelfde tijd aan, zodat de gespiegelde tijd even samenvalt met de echte tijd.

is not integrated within the architecture; it is different from the station and other than the building. Nevertheless, the estrangement that it causes is neither shocking nor alienating. The foreign qualities of the work of art are immediately recognisable, and they ameliorate the space and add a further value.

If her work can be divided into three categories according to its spatial dimensions, on a temporal level her work can be described in only one way. What characterizes Vos' work from the very beginning is its capac-

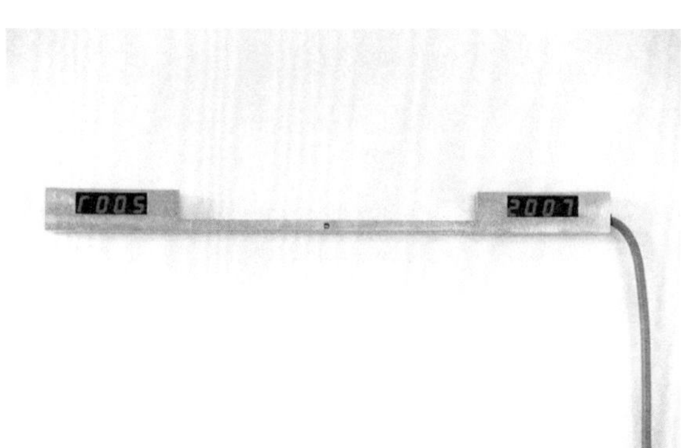

ity for mobility, which has already been discussed, and its transformation through time. If architecture can be considered as static in its primary sense, it is also basically ageless, or at least it is not ageing in a manner that is visible day-to-day. Spacetime is a mathematical model that combines space and time into a single continuum. The space-time model is usually interpreted with space being three-dimensional and time playing the role of a fourth dimension that acts on a different level. Giny Vos conceives of time in two different ways, with the objective of achieving two different effects.

On the one hand, although her work is kinetic, its motion is relative to a specific lapse of time; it does not age daily and does not change over the years. She designs performative works of art in which the 'performance' lasts a specific amount of time (some minutes or a few hours) repeating itself after the loop is finished. On the other hand, however, the temporal dimension is also dilated. Vos' work gives time a fictive character detached from its actual duration; she expands time, slows it down and elsewhere increases its speed. The perception of time is also dilated, or frozen. In one of her first works, *Time and Time Again* (1993), two large digital clocks are placed on either side of the symmetrical façade of the Dollard College building in Winschoten. One of the clocks always shows the correct time, while the other one displays a mirror image of the time. In a twenty-four hour period both clocks indicate the same time six times a day, so that the mirror image clock momentarily shows the correct time, simultaneously with the other clock.

In *Solar Treasure,* a door is programmed according to an imaginary 24-minute day. It remains open only for the number of minutes that correspond to the daily number of hours, so that a 24 hour day lasts only 24 minutes. Whether or not the door stays open or closed is dependent upon the time of year. Real time becomes a narrative time. Lost in its contemplation, a new estrangement takes place: the building loses its identity through the work of art. The visitor is no longer inside an office but suspended in an imaginary dimension. Furthermore, here, a huge door is much more than what it seems. The spatial qualities belonging to architecture, which normally do not characterize art, are here appropriated and reversed. In the entrance hall, Vos added a huge copper door that opens at irregular time intervals, allowing light into the space. The opening of the door interrupts the linear geometry of the wall, adding new perspectives. The unframed door deconstructs an office space from which one normally would expect no surprises. The space is unfolded, and the cubical geometry of the room modified by the opening of the door.

New perspectives and alternative variations in space and time are also added in *Le Poème Electronique 2*, where poems and sections of texts are transmitted in a loop. In order to get a sense of the work, it is necessary to sit at the desk for a couple of minutes. If you wait an hour (it would require ninety minutes to read all the writing) it will tell you a different story. Full-size mirrors distort the space, changing perspectives and creating new visions. The mirror doubles the space, suspending the visitor for a time. It modifies three-dimensional space as we normally conceive it in order to reach a fourth dimension of time, of timelessness, or of no-time, as if the temporal condition were frozen, lost in the play of texts and words transmitted through the mirror. Her work allows and repeatedly creates a sense of estrangement in a timeless experience, an experience independent from the time it is in.

Vos' stories may last a few minutes or an entire day. Her work tells new stories as well as reporting the results of existing scientific research about what is going on inside and outside the building. The narrative is continuous: 'There is no beginning and no end, just a centre, from which movement originates', she explains. The contemplation of her work is similar to what Walter Benjamin refers to as a state of distraction. The work of art is present and we do not necessarily have to pay attention to it, but we could unconsciously enjoy it. We can get pleasure from her art by paying attention to it or simply by letting it amuse us. The main aim is to create delight, adding new conceptual and visual perspectives to the built environment.

If architecture represents space in its three dimensions, the artwork of Giny Vos adds the fourth dimension: time, confirming once again the indissoluble liaison between art and architecture.

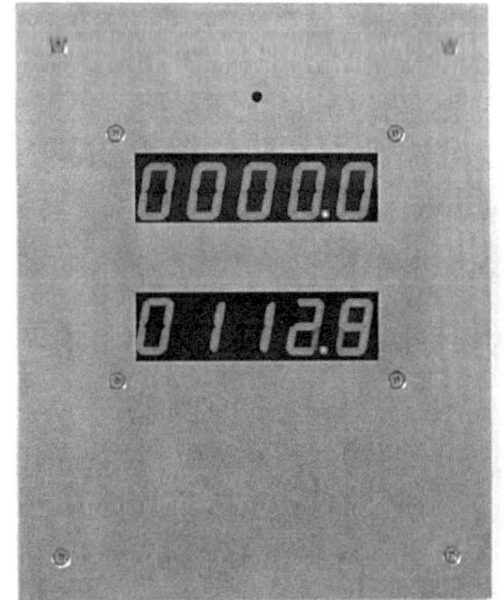

Bij *Zonneschat* is een deur geprogrammeerd volgens een denkbeeldige dag die 24 minuten duurt. Hij blijft alleen open gedurende het aantal minuten dat overeenkomt met het aantal uren van de dag, zodat een etmaal van 24 uur hier dus 24 minuten duurt. Of de deur zich opent of sluit hangt af van de tijd van het jaar. Echte tijd wordt verhalende tijd. Verzonken in gedachten hierover voltrekt zich een nieuw vervreemdend effect: door het kunstwerk verliest het gebouw zijn identiteit. De bezoeker bevindt zich niet meer in een kantoor, maar in een imaginaire dimensie. Bovendien is een enorme deur hier veel meer dan hij lijkt. De ruimtelijke kenmerken die bij architectuur horen en die ongebruikelijk zijn voor kunst, zijn hier toegeëigend en omgekeerd. In de ontvangsthal heeft Vos een gigantische koperen deur geplaatst die met onregelmatige tussenpozen opengaat en dan licht naar binnen laat. Het openen van de deur onderbreekt de lineaire geometrie van de muur en voegt nieuwe perspectieven toe. De kozijnloze deur deconstrueert de kantoorruimte waar je normaal geen verrassingen verwacht. Door het opengaan van de deur wordt de ruimte opengevouwen en verandert de kubusvormige geometrie van de kamer.

Nieuwe perspectieven en weer andere variaties op ruimte en tijd zien we ook in *Le Poème Electronique 2*, waar gedichten en tekstfragmenten verschijnen in een soort lus. Om het werk echt op je te laten inwerken, moet je een paar minuten aan het bureau gaan zitten. Als je een uur wacht – het duurt anderhalf uur om alle teksten te lezen – krijg je een ander verhaal te zien. Een spiegelwand vervormt de ruimte, verandert het perspectief en creëert een nieuw uitzicht. De spiegel verdubbelt de ruimte, waardoor de bezoeker even uitgeschakeld is. Daardoor verandert de driedimensionale ruimte zoals we die gewend zijn en zo ontstaat een vierde dimensie van tijd, of tijdloosheid, of van geen tijd, alsof de temporale gesteldheid is bevroren, verloren is gegaan in het spel van tekst en woorden die op de spiegel verschijnen. Haar werk zorgt keer op keer voor een gevoel van vervreemding in een tijdloze ervaring, een ervaring die losstaat van de tijd waarin ze plaatsvindt.

De verhalen van Vos duren soms een paar minuten en dan weer een hele dag. Het zijn nieuwe verhalen, maar ook verslagen van resultaten van bestaand wetenschappelijk onderzoek over wat er binnen en buiten het gebouw aan de hand is. Het verhaal gaat altijd door: 'Er is geen begin en geen eind, alleen een midden van waaruit beweging ontstaat', legt ze uit. Het beschouwen van haar werk lijkt op iets wat Walter Benjamin aanduidt als een staat van afleiding. Het kunstwerk is er, en we hoeven er niet per se onze aandacht op te richten, maar we kunnen er onbewust van genieten. We kunnen genoegen halen uit haar werk door er echt voor te gaan zitten of door het alleen maar leuk te vinden. Het hoofddoel is om vreugde te verschaffen en de bestaande omgeving een nieuw perspectief te geven, zowel conceptueel als visueel.

Als architectuur de drie dimensies van ruimte verbeeldt, dan voegt het werk van Giny Vos daar de vierde dimensie aan toe: tijd, waarmee opnieuw de onlosmakelijke band tussen kunst en architectuur wordt bevestigd.

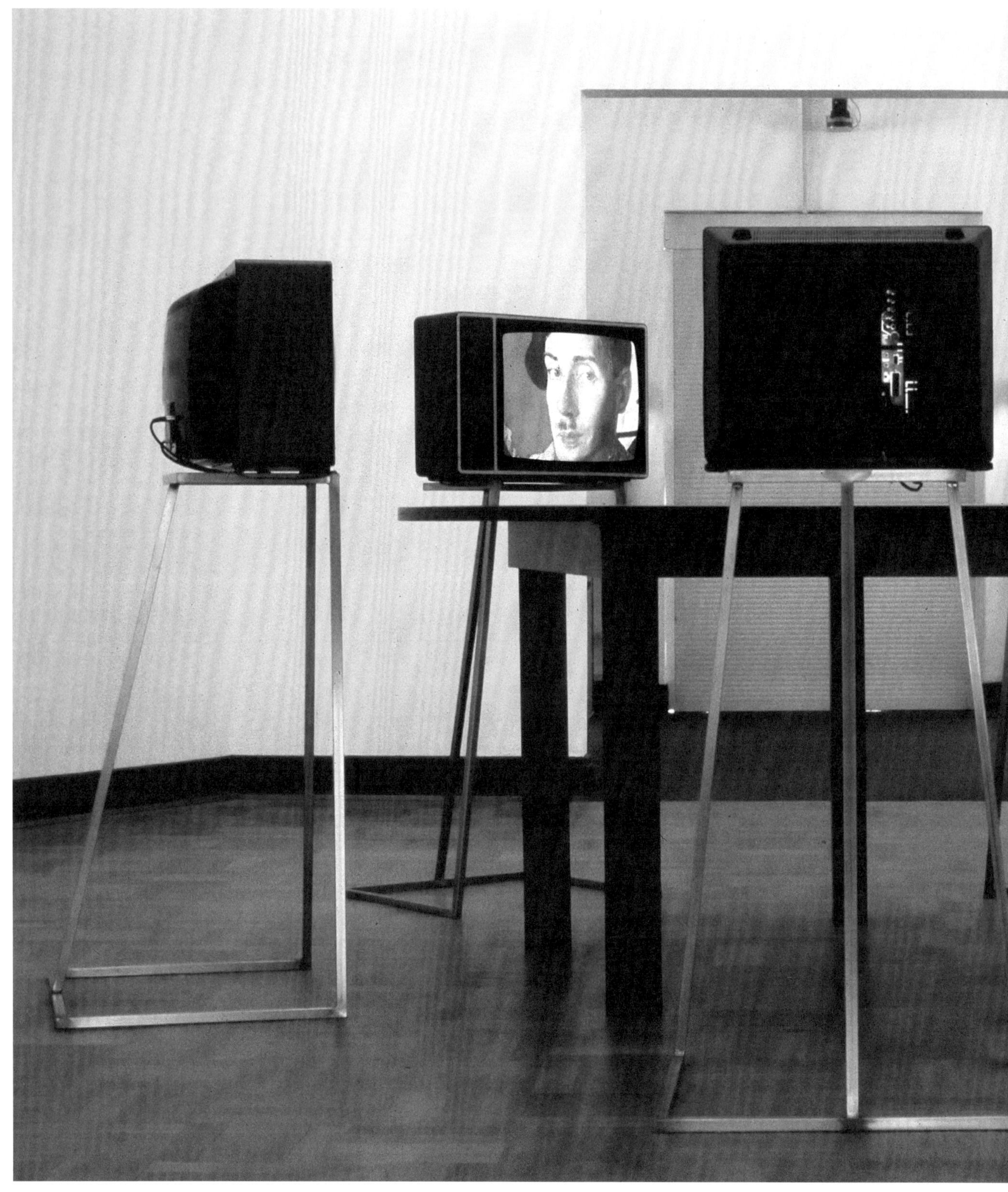

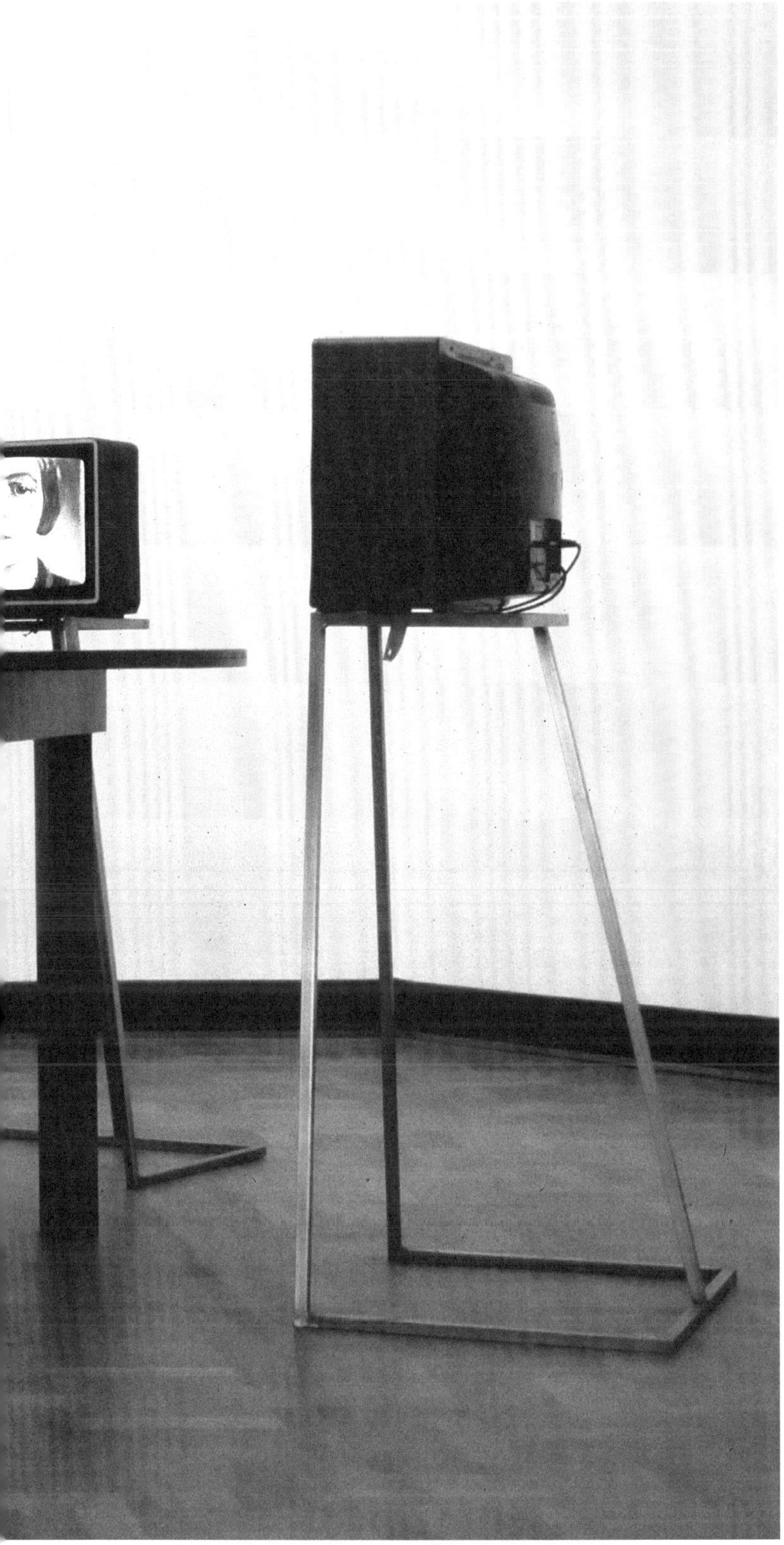

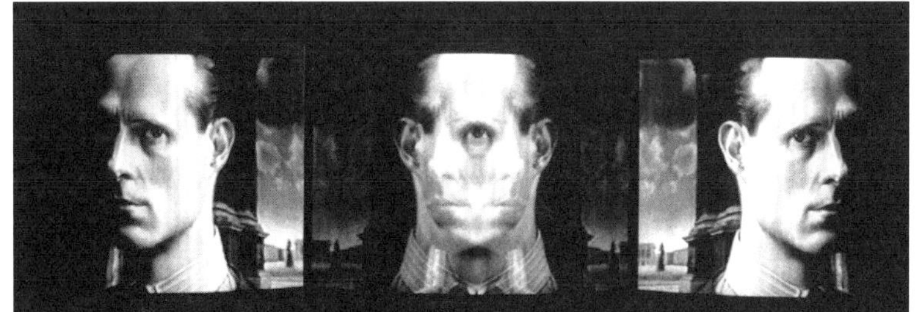

12 sculpturen met bewaking – een beeld voor de suppoost

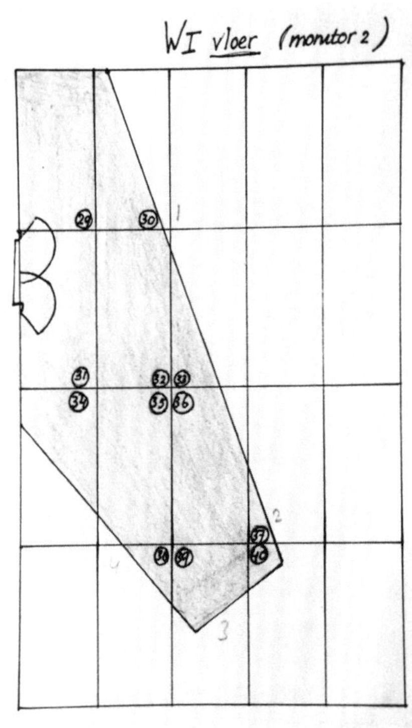

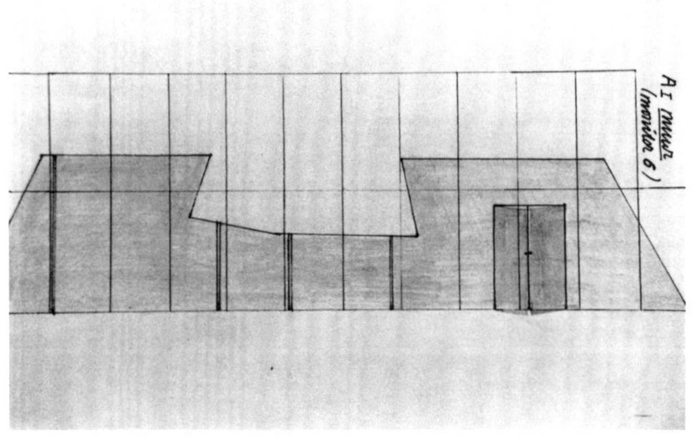

Production drawings of *12 sculpturen*, planned in the
exhibition spaces at Stedelijk Museum Schiedam

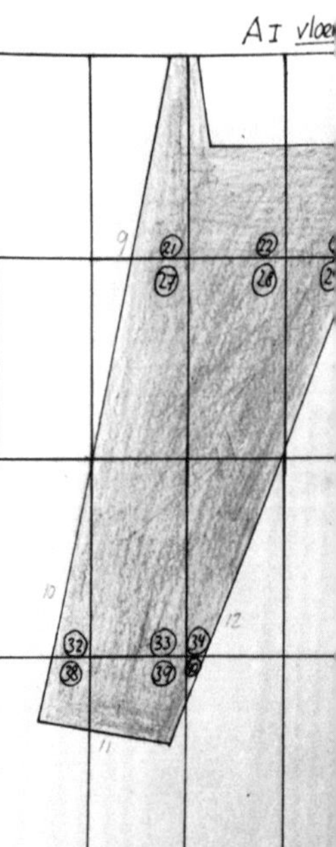

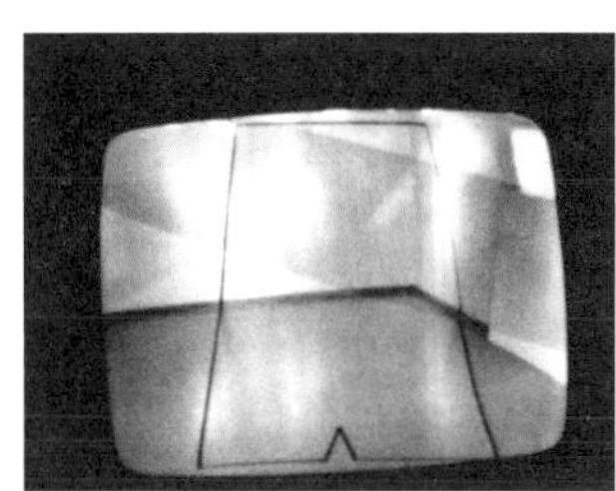

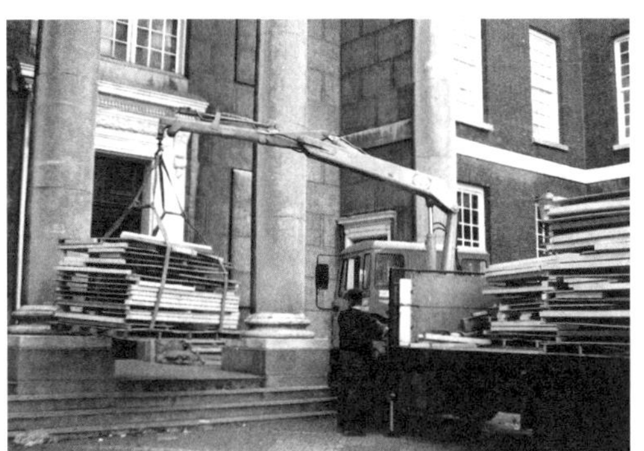

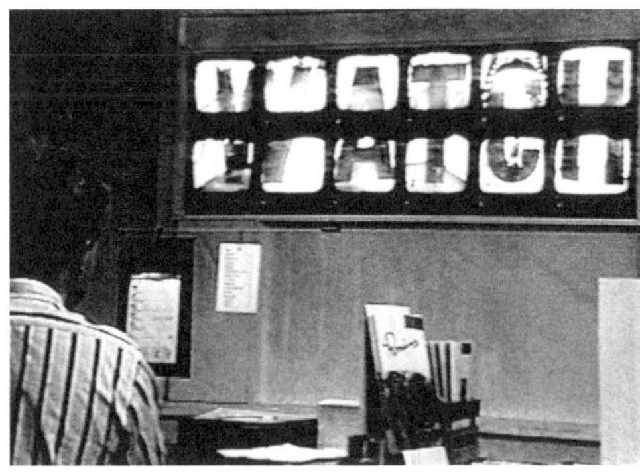

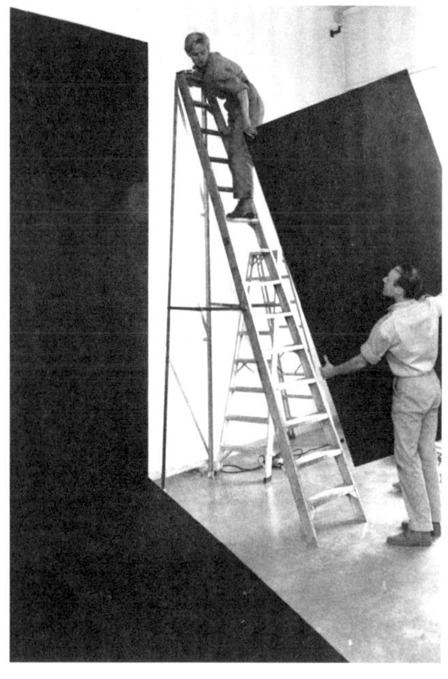

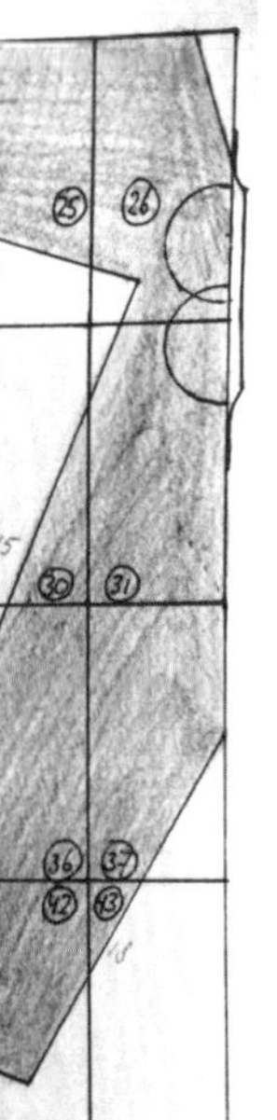

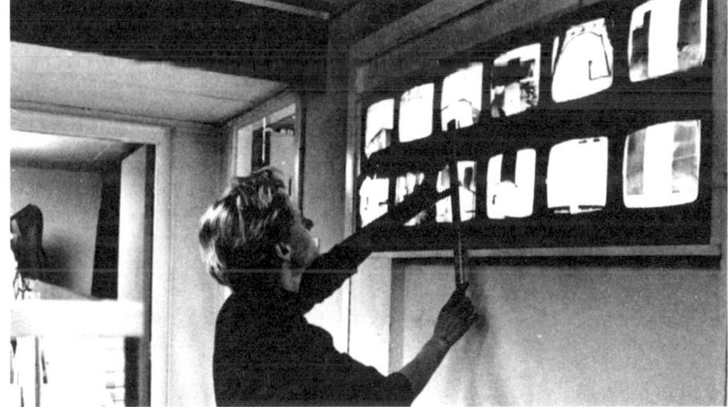

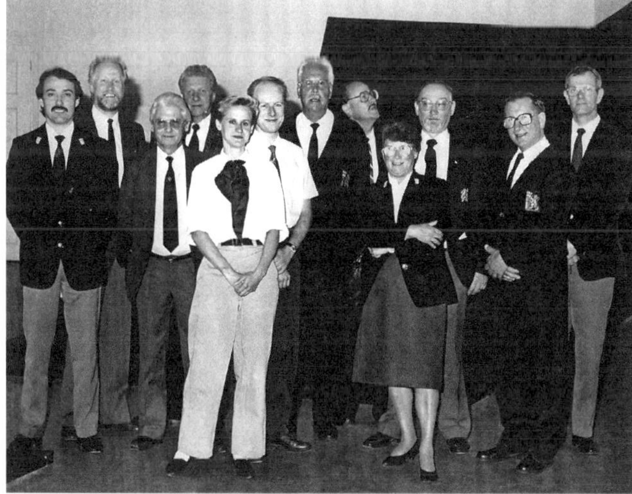

Group photograph of the attendants of different museums who inaugurated *12 sculpturen* in the Stedelijk Museum Schiedam

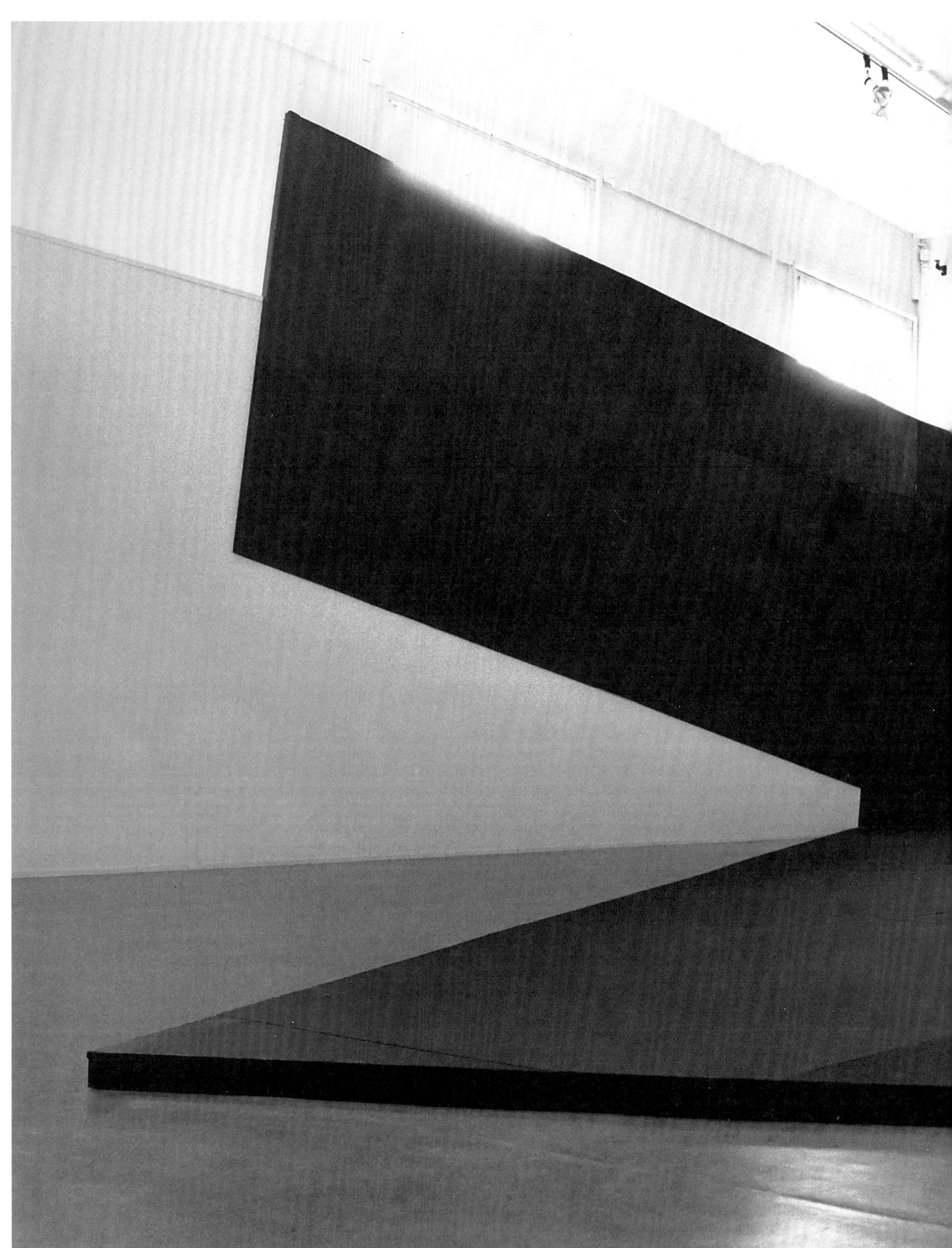

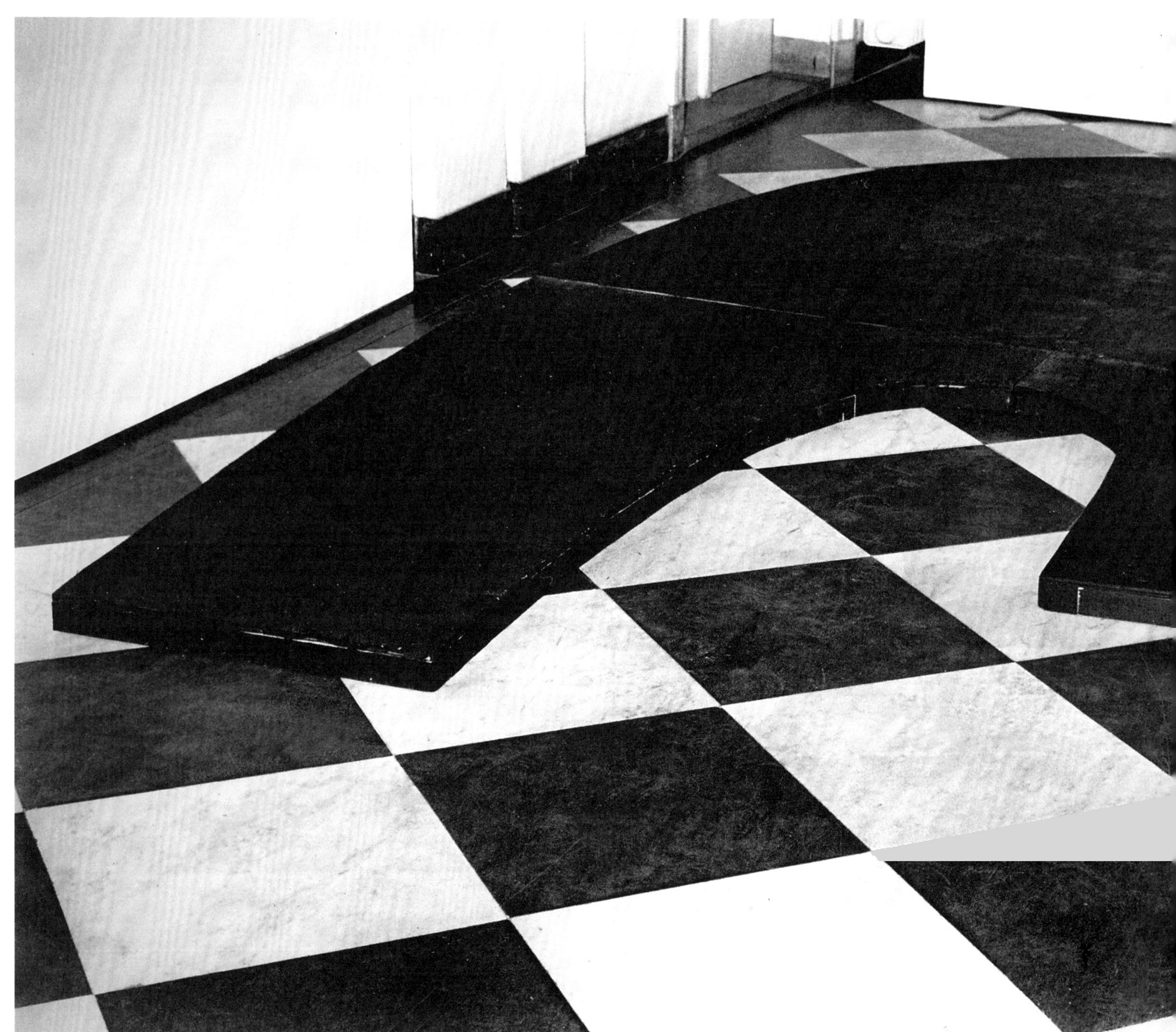

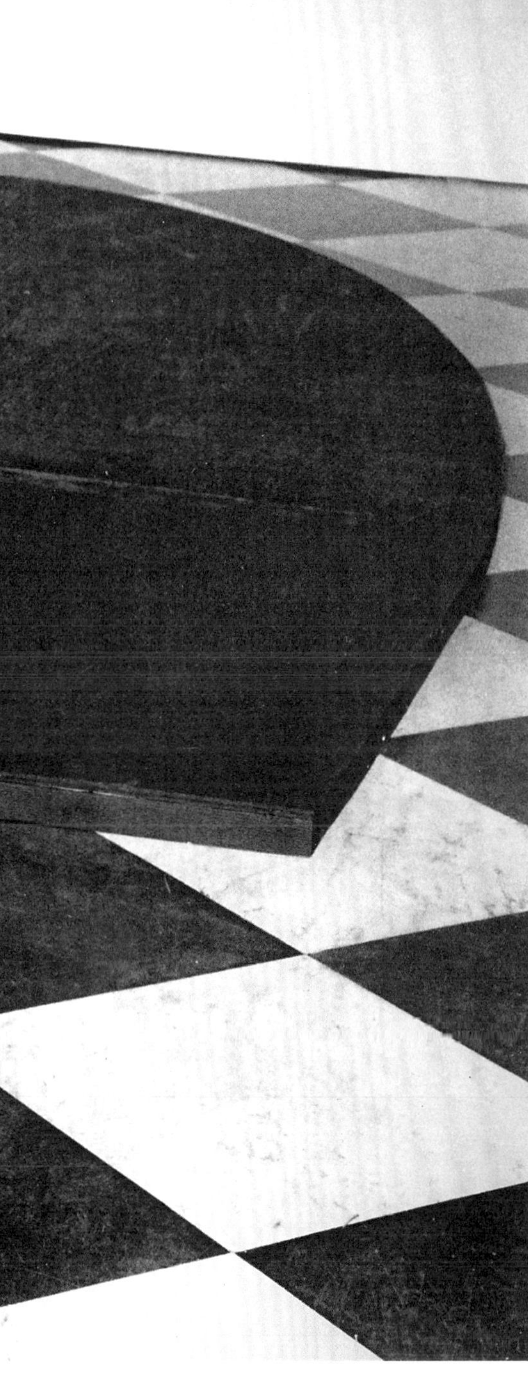

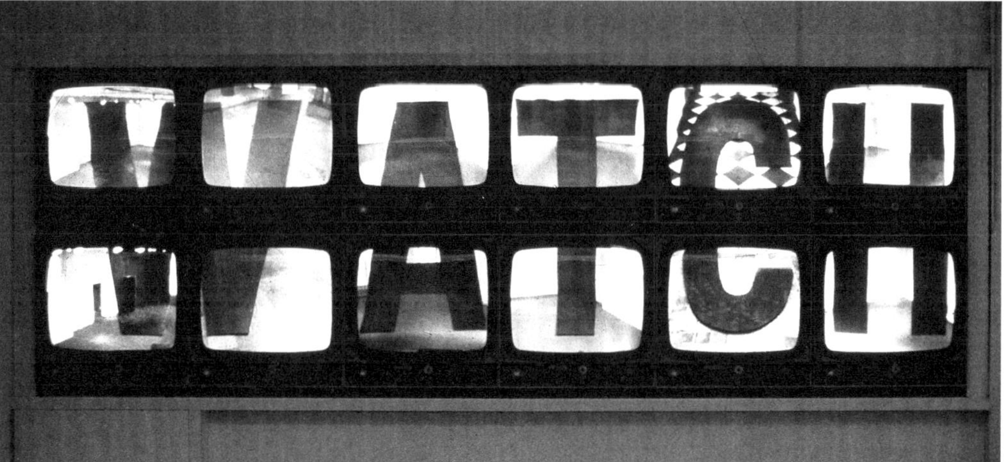

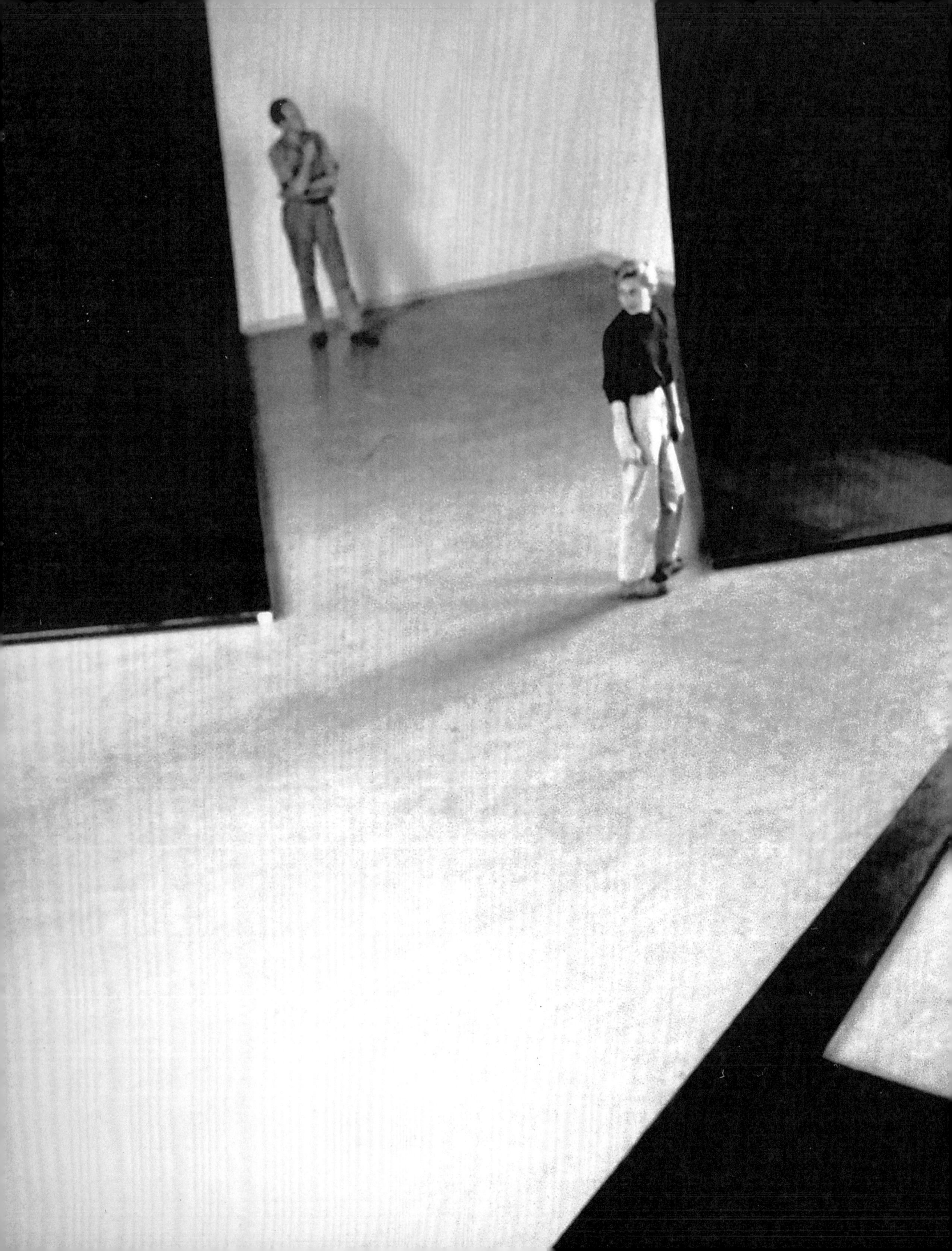

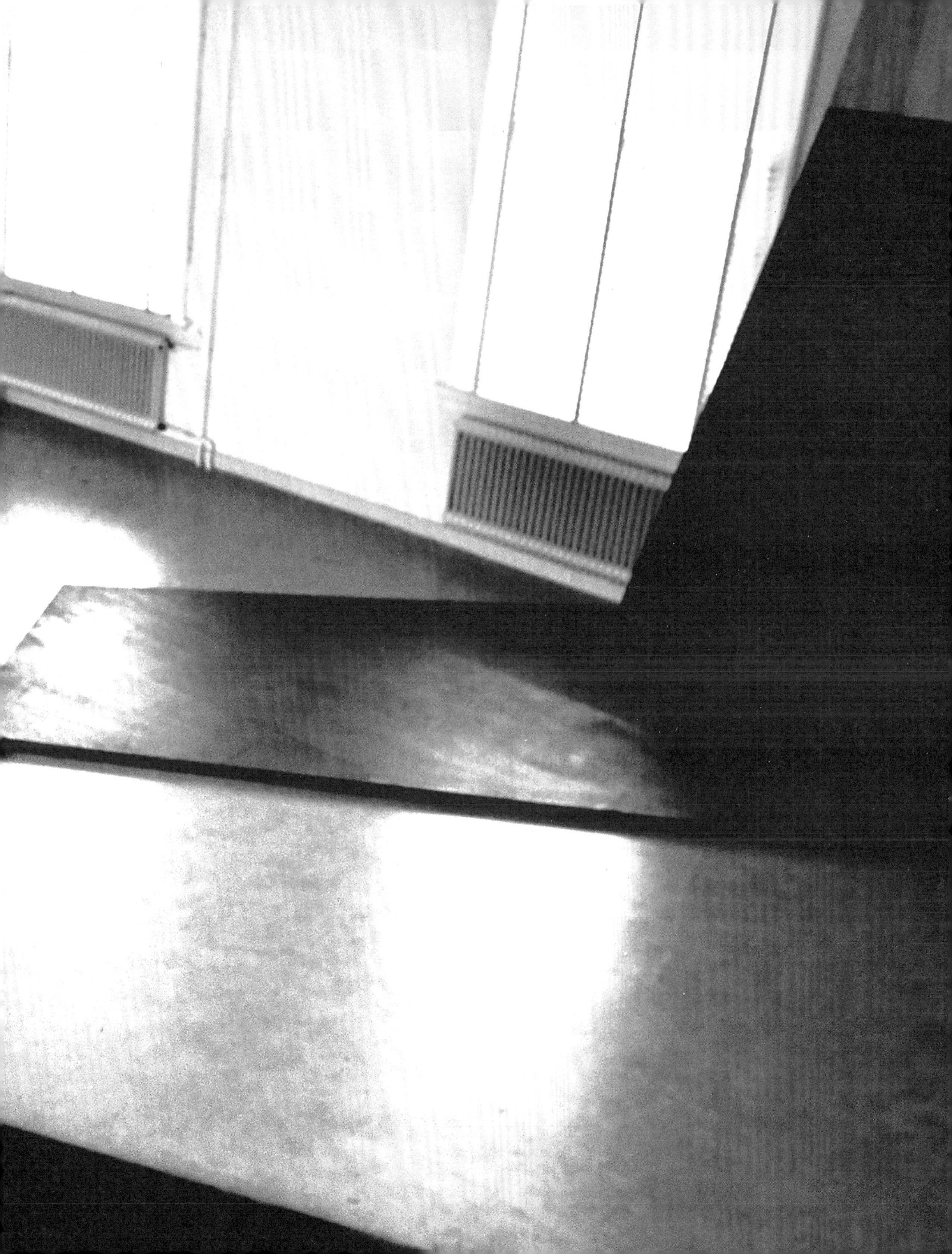

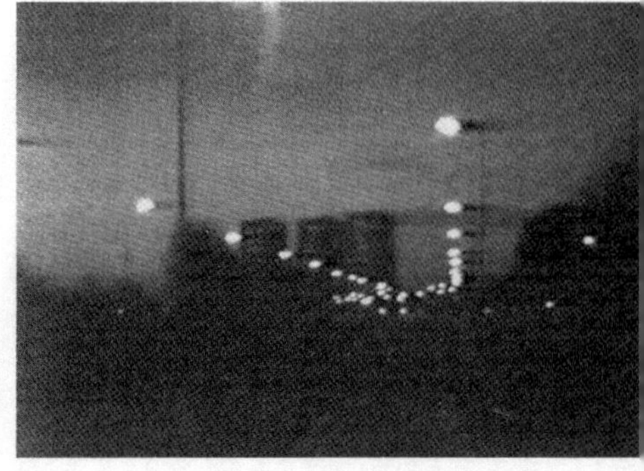

. . . toe . . . conducteur . . . l

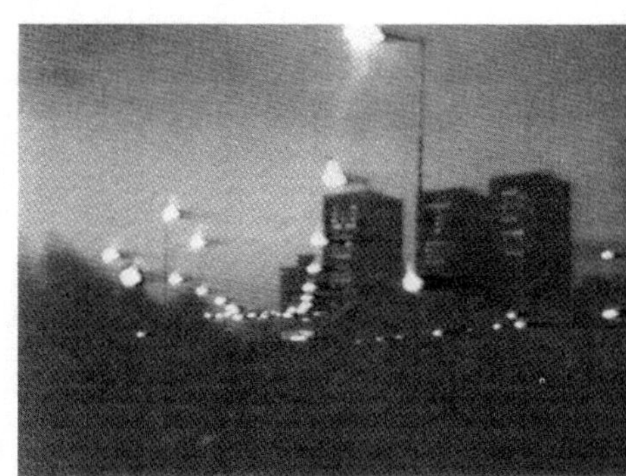

. . . heeft . . . zorgen . . . veel . . . le

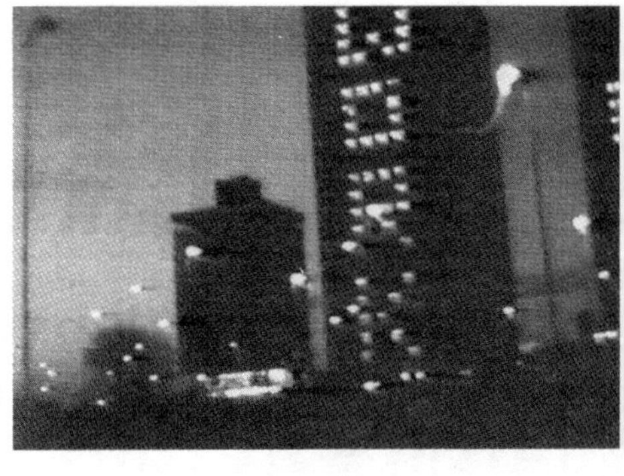

. . . laat . . . me . . . vrij .

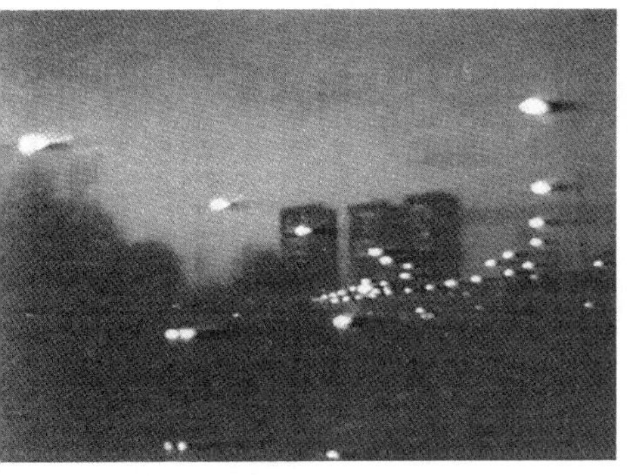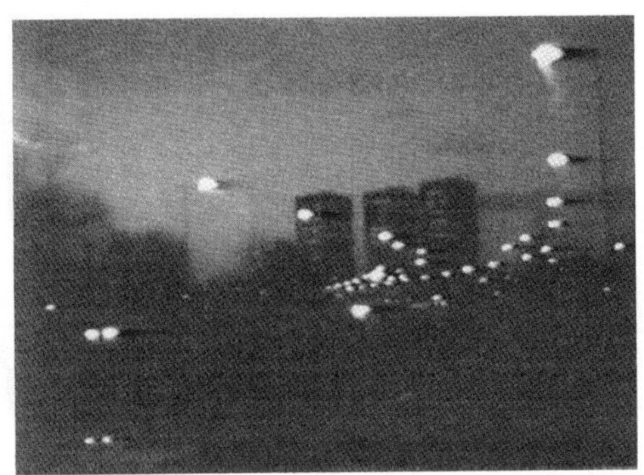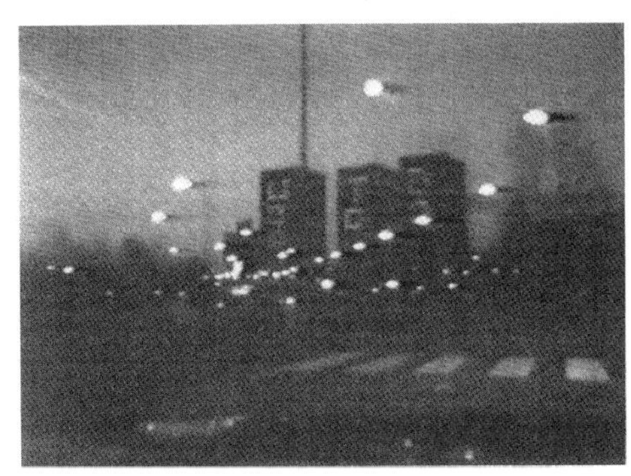

ne . . . zet . . . mij . . . niet . . . uit . . . deze . . . trein . . . de . . . liefste . . . van . . . heel . . . deze . . . wereld . . .

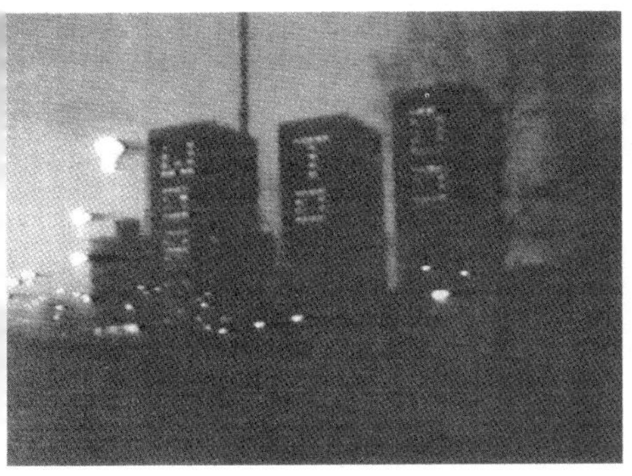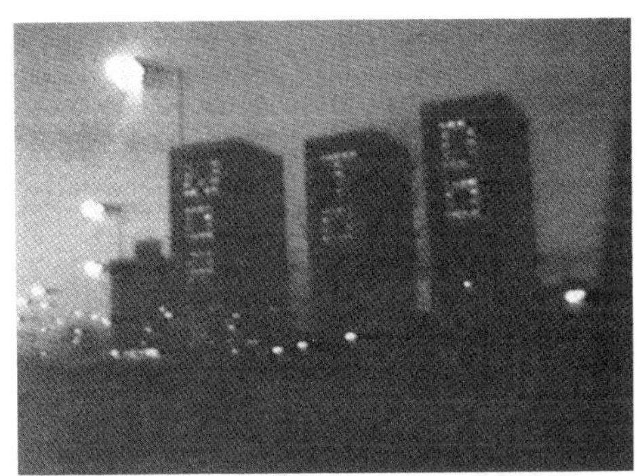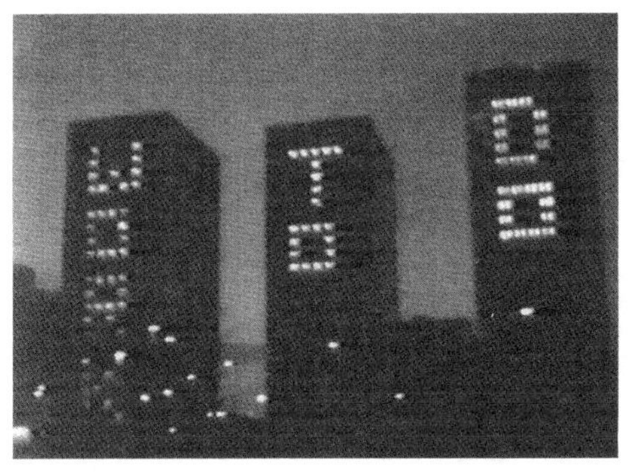

n . . . pijn . . . ik . . . wou . . . nog . . . zo . . . graag . . . even . . . naar . . . haar . . . toe . . . daarom . . . vraag . . . ik .

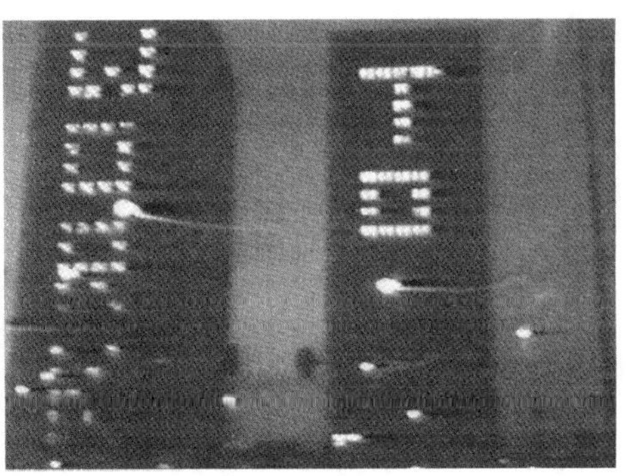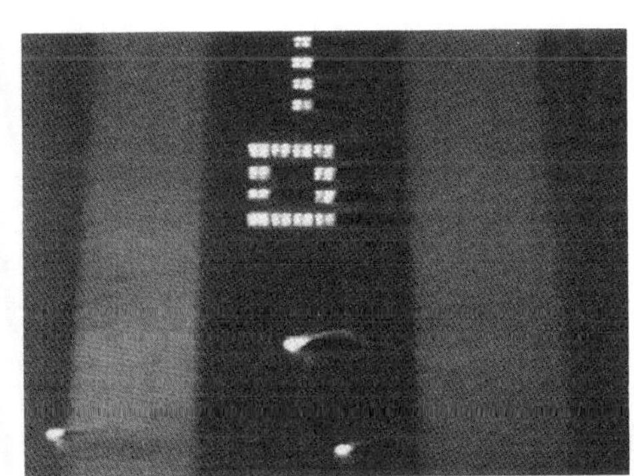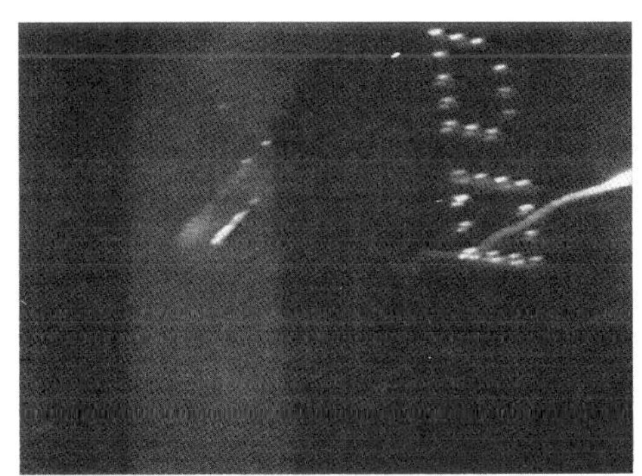

. . wil . . . haar . . . helpen . . . haar . . . enigste . . . zoon . . . voordat . . . ze . . . voor . . . altijd . . . verdwijnt . . .

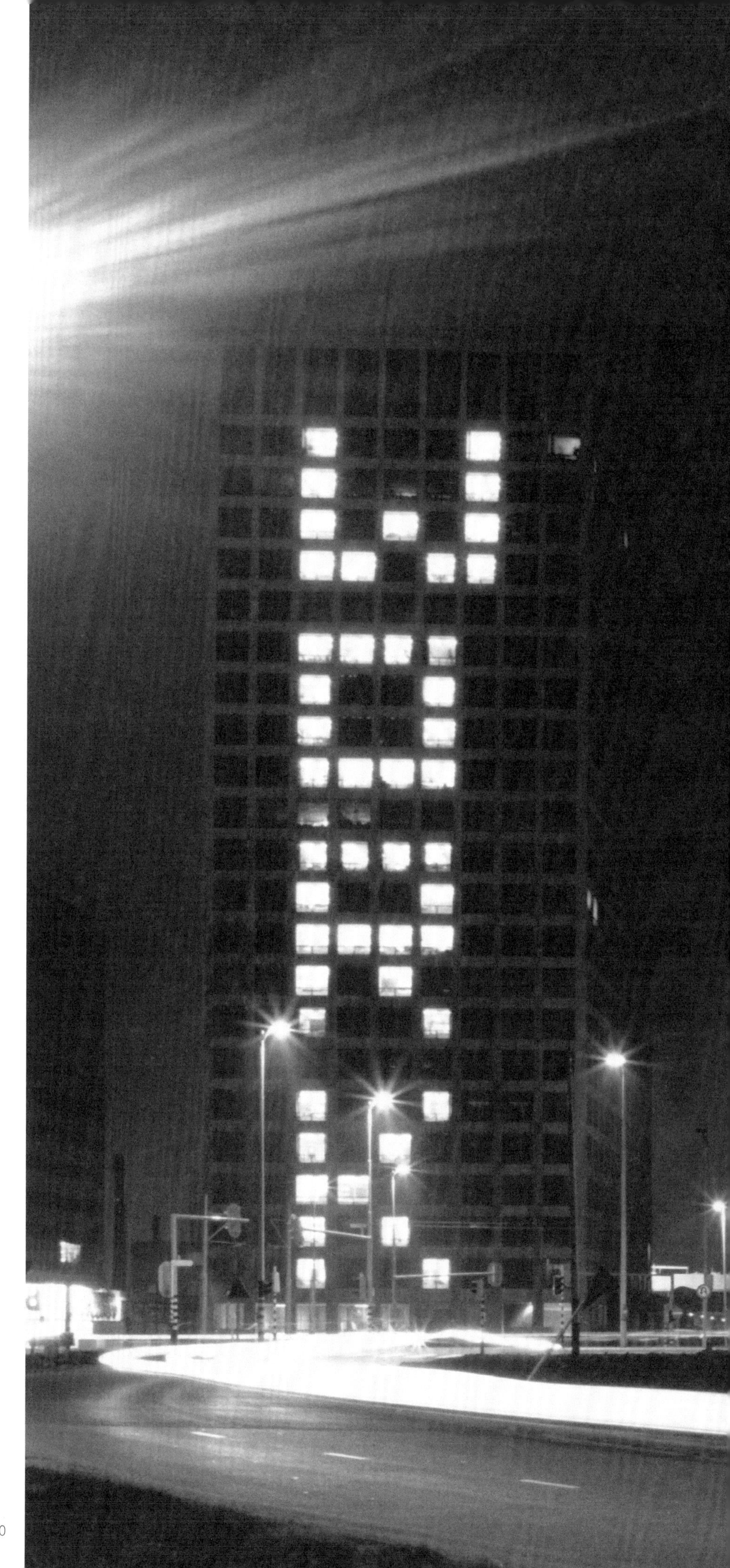

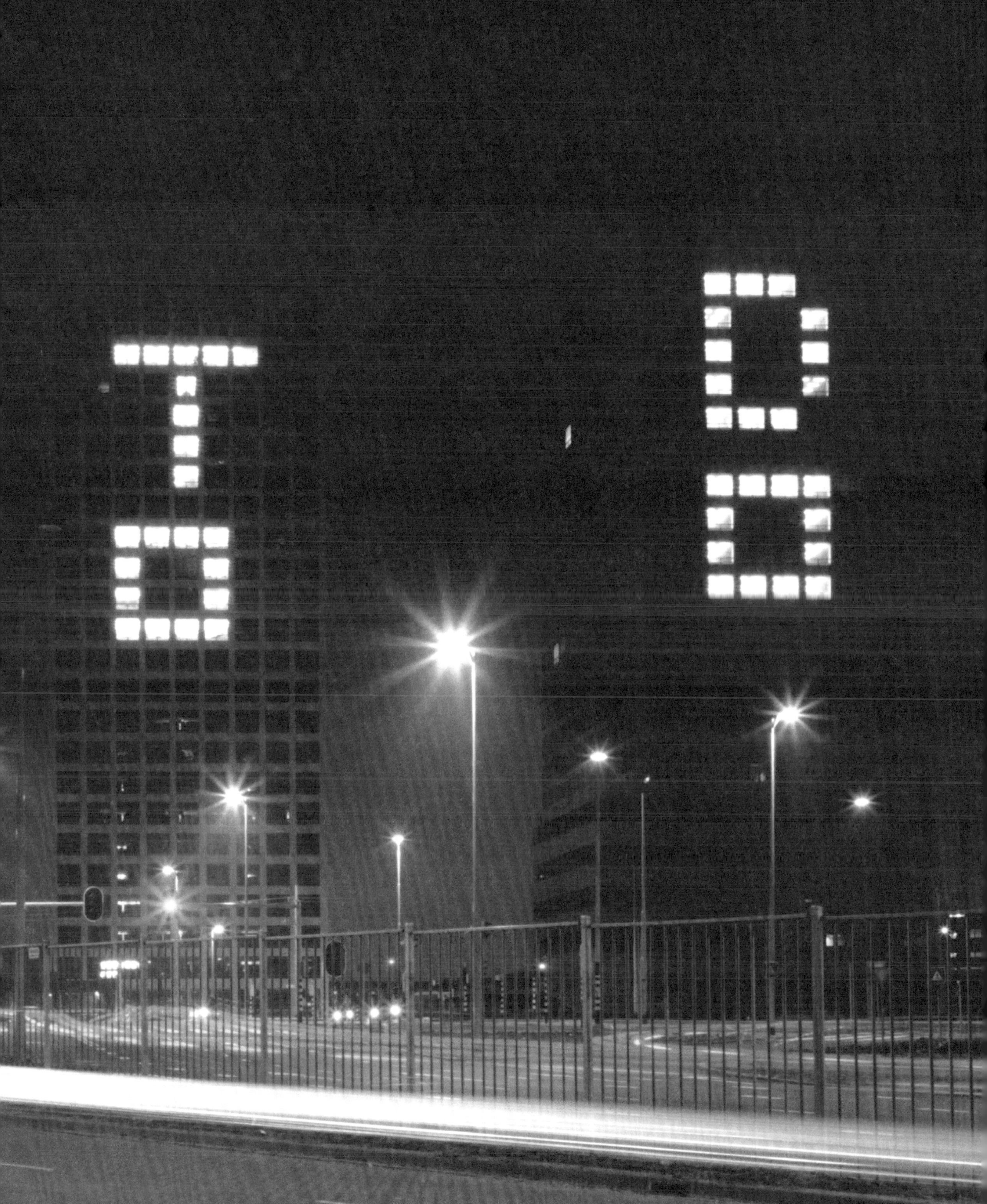

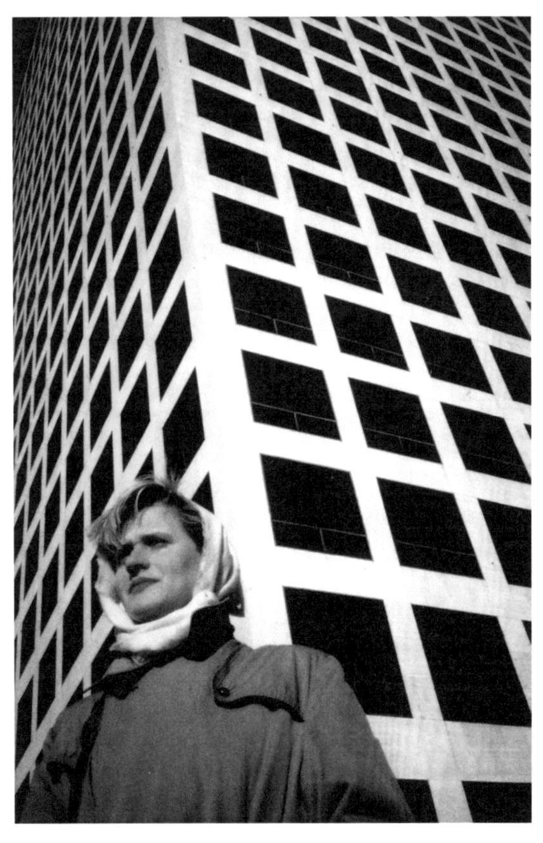

Ilse van Rijn

A Mirror Image in Language

Suppose: it's morning. You are in a cubicle in the Zuiderbad swimming bath in Amsterdam and have put on your swimming trunks or bikini. Just before you leave the cubicle, you glance at the mirror to see if your cap really does cover your hair completely. You're ready to do your weekly lengths, and then letters light up in the mirror. They combine to form a word: 'darling', 'kisses', 'L.H.O.O.Q.'. Or a phrase: 'it's good to see you', 'this is not a pipe', 'elvis is alive'.

The messages contrast with the early morning and the swimmer's surroundings. They are witty, even poetic: yet if the arrangement of the terms seems illogical, they do tell a story. And at the same time the rules intervene: they formulate an answer to secret thoughts, fill in lacunae and slips in memories and dreams. The words are applied like slogans in bus shelters or beneath viaducts, a name on a toilet door or carved in a tree trunk. Others refer to art: to the painting *The Treachery of Images* by René Magritte (1929) and the famous essay 'Ceci n'est pas une pipe' that Michel Foucault wrote about it.[1] And to the rectified readymade *L.H.O.O.Q.* (1919) by Marcel Duchamp: he added not just the moustache and goatee beard, but also the letters to which the work owes its title, to that art historical icon, Leonardo da Vinci's *Mona Lisa* (c. 1502). The various provenances of the words in the cubicle mirrors in the Zuiderbad facilitate an interpretation that is equally varied and multiple. And at the same time: just by looking at the phrases as they appear and disappear again, the swimmer feels caught. Because through them and their interpretation she is still looking at herself: a mirror image in language.

The memorable installation described in the preceding paragraph, *Killroy Was Here* (1995) by Giny Vos, shows her fascination with language and the way in which the viewer is inevitably bound up with language. Vos uses language to investigate the specific location in which an installation is embedded and comments on that situation as well, often by means of language. An implicit consequence of her artistic quest is the question of how you can use language to talk about language. What is the difference between the language of the location and the language of the artist? Or is a separation between the two entities impossible and, what is more, a fiction? *Killroy Was Here* implies that a distinction will have to be made. After all, the intriguing aspect and poetic strength of the installation were determined to a large extent by the miraculous

Ilse van Rijn

Een spiegel-beeld in taal

Stel je voor: het is ochtend. Je staat in het kleedhokje van het Amsterdamse Zuiderbad en hult je in je zwembroek of bikini. Juist voordat je het hokje verlaat, werp je een blik in de spiegel om te kijken of je badmuts inderdaad je haren volledig bedekt. Je bent klaar om je wekelijkse baantjes te trekken, en dan lichten in de spiegel letters op. Samen vormen ze een woord: 'schatje', 'kusjes', 'L.H.O.O.Q.'. Of een zin: 'it's good to see you', 'dit is geen pijp', 'elvis is alive'.

De uitspraken contrasteren met het morgenuur en de omgeving waarin de zwemmer zich bevindt. Ze zijn grappig, poëtisch zelfs: de schijnbaar onlogische schikking van de termen vertelt tóch een verhaal. En tegelijkertijd interveniëren de regels: ze formuleren een antwoord op stiekeme gedachten, vullen lacunes en lapsussen in herinneringen en dromen. De woorden zijn als leuzen aangebracht in bushokjes en onder viaducten, een naam in een toiletdeur of boomstam gekrast. Dan weer refereren ze aan de beeldende kunst: aan het schilderij *La trahison des images* (1929) van René Magritte en het beroemde essay 'Dit is geen pijp' dat Michel Foucault erover schreef.[1] Aan de gerectificeerde readymade *L.H.O.O.Q.* (1919) van Marcel Duchamp: niet alleen een snor en een geitensikje, maar ook de letters waaraan het kunstwerk zijn titel ontleent voegde Duchamp toe aan de *Mona Lisa* (ca. 1502) van Leonardo da Vinci, dat kunsthistorische icoon. De uiteenlopende herkomst van de woorden in de kapspiegels in het Zuiderbad faciliteert een interpretatie die net zo gevarieerd en veelvormig is. En tegelijkertijd: al kijkend naar de verschijnende en weer verdwijnende frasen voelt de zwemmer zich betrapt. Want door de woorden én de uitleg er van kijkt hij nog altijd naar zichzelf: een spiegelbeeld in taal.

Uit de hier boven beschreven memorabele installatie *Killroy Was Here* (1995) van Giny Vos spreekt haar fascinatie voor taal en de manier waarop de toeschouwer onlosmakelijk met taal verbonden is. Vos onderzoekt door middel van taal de specifieke locatie waarin een installatie is ingebed en doet in haar kunstwerken, vaak eveneens door middel van taal, uitspraken over diezelfde situatie. Impliciet aan haar artistieke zoektocht is, bij gevolg, de vraag hoe je met taal over taal kunt spreken. Op welke wijze verschillen de taal-van-de-locatie en de taal-van-de-kunstenaar van elkaar? Of is een scheiding tussen de twee taalgebieden onmogelijk en een fictie, bovendien? Een onderscheid tussen beide zal moeten worden gemaakt, zo blijkt uit *Killroy Was Here*. Immers de vervreemding in en de poëtische kracht van de installatie werd er in belangrijke mate bepaald door het wonderlijke verschil tussen de taal en de plek, de taal van de plek en de taal van de kunstenaar.

Een vergelijkbaar fenomeen deed zich voor in het vroege werk *Work to Do* (1985). De woorden 'work to do' bleven uitgespaard in het zwarte plastic waarmee de ramen van drie Rotterdamse torenflats waren beplakt. In de flats bevonden zich kantoren. Door het licht, om middernacht ontstoken in de gebouwen, beschenen de letters, als het ware, het drukke centrum van de stad. Ook hier bleek de taal niet volledig terug te voeren op de panden waarop ze te lezen was, noch hadden de termen enkel en alleen betrekking op de voorbijgangers: op het nachtelijke uur waren naar huis snellende werknemers reeds gepasseerd. In het feit dat Vos' kunstwerken niet te reduceren zijn tot een enkele, vaststaande, duidelijk aanwijsbare betekenis is, volgens de filosoof Jean Baudrillard, hun poëzie gelegen. Waar het linguïstische discours aan een term altijd één direct waarneembare waarde en betekenis tracht te koppelen, daar ontsnapt de poëzie die taalkundige poging, zo legt hij uit. Vos lijkt in haar installaties in taal op te staan tegen de heersende wetten die eveneens in en door taal worden gedefinieerd. Of: 'Le poétique, c'est l'insurrection du langage contre ses propres lois.'[2]

Ook in het recentere *Lokroep/The Painted Chat* (2006) en *Le Poème Electronique 2* (2002) bevestigt Vos niet, maar stelt zij de onderlinge verhoudingen tussen het talige wezen van de mens en zijn context ter discussie. Een van de vragen die haar ook in deze werken bezighouden is: hóe verhoudt de mens zich tot de omgeving waarin hij zich bevindt? Hoe communiceert hij? Hiertoe sprak ze voor *Lokroep/The Painted Chat*, bijvoorbeeld, herhaaldelijk met de werknemers van de Amsterdamse gemeentelijke dienst gevestigd op het bedrijventerrein Westpoort, waar het werk zou worden geïnstalleerd. Welke taal spreken deze mannen en vrouwen? Wat zijn de regels en ongeschreven voorschriften die impliciet zijn aan hun organisatie? Wat is de bouwkundige, fysieke en expliciete structuur van 'hun' plek? Wat is het al dan niet concrete systeem dat aan de situatie ten grondslag ligt? De vergaarde informatie resulteerde in *Lokroep/The Painted Chat*, zoals in *Killroy Was Here*, in een combinatie van de ter plekke aangetroffen zegswijzen en termen en Vos' eigen, vaak verzonnen woorden, die voor haar, wat ritmiek en semantiek betreft, in overeenstemming zijn met de situatie. Frappant, zul je zeggen, is dat de nieuwe terminologie die

distance between language and the location, the language of the location and the language of the artist.

A similar phenomenon occurred in the early work *Work to Do* (1985). The words 'work to do' were left open in the black plastic that covered the windows of three tower blocks in Rotterdam. They were office blocks: when the light inside the buildings shone through the letters at night, they illuminated the busy city centre. Here too the words were not entirely confined to the buildings on which they could be seen, nor did the terms refer solely to the passers-by: by midnight the rush of employees going home was past. According to the philosopher Jean Baudrillard, their poetry lies in their irreducibility to a single, fixed, clearly identifiable meaning. Where the linguistic discourse always tries to match a directly perceptible value and meaning to a term, poetry evades

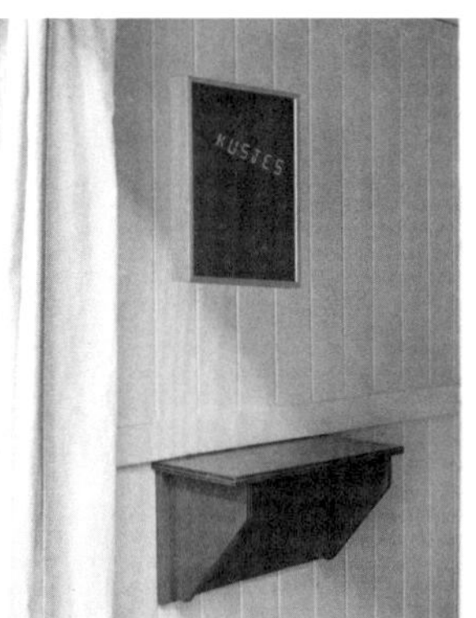

that linguistic effort, he explains. In her installations, Vos seems to be rebelling *in language* against the prevailing rules that are equally defined in and by language. In other words, 'Le poétique, c'est l'insurrection du langage contre ses propres lois.'[2]

The more recent works *Lokroep/The Painted Chat* (2005) and *Le Poème Electronique 2* (2002) are equally non-affirmative; Vos explores the mutual relations between the linguistic nature of people and their context. One of the questions that she also tackles in these works is: How do people relate to their surroundings? How do they communicate? For *Lokroep/The Painted Chat*, for instance, she had several discussions with the employees of the Amsterdam municipal department on the Westpoort industrial estate, where the work was to be installed. What language did these men and women speak? What are the rules and unwritten regulations that are implicit in their organisation? What is the architectural, physical and explicit structure of 'their' place of work? What is the actual system, if there is one, on which the situation is based? The information she collected resulted in *Lokroep/The Painted Chat*, as in *Killroy Was Here*, in a combination of terms and expressions found on the spot with words chosen and often made up by the artist whose rhythm and semantics she takes to correspond to the situation. It is striking, you will say, that the new terminology created in the installation is never incomprehensible to outsiders. An apparently simple and logical but nevertheless confusing linguistic phenomenon occurs: you recognise the letters 'g-r-a-s-w-e-e-r' in *Lokroep/The Painted Chat*, you read the word, you may get the gist of it, but the exact meaning escapes you.[3] Yet the terms are not meaningless either. Call it poetry.

Language is an agreement, a code that enables us to understand one another. Language is a system that differs in a significant way from the world to which it refers, proceeds in parallel with it, and only rarely displays correspondences with it. There is a gap between language and the world. It is in this gap ('faille') or in being placed in a system (the structure that Vos discovers during her initial inquiry of which the discussions with the employees in Westpoort for *Lokroep/The Painted Chat* were a part at the time) that the meaningful moments occur that Vos communicates. In *Killroy Was Here*, *Work to Do* or *Lokroep/The Painted Chat*: what previously did not exist, or only latently, in the situation she

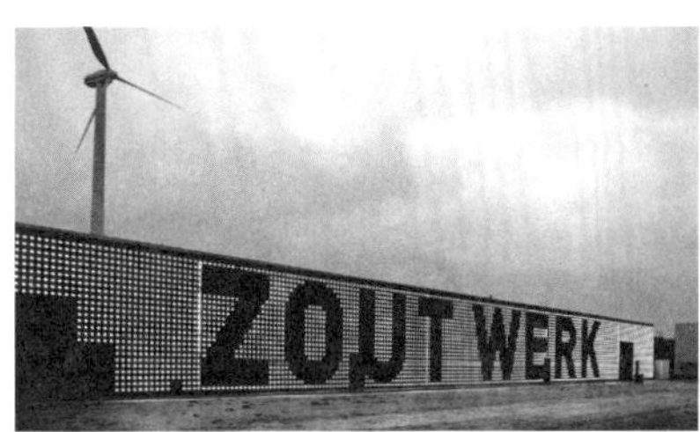

investigated is given a name again or is given a new name: '10 gram nat' [10 grams wet], 'grasweer' [grass-weather], 'vriendinnen' [girl friends], 'kusjes' [kisses], 'wild west', 'L.H.O.O.Q.'. The words formed part of a jargon tied to a context, perhaps to a person. The French poet Francis Ponge allegorically formulates this property of language that Vos uses in her installations in his prose poem 'Le Lézard'. The lizard emerges from the cracks and crevices of an old stone wall. Or it rests on a rock illuminated and warmed by the sun and takes on its colour. And a gap ('faille') in that surface, that enables communication with prehistory (to put it briefly), also inevitably leads to the invention of a new word: '*From which the lizard s'alcive* (obliged to invent this word)'.[3]

New moments (words: '*s'alcive*') are born from the same imperfections in the surface (cracks and crevices) that embellish and make possible the lizard's surroundings. Beneath the seemingly smooth surface of a blank, spotless white page or the continuous structure of an organisation lies a history that has already gradually broken, repaired and restored the surface. Every page bears traces and is already written, thus Ponge, like a palimpsest. It is precisely the imperfections in the world, that system, a 'failure' that is equally immanent in the language with which the world is inextricably connected, that makes creation possible. You just have to bring the potential to life and make it visible, or see it.

Vos sees it and makes it visible. She brings about a momentary dazzle: the single astonishing moment, however ephemeral, in which the system temporarily demonstrates its minimal failure. The wink that, like Duchamp's additions to Da Vinci's *Mona Lisa*, is immortalised in Vos' works can be read as a friendly, rather iconoclastic gesture.[4] At the same time homage is paid, deliberately or not, to the hand of the master (Da Vinci or art history in the case of Duchamp, an architect or the users of a building, a place or a situation in the case of Vos) who has left his mark on the system. This paradoxically charged moment that briefly coincides with the gap ('faille') in what is normally a seamless system is constantly shifting: from the letters and words formed by light to

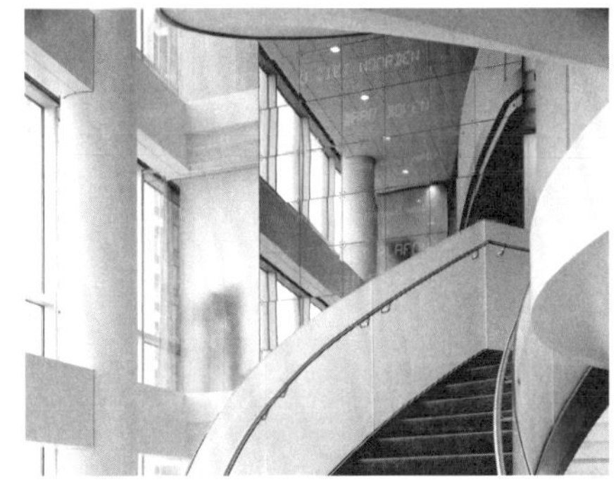

the façade or glass wall from which they emerge (*Lokroep/The Painted Chat*, *Le Poème Electronique 2*), or the actual situation in which and on which the words reflect (the Westpoort industrial estate, the head office of Philips in Amsterdam), to the reflected image of the spectator who looks at the words (*Le Poème Electronique 2*, but also *Killroy Was Here*).

zo in de installatie ontstaat voor een buitenstaander nooit onbegrijpelijk is. Een schijnbaar eenvoudig en logisch, maar desalniettemin verwarrend taalkundig fenomeen doet zich voor: je herkent de letters (g-r-a-s-w-e-e-r, in *Lokroep/The Painted Chat*), je leest het woord, raadt eventueel de bedoeling, maar de exacte betekenis ontgaat je. Betekenisloos, daarentegen, zijn de termen niet. Noem het poëzie.

Taal is een afspraak, een code die het mogelijk maakt dat we elkaar verstaan. Taal is een systeem dat op een significante manier afwijkt van de wereld waarnaar ze verwijst, er parallel aan loopt, en er slechts zelden overeenkomsten mee vertoont. Er bestaat een breuk tussen taal en wereld. Het is in deze breuk ('faille') of de verplaatsing binnen een systeem (de structuur die Vos ontwaart tijdens haar initiële onderzoek, waarvan de gesprekken met de werknemers in Westpoort voor *Lokroep/The Painted Chat* destijds een onderdeel vormden) dat zich de betekenisvolle momenten voordoen die Vos communiceert. In *Killroy Was Here*, *Work to Do* of *Lokroep/The Painted Chat*: opnieuw of ándere woorden worden gegeven aan wat voorheen niet of slechts sluimerend bestond in de situatie die zij onderzocht: '10 gram nat', 'grasweer', 'wild west', 'vriendinnen', 'kusjes', 'L.H.O.O.Q.'. De woorden maakten deel uit van een al dan niet persoonlijk, maar in ieder geval contextgebonden jargon. De Franse dichter Francis Ponge verwoordt deze eigenheid van de taal waar Vos in haar installaties gebruik van maakt op allegorische wijze in zijn poème en prose 'Le Lézard'. De hagedis klimt uit de spleten en kieren van een oud gemetseld muurtje. Of hij rust op een door de zon helder belicht en warm rotsblok waarop hij wat kleur betreft gelijkt. En een breuk ('faille') in dat oppervlak, die de communicatie met de (kort gezegd) prehistorie mogelijk maakt, leidt er tevens toe dat, gedwongen, een nieuw woord verzonnen wordt: 'D'où le lézard s'alcive (obligé d'inventer ce mot)'.[3]

Uit dezelfde onvolkomenheden in het oppervlak (spleten en kieren) die de omgeving van de hagedis sieren en mogelijk maken, worden nieuwe momenten (woorden: s'alcive) geboren. Waar je denkt met een effen, smetteloos witte pagina of de ononderbroken structuur van een organisatie van doen te hebben, daar schuilt onder de schijnbaar gladde huid een historie die het oppervlak allengs gebroken heeft, hersteld en weer gemaakt. Elke bladzijde vertoont sporen en is al eens beschreven, zo luidt het bij Ponge. Als een palimpsest. Juist de haperingen in de wereld, dat systeem, een 'falen' dat eveneens immanent is aan de taal waarmee de wereld onlosmakelijk verbonden is, maakt creëren mogelijk. Je moet de mogelijkheden alleen in het leven roepen en zichtbaar maken. Of zien.

Vos ziet en maakt zichtbaar. Zij roept een momentane schittering in het leven: dat ene verbazingwekkende ogenblik, hoe efemeer ook, waarin het systeem tijdelijk zijn miniem falen toont. De knipoog die, zoals Duchamps toevoegingen aan Da Vinci's *Mona Lisa*, vereeuwigd wordt in Vos' werken, kan gelezen worden als een vriendelijke, enigszins iconoclastische geste.[4] Tegelijkertijd wordt, bewust of onbewust, een hommage gebracht aan de hand van de meester (Da Vinci of de kunstgeschiedenis in het geval van Duchamp, een architect of de gebruikers van een gebouw, een plek of een situatie in het geval van Vos) die het systeem getekend heeft. Dit paradoxaal beladen moment, dat, kort, samenvalt met de open plek ('faille') in het normaliter naadloze systeem, verplaatst zich, telkens weer: van de oplichtende letters en woorden naar de gevel of glazen wand waaruit ze tevoorschijn komen (*Lokroep/The Painted Chat*, *Le Poème Electronique 2*), van de concrete situatie waarin en waarop de woorden reflecteren (het bedrijventerrein Westpoort, het Amsterdamse hoofdkantoor van Philips) naar de gespiegelde gestalte van de toeschouwer die naar de woorden kijkt (*Le Poème Electronique 2*, maar ook *Killroy Was Here*). Naar zijn of haar verbeelding, een aaneenschakeling van dromen, gevoelens en gedachten die tijdelijk verstoord wordt door de quasi-chemische reactie tot stand gebracht door het lezen van dat ene woord: s'alcive, 'schatje', 'kusjes', 'L.H.O.O.Q.'.

Niet alleen de letters herken je, als vanzelfsprekend. Ook de materialen waarmee ze in Vos' installaties geschreven zijn: leds, neon, licht. Aan en uit. Elders worden er aanbiedingen, weersverwachtingen en openingstijden mee geafficheerd. Deze materialisatie van de *tags* en titels gaat ongemerkt over in het leven van de passant en onderstreept, geruisloos, de terloopsheid van de uitspraken. Niet alleen een sluimerende, verschijnende en weer verdwijnende betekenis, maar ook een complex technisch kunnen en een langdurig voorbereidend proces liggen verborgen in de, letterlijk, schitterende installaties van Giny Vos. Haar vocabulaire gaat verder dan het puur talige van de taal en impliceert haar verschijningsvorm. In haar werken vult de U van het woord 'cruche' (kruik) zich met water, om nogmaals met Francis Ponge te spreken.[5] Woord en wereld, taal, techniek en 'ding' naderen elkaar. Tot op het moment dat ze, bijna, met elkaar versmolten zijn. Of breuken gedicht zijn en gaten gevuld, al is het maar voor een moment.

<hr>

[1] Michel Foucault, 'This is Not a Pipe', in: *Aesthetics, Method, and Epistemology*, red. James D. Faubion, Londen: Penguin books, 2000, p. 187-203. Oorspronkelijk verschenen in *Les Cahiers du chemin* 2 (15 januari 1968), p. 79-105.

[2] Jean Baudrillard, *L'échange symbolique et la mort*, Parijs: Éditions Gallimard, 1976, p. 289.

[3] 'Le Lézard suppose donc un ouvrage de maçonnerie, ou quelque rocher par sa blancheur qui s'en rapproche. Fort éclairé et chaud. Et une faille de cette surface, par où elle communique avec la (parlons bref) préhistoire... D'où le lézard s'alcive (oblige d'inventer ce mot).' Uit: 'Le Lézard' (1945–47), in: Francis Ponge, *Pièces*. Parijs: Éditions Gallimard, 1961 (2007), p. 83-87.

[4] In een interview met Herbert Crehan noemt Duchamp de geste iconoclastisch, maar hij ziet de dadaïsten ook als pacifisten. Dit 'pacifistisch iconoclasme' lijkt van toepassing op Vos, wier uitspraken nooit scherpe commentaren vormen en vriendelijk van toon blijven. In: Arturo Schwarz, *The Complete Works of Marcel Duchamp*, New York: Delano Greenidge, 2000, p. 670.

[5] 'Pas d'autre mot qui sonne comme cruche. Grâce à cet U qui s'ouvre en son milieu, cruche est plus creux que creux et l'est à sa façon. C'est un creux entouré d'une terre fragile: rugueuse et fêlable à merci.' Zo luiden de eerste regels van 'La cruche' (1947), Ponge (zie noot 3), p. 92-94.

Transported to the spectator's imagination, they form a sequence of dreams, emotions and ideas that is temporarily disturbed by the almost chemical reaction provoked by reading that one word: '*s'alcive*', 'schatje', 'kusjes', 'L.H.O.O.Q.'.

You recognise the letters automatically, but also the materials with which they are written in the artist's installations: LED lights, neon, electric light. On and off. In other contexts they are used to advertise special offers, present weather reports or display opening hours. This materialisation of the tags and titles is imperceptibly incorporated in the life of the passer-by and silently underlines the casualness of the statements. Not only a latent meaning that appears and disappears again, but also a complex technological ability and a long process of preparation are concealed behind the literally sparkling installations of Giny Vos. Her vocabulary extends beyond the purely linguistic dimension of language and implies its phenomenal form. To cite Francis Ponge again, in her works the U of the word 'cruche' (pitcher) is filled with water.[5] There is a rapprochement between word and world, language, technology and thing until the moment when they are almost fused, or gaps are filled and holes are mended, if only for a moment.

<hr>

[1] Michel Foucault, 'This is Not a Pipe', in: *Aesthetics, Method, and Epistemology*, ed. James D. Faubion, London: Penguin Books, 2000, pp. 187-203. First published in *Les Cahiers du chemin* 2 (15 January 1968), pp. 79-105.

[2] Jean Baudrillard, *L'échange symbolique et la mort*, Paris: Éditions Gallimard, 1976, p. 289. English translation: *Symbolic Exchange and Death*. London: Sage, 1993.

[3] 'Grasweer' is literally 'grass-weather' in English.

[4] 'Le Lézard suppose donc un ouvrage de maçonnerie, ou quelque rocher par sa blancheur qui s'en rapproche. Fort éclairé et chaud. Et une faille de cette surface, par où elle communique avec la (parlons bref) préhistoire... D'où le lézard s'alcive (obligé d'inventer ce mot).' From: 'Le Lézard' (1945–47), in: Francis Ponge, *Pièces*. Paris: Éditions Gallimard, 1961 (2007), pp. 83-87.

[5] In an interview with Herbert Crehan, Duchamp called the gesture iconoclastic, but he also regarded the Dadaists as pacifists. In: Arturo Schwarz, *The Complete Works of Marcel Duchamp*, New York: Delano Greenidge Editions, 2000, p. 670. This 'pacifist iconoclasm' seems to apply to Vos as well, whose statements are never caustic comments and maintain a friendly tone.

[6] 'Pas d'autre mot qui sonne comme cruche. Grâce à cet U qui s'ouvre en on milieu, cruche est plus creux que creux et l'est à sa façon. C'est un creux entouré d'une terre fragile: rugueuse et fêlable à merci.' Thus the first lines of 'La cruche' (1947), Ponge (see note 3) pp. 92-94.

Biography and Bibliography

Giny Vos
Rotterdam, 1959

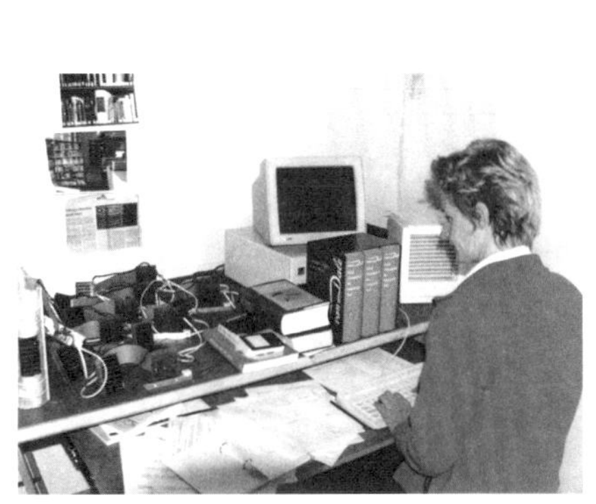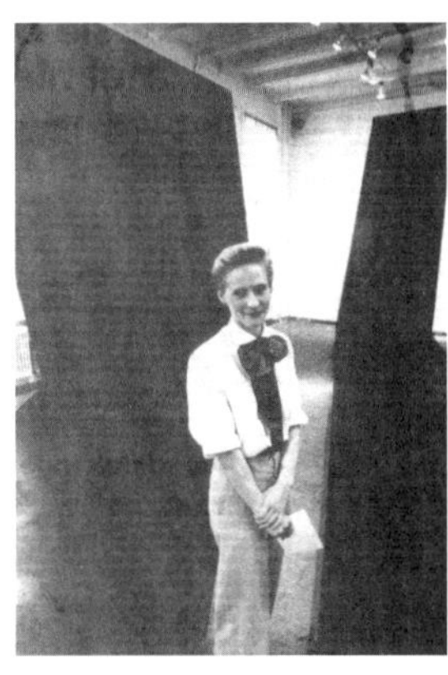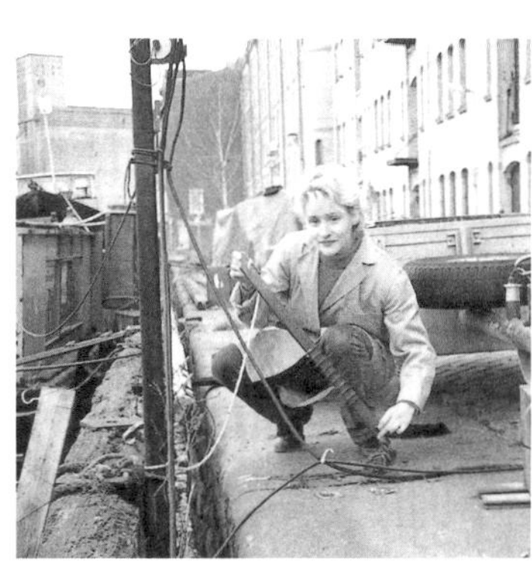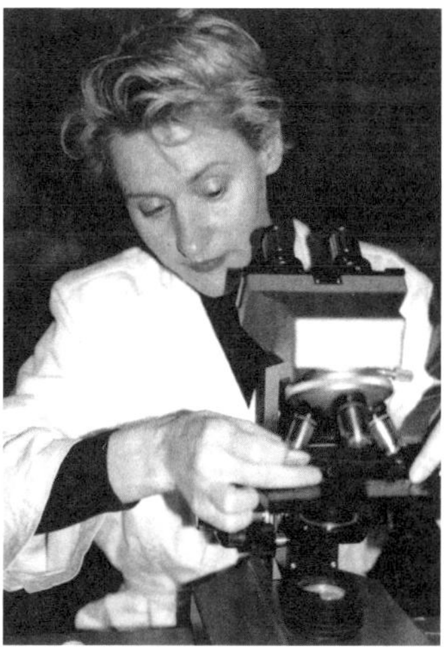

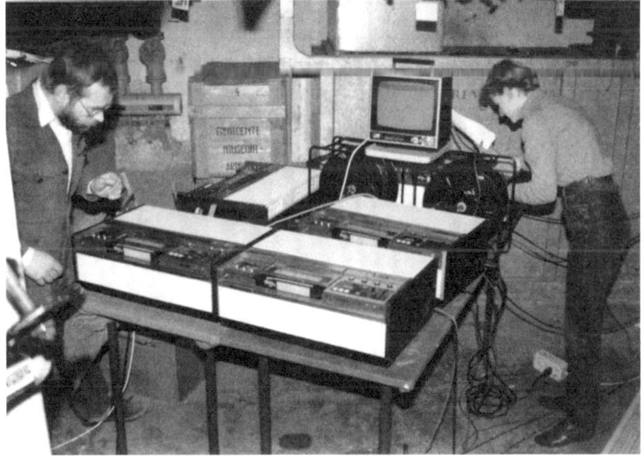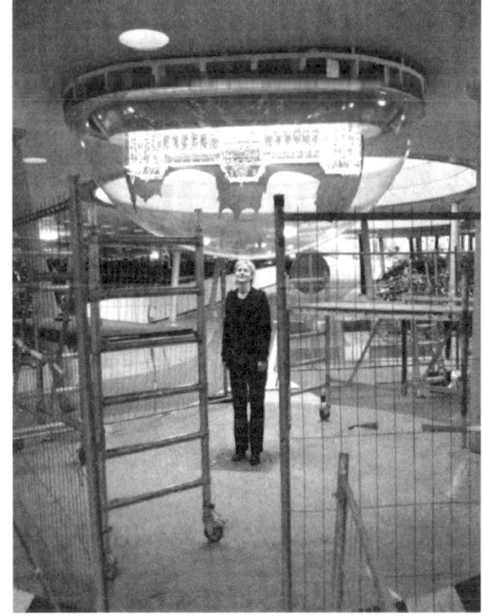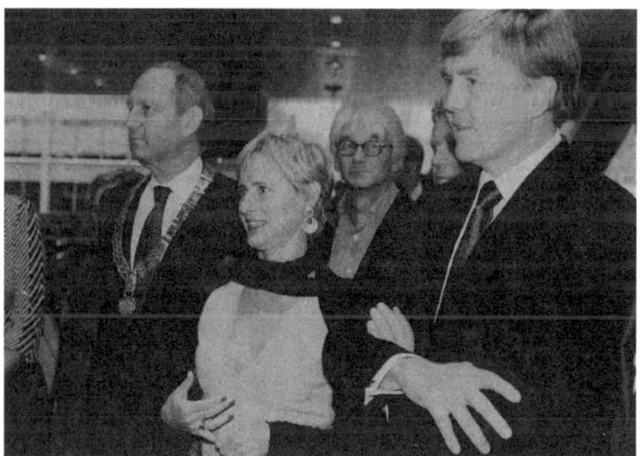

1988 — 1990
Rijksakademie van Beeldende
Kunsten, Amsterdam

1985 — 1988
Gerrit Rietveld Academie,
Amsterdam

Projects

2009
White Noise, The handwriting of the universe, KPN tower, Amsterdam
Kristalpaleis/Crystal Palace, Elicium RAI, Amsterdam
New Face, 'IAMA1' campaign, Azelo interchange
Short Circuit, Tedco building, Toronto (CA) (sketch)
Radio Data, Tilburgse Kunststichting, 3 railway tunnels in Tilburg (sketch)

2008
Brainstorm, townhall, Nieuwegein (sketch)
Miracle in between, '48°C Public Art Ecology', Delhi (India)
Travelling Sand, railway station, Apeldoorn
Second Thought, Stadsbalkon, railway station, Groningen

2007
Merktekens van merkwaardigheid, ring road, Tilburg (sketch)
De wind blaast af en toe imaginair door het gebouw, Malberg, Maastricht (sketch)
Zieben leuchte stucken, Muziekgebouw, Enschede (sketch)
The Illuminated Room, Limos site, Nijmegen

2006
Ministry of Finance, Michiel de Ruyter coin design (sketch)
Körper in Körper, SportPlaza, Amsterdam
Solar Treasure, Royal Dutch Shell head offices, The Hague
Lokroep/The Painted Chat, Westpoortbeheer, Amsterdam
Time Is on My Side, Atelier HSL (sketch)

2005
Hydrometeoor, AMC, Amsterdam (sketch)
Datazwerver, Library, Hengelo (sketch)
Kenner, TNO, Delft (sketch)

2004
Black Light, Kunstenlab, Deventer
Het oog van de cycloon, TU Twente Campus, Enschede (sketch)
Fenomeen, made for a combined police and fire station, Culemborg (sketch)

2003
Spacesaver, Hogeschool Domstad, Utrecht
Oost West Thuis Best, shopping centre, Woerden

2002
Le Poème Electronique 2, Philips International head offices, Breitner tower, Amsterdam
De Apostelen, Carnisseveste, Barendrecht (sketch)

2001
Sjoert Daor, City Office, Tilburg

2000
Lust for Life, Museum Naturalis, Leiden
Another Red Letter Day, Sprengeloo comprehensive school, Apeldoorn

1999
What Are Words Worth, Cals College, IJsselstein

1998
Raamvertelling, urban distric office, Amsterdam-Noord *Poetry Garden,* De Hoorn swimming pool, Alphen aan den Rijn

1996
Gate of Paradise, Nienoordcollege, Leek
Waar kan ik u mee van dienst zijn, shopping centre Heyhoef, Tilburg

1995
Head Room, Algemeen Rijksarchief, The Hague

1994
Elke seconde paraat, Haagse Brandweer fire department, The Hague (sketch)

1993
Time and Time Again, Winschoter Dollard College, Winschoten

1988
12 sculpturen met bewaking – een beeld voor de suppoost, Stedelijk Museum Schiedam

1985
Work to Do, Marconiplein, Rotterdam

Exhibitions

2010
'LED', BKKC, Tilburg

2008
'Fright Light', galerie Jos Art, Amsterdam

2007
'Signal', Centrum kunstlicht in de kunst, Eindhoven 'Moedervlekken', De Veemvloer, Amsterdam

2005
'xxxx de Lux', Zoersel, Antwerp (B)

2003
'30 jaar Nederlandse videokunst', Netherlands Media Art Institute/ Nederlands Instituut voor Mediakunst, Amsterdam
'Beweging', Kunst en Cultuur Noord Holland, NEMO, Amsterdam
'Observaties', VVKH Architecten, ABC Architectuurcentrum, Haarlem

2002
'Sold', Jim Beard Gallery/Christie's, Amsterdam
'Sleutelwerken', Arti et Amicitiae, Amsterdam

2001
'In het Veem', De Veemvloer, Amsterdam
'To Go To: A Public Space Odyssey', Hortustunnel, Amsterdam

2000
'Hollandische Welle', Städtische Museen, Jena (D)

1999
'Waardige Zaken', Museum Waterland, Purmerend

1998
'Zelfportretten', Arti et Amicitiae, Amsterdam
'Auto Mobiel 3', De Veemvloer, Amsterdam
'Vitrine', ABN-AMRO, Amsterdam
'De stad in de kamer', Museum Jan Cunen, Oss

1997
'The Things That Dreams Are Made Of', Galerie Oele, Amsterdam

1996
'Gastheerschap' De Veemvloer', Amsterdam
'City Space/Here is Looking at You', Cultural Capital, Copenhagen (DK)
'Stromingen langs de Rijn', Museum voor Moderne Kunst, Arnhem

1995
'Babbage Dream', Centrum Beeldende Kunst, Groningen

Prizes

'35 synchroon', galerie d'Eendt, Amsterdam
'Voorjaars Salon', Arti et Amicitiae,
Amsterdam
'Vlinderslag', Zuiderbad, Amsterdam
'Obsessions, van Wunderkammer tot Cyber-
space', Rijksmuseum Twenthe, Enschede

1994
'Headroom', Galerie René Coelho,
Amsterdam
'Traject', De Werfkelders, Utrecht

1993
'Tijdelijk Asiel', Arti et Amicitiae,
Amsterdam
'Vrij Spel', Museum voor Moderne Kunst
Arnhem
'Imago', National Museum of Contemporary
Art Taipei (RC); Hara Museum Arc, Gunma
(JP)
'Limited Space', Schouten & de Vries,
Haarlem
'Portretten', Loerakker Galerie, Amsterdam
'De kracht van het heden', Loods 6,
Amsterdam
'Kunstbeurs', Stedelijk Museum Schiedam

1992
'Imago, fin de siecle in Dutch contempor-
ary art', Edificio da Alfândega do Porto
(PT), World Expo, Sevilla (ES)

1991
'Private Eye', Arti Amicitiae Amsterdam;
Kritzraedhuis, Sittard
'Fons voor binnen', galerie Fons Welters,
Amsterdam
'Dialogue sur l'herbe', De gang De tuin,
Beuningen
'Imago: fin de siecle in Dutch
Contemporary Art', Slovenská výtvarná
únia, Bratislava (SI); Mücsarnok,
Budapest (H); Palau de la Virreina,
Barcelona (E)

1990
'Dutch Interiors', Tokyo Biennale,
Metropolitan Art Museum Kyoto (J);
Municipal Art Museum Tokyo (J); Centraal
Museum, Utrecht
'AV IS', Museum Fodor, Amsterdam
'Tegenover', Sweelinck Conservatorium,
Amsterdam
'A-dam/Berlijn-West/DDR/Madrid', Facultad
de Bellas Artes de la Universidad,
Madrid (S); Rijksakademie, Amsterdam
'Imago: fin de siecle in Dutch
Contemporary Art', KunstRAI, Amsterdam;
Aivac, Locarno (CH)

1989
'Euere Gunst Unser Streben',
'Amsterdam-Berlin (DDR)-Madrid-Berlin
(West)' Bahnhof Westend, Berlin (D)
'Bien Trouvé', Museum voor Moderne Kunst,
Arnhem

1988
'Nature Morte', Galerie René Coelho,
Amsterdam
'Nederland 4, 'Stedelijk Museum', Het
Prinsenhof, Delft
'Visies in Video', Peristiel, Amsterdam

1987
'National Signals', De Balie, Amsterdam
'Film en Video Festival', Shaffy Theater,
Amsterdam

1986
'De Aanloop', Aorta, Amsterdam
'Bij het IJ', Y-tech, Amsterdam
'AVE '86', De Gele Rijder, Arnhem

1984
'Golden Years', Delft

2004
Witteveen+Bos-prijs voor Kunst + Techniek

1992
Prix de Rome, semi-finalist in Art
and Public Space

1988
Prins Bernhard Cultuurfonds, Cultuurfonds
grant

Bibliography

2010
Sandra Spijkerman, 'Poëtische bescheiden-
heid op monumentaal formaat', *Kunstbeeld*
Christine Baart, 'Grote kunst met kleine
lampjes', *Trouw*

2009
Elizabeth Lynch, 'Second Thought',
Sculpture Magazine
'KPN-toren na jaar officieel geopend met
sterrenhemel', *Het Parool Language in
Art/Taal in kunst*, Poetry International
Festival, Rotterdam (cat)
'Hoger', *Het Financieele Dagblad*
Monica Aerden, 'Pas op de Hydra', *Mister
Motley*

2008
Lennart Dost, 'Olijke bol geeft oude sta-
tion even glans terug', *de Volkskrant*
Marcel Wichers, 'Dracula onder het
Stadsbalkon', *Universiteitskrant
Groningen*
Jan Schlimbach, 'Station nu ook te zien
in stadsbalkon', *Dagblad van het Noorden*
Pauline Sepers, 'Aan/uit: Giny Vos over
werken met licht in de openbare ruimte',
Kunstlicht
Sandra Spijkerman, 'Verlicht Veluws Zand',
Kunstbeeld
Sandra Smets, 'Giny Vos over digitale
kunst in de openbare ruimte, *NRC
Handelsblad*
Kirsten Hannema, 'Dynamic yet tranquil',
A10 magazine
Rob van der Bijl, 'Poort naar de Veluwe',
De Blauwe Kamer
Daria Ricchi, 'Art for Architecture's
Sake', *Materia* Recent Projects interna-
tional, *Public Art Review*
Elizabeth Lynch, 'Traveling Sand',
Sculpture Magazine

2007
Kees Keijer, 'De helicopter van James
Bond in lichtbeelden', *Het Parool*
Erik Luermans, 'Scaleshapes', *LucasX*
Bert Felix, 'Eerste zand waait op sta-
tionsplein', *De Stentor*

2006
Sandra Smets, 'Dagdroom in Niemandsland,
NRC Handelsblad
Joost Zonneveld, 'Lichtpuntjes breken de
blokkendoos open', *Het Parool*
Nienke Oort, 'Woorden Verlichten
Westpoort', *De Telegraaf*
Sandra Spijkerman, 'Beelden Buiten',
Kunstbeeld, no. 6
Ineke Hof, 'De Zonneschat', *Interview*,
no. 101

2004
Marten Heijs, 'In principe is alles
mogelijk', *Witteveen + Bos Nieuws*
Jeroen Boomgaard, 'Onhaalbaarheid als
ideaal', *Open*, no. 5
Jaap Faber, 'Profiel', *Technisch Weekblad*
Sacha Bronwasser, 'Kritische keuze',
Vrij Nederland
Sandra Bos, 'Giny Vos zoekt naar dy-
amiek', *De Stentor*
Jorinde Seijdel, 'Tikto! Over de rol
van techniek in het werk van Giny Vos',
*Wittteveen+Bos prijs voor
Kunst + Techniek 2004. Giny Vos* (cat)
'Kunst + Techniekprijs 2004 voor Giny Vos',
Rotterdams Dagblad
Bert Felix, 'Reizend zand, muziek met het
ritme van de dag', *Apeldoornse Courant*

2003
Bruno van Wayenburg, 'Nieuw licht',
NRC Handelsblad

2002
Sandra Spijkerman, 'Nieuwe Beelden
Buiten', *Kunstbeeld*

2001
'Kunst in rijksgebouwen: Lust for life',
Smaak
Slavko Kacunko, *Closed Circuit
Videoinstallationen*, Berlin: Logos Verlag
(cat)
Joep Eijkens, 'Om de hoek', *Brabants
Dagblad*
Nadine Bors, 'Licht en dynamiek als eigen-
zinnige spiegel', *KM*, no. 46

2000
Lesley Gieten, 'Lichtkunstwerk doet het
weer', *Leidsch Dagblad*
Sandra Spijkerman, 'Kleurige eencelligen
sieren de toren van Naturalis', *Leidsch
Dagblad*

1999
Henk van Renssen, 'Kamers gevuld met
kleuren en pillen', *de Volkskrant*
Pablo Cabenda, 'Schone Schijn', *Leidsch
Dagblad*

Cornel Bierens, 'Dans der eencelligen',
Lust for Life. Giny Vos (cat)
Pietje Tegenbosch, 'Arsenalen van
verleden, heden en toekomst', in: *Waardige
Zaken*, Haarlem: Kunst en Cultuur Noord-
Holland (cat)
Paola van de Velde, 'Wonderlijke kamers
in Noord-Holland', *De Telegraaf*

1998
Pablo Cabenda, 'Nu vette vingerafdruk
straks hi-tech oersoep', *Leidsch Dagblad*
Mynke Buskens, 'De stad is een tekst,…',
in: *De stad in de kamer*, Oss: Museum Jan
Cunen (cat)

1997
Marina de Vries, 'Een kasteel in New
York', *Het Parool*
Bianca Stigter, 'Giny Vos', *NRC
Handelsblad*
Jorinde Seijdel, 'Tussen droom en werke-
lijkheid', *Het Financieele Dagblad*
'In the picture', *CJP Magazine*

1996
Hanne Hagenaars, 'Ik werk altijd', *Bulle-
tin Fonds Beeldende Kunsten*, no. 6
Erwin Wijman, 'Middeleeuws luchtkasteel
boven New York', *de Volkskrant*
Cees Straus, 'Kopenhagen relativeert
belang westerse kunst', Trouw
Cees Straus, 'Kunst, Giny Vos', *Musis*

1993
Marie-Adele, 'Ranjandream', in: Willemijn
Stokvis & Kitty Zijlmans (eds), *Vrij
spel: Nederlandse kunst 1970*, Amsterdam:
Meulenhoff (cat)
Cor Blok, 'Oudegracht 233', *Traject*,
Utrecht (cat)
Roel Verhallen, 'Introductie', *In – Uit,
Giny Vos*, [s.l.] (cat)
Janneke Wesseling, 'Sprekende spiegels',
NRC Handelsblad
Ineke Schwartz, 'Geknars in het Hollands
geheugen', *de Volkskrant*

1991
Dick Slootweg, 'Grensscène op een Gelders
gazon', *de Volkskrant*
Catherine van Houts, 'Portret van ik',
Het Parool
Henriette Heezen, 'Giny Vos', in: *Dialogue
sur l'herbe: Een keuze van Luc Deleu en
Alexander Vos*, Beuningen: De Gang – De
Tuin (cat)

1990
Maurice Nio, 'A zebra breating down
your Neck', in: *Imago: Fin de siècle in
Dutch Contemporary Art*, The Hague: ICN/
Amsterdam: NIMk (cat)
Jetteke Bolten Rempt, 'Als een kunstenaar
het kijkveld een beetje kan verbreden',
AV IS (cat)

1988
Marie-Adèle Ranjandream, 'Work to Watch',
Mediamatic

Broadcast

2010
Avro Kunstuur, 4 Art (interview by
Valentijn Byvanck)

2009
Avro Kunstuur, 'Kunst van de Straat:
Second Thought'
Avro Kunstuur, 'Kunst van de Straat:
Reizend zand'

1999
Avro Kunstblik (studio visit by Liesbeth
Brandt Corstius)

Other activities

2010
Advisory committee Beeldende Kunst en
Vormgeving, City of Utrecht

2007
Jury membership René Coelhoprijs,
Netherlands Media Art Institute/
Nederlands Instituut voor Mediakunst,
Amsterdam

2004–2008
Supervisor Kunstplan Scaleshapes,
Eemkwartier, City of Amersfoort

2005
Temporary lecturer Frank Mohr Instituut,
Groningen 2003
Committee member Beeldende Kunst-
opdracht, Municipality of Breukelen

2001
Examiner finals, former audiovisual
department, Gerrit Rietveld Academie,
Amsterdam
Teacher, VAV, formerly audio-visual,
Gerrit Rietveld Academie, Amsterdam

Locations are in the Netherlands,
unless otherwise indicated

List of Works

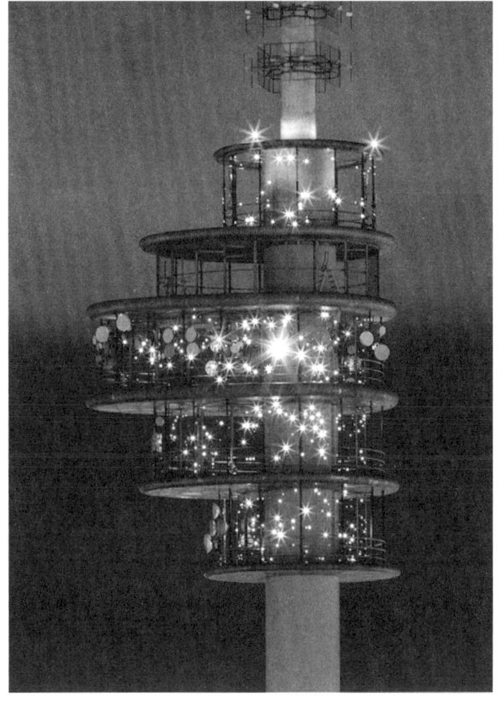

White Noise, 2009

galvanised steel
1044 LEDs
computer
4 platforms
Ø 50 x 20 m

The handwriting of the universe. As dusk
falls, a constantly changing image made
up of stars and planets appears on the
telecommunications tower of the South
Axis (Zuidas) in Amsterdam – a twinkling
universe, through which meteorites flash
by and in which small explosions take
place. Sometimes codes made up of letters and figures appear in this galaxy
as signs of human communication.

Location: telecommunications tower, South
Axis (Zuidas) Amsterdam
Client: Virtueel Museum Zuidas,
Amsterdam; KPN, Amsterdam
Architect: Christof Schwencke (AGS
Schwencke Rosbach Architects)
Production: Rena Electronica, Janis
Pönisch, Konstantin Leonenko
Digital animation: Bram Verhavert
Photography: Gert Jan van Rooij

See pages: **6-17**, 35, 59-62, 65-67,
69-71

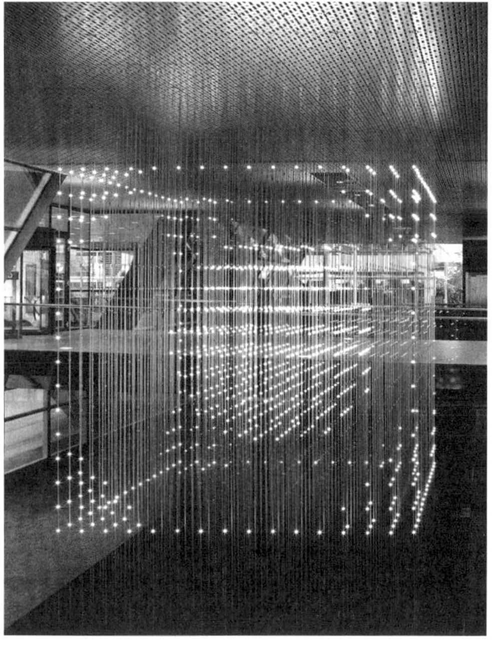

Kristalpaleis/Crystal Palace, 2009

256 aluminium tubes
4096 light dots
each made up of 6 white LEDs
computer
8 x 5 x 5 m

The work *Crystal Palace* is located at
the entrance to the Elicium by Benthem
Crouwel Architects – the new building
for the Amsterdam RAI exhibition and
conference centre. Recognisable spatial
objects appear in a cube consisting of
thin aluminium tubes and white LEDs.
A ceaseless stream passes by – a chair,
a vase, a house, a ball – all showing
off their seductive allure in a glitter-
ing display. Icons of our modern age,
they float magically and weightlessly
through space. They revolve on their
axes, collide with one another, lose
their shape, implode or disintegrate.

Location: Elicium, RAI, Amsterdam
Client: Amsterdam RAI
Architect: Mels Crouwel (Benthem Crouwel
Architects)
Production: Yens & Yens, Bram Verhavert,
Bart-Jan Hooft
Photography: Gert Jan van Rooij

See pages: **18-30**, 32, 33, 63-67, 70

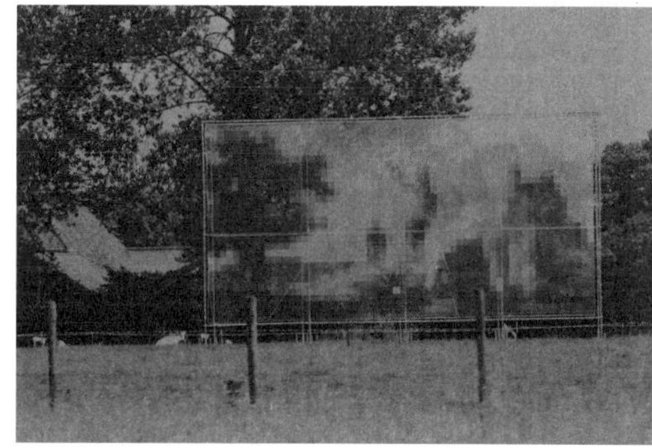

New Face, 2009

mesh banner
8 x 16 m

New Face, located beside the A1 motorway
at the Azelo junction, was implemented
in connection with the IAMA1 art project organised by Kunstenlab Deventer.
The work consists of a large, semi-
transparent mesh banner stretched tight
showing an abstract representation of a
landscape. It is a montage of new and
old landscapes that have been merged in
coarse pixels.

Location: beside the A1 motorway at
the Azelo junction
Exhibition: IAMA1 art project
Client: Kunstenlab, Deventer
Production: Roned de Hanzeprinterij, Mark
Jooren, Anne Marleen Olthof
Photography: Shinji Otani

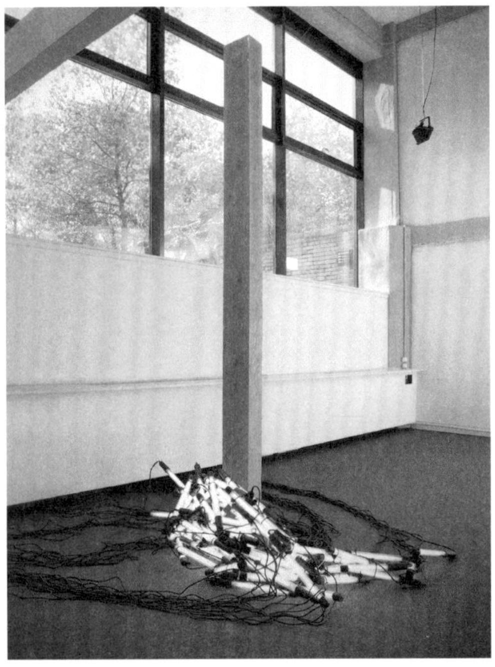

Fright Light, 2008

80 portable lights
2.80 x 2 x 2 m

An insect made of 80 construction lamps
is lying on the ground next to its
pedestal.

Location: Galerie Jos Art, Amsterdam
Exhibition: '12 kunstenaars uit het
Oostelijk Havengebied' [12 artists from
the Eastern Docklands]
Production: Bart-Jan Hooft
Photography: Gert Jan van Rooij

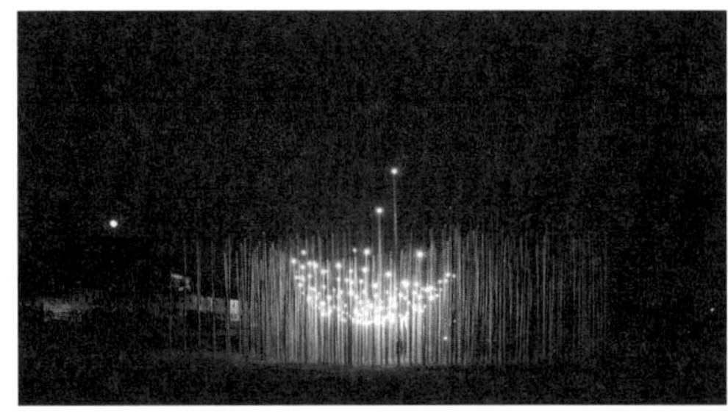

Miracle in between, 2008

500 bamboo poles
180 light bulbs
DMX mixer
5 x 21.5 x 19 m

The work is located on a vast public
terrain, Ramlila Ground, between Old and
New Delhi. The installation has the form
of a grid made of five hundred bamboo
poles of different heights. Lights are
attached to the tops of some of the
poles. Together these light points render
a three-dimensional drawing of a simple
boat. The light intensity of the lamps
increases and decreases in a changing
rhythm, making the boat seem to move.

Location: Ramlila Ground, Delhi (IND)
Exhibition: '48°C Public Art Ecology'
Production: Bart-Jan Hooft, KHOJ
International Artists Association,
Niki Clerx
Photography: Bart-Jan Hooft
Special thanks to: Els Reijnders
Support: Mondriaan Foundation, Amsterdam

See pages: 44-49, 63, 119

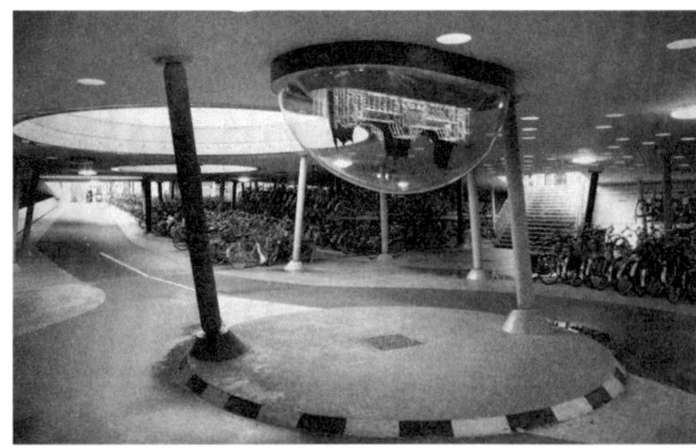

Second Thought, 2008

plexiglass
wood
aluminium
LEDs
microcontroller
1.35 x 3 x 2 m

A snow globe is suspended, upside down,
from the ceiling below the forecourt
(Stadsbalkon) of the station in Groningen.
Every few minutes an image of the station is revealed as a crystalline light
structure before disappearing in a cloud
of illuminated snowflakes and passing
into its own shadow. Second Thought is a
response to the visible tension that has
arisen between the new forecourt and the
station. The station has an enchanting
appearance, but the shadow engulfs it
time and time again like an ominous bat.
As a snow globe is often a souvenir en-
capsulating a memory of a place, Second
Thought is a reflection of the change in
this specific place.

Location: Stadsbalkon, Groningen Station
Client: CBK Groningen
Architect: Kees Christiaanse
Production: Yens & Yens, Niki Clerx,
Bart-Jan Hooft
Photography: Gert Jan van Rooij

See pages: 36-43, 118

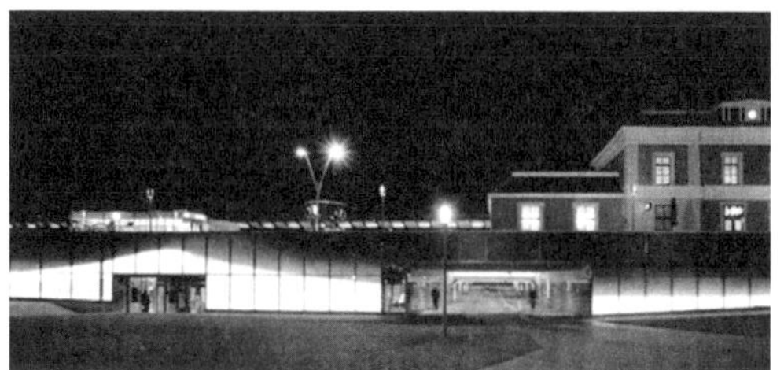

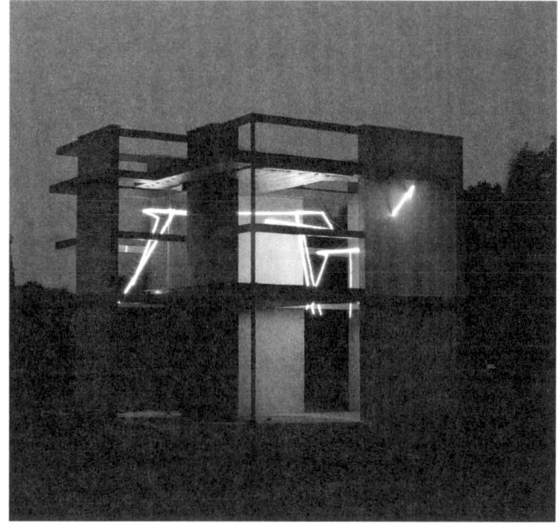

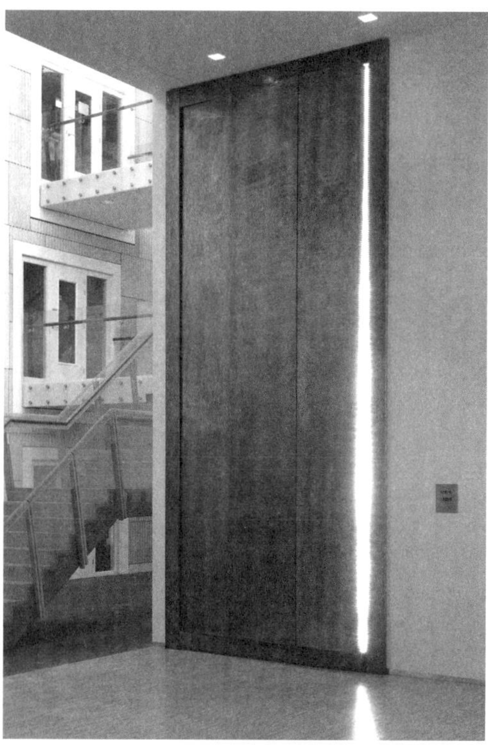

Reizend zand/Travelling Sand, 2008

etched glass
computer and 1.3 million LEDs
4 x 100 x 0.15 m

Shifting sands, created by LEDs, play
across a large glass wall in front of
the railway station in Apeldoorn. They
turn into a surging sandstorm, or the
sand can be still a while, or whip up
gently, creating minimal changes in the
patterns of the landscape. Now and again
a gentle breeze rises, lifting the sand
and revealing an extremely fine layer
of whirling. The swirling sand can form
marvellous, constantly changing patterns.
On a larger scale, the landscape changes
as the sand hills slowly drift on. The
sand may lie in dunes to one side, an
impression reinforced by the basin-
shaped square. In moments of calm, the
patterns can also change with the movement of the sunlight that picks out or
obscures the contours of the sand hills.

Location: Stationsplein, Apeldoorn
Client: City of Apeldoorn
Landscape Architect: Lodewijk Baljon
Production: Rena Electronica, DGMR,
Hendriks Geveltechniek, Henk Wijnen
Digital animation: Bram Verhavert
Photography: Gert Jan van Rooij
Special thanks to: Jan van IJzendoorn
Support: Fonds BKVB, Amsterdam

See pages: 34, **50-58**, 66, 69, 120, 135

De verlichte kamer/The Illuminated Room,
2007

brick
concrete
steel
LEDs
8.5 x 7 x 6.5 m

There is an opened up building in the
Limos Park in which, when the street
lights are switched on, a luminous,
floating interior becomes visible. The
structure is a remnant of the officers'
quarters from the old barracks site.
Retaining part of the original building
– by sawing it free during the demoli-
tion work and then sawing open the walls
and floors – has caused the interior and
the exterior to merge. The structure is
open and closed, inhabited and uninhab-
ited, a sign of the opening up of the
site and a reflection of differing ideas
of private and public spaces.

Location: Limos Park, Nijmegen
Client: City of Nijmegen
Production: Bart-Jan Hooft, Van Mensvoort
Veghel BV, JVZ ingenieurs, Yens & Yens
Photography: Gert Jan van Rooij

See pages: **72-75**, 119, **132**

Zonneschat/Solar Treasure, 2006

copper
LEDs
microcontroller
7 x 3 m

When the heavy, 7-metre safe door in the
entrance hall of the Shell head offices
clicks open now and then, a bright,
pulsating light escapes through a chink.
The safe guards the stored solar energy.
A digital panel beside the door shows
the vast temporal dimension of the sun.
When the energy generated by the sun is
higher than consumption, the door opens.
In the work, 24 minutes stand for a day
of 24 hours, which means that, depending
on the energy generated, it is open for
a few minutes every 24-minute cycle.

Location: Royal Dutch Shell Head Offices,
The Hague
Client: Royal Dutch Shell, The Hague
Architect: Niek van Vugt
(Architectenbureau Ellerman Lucas van
Vugt)
Production: Yens & Yens
Photography: Gert Jan van Rooij

See pages: **92-97**, **134-137**

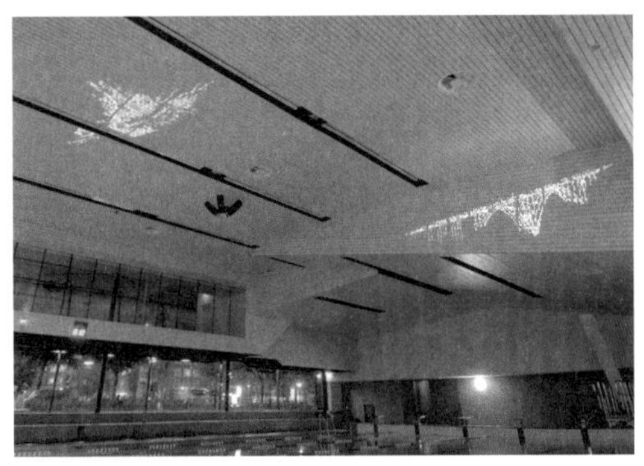

Körper in Körper, 2006

fibres and wood
white LEDs
computer
distributed over 6 locations
c. 150 m2

A roaming patch of light feels its
way across the walls and ceiling of a
swimming pool. The profiles of bridges,
structures from science fiction films
and other silhouettes appear in this
spotlight. These are 3-dimensional
projections that suddenly appear like a
mirage, are assembled line by line, or
are revealed in a flash, before bursting
apart. They are the cave paintings of
our times: in the fleeting light of the
electric torch, we do not see represen-
tations of animals, but images from our
contemporary mythology.

Location: SportPlaza, Amsterdam
Client: Stadsdeel De Baarsjes,
Amsterdam; Amsterdam Fund for the Arts
Architect: Ton Venhoeven (Venhoeven CS)
Production: Rena Electronica, Henk
Wijnen, Bram Verhavert, Bart-Jan Hooft,
Gustaaf Vos Tijmen Hauer, Gerbrand
Burger, Mireilla Misi, Janis Pönisch
Photography: René Gerritsen
Special thanks to: Derk Koster
Support: Fonds BKVB, Amsterdam

See pages: **76–81**

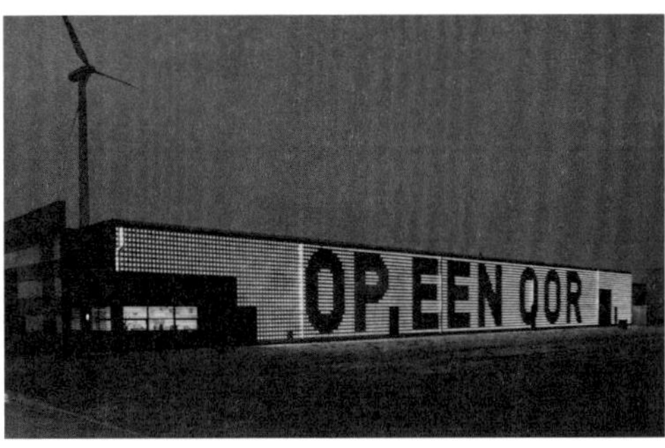

**Lokroep–The Painted Chat/Call–The Painted
Chat,** 2006

white LEDs
computer
6.5 x 76 m

White LEDs have been fitted to the profiled cladding along the entire length
of the facade of the Urban District
Council building. Switching off a number
of these LEDs creates voids that form
words. These words are constantly changing and in turn form series of words
that have an associative relationship
with the surrounding area, but that also
drift off into fictional terms. The façade is visible from the approach route
to the urban district council building
from the railway and from the trunk road
that runs alongside the building.

Location: Westpoortbeheer, Amsterdam
Client: Westpoortbeheer, Amsterdam;
Amsterdam Fund for the Arts
Production: Yens & Yens
Photography: Gert Jan van Rooij
Support: Mondriaan Foundation, Amsterdam

See pages: 33, 34, 63, 64, **82–88**, 117, 118,
134, 135, 154-156

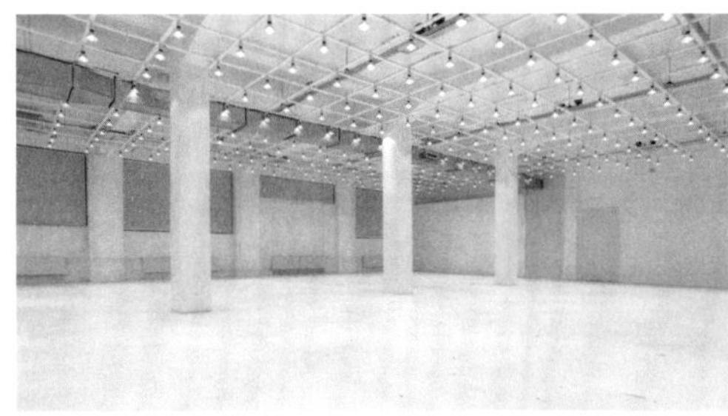

Zwart Licht/Black Light, 2004

340 light bulbs
light computer
sound installation with 6 speakers
3.5 x 18 x 16 m

The exhibition space in the Kunstenlab
was transformed into a brightly lit
laboratory. This space was filled by
the annoying 50-Herz noise that lamps
sometimes make, intermingled with vague
knocking and bonking sounds. The sounds
of the street could clearly be heard in
the background. When the excess of light
started to dim, a shadow was cast across
the floor and a sudden, black silence
filled the space. Both the excess of
light and the complete darkness conveyed
an oppressive, unavoidable feeling. The
transitions from light to dark and from
dark to light provided brief interludes
of relief.

Location: Kunstenlab Deventer
Exhibition: 'Giny Vos: Zwart Licht'
Production: Eriktronics, Aukes theater-
techniek, Marten Heijs, Vadi, Martin
Knaapen
Photography: Mick Visser
Special thanks to: Philips Nederland

See pages: **98–101**

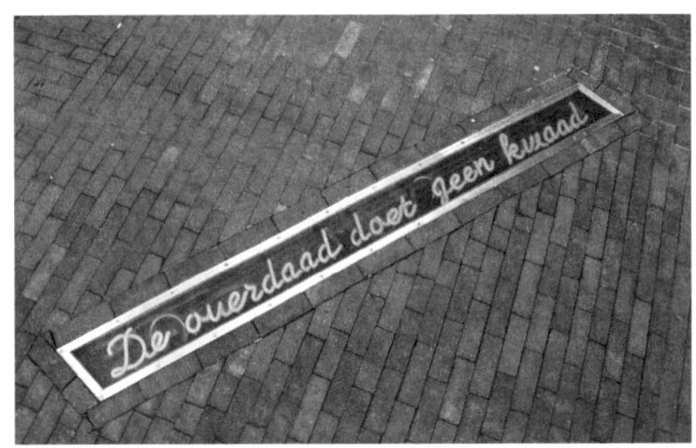

Oost West Thuis Best/There's no place like home, 2003

steel and neon
frosted glass
7 punctuation marks 1 by 3 m

In a newly built complex, the Snel en Polanen shopping centre, a sort of home is created by bringing in existing and invented conventional wisdoms about buying, shopping and greed. The maxims are inscribed in neon characters in the pavement of the shopping centre. The texts are written inside blown up punctuation marks such as a comma, a bracket or a narrow line. The punctuation marks look like jewels in the street. They are maxims like: 'Expensive is always beautiful' and 'What is your errand?'.

Location: Snel en Polanen shopping centre, Woerden
Client: City of Woerden
Architect: RPHS architecten
Production: Neon Weka, De Vindplaats, Rob Jongbloed
Photography: Gert Jan van Rooij

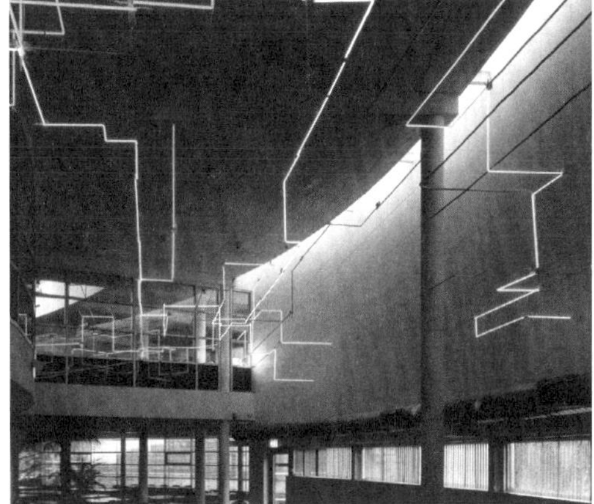

Spacesaver, 2003

neon tubes
computer
3 x 8 x 19 m

Thin tubes (1 cm) fill up with the colours white, red, yellow, blue and green in constantly varying patterns like the Microsoft screensaver. It is like a three-dimensional drawing in space, about a kilometre in length, that is mostly suspended. The screensaver on the computer is literally turned towards the canteen, the place where people take a break. The tubes fill up with colours in varying speeds and rhythms, meet, and sometimes remain in a certain form for several minutes. It is the transportation of a stream of information: a network.

Location: Hogeschool Domstad, Utrecht
Client: Hogeschool Domstad, Utrecht
Architect: Kees de Kat (JHK Architecten)
Production: Bossinade Lightworks, Neontime, Delta Installatie Techniek, Henk Wijnen, Rob Jongbloed
Photography: Gert Jan van Rooij
Support: Mondriaan Foundation, Amsterdam

See pages: **102–105**, 134

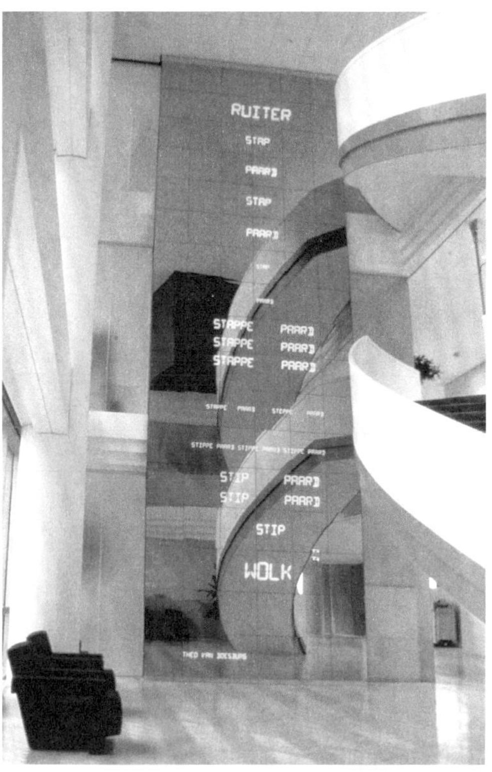

Le Poème Electronique 2, 2002

mirrors
LEDs
computer
10.5 x 3.6 m

Texts of varying sizes appear on a mirror wall in the lobby of the new Philips head offices building in Amsterdam, the Breitner Tower. The texts form a story about the world in the building, combining words from meetings at Philips, casual remarks, exclamations, and quotations from poems and texts about art. Poetry lies in the texts themselves, as well as in the rhythm and the way they appear. Without texts, the mirror seems to be an ordinary wall mirror that simply reflects the people that use the space.

Location: Philips International BV Head Offices, Breitner Tower, Amsterdam
Client: Royal Philips Electronics, Amsterdam
Architect: Louis Hoogveld (JHK Architecten)
Production: Rena Electronica, Jos Biemans, Veromco, Rob Jongbloed, Laurine ter Keurst
Photography: Gert Jan van Rooij

See pages: **106–111**, 134, 135, 137, 154–156

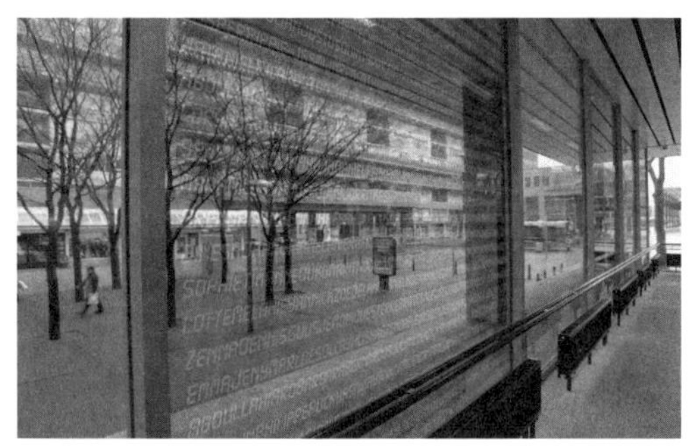

Sjoert Daor, 2001

transparent foils in red, green, blue,
orange and grey
22 windows of 3 x 4 m

Transparent foils with cut out texts in
red, green, blue, orange and grey have
been pasted to the totally glass wall of
the City Hall. The contents are related
to the activities in the building, a
state of mind, snatches of conversations,
the summing up of birth registrations,
poetry, an announcement, a story. These
window stories are aimed at the waiting
visitors as well as at the passers-by
outside. The texts and mirrored texts
can converge or combine.

Location: Stadskantoor, Tilburg
Client: Tilburgse Kunststichting, Tilburg
Architect: Ton van der Hagen
(Architecten Werkgroep)
Production: PD-reklame, Rob Jongbloed
Photography: Bart van Hattem

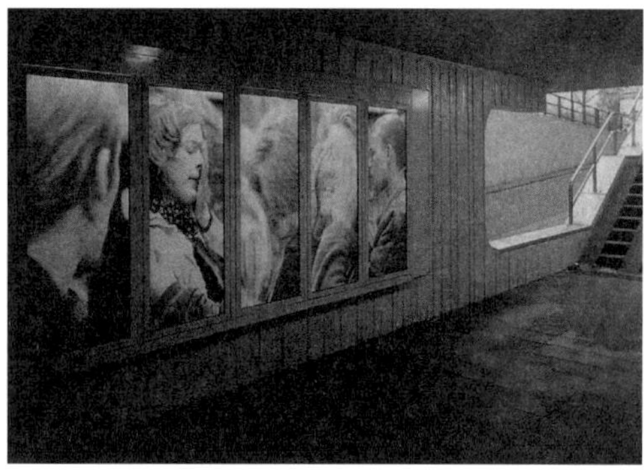

Lost and Found, 2001

prints on paper
noise
TL tubes
20 billboards: 215 x 80 cm

Lost and Found consists of 20 selected
stills from staged film clips filmed
at a station. They show people saying
goodbye, waiting, or being reunited. The
stills have a latent emotional charge.
Their format is adapted to the format
of the Hortus showcases and they are
backlit.

With: Rob Jongbloed
Location: Hortus tunnel, Amsterdam
Exhibition: 'To Go To: A Public Space
Odyssey'
Photography: Gert Jan van Rooij

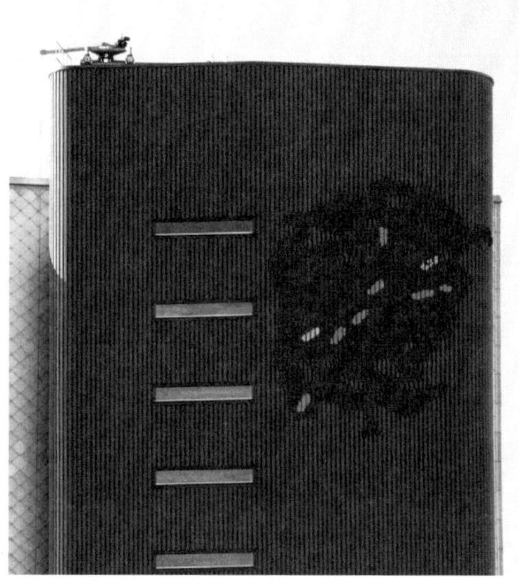

Lust for Life, 2000

100,000 red, green, yellow and blue LEDs
plastic and aluminium
computer
8.5 x 8.5 x 0.02 m

Like a drop of water seen through the
lens of a microscope, organisms move
across the tower of the Naturalis
natural history museum in Leiden in a
shape representing Lake Victoria. The
organisms bump into each other, multiply,
grow, chase, move away from each other,
and clone themselves. One moves slowly,
deliberately or quickly, the other only
quivers. Species die out or increase in
numbers. By studying a drop of water,
various organisms were selected for
their form or behaviour patterns. The
organisms were also assigned a character, which led to the final choreography
and dialogue that were written in a
specially developed computer programme.

Location: Museum Naturalis, Leiden
Client: Rijksgebouwendienst, The Hague
Architect: Fons Verheijen (architecten-
bureau Verheijen Verkoren, De Haan)
Production: Rena Electronica,
Rob Jongbloed
Photography: Gert Jan van Rooij

See pages: 33, 34, **112–115**

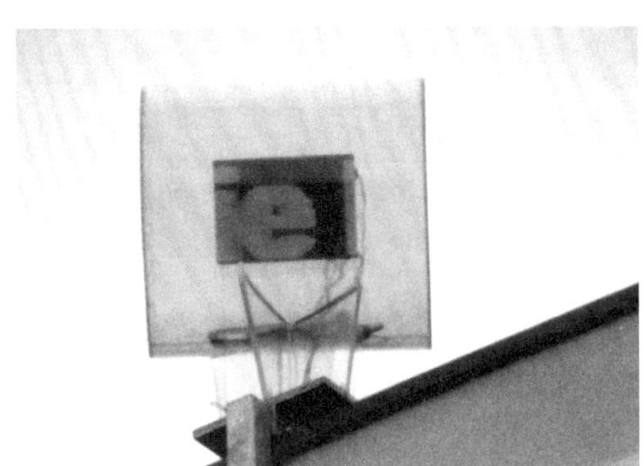

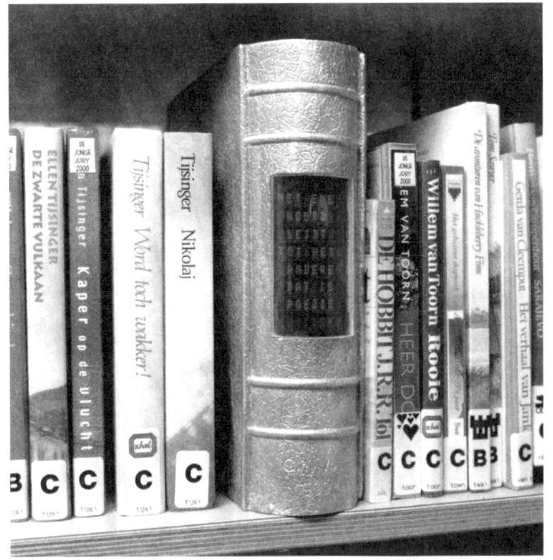

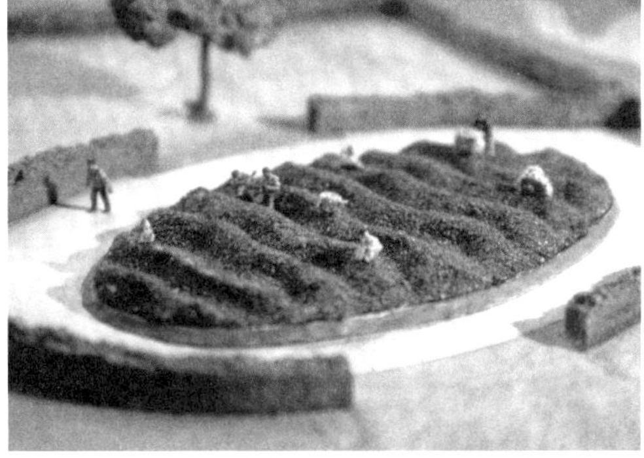

Another Red Letter Day, 2000

transparent perspex
LED panels and computer
85 x 85 x 85 cm
series of 8

8 different geometric forms are spread
around the roof of a school building.
Each transparent form contains a print
circuit-board with LEDs. Three-letter
words flash on and off in a rhythmic play
of light. Short phrases and sayings react to each other like instruments in an
orchestra or introductions to a theatre
piece. They appear imposing from the
building, like a building with thoughts.
Texts move periodically across the 8
forms from right to left, as if to keep
your attention.

Location: Scholengemeenschap Sprengeloo,
Apeldoorn
Client: Kunst en Bedrijf, Amsterdam
Architect: Groenschurink architekten
Production: Distab, Wientjes, Paul Jansen
Klomp, Henk Wijnen, Rob Jongbloed
Restoration 2004: Hollander bv, Distab
Photography: Gert Jan van Rooij

See page: 123

What Are Words Worth, 1999

aluminium
LED displays and computer
plexiglass
29 x 23 x 8 cm, series of 10

Ten thick 'dictionaries' are located
on the shelves of the bookcases in the
school multimedia centre. Cast in aluminium, with the print and relief of an
antique original, a LED panel is mounted
on the backs in curved plexiglass. The
books are conveyors of an alphabet that
rolls on in large capital letters and
stops seemingly at random at an arbitrary letter. Thus a word develops and
is then expanded with series of word associations in 8-sentence groups. The word
series are interrupted by announcements,
confusion, lines of poetry or messages.
A whole network of language marches by;
everything seems connected to everything else. It captures the essence of a
library, where associations are made and
knowledge is acquired by searching.

Location: Cals College, IJsselstein
Client: Kunst en Bedrijf, Amsterdam
Architect: De Jong Gortemaker Algra
architecten
Production: Mooie boeken, Bogart vof,
Rob Jongbloed, Paul Jansen Klomp
Photography: Peter Cox

See page: 124

Poetry Garden, 1998 (dismantled)

earth and grass
granite stones
LED displays
0.85 x 11 x 19 m

Stones with digital displays are placed
in high waves of grass in front of a
swimming pool. Texts appear and slowly
disappear on the displays. Like a moving beam of light, a line of poetry, an
inspiration/and or a graffiti-like notion,
such as 'ahoy – ahoy' or 'the further
one looks, the larger it gets' appears
out of nothing. Just as at sea, something can come up or emerge and then
disappear. The relation and size of the
waves is such that they invite you to
sit in them.

Location: De Hoorn swimming pool, Alphen
aan den Rijn
Client: City of Alphen aan den Rijn
Production: Artos atelier, Hoek Voorburg
hoveniers, Paul Jansen Klomp, Rob
Jongbloed

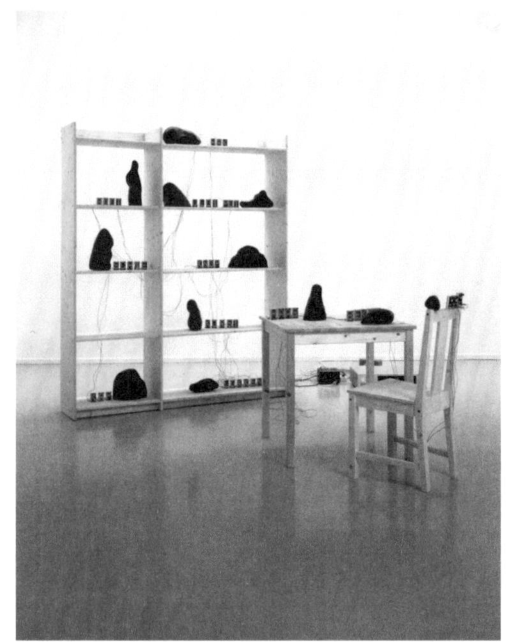

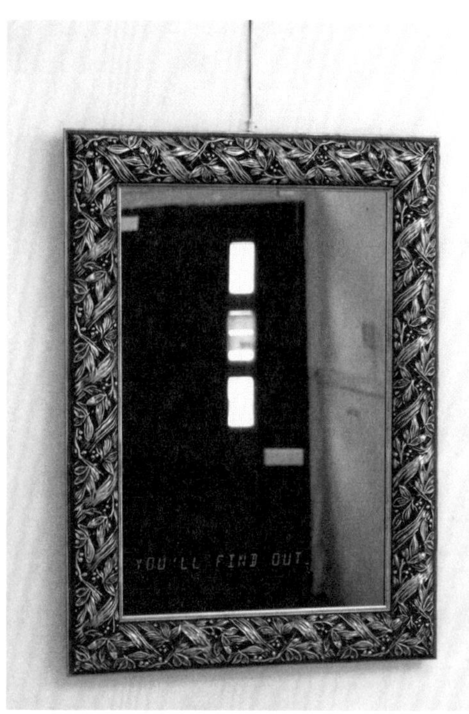

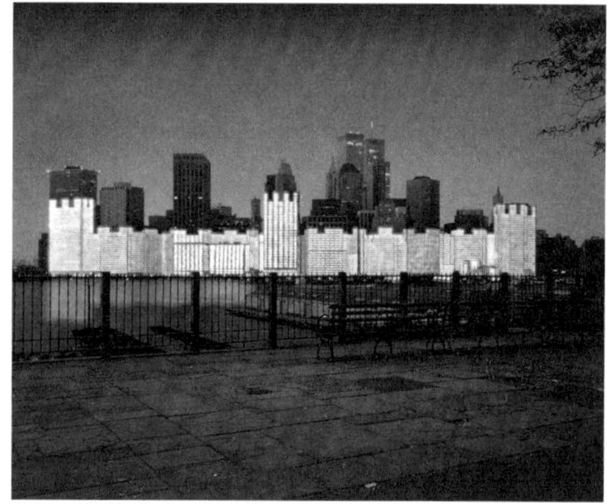

The Things That Dreams Are Made Of, 1997

wood
LED displays and computer
2 x 3 x 3 m

Amorphous forms and rows of LED displays
form words on an unvarnished wooden
table, chair and bookcase. Non-stop, but
in a varying tempo, the words change as
one letter replaces another. The changes
take place associatively and are in
poetic relationship to the black shapes.
At unexpected moments this poetic and
experimental state is disturbed by words
such as 'money', 'time' or 'love' that
move from right to left across the LED
displays.

Location: Galerie Oele, Amsterdam
Exhibition: 'Giny Vos solo'
Production: Paul Jansen Klomp,
Rob Jongbloed
Photography: Gert Jan van Rooij

See pages: 118, 119, 125

As Seen on Television, 1997

mirror
LED displays
110 x 80 x 3 cm

A mirror in a classic frame, out of
which subtitles from films appear through
the use of LEDs. The texts emerge when
someone stands in front of the mirror.

Location: Galerie Oele Amsterdam
Exhibition: 'Giny Vos solo'
Production: Paul Jansen Klomp,
Rob Jongbloed
Photography: Gert Jan van Rooij

Castle for Mike, 1997

edited photo
edition of 10
90 x 130 cm

As night falls, the contours of a medi-
eval castle become visible on the New
York skyline, seen from the promenade
in Brooklyn Heights. This form comes
into being by specifically turning on
certain lights in twenty-three Manhattan
skyscrapers. The watchtowers, turrets
and battlements that are mirrored in the
waters of the East River create an image that is both majestic and a fleeting
dream.

Location: Galerie Oele Amsterdam
Exhibition: 'Giny Vos solo'
Production: Netherlands Media Art
Institute (NIMK)
Collection: AEG Lichttechniek,
ABN-AMRO, private collections

See pages: 119, 126–127

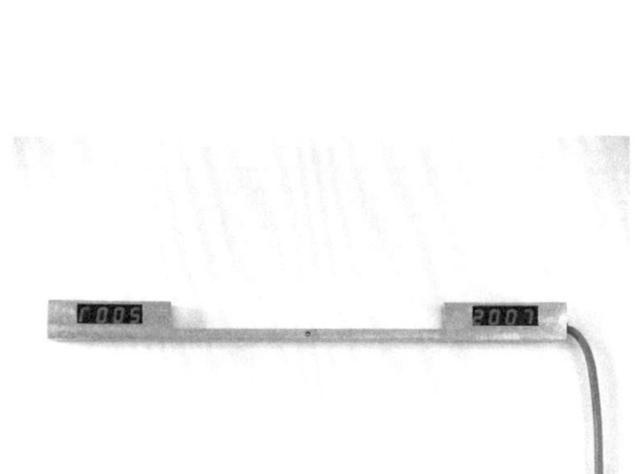

Time and Time Again, 1997

nickel plated steel
LED displays
edition of 12
4 x 48 x 2 cm

One of two digital clocks indicates the correct time, while simultaneously the other displays a mirror image of the time. In a twenty-four hour period both clocks indicate the same time six times a day; otherwise the mirror-image clock momentarily shows the correct time, or the other one does. Every hour, on the hour, pre-programmed texts dealing with the concepts of art and time move from right to left across the clocks. Some of the letters in the texts are identical to the reversed or the real numbers.

Location: Galerie Oele, Amsterdam
Exhibition: 'Giny Vos solo'
Production: Paul Jansen Klomp,
Olger Wiersma
Photography: Gert Jan van Rooij
Collection: private collections

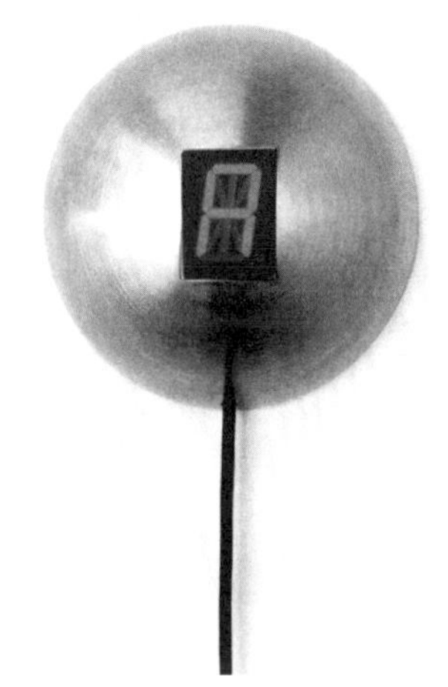

Bolletje, 1997

brushed steel
LED
Ø 12 x 6 cm

At short intervals, red digital letters appear in a window. Read one after the other, letter combinations form words that are characteristic of, or associated with, the brain. Attributes like 'creativity', 'linguistic feeling' and 'humour' are associated with words like 'Picasso', 'poetry' or the 'Mona Lisa' – all artistic concepts. There are 60 characteristics and their associations in *Bolletje*.

Location: Galerie Oele, Amsterdam
Exhibition: 'Giny Vos solo'
Production: Bill Spinhoven,
Olger Wiersma
Photography: Gert Jan van Rooij

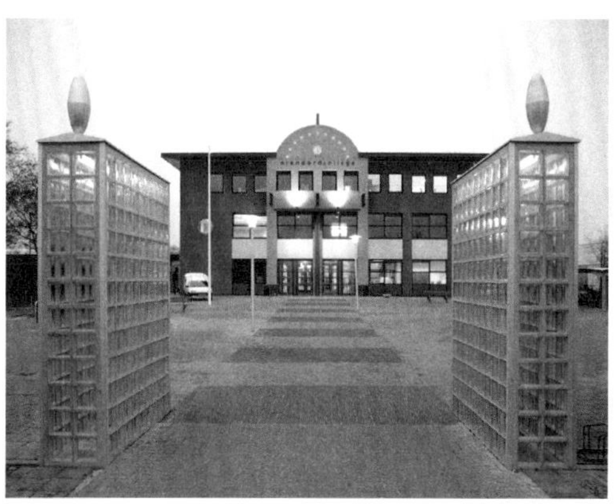

Gate of Paradise, 1996

glass bricks and aluminium
LED displays and computer
3.5 x 2.35 x 0.66 m

This gateway to a secondary school consists of two see-through doors made of glass bricks. Digital LED displays, facing inwards, with the electric wires exposed, surround the glass bricks in the doors and play a visual role. The displays show seemingly random letters which after a few minutes form words in a text that can be read horizontally, vertically or diagonally. These remain visible for an arbitrary length of time. Sayings and sentences such as 'think for yourself', 'look around you', 'tomorrow I will make it' are like assignments for the students, in the way that church doors are illustrations for believers. When the gate shuts, a text remains for the night, and a blue light from inside illuminates the doors.

Location: RSG de Borger, Leek
Client: Kunst en Bedrijf, Amsterdam
Production: Van Wijnen Gorredijk bv, Paul Janssen Klomp, Rob Jongbloed
Photography: Gert Jan van Rooij

See page: 128

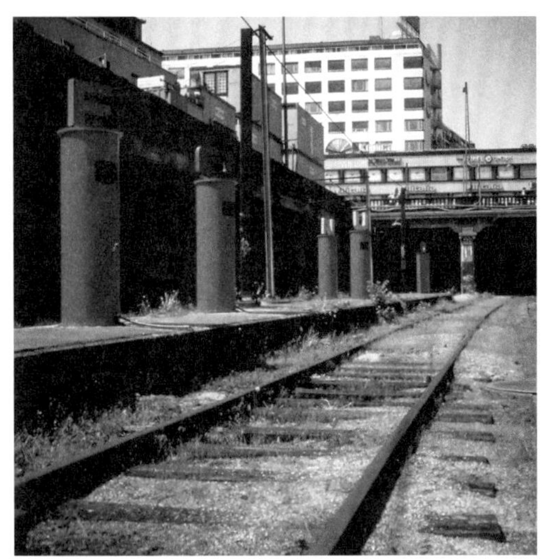

Here is Looking at You, 1996

steel and wood
9 monitors, 9 telescopes
9 kiosks of 2 x Ø 1 m

A station is a place where people meet
or take leave of each other. Two rows of
red columns, each containing a letter of
the words 'lost' and 'found', are situated on the platform. Videos are shown
under each letter - short films, made at
the station, of the little dramas that
take place there. Like voyeurs, people
can look at these scenes through a tel-
escope while listening to film music sung
by amateurs.

Location: Copenhagen main station,
Denmark
Exhibition: 'City Space', European Capital
of Culture
Production: Rob Jongbloed, Olger Wiersma
Photography: Mads Gamdrup

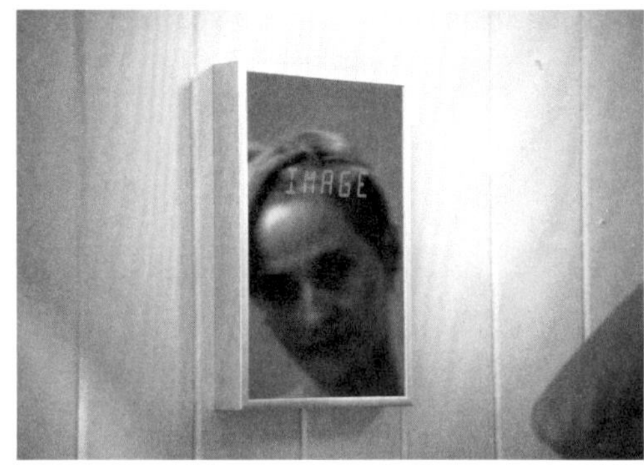

Killroy Was Here, 1995

7 mirrors
LED displays
27 x 19.5 x 3.5 cm

Graffiti-like digital displays in the form
of horizontal, vertical, diagonal or even
slanting texts are disseminated on seven
of the make-up mirrors in the changing
cubicles of a municipal swimming pool.
Sometimes a long quotation from poetry
might appear, or perhaps a single word
that flashes on and off. Without the
words, the mirrors are ordinary mirrors.
Every changing cubicle has its own ambi-
ence, its own texts. Sixty texts and
slogans were programmed: 'hugs', 'poetry
allows the invisible to appear', 'beauty',
'hello', 'kisses', 'elvis is alive', 'too
much sex is bad for your eyes…'

Location: Zuiderbad, Amsterdam
Exhibition: 'Vlinderslag'
Production: Paul Jansen Klomp, Rob
Jongbloed
Photography: Rob Jongbloed, Rineke
Dijkstra
Collection: Bloedbank Utrecht, private
collections

See pages: **129**, 153-156

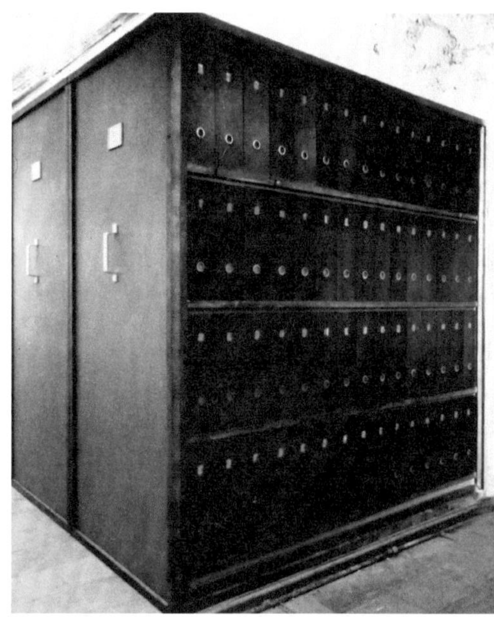

De bovenkamer/Head Room, 1994

wood and cardboard
aluminium, LED displays
1.8 x 4 x 1.8 m

The piece consists of five identical
filing cabinets placed next to each
other on metal rails. There is a narrow
aisle left between the third and fourth
cabinet which allows the contents to
be partially visible. Every one of the
one hundred and twenty visible box files
has a window on which red digital letters appear at brief intervals. While
all the windows can produce a letter,
there are only eight which light up and
display a series of letters at any given
time. When they are read in sequence,
the combinations of letters form words.
These words are associated with various
areas of the brain. The suggestion of a
glimpse of communication between the two
hemispheres of the brain is augmented by
the sound of a functioning human brain.

Location: De Werfkelders, Utrecht;
travelling exhibition
Exhibition: 'Traject'
Production: TU Delft, Rob Jongbloed
Photography: Ivar Pel
Support: Prins Bernhard Cultuurfonds
Collection: Algemeen Rijksarchief, The
Hague

See page: **130**

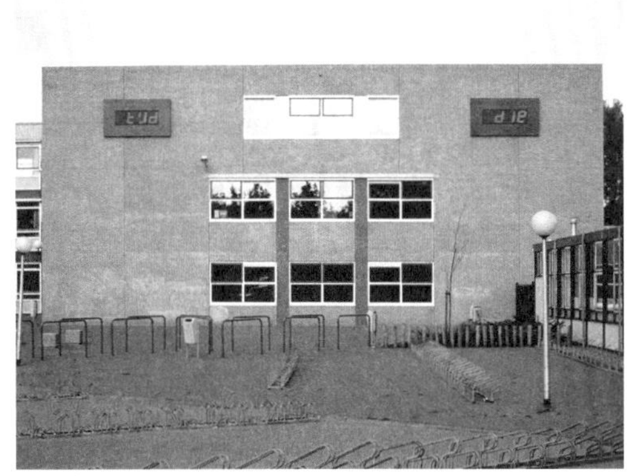

Time and Time Again, 1993

stool, LED displays and computer
1.5 x 2.75 x 0.04 m

Two large digital clocks are placed on
either side of the symmetrical facade
of the Dollard College building in
Winschoten. One of the clocks always has
the correct time, while at the same time
the other clock displays a mirror image
of the time. In a twenty-four hour period both clocks indicate the same time
eight times a day, so that the mirror
image clock momentarily shows the correct time, as does the other clock. At
the beginning of every lesson-hour, pre-
programmed texts about the concepts of
the school and time move right to left
across the clocks. Some of the letters
in the texts coincide with or appear to
be the same as the real and the mirrored
figures. Below, in the courtyard, a trapezoid slab vertically reflects the numbers of one of the clocks. Furthermore,
eight cube-shaped seats, one of which is
directly opposite the trapezoid slab, are
placed in the grounds of the college. A
scientific definition of time is engraved
on the surface of the shiny trapezoid.

Location: Dollard College, Winschoten
Client: Kunst en Bedrijf, Amsterdam
Architect: Klein Architecten
Production: Datalite
Photography: Friedel Tahl bv

See page: 131, 136

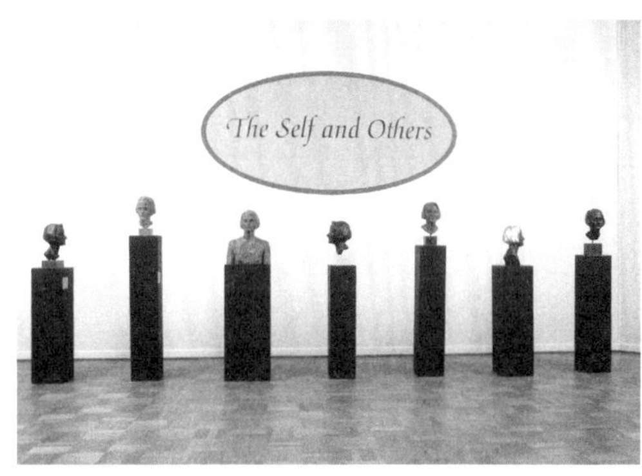

In the Company of ..., 1993

patined plaster
7 portraits of 35 x 35 x 35 cm

I commissioned seven classic sculptors
to each make a bust of me. Tapes are
mounted in the pedestals of the busts,
and by pushing a button the viewer
gets to hear a story (or a thought, an
opinion) told by a different person each
time.

Location: Museum voor Moderne Kunst
Arnhem
Exhibition: 'Vrij Spel'
Photography: Gemeentearchief Arnhem
Special thanks to: Marijke Cosse, Marian
Sanders, Dorien van Diemen, Leo van der
Bos, Rob Jongbloed, Hans Burger, Saskia
Pfaeltzer

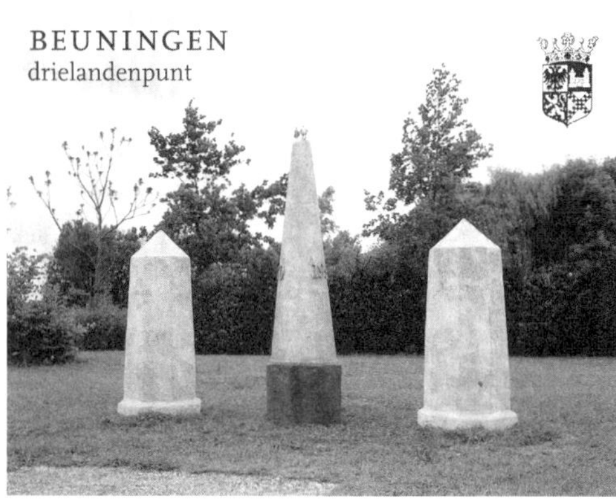

Grensscène/Border Scene, 1991

concrete and aluminium
Das modelling clay
gold leaf
2.5 x 3.5 x 0.7 m

A replica of the border marker at the
point where three countries meet, moved
to Beuningen. With Rob Jongbloed.

Location: De Gang-De Tuin, Beuningen
Exhibition: 'Dialogue sur l'herbe'
Production: Kameleon

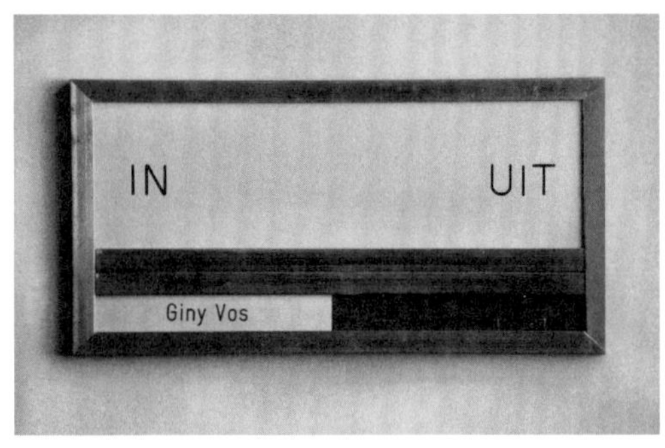

In – Uit/In – Out, 1990

plastic
aluminium
12 x 23.5 x 1 cm

For the group exhibition 'Tegenover',
the in – out sign was placed next to
the entrance and the interior was left
entirely vacant.

Location: Sweelinck Conservatorium,
Amsterdam
Exhibition: 'Tegenover'
Photography: Rob Jongbloed

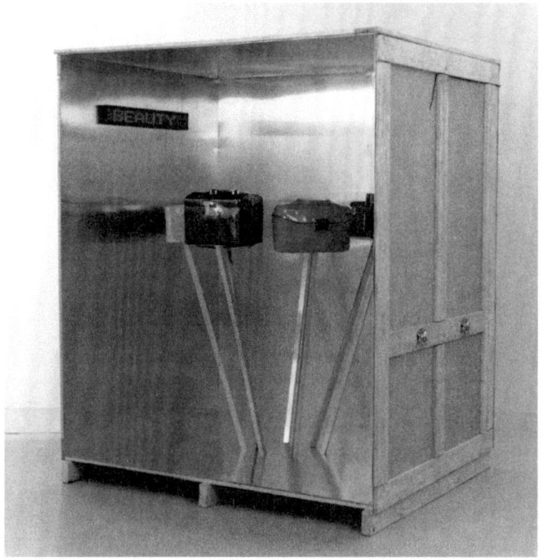

Seasonal Flowers, 1990

wood
metal
beauty-cases
foil
2 moving message panels
2 x 1.7 x 1.4 m

A box given to every artist at the
Biennial in Tokyo contained seven
sealed plastic beauty-cases placed on
tiny stems like a bunch of flowers. The
left side of the showcase contained the
words: 'a case of beauty'. The same text
was visible in reverse on the right.

Location: Centraal Museum Utrecht;
Metropolitan Art Museum Kyoto (Japan);
Municipal Art Museum Tokyo (Japan)
Exhibition: 'Dutch Interiors'
Production: Rob Jongbloed
Photography: Gert Jan van Rooij

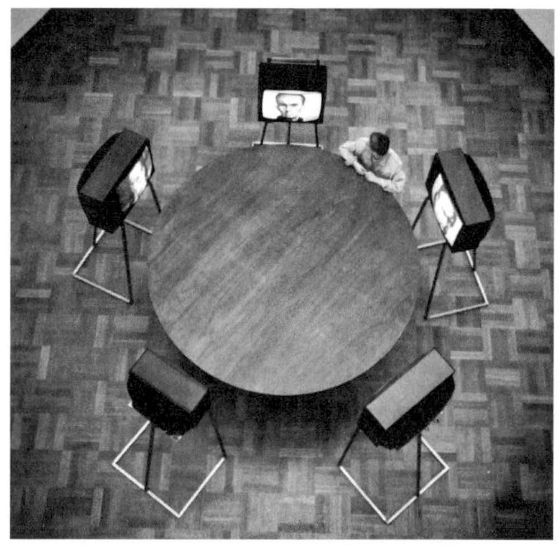

Bien Trouvé, 1989

metal
wood
video monitors
2 x 4.3 x 4.3 m

In the middle of the cupola in the
Arnhem municipal museum, five images of
Dutch Realists on monitors are placed
around a large, tall (1.25 m) round
table. These self-portraits of Carel
Willink, Charley Toorop, Edgar Fernhout,
Chris Lebeau and Dick Ket (chosen from
the museum collection) are accompanied
by snatches of the sound of an orchestra tuning up and the buzz of people
chatting. As we watch, the portraits
gradually change into their own mirror
images.

Location: Museum voor Moderne Kunst
Arnhem
Exhibition: 'Bien Trouvé'
Production: Montevideo, De Pijp metal-
works
Photography: Roy Taylor
Collection: Museum voor Moderne Kunst
Arnhem

See pages: 138–139

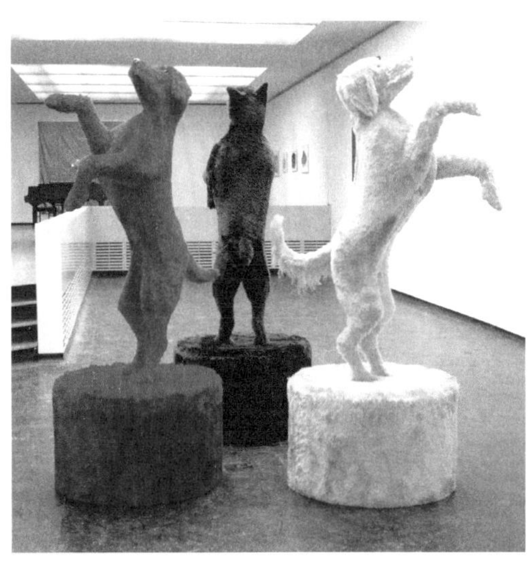

Eure Gunst Unser Streben, 1989

frame
filling
plush
2.15 x 0.85 x 0.85 m (3x)

These three human-sized plush dogs, differing from each other in colour and in details, travelled around Europe, dropping in at Berlin, Madrid and Amsterdam.

Location: Bahnhof Westend, Berlin, Berlin-Weissensee; Rijksakademie Amsterdam; Bellas Artes, Madrid
Exhibition: 'Amsterdam-Berlin (DDR)-Madrid-Berlin (West)'
Production: Rob Jongbloed, Rob Prop
Photography: Roy Taylor
Collection: Brede School, Amsterdam

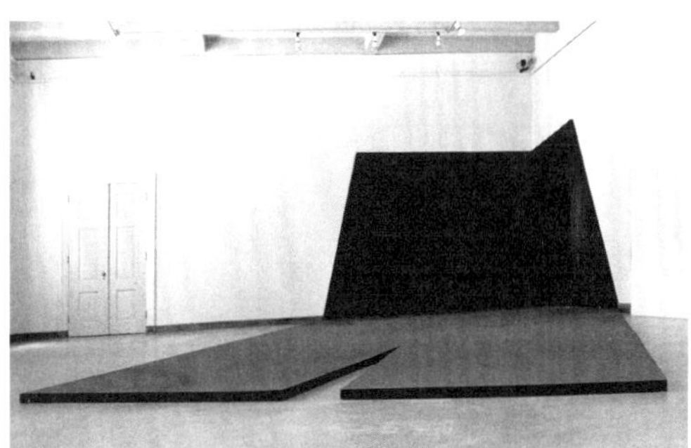

12 sculpturen met bewaking - een beeld voor de suppoost/12 Sculptures with Surveillance - a Statue for the Attendant, 1988

wood, security cameras and monitors
variable dimensions (12x)

This project, developed for the Stedelijk Museum in Schiedam, invades the whole museum. Large or very large wooden sculptures placed in the museum rooms create the word 'watch' on the security monitors of the hall of the museum. The letters look two-dimensional, but turn out to be three-dimensional when the visitors walk through the rooms and over the wooden forms. The opening was performed by twelve attendants from various museums.

Location: Stedelijk Museum Schiedam
Exhibition: '12 sculpturen met bewaking - een beeld voor de suppoost'
Photography: Annemiek Prins
Production: Rob Jongbloed, John Vos, Monika Zwart, Maaike Klumper, Ap Duynhouwer, Ida Lohman, Wilma van der Lee, Maico van Dijk, Rolph Lohman, Ank Verrips, Jan van Dorp, Ed Jongbloed, René Pater, Rolph Marks
Special thanks to: Houthandel Jongeneel; Philips Nederland; Gerrit Rietveld Academie, Amsterdam; Montevideo Amsterdam
Support: Province of South Holland
Video collection: Stedelijk Museum Schiedam

See pages: 140-147

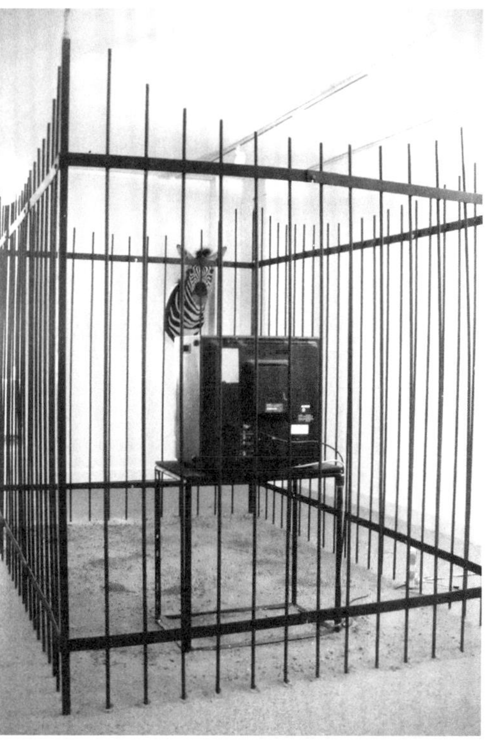

Nature Morte, 1988

steel
monitor
zebra head
3 x 3 x 2 m

A zoo cage containing a monitor: the image on the monitor screen is a filmed close-up of the throbbing flank of a zebra. Hanging on the wall outside the cage is the stuffed head of a zebra.

Location: Galerie René Coelho, Amsterdam
Exhibition: international travelling exhibition 'Imago: fin de siècle in Dutch Contemporary Art'
Photography: Rob Jongbloed
Production: Rob Jongbloed
Collection: Netherlands Office for Fine Arts, The Hague

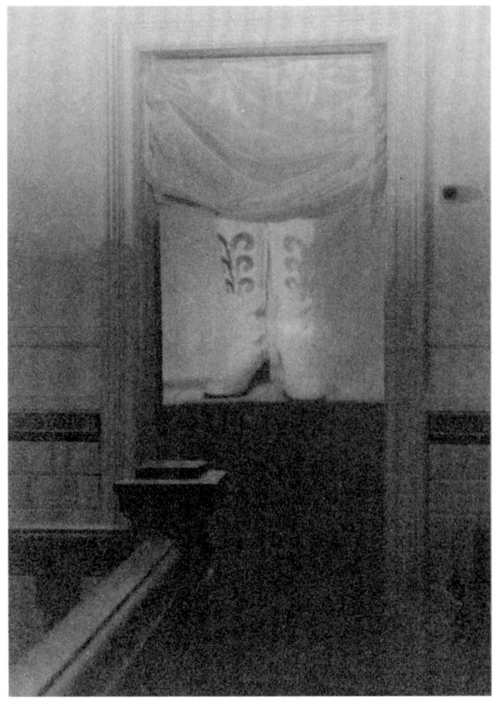

National Signals, 1987

8mm film projectors
projection screen
12 doorways of 2 x 1 m

De Balie in Amsterdam was officially
opened on 15 January 1987. The invitation to provide audiovisual backup for
the opening resulted in the film project
National Signals. Details of majorettes
and a drum band were projected with
twelve film projectors and twelve film
loops from the offices that surrounded
the room for festivities. The images
were projected onto white screens surrounded by draperies that had been set
up in place of doors. The majorettes and
the musicians moved from one doorway to
the next and vice versa. The images were
accompanied by the loud sounds of the
composition National Signals.

Location: De Balie, Amsterdam
Client: Gerrit Rietveld Academie VAV,
Amsterdam
Special thanks to: drum and majorette
corps Amsterdam; Rob Jongbloed,
Amsterdam

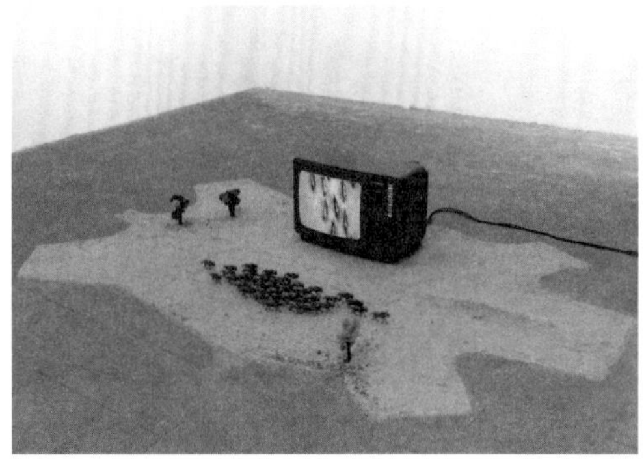

Wildebeest, 1986

sand
plastic gnus
modelling materials
0.5 x 2.5 x 1.75 m

A savannah in the form of a hide, recre-
ated from sand and miniature trees, on
which a herd of 47 toy gnus is arranged
as if galloping over the savannah.
Behind them, around the middle of the
hide, is a monitor showing a herd of
fleeing gnus surrounded by the sound of
thundering hooves. Above this is the
reverberation of an aeroplane, which
pursues the animals by diving after
them. Now and then a shot is heard.

Location: Aorta, Amsterdam
Exhibition: 'De aanloop'
Production: Rob Jongbloed

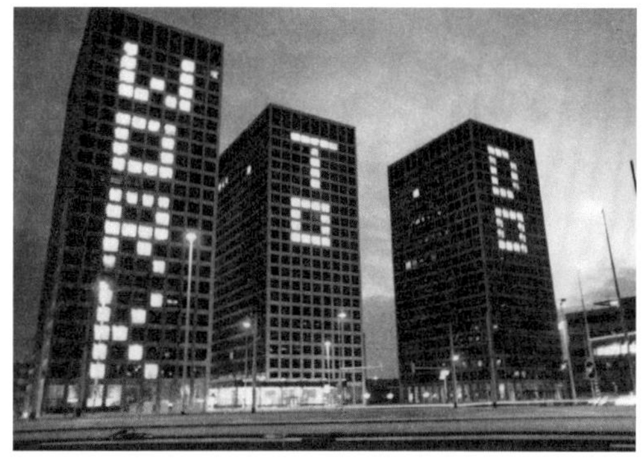

Work to Do, 1985

agricultural plastic sheeting
office lighting
3 apartment flats
21 floors high

Through an arrangement of the lighting in the various units, I managed to
illuminate the words 'work to do' in
the windows of the three tower blocks
of the Europoint Complex, Marconiplein,
Rotterdam. This text became gradually
brighter as the evening grew darker and
was, because of its favourable location,
visible from a great distance.

Location: Marconiplein, Rotterdam
Photography: Ton Sluyter
Production: Rob Jongbloed, John Vos,
Maaike Klumper, Karin Ottenhoff, Hans de
Jong, Miranda Naber, Ed Jongbloed, Jan
van Dorp
Special thanks to: P. Zegers
Support: Rotterdamse Kunststichting
Video in collection: NIMK; private col-
lections

See pages: 67, 68, 117–119, **148–151**, 154, 155

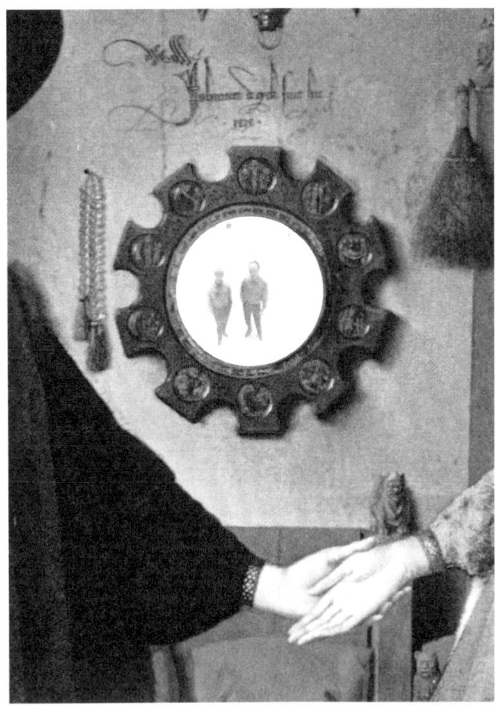

Giovanni Arnolfini and his Young Wife, 1984

monitor
camera
print on canvas
100 x 135 x 2 cm

In 1434, the artist Van Eyck painted a reflection of himself in a mirror as a witness to the wedding depicted in the painting. In this piece, a monitor connected to a camera that is not immediately visible replaces the mirror. Observers see their reflection in the (monitor) mirror and thus become witnesses to the event as, through today's media, they indeed become witnesses to almost anything.

Location: ZWN secondary-school teacher training college, Delft

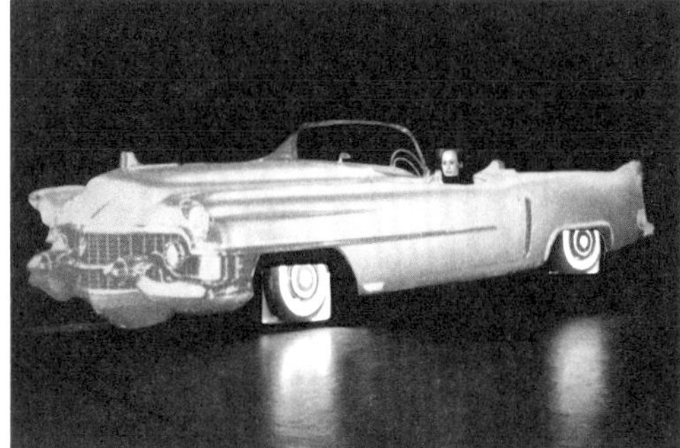

Golden Years, 1984

hard-board
3 monitors
slide projector
1.5 x 7 x 0.06 m

An image of a US automobile is projected onto a blank life-size cut-out. Monitors replace the moving parts (rotating wheels), and on a smaller monitor the artist can be seen at the wheel with her hair blowing in the wind. The whirr of the engine and the surrounding traffic, along with David Bowie's *Golden Years*, form the background sounds.

Location: ZWN secondary-school teacher training college, Delft
Production: Rob Jongbloed

See page: 68

Contributors

Authors

Jeroen Boomgaard is Professor of Art and Public Space at the Gerrit Rietveld Academy Amsterdam and head of the master's course in artistic research at the University of Amsterdam. He obtained his Ph.D. with distinction in 1995 for a dissertation on Rembrandt and his place in Dutch art history. He publishes regularly in the Netherlands and abroad on questions of the avant-garde, art and public space, and artistic research. Among his recent publications are *Highrise - Common Ground. Art and the Amsterdam Zuidas Area* (Amsterdam, 2008), *The Magnetic Era, Video Art in the Netherlands 1970-1985*, co-edited with Bart Rutten (Rotterdam, 2003) and *Als de kunst erom vraagt. De Sonsbeektentoonstellingen van 1971, 1986 en 1993*, co-edited with Marga van Mechelen and Miriam van Rijsingen (Arnhem, 2001).

Daria Ricchi is an architecture critic and freelance writer. She currently lives and works in Princeton, where she is working on a Ph.D. in the theory and history of architecture. She contributes to several magazines such as *Il Giornale dell'Architettura*, *A10*, *Area*, and *Casamica*. Her publications include *Mecanoo and Post Mecanoo. Tempi Moderni* on New Modernism in Holland, and she recently edited a book on *Diller Scofidio + Renfro. The Ciliary Function* published by Skira.

Ilse van Rijn collaborates with artists and curators as a writer and art critic. She publishes in such periodicals as *Metropolis M* and *Open*. She is currently conducting research on autonomously published artists' texts. She is a tutor at the Gerrit Rietveld Academy in Amsterdam.

Sandra Smets is an art historian who specializes in art of the postwar period. She is head of communications at the Rotterdam Art Centre and a freelance writer. Last year she published a study of the artistic influences on the ideas behind the design of the Pendrecht residential district in Rotterdam. She has had a weekly gallery column in the *Rotterdams Dagblad* for several years and is currently art correspondent for the Dutch daily newspaper *NRC Handelsblad*.

Christophe Van Gerrewey writes stories, reviews and essays on subjects like literature, art, theatre and architecture in periodicals such as *DW B*, *De Witte Raaf*, *NRC Handelsblad*, *Streven*, *Metropolis M* and *Etcetera*, and in books such as *Ruskin*, *Rotterdam* and *Regen of niets*. He is associated as an assistant with the Architecture and Urbanism department of the University of Ghent, where he is working on a doctoral dissertation on postwar architectural criticism. He is co-editor of the collected works of Geert Bekaert. In 2008 he won the Young Art Critic Award (Amsterdam/Rotterdam) in the category essay and review.

Dirk van Weelden made his joint debut with Martin Bril in 1987 with *Arbeidsvitaminen*, het ABC van *Bril&VanWeelden*. His solo debut was *Tegenwoordigheid van geest* in 1989. He has written novels (*Mobilhome*, *Oase*, *Orville* and *Het Middel*), short stories and essays (*Van hier naar hier* and *Straatsofa*). He writes on literature, art, photo-graphy, architecture and media. He has also published two books on running (*Looptijd* and *Tempo*). He is editor of *De Gids*. His most recent publications are *Het Middel* (novel, 2007), *De wereld van 609* (essay, 2008), *Literair overleven* (pamphlet, 2008) and *Een maand in Manhattan* (logbook, 2009), which complements the four-episode documentary series *The New York Connection* that he presented for AVRO television in 2009. www.dirkvanweelden.net

Other Contributors

This book was compiled by Giny Vos, Annette van Waaijen and Merel van den Berg in cooperation with Alexandra Landré and Astrid Vorstermans. The graphic design and picture editing of *Singing in the Dark* are by Annette van Waaijen and Merel van den Berg.

Annette van Waaijen graduated in graphic design from the Gerrit Rietveld Academie in 2004. She works for a variety of clients as a independent graphic designer. Her work is characterised by a clear style and a strong editorial approach that gives priority to the ordering of information.

Merel van den Berg graduated in graphic design from the Gerrit Rietveld Academie in 2008. She works as a freelance graphic designer and has worked on joint publications and other printed material with a variety of designers and artists. She likes to investigate the structure of language, paying careful attention to scale and image use.

Alexandra Landré is an art historian specialized in new media and art and public space. She works at the research group art and public space/Rietveld Academy as a producer of research projects, publications and events, and as a curator of different projects and exhibitions in the Netherlands and abroad.

Astrid Vorstermans is an art historian. In 2003 she launched Valiz, a publisher and cultural agency that tries to react to developments in contemporary art, architecture and design in a broad and inventive way. Many Valiz publications, including this one on Giny Vos, are conceived and elaborated in close collaboration with the artist concerned and with the authors, photographers and designers.

Colophon

Compilation
Giny Vos with Merel van den Berg, Alexandra Landré,
Astrid Vorstermans, Annette van Waaijen

Authors
Jeroen Boomgaard, Daria Ricchi, Ilse van Rijn,
Sandra Smets, Christophe Van Gerrewey, Dirk van Weelden

Graphic Design
Annette van Waaijen, Merel van den Berg

Copy-editing
Els Brinkman, Rachel Bacon (text Ricchi)

Translation
Peter Mason (Dutch-English), Leo Reijnen (English-Dutch)

Paper
inside: Munken Polar 150 grs, Offset hv White 120 grs
cover: Munken Polar 240 grs

Typeface
Grotesque MT, Courier New

Printing
Die Keure, Bruges, Belgium

Publisher
Valiz, Amsterdam
www.valiz.nl

www.ginyvos.nl

Giny Vos, Singing in the Dark was made possible through
the generous support of The Netherlands Foundation for
Visual Arts, Design and Architecture (Fonds BKVB)
Prins Bernhard Cultuurfonds
Harten Fonds Foundation
De Gijselaar-Hintzenfonds

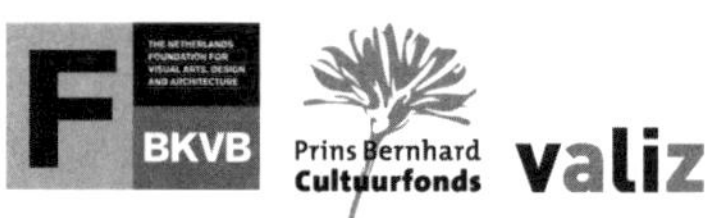

ISBN 978 90 78088 33 2
NUR 646
Printed and bound in Belgium

Credits of the Images
(from top row to bottom row and from left to right)

Gert Jan van Rooij: pp. 11-17, 20-25, 34 (top), 35, 40-43, 52-55,
70, 74, 75, 84-87, 95, 97, 103-105, 109-112, 113 (top), 118, 123, 125,
128, 130, 134-135, 137, 154, 155
Albright Knox Gallery: p. 19 (bottom)
Marcel van den Bergh, Hollandse Hoogte: p. 102 (bottom)
Jeroen Boomgaard: p. 56 (1st r mid)
Peter Cox: p. 124
Piet & Rita Elands: p. 73 (2nd r top; top right)
René Gerritsen: pp. 76-79
Werner J. Hannappel: p. 72 (bottom, right)
Bart-Jan Hooft: pp. 28 (3D drawings), 45 (digital sketches),
46-49, 73 (mid), 120-121,
Rob Jongbloed: pp. 68 (top), 106 (letter design), 115 (left), 129,
141 (top right), 152, 154, 157 (all except 2nd r, mid + right)
Konstantin Leonenko: p. 71
Max Miché: p. 157 (2nd r right)
Jurriaan Nijkerk: p. 70
Martien van Oijen: p. 114 (1st r left)
Shinji Otani: p. 63
Marianne Ottemann: pp. 29 (2nd r, mid and right; 3rd r right),
30, 64, 65 (bottom)
Mike Ottink: p. 26 (top left)
Ivar Pel: p. 130
Janis Pönisch: p. 9 (sketch, 2nd r right)
Annemiek Prins: pp. 141 (bottom, right), 142-147
Rena Electronica, electronic and technical production: pp. 57
(technical drawing, prototype), 81 (technical drawing, proto-
type), 107 (LED display)
Sint Lucas Archive, Brussels: pp. 36-37 (bottom)
Ton Sluijter: pp. 150-151
Staatliche Kunsthalle, Karlsruhe: p. 26 (bottom, right)
Friedel Tahl: p. 131
Roy Taylor: pp. 138-139
Bram Verhavert, digital animation: pp. 9 (LED distribution),
27 (3D renderings), 57 (renderings; formula 3D landscape), 58 (3D
rendering), 66 (3D renderings), 67 (3D visualisations)
Mick Visser: pp. 64, 98-101
Giny Vos: pp. 10, 19 (top), 26 (globe; phone; teapot), 28 (bottom
right), 37 (1st r mid), 38 (mid), 39, 44 (bottom right), 56 (bottom),
57 (top left; bottom mid), 59 (bottom), 60, 62, 68 (bottom), 72
(1st r mid; 2nd r left), 73 (1st r mid; 3rd r right; bottom 2), 80
(baths), 81 (at work), 83, 94 (bottom), 106-107 (bottom), 114 (drop),
116, 126-127, 136, 139 (right), 140, 148-149
Arie Wapenaar: p. 157 (1st r mid)
Marcel Warmsteker: p. 57 (bottom, right)
Heymen Westerveld: p. 29 (bottom right)
Henk Wijnen: pp. 56 (model), 80-81 (sketch)
Yens & Yens, digital and technical production: pp. 28 (script,
emulation software), 29 (technical drawings; prototype), 37
(sketches), 38 (prototype; model; sketches), 94 (technical
drawing; model)